国家社科基金项目《西北生态脆弱区生态补偿法律机制实证研究》（11BFX078）的最终成果

西北生态脆弱区生态补偿法律机制实证研究

吕志祥　等著

中央编译出版社

图书在版编目（CIP）数据

西北生态脆弱区生态补偿法律机制实证研究 / 吕志祥等著 . — 北京：中央编译出版社，2017.10
ISBN 978-7-5117-3302-3

Ⅰ . ①西…
Ⅱ . ①吕…
Ⅲ . ①生态环境—补偿性财政政策—环境保护法—研究—西北地区
Ⅳ . ① D927.402.680.4

中国版本图书馆 CIP 数据核字（2017）第 070161 号

西北生态脆弱区生态补偿法律机制实证研究

出 版 人：葛海彦
出版统筹：贾宇琰
责任编辑：曲建文
执行编辑：程　彤
责任印制：刘　慧
出版发行：中央编译出版社
地　　址：北京西城区车公庄大街乙 5 号鸿儒大厦 B 座（100044）
电　　话：（010）52612345（总编室）　　（010）52612370（编辑室）
　　　　　（010）52612316（发行部）　　（010）52612346（馆配部）
传　　真：（010）66515838
经　　销：全国新华书店
印　　刷：北京市金星印务有限公司
开　　本：787 毫米 ×1092 毫米　1/16
字　　数：242 千字
印　　张：21
版　　次：2017 年 10 月第 1 版
印　　次：2017 年 10 月第 1 次印刷
定　　价：64.00 元

网　　址：www.cctphome.com　　邮　　箱：cctp@cctphome.com
新浪微博：@中央编译出版社　　微　　信：中央编译出版社（ID：cctphome）
淘宝店铺：中央编译出版社直销店（http://shop108367160.taobao.com）　（010）55626985

本社常年法律顾问：北京市吴栾赵阎律师事务所律师　闫军　梁勤
凡有印装质量问题，本社负责调换，电话：（010）55626985

前　言

　　生态补偿理论可以追溯到英国经济学家庇古关于环境资源的外部性研究。庇古（1922）认为：外部性产生的原因在于市场失灵，必须通过政府干预来解决。对于正的外部影响政府应予以补贴，对于负的外部影响应处以罚款，这种征税与补贴的政策建议后来就被直接称为"庇古税"。目前，生态补偿法律机制研究是世界上生态建设领域研究的热点和难点问题。国外学者主要着眼于森林、农田、流域等单个生态要素的生态补偿机制研究，譬如 Babcock（1996）对美国最成功的生态补偿工程 CRP 进行了总结分析，他认为美国生态补偿的成功经验是：对公民自然资源产权的尊重与保护、补偿标准多样化以及动态的补偿制度等。目前，美国、法国、日本、哥斯达黎加等国已比较成功地实施了生态补偿。

　　一般认为，中国最早的生态补偿实践始于 1983 年云南省对磷矿开采征收覆土植被及其他生态与自然环境破坏恢复费用。国内学者从 20 世纪 80 年代就对生态补偿开展了一些有益的探索和研究。近年来，该研究已进入一个新的阶段，从生态服务功能的价值量化等理论与方法探讨走向建立生态补偿机制的政策、法律设计研究。譬如，杜群教授（2006、2010）、曹明德教授（2007、2010、2015）、李爱年教授（2008、2014）、张锋教授（2010）、注劲教授（2014）、史玉成教授（2016）等对我国生态补偿的法理依据和立法问题进行了建设性的研究。

　　2007 年，国家环境保护总局发布了《关于开展生态补偿试点工作的指导意见》，《意见》指出，要充分认识开展生态补偿试点工作的重要意义和紧迫性，要以科学发展观为指导，以保护生态环境、促进人与自然和谐发展为目的，以落实生态环境保护责任、厘清相关各方利益关系为核心，着力建立和完善重点领域生态补偿标准体系，探索解决生态补偿关键问题的方法和途径，在实践中取得经验，为全面建立生态补偿机制提供方法、技术与实践支持。

　　2013 年，国务院《关于生态补偿建设工作情况的报告》指出，我国积极探索生态补偿机制建设，在森林、草原、湿地、流域和水资源、矿产资源开发、海洋以及重点生态功能区等领域都取得了积极进展和初步成效。但由于生态补偿工作涉及的利益关系复杂，实施工作难度较大，因此在实践中还存在不少矛盾和问题。譬如，重点生态区的民众为保护生态环境做出了巨大贡献，但由于多种原因，还存在着生态保护成本高、生态补偿标准低的现象；生态产品作为"公共产品"，生态受益者还普遍存在着免费消费心理，缺乏补偿意识，保护者和受益者良性互动的体制机制尚未形成等。

2016年4月，国务院办公厅出台了《关于健全生态保护补偿机制的意见》。《意见》强调，要牢固树立创新、协调、绿色、开放、共享的发展理念，不断完善转移支付制度，探索建立多元化生态保护补偿机制，逐步扩大补偿范围，合理提高补偿标准，有效调动全社会参与生态环境保护的积极性，促进生态文明建设迈上新台阶。2016年7月，为了做好十二届全国人大四次会议第10号议案"关于制定生态补偿法"的办理工作，国家发改委会同全国人大环资委赴广东、广西调研。发改委强调，将在贯彻落实国务院办公厅《关于健全生态保护补偿机制的意见》基础上，总结地方补偿实践经验，积极推进《生态保护补偿条例》的制订工作，并根据条例实施情况，制订《生态保护补偿法》，推进生态保护补偿长效机制进一步完善。

西北地区幅员辽阔，地势高峻，野生动植物资源和矿产资源丰富；这里不仅是中国（甚至包括南亚、东南亚地区）的"江河源"和"生态源"，还是中国乃至东半球气候的"启动器"和"调节区"，是中东部地区乃至全国的生态屏障。西北地区在古代曾因气候较温暖、森林草原密布、山川秀美，非常适合人类生存而成为中华民族的发祥地之一。但是，经过历史上的多轮"开发"，特别是在近现代人口激增的压力下，人们忽视自然规律，片面追求经济利益而进行盲目的开发乃至掠夺性开发，西北生态最终受到了毁灭性的打击。目前，该地区植被稀疏，土地、草场退化严重，水资源匮乏，生态环境极为脆弱。

近十年来，国务院先后启动实施了退耕还林、退牧还草、天然林保护、三江源自然保护区生态保护建设、甘南黄河重要水源补给区生态保护与建设等具有生态补偿性质的重大生态建设工程，总投资达七千多亿元。但由于我国生态补偿的制度性框架还未形成，生态补偿范围不明确、补偿标准偏低、补偿模式单一、资金来源缺乏等，使得西北生态脆弱区生态恢复与保护工作遇到了瓶颈。更重要的是，我国生态问题的根源主要在西北地区。日益恶化的生态环境，不仅直接制约和影响了西北经济社会的发展，也对中华民族的生存和发展构成严重威胁。所以，加强西北生态脆弱区生态补偿法律机制研究，加快西北地区生态环境建设，不仅符合西北生态脆弱区特殊的生态建设要求，符合西北各民族人民发展经济和摆脱贫困的愿望，同时也有利于长江、黄河中下游地区乃至全国的可持续发展。

本书由八章和附录组成，其中第一章由吕志祥、杨岩梅撰写，第二章由吕志祥撰写，第三章由邓一君、吕志祥撰写，第四章由常丽霞、吕志祥撰写，第五章由常丽霞撰写，第六章由潘志伟、吕志祥撰写，第七章由潘志伟撰写，第八章由牛建平、吕志祥撰写，附录由吕志祥、杨岩梅等调研、整理、汇总、分析。

作者

2016 年 5 月 16 日

目 录

第一章 西北生态脆弱区生态补偿现状分析 ……………………… 1
  一、西北生态脆弱区及西北生态的重要性 ………………………… 1
    1. 对西北地区及西北生态脆弱区的界定 ……………………… 1
    2. 西北生态的重要性日益凸显 ………………………………… 5
  二、西北生态脆弱区生态退化现状及其成因 ……………………… 7
    1. 西北生态脆弱区生态退化之现状 …………………………… 7
    2. 生态退化的后果及对西北经济社会的损害 ………………… 11
    3. 西北生态脆弱区生态退化之成因 …………………………… 13
  三、西北生态脆弱区生态补偿成效及不足——以退耕还林为例 …… 19
    1. 西北生态脆弱区退耕还林补偿总体情况 …………………… 19
    2. 西北生态脆弱区退耕还林补偿效果明显 …………………… 23
    3. 西北生态脆弱区退耕还林补偿过程中存在的问题 ………… 30

第二章 西北生态脆弱区生态补偿法律机制导论 ………………… 34
  一、对生态补偿及其法律保障机制的初步阐释 …………………… 34
    1. 对生态补偿概念的法学阐释 ………………………………… 34
    2. 生态补偿的类型分析 ………………………………………… 36
    3. 生态补偿的法律保障机制 …………………………………… 39
  二、补强西北生态脆弱区生态补偿法律机制之动因 ……………… 39
    1. 西北生态脆弱区生态补偿机制之缺失 ……………………… 39
    2. 西北生态脆弱区生态补偿立法之缺失 ……………………… 44
    3. 补强西北生态脆弱区生态补偿法律机制之动因 …………… 47
  三、完善西北生态脆弱区生态补偿法律机制之进路 ……………… 53

1. 西北生态脆弱区生态补偿法律机制的伦理根基：
   生态整体论 ·· 53
2. 西北生态脆弱区生态补偿法律机制的指导思想：
   可持续发展理念 ··· 55
3. 西北生态脆弱区生态补偿法律机制的重要支撑：
   传统生态文明——以藏族聚居区为例 ···················· 57
4. 西北生态脆弱区生态补偿法律机制之基本原则 ········· 62
5. 完善西北生态脆弱区生态补偿机制之进路 ·············· 65
6. 完善西北生态脆弱区生态补偿立法之进路 ·············· 69

第三章 西北生态脆弱区生态补偿标准的经济学实证分析 ············ 74
一、西北生态脆弱区生态补偿标准的确立基础 ················ 74
1. 生态补偿（标准）的理论依据 ····························· 74
2. 生态补偿（标准）的生态价值基础 ······················· 80

二、西北生态脆弱区生态补偿标准的估算原则、
计量方法和差异化设计 ······································ 85
1. 西北生态脆弱区生态补偿的估算原则 ···················· 85
2. 西北生态脆弱区生态补偿标准的计量方法 ············· 87
3. 西北生态脆弱区主要生态领域补偿标准的差异化设计 ········ 90

三、西北生态脆弱区生态补偿标准的经济学实证分析
——以甘南为例 ··· 93
1. 甘南生态及生态补偿（标准）现状 ······················ 93
2. 基于生态系统服务价值的生态补偿标准 ················ 95
3. 基于机会成本法的生态补偿标准 ························ 101
4. 对甘南生态补偿标准的进一步分析 ····················· 102
5. 对西北生态脆弱区生态补偿标准的再思考 ············ 103

第四章 西北生态脆弱区草地生态补偿法律机制实证研究 ··········· 105
一、西北生态脆弱区草地生态补偿的现实背景 ················ 105
1. 草地、草地资源及其生态功能 ·························· 105

  2. 西北生态脆弱区草地资源退化现状 ……… 108
  3. 完善西北生态脆弱区草地生态补偿机制的重要意义 ……… 111

二、西北生态脆弱区草地生态补偿：
  国家法与习惯法的暗合与补缺 ……… 115
  1. 可持续发展与生态正义 ……… 115
  2. 生态正义：习惯法与国家法的暗合与差异 ……… 117
  3. 西北生态脆弱区草地生态补偿：
   国家法对习惯法的整合与补缺 ……… 120

三、西北生态脆弱区草地生态补偿实践
  ——以黄河首曲玛曲县为例 ……… 125
  1. 玛曲县生态区位概述 ……… 125
  2. 玛曲县草地生态补偿政策实践 ……… 125
  3. 对西北生态脆弱区草地生态补偿实践的检视 ……… 127

四、完善西北生态脆弱区草地生态补偿法律机制的构想 ……… 130
  1. 草地生态补偿的制度设计 ……… 130
  2. 草地生态补偿的法律保障机制 ……… 133

第五章　西北生态脆弱区森林生态补偿法律机制实证研究 ……… 136

一、加强西北生态脆弱区森林生态补偿的重要意义 ……… 136
  1. 森林、森林资源及其重要功能 ……… 136
  2. 西北生态脆弱区类型多样的森林资源 ……… 137
  3. 加强西北生态脆弱区森林生态补偿的重要意义 ……… 139

二、森林生态补偿的国际经验与我国的政策实践 ……… 142
  1. 森林生态补偿的国际经验 ……… 142
  2. 我国森林生态补偿的历程概述 ……… 145
  3. 我国森林生态效益补偿的政策法律体系 ……… 148

三、西北生态脆弱区森林生态补偿政策的实证分析 ……… 150
  1. 西北生态脆弱区天然林资源保护工程的实施绩效评析 ……… 150

2. 西北生态脆弱区退耕还林工程的实施绩效评析 …………… 153

3. 西北生态脆弱区生态公益林生态补偿政策

的实施绩效评析 …………………………………………… 156

4. 西北生态脆弱区森林生态补偿政策实践存在的问题 ……… 157

四、西北生态脆弱区森林生态补偿法律机制的立法构想 ………… 163

1. 应然与实然：构建我国生态补偿法律机制的路径选择 …… 163

2. 生态综合管理：西北生态脆弱区构建森林生态补偿

法律机制的路径选择 ……………………………………… 164

3. 西北生态脆弱区森林生态补偿法律机制的立法构想 ……… 166

第六章 西北生态脆弱区流域生态补偿法律机制实证研究

——以石羊河流域为例 ………………………………………… 171

一、西北生态脆弱区河流及流域生态状况 ………………………… 171

1. 西北生态脆弱区河流分布情况 …………………………… 171

2. 西北生态脆弱区流域生态状况 …………………………… 174

二、补强西北生态脆弱区流域生态补偿机制之必要性和可行性 …… 175

1. 补强流域生态补偿机制之必要性 ………………………… 176

2. 补强流域生态补偿机制之可行性 ………………………… 178

三、西北生态脆弱区流域生态补偿机制之缺失 …………………… 185

1. 流域生态利益相关方不明确 ……………………………… 185

2. 补偿方式单一，资金不足 ………………………………… 185

3. 流域水资源保护范围狭窄 ………………………………… 187

四、完善西北生态脆弱区流域生态补偿法律机制之构想 ………… 188

1. 明确流域生态补偿利益相关方 …………………………… 188

2. 扩展补偿模式以及方式 …………………………………… 189

3. 拓宽水资源的保护范围 …………………………………… 197

第七章 西北生态脆弱区自然保护区生态补偿法律机制实证研究

——以甘肃祁连山国家级自然保护区为例 ………………… 203

一、西北生态脆弱区自然保护区现状 ……………………………… 203

1. 西北生态脆弱区自然保护区建设现状 ……………………… 203
2. 西北生态脆弱区自然保护区管理现状 ……………………… 205
3. 西北生态脆弱区自然保护区发展形势评估 ………………… 208

二、补强西北生态脆弱区自然保护区生态补偿机制
　　之必要性和可行性 …………………………………………………… 208
1. 补强自然保护区生态补偿机制之必要性 ………………… 208
2. 补强自然保护区生态补偿机制之可行性 ………………… 211

三、西北生态脆弱区自然保护区生态补偿机制之缺失 ………… 218
1. 生态补偿法律依据不完备 ………………………………… 218
2. 生态补偿标准不确定 ……………………………………… 219
3. 生态补偿管理、协调机制不顺畅 ………………………… 219
4. 过度依赖政府性补偿 ……………………………………… 220

四、完善西北生态脆弱区自然保护区生态补偿法律机制之构想 …… 222
1. 以生态承载力为基础完善生态补偿的法律法规 ………… 222
2. 科学厘定生态补偿标准 …………………………………… 224
3. 优化生态补偿管理、协调机制 …………………………… 226
4. 拓宽补偿资金筹集渠道 …………………………………… 226
5. 充分发挥市场补偿的优势 ………………………………… 227
6. 建立生态管理和补偿的社区参与机制 …………………… 229

第八章 西北生态脆弱区矿产开采生态补偿法律机制实证研究 ……… 232

一、矿产开采的负面效应及西北生态脆弱区矿产开采
　　问题的独特性 ………………………………………………………… 232
1. 矿产开采对生态环境的负面效应 ………………………… 232
2. 西北生态脆弱区矿产开采问题的独特性 ………………… 236

二、西北生态脆弱区矿产开采生态补偿的维度及反思性运维 …… 239
1. 矿产开采生态补偿的内涵 ………………………………… 239
2. 矿产开采生态补偿的维度 ………………………………… 241
3. 西北生态脆弱区矿产开采生态补偿机制的缺失分析 …… 244

4. 西北生态脆弱区矿产开采生态补偿机制的反思性运维 …… 248

三、西北生态脆弱区矿产开采生态补偿机制实证分析一
——以甘肃玉门石油资源（枯竭）为例 …………………… 253
    1. 玉门油田生态环境状况及生态补偿的各方博弈 ………… 253
    2. 玉门地区石油资源生态补偿机制存在的困境 …………… 256
    3. 玉门矿区经济转型、生态修复和补偿之思路 …………… 258

四、西北生态脆弱区矿产开采生态补偿机制实证分析二
——以陕西榆林煤炭资源为例 ………………………………… 259
    1. 榆林地区实施煤炭开采生态补偿的重要意义 …………… 259
    2. 榆林地区煤炭资源生态补偿机制存在的障碍 …………… 262
    3. 榆林地区煤炭资源生态修复和补偿机制的重构 ………… 264

附录一 西北生态脆弱区生态及生态补偿问卷调查分析报告 ……… 266
附录二 国家关于生态补偿的规范性文件和工作报告 ……………… 293
参考文献 ……………………………………………………………… 318

第一章　西北生态脆弱区生态补偿现状分析

一、西北生态脆弱区及西北生态的重要性

1. 对西北地区及西北生态脆弱区的界定

（1）西北地区即"西北五省区"。"西北地区"常被称为"西北五省区"[①]，包括陕西省、甘肃省、青海省、宁夏回族自治区和新疆维吾尔自治区，面积311.3万平方千米，占全国国土面积的32.4%；人口0.966亿，占全国人口的7.1%[②]（见表1-1）。西北地区大体上属于我国自然区划领域"三分法"下的西北干旱区，该区域深居内陆，距海遥远，多为温带大陆性气候，冬季严寒，夏季高温；降水多为200毫米左右，河西走廊的黑河下游及塔里木盆地东部形成两个极旱中心，年降水量仅为10毫米，干旱是本区的主要自然特征。西北地区地形以高原、盆地和山地为主，植被由东向西为草原、荒漠草原、荒漠，河流多为内流河（除东部黄河上游流域和北疆额尔齐斯河以外）。这里还分布着世界最大

[①] "西北五省"说源自1949—1953年国家设立的六大行政区之一的西北行政区。根据"西部大开发"决策的提法，"西北地区"的概念有了一定的扩充。基于"西部大开发"概念下的西北地区除了传统的"西北五省区"以外，还包括内蒙古自治区和西藏自治区。西部大开发后，原属中部的内蒙古划入西北；青藏铁路通车后，西藏已经紧紧地和西北联系在一起；再加上西北原来的陕、甘、宁、青、新五个省区，整个大西北占了我国版图的56%，占了西部地区的80%，是西部大开发的主战场，它的发展决定了西部大开发的进程。参见《西北地区》，baike.baidu.com/view/246988.htm，2012-6-29。

[②] 国家统计局：《2010年第六次全国人口普查主要数据公报》（第1号），http://www.stats.gov.cn/tjgb/rkpcgb/。

的流动沙漠塔克拉玛干沙漠和世界海拔最高的沙漠柴达木盆地沙漠。① 但是，西北地区又是我国重要的畜牧业基地和灌溉农业区，土地资源、矿产资源和旅游资源丰富，自然景观和人文景观独特，是我国维吾尔、藏、回、东乡、裕固、蒙古等少数民族聚居区，交通地位重要。

表1-1　西北五省区人口、国土面积及生产总值②

	人口	国土面积（万平方千米）	生产总值（亿元）
陕西省	37327378	20.58	12391.3
甘肃省	25575254	45.37	5020
宁夏区	6301350	6.64	2060
青海省	5626722	72.23	1634.72
新疆区	21813334	166.49	6574.54
西北	96644042	311.3	27682.56
全国	1370536875	960	471564

（2）生态环境的脆弱性及西北生态脆弱区。针对生态环境的脆弱性、脆弱生态环境和生态脆弱区，学界已进行了广泛的研究。譬如：周劲松认为，生态环境的脆弱性是指生态系统在一定机制的作用下，容易由一种状态演变成另一种状态，遭变后又缺乏恢复到初始状态的能力。③ 刘燕华认为，脆弱生态环境是一种

---

① 塔克拉玛干沙漠位于中国新疆的塔里木盆地中央，是中国最大的沙漠（世界第二），也是世界最大的流动沙漠，沙漠东西长约1000千米，南北宽约400千米，面积达33万平方千米。柴达木盆地沙漠位于青海西北部柴达木盆地之中，是世界海拔最高的沙漠，面积大约3.49万平方千米，约占柴达木盆地总面积的1/3左右。另外，位于新疆准噶尔盆地中央的古尔班通古特沙漠，是中国第二大沙漠，同时也是中国面积最大的固定、半固定沙漠，面积有大约4.88万平方千米。位于内蒙古西部和甘肃省中部的腾格里沙漠，是中国第四大沙漠，面积3.67万平方千米。位于陕西榆林和内蒙古鄂尔多斯市之间的鄂尔多斯高原中心的毛乌素沙漠，是中国第五大沙漠，面积大约4.22万平方千米。地处塔里木盆地罗布泊洼地南缘，向东延伸至甘肃省境内（敦煌鸣沙山便为其前沿）的库姆塔格沙漠，是中国第六大沙漠，面积约2.28万平方千米。参见《中国沙漠》，http：//baike.baidu.com/view/3589142.htm。
② 人口数为2010年第六次人口普查数据，地区生产总值为2011完成情况，均源于国家统计局公布数据。
③ 周劲松：《山地生态系统的脆弱性与荒漠化》，载《自然资源学报》1997年第1期。

对环境因素改变反应敏感而维持自身稳定的可塑性较小的生态环境系统。① 单鹏飞认为,生态环境脆弱地区是那些大的稳定生态系统边缘或者多种生态类型交汇过渡地带,该地区对各种自然和人为的振动极为敏感,生态平衡常遭破坏。② 刘雪华认为,脆弱生态环境有以下三个特点:第一,稳定性差,变化几率高、幅度大。第二,抗干扰能力差,敏感性强。第三,向着不利于人类生存的方向发展。③ 可见,环境敏感性和退化趋势综合起来构成了脆弱生态环境的特有性质。我们也可以把生态环境的脆弱性大体上分为两类:一是系统自身(内部结构)存在的不稳定性和敏感性,此所谓结构性脆弱性;二是系统易受外界的压力或干扰影响甚至易被破坏,此所谓胁迫性脆弱性。④

截至 1999 年,全国 1945 个县中有 725 个生态脆弱县,其中 325 个生态脆弱县分布在西部地区,约占全国生态脆弱县的 50%(甘肃省的生态脆弱县占其总县数的 57.3%)。⑤ 西北地区不仅分布着众多的生态脆弱县,而且荒漠化、沙化现象也非常严重。根据国家林业局发布的《中国荒漠化和沙化状况公报》(2011),到 2009 年年底,我国的荒漠化土地面积已高达 262.37 万平方千米(占我国国土面积的 27.33%),其中,95.48% 的荒漠化土地分布在新疆(107.12 万平方千米)、内蒙古(61.77 万平方千米)、西藏(43.27 万平方千米)、甘肃(19.21 万平方千米)、青海(19.14 万平方千米)5 省区;我国的沙化土地面积为 173.11 万平方千米(占我国国土面积的 18.03%),其中,93.69% 的沙化土地分布在新疆(74.67 万平方千米)、内蒙古(41.47 万平方千米)、西藏(21.62 万平方千米)、青海(12.50 万平方千米)、甘肃(11.92 万平方千米)5 省区。⑥ 更为可怕的是,土地荒

---

① 刘燕华:《脆弱生态环境初探》,载《生态环境综合整治与恢复技术研究》,中国科学技术出版社 1992 年版,第 1—10 页。
② 转引自刘燕华、李秀彬:《脆弱生态环境与可持续发展》,商务印书馆 2007 年版,第 6 页。
③ 刘雪华:《脆弱生态区的一个典型例子》,载《生态环境综合整治与恢复技术研究》,中国科学技术出版社 1992 年版,第 99—104 页。
④ 胁迫性脆弱性又可分为人类活动胁迫型和环境胁迫型。参见刘燕华、李秀彬:《脆弱生态环境与可持续发展》,商务印书馆 2007 年版,第 8 页。
⑤ 赵跃龙:《中国脆弱生态环境类型分布及其综合整治》,中国环境科学出版社 1999 年版,第 76 页。
⑥ 国家林业局:《中国荒漠化和沙化状况公报》(2011),中国网,2010 - 8 - 31。

漠化、沙化是生态脆弱地区生态退化的主要表现形式，而荒漠化、沙化的发展进一步加深了生态脆弱地区生态平衡的严重失调。① 显然，从广义的角度讲，整个西北地区均为生态脆弱区（西北五省区荒漠化情况见表1-2）。

这一判断也可以从《全国生态脆弱区保护规划纲要》得以证实。2008年，由环境保护部编制的《全国生态脆弱区保护规划纲要》正式公布。《纲要》显示，我国虽然是世界上国土面积最为广袤的国家之一，但也是目前生态脆弱性最为明显、脆弱生态类型最多、生态脆弱区面积最大的国家之一。我国生态脆弱区主要分布在北方干旱半干旱地区、青藏高原地区、南方丘陵地区、西南山地区以及东部沿海水陆交接地区，行政区域涉及新疆、甘肃、青海、陕西、宁夏等21个省区市，包括西北荒漠绿洲交接生态脆弱区、北方农牧交错生态脆弱区、青藏高原复合侵蚀生态脆弱区等。《纲要》认为，造成我国生态脆弱区生态退化、自然环境脆弱的原因，除生态本底脆弱外，人类活动的过度干扰是直接成因。我国环境污染损失约占GDP的3%～8%，生态破坏损失约占GDP的6%～7%，可谓十分惊人。②

表1-2　2002年西北五省区荒漠化情况③

	国土面积 （万平方千米）	荒漠化面积 （万平方千米）	荒漠化占国土的百分比
新疆区	166.49	108.60	66.22%
宁夏区	6.64	3.20	61.78%
甘肃省	45.37	17.80	43.99%
青海省	72.23	20.50	28.60%
陕西省	20.58	3.10	15.07%

由以上论述可以发现，我们把西北地区界定为"西北生态脆弱区"，大体上是说得通的。但鉴于能力和时间所限，本课题将研究的重点放在石羊河流域生态治理区、甘肃祁连山国家级自然保护区、黄河长江源头区、黄土高原丘陵沟壑水土流失

---

① 朱震达：《中国的脆弱生态带与土地荒漠化》，载《中国沙漠》1991年第4期。
② 环境保护部：《全国生态脆弱区保护规划纲要》，见 http：//www.law-lib.com/law/law_view.asp? id=267677，2012-7-15.
③ 参见黄文清：《西部地区"一退两还"后补偿机制研究》，中国农业出版社2011年版，第51页。

区、渭河源头区、甘南黄河重要水源补给生态功能区等重点区域。

2. 西北生态的重要性日益凸显

生态文明和美丽中国理念的提出,彰显了国家领导层和全体国人对生态环境的重视。生态文明时代要对自然的价值有明确的认识,牢固树立生态第一的理念,使生态化渗入社会结构的方方面面,努力改善和优化人与自然的关系,以实现人与自然关系的更加和谐。西北地区幅员辽阔,地势高峻,野生动植物资源和矿产资源丰富;这里不仅是中国(甚至包括南亚、东南亚地区)的"江河源"和"生态源",还是中国乃至东半球气候的"启动器"和"调节区",是中东部地区乃至全国的生态屏障,其生态的重要性已然凸显。

(1)西北地区是我国的水源涵养区和气候调节区。西北地区是长江、黄河等大江大河的发源地,也是全球气候变化的敏感区,是我国中东部地区重要的生态屏障。毫无疑问,该地区是我国生态环境保护的重点区域和确保我国生态安全的关键地区,也是我国解决沙漠化、水土流失和沙尘暴等生态问题的主战场。而且,西北地区的生态环境变化将直接影响到我国的经济发展与社会稳定,关系到中华民族的伟大复兴和全国的可持续发展。但长期以来,西北地区生态的重要性并未得到足够的重视。多年来在粗放式的发展模式下,滥采滥挖资源及对森林草地的破坏,导致西北地区的植被覆盖率迅速降低,江河出现断流,许多地方严重缺水。甘肃省的中东部地区、宁夏的西海固地区以及陕西的陕北地区成为我国最严重的缺水地区,这里的年降雨量只有 200—300 毫米,而蒸发量却高达 1500—2000 毫米。① 生态的退化大大地降低了西北地区的水源涵养功能和气候调节功能。

(2)西北地区动植物资源丰富,是我国生物多样性保护的重要区域。我国西北地区地域辽阔,气候条件差异显著,地质条件复杂,地貌类型多样,是我国许多独特动植物物种的富集区。以新疆为例,新疆是典型的干旱内陆地区,其多种生态系统、多样的自然景观,为野生植物的生长和野生动物的栖息繁衍提供了良好的条

---

① 黄文清:《西部地区"一退两还"后补偿机制研究》,中国农业出版社 2011 年版,第 195 页。

件。据调查,新疆共有脊椎动物 644 种,列入国家重点保护的野生动物有 116 种,其中国家一级重点保护野生动物 29 种,国家二级重点保护野生动物 87 种,自治区级重点保护野生动物 45 种,自治区有益和有经济价值的野生动物达一百九十余种。新疆有野生高等植物四千一百多种,珍稀濒危植物有西伯利亚冷杉、新疆阿魏、黄芪、梭梭、胡杨、雪莲、沙生柽柳等 158 种,濒危种有矮沙冬青、盐桦、肉苁蓉等 121 种;稀有种有星叶草、裸果木、半日花等 110 种。① 作为生态环境的重要组成部分,独特而丰富的野生动植物资源同样是实现可持续发展的重要保证。

(3) 西北地区是我国控制水土流失,改善生态环境的重点区域。我国西北地区西高东低的地势及其土壤易被冲刷的特质,决定了水土流失的易发性及难以控制性。加之西北地区经济发展普遍滞后,农业耕作技术粗放甚至乱采滥挖等不时发生,导致西北地区的的水土流失现象更加严重。② 根据黄河水利委员会发布的 2010 年《黄河流域水土保持公报》显示,黄河流域水土流失面积 46.5 万平方千米,占总流域面积的 62%,其中强烈、极强烈、剧烈水力侵蚀面积分别占全国相应等级水力侵蚀面积的 39%、64%、89%,年流入泥沙量达 16 亿吨,是我国乃至世界上水土流失最严重的地区。③ 同时,西北地区还是我国沙尘暴的主要发生地,甘肃河西走廊、新疆塔克拉玛干沙漠周边地区、陕宁蒙长城沿线均为我国沙尘暴的主要发生地。20 世纪 90 年代以来,西北地区沙尘暴源区不断扩大,影响不断加重。我国每年因风沙危害造成的经济损失达 540 亿元④,每年风沙造成新疆直接经济损失达 30 多亿元⑤。

---

① 俞言琳:《西北五省区,野生动植物保护事业在发展》,见 http://www.tianshannet.com,2007-5-21。
② 黄文清:《西部地区"一退两还"后补偿机制研究》,中国农业出版社 2011 年版,第 194 页。
③ 张兴军:《〈黄河流域水土保持公报〉首度发布》,新华网,2011-1-3。
④ 黄文清:《西部地区"一退两还"后补偿机制研究》,中国农业出版社 2011 年版,第 194 页。
⑤ 丽月:《每年风沙造成新疆直接经济损失 30 多亿元》,天山网,2012-6-8。

二、西北生态脆弱区生态退化现状及其成因

1. 西北生态脆弱区生态退化之现状

我国西北地区在古代曾因气候较温暖、森林草原密布、山川秀美,非常适合人类生存而成为中华民族的发祥地之一。① 但是,经过历史上的多轮"开发",特别是在近现代人口激增的压力下,人们忽视自然规律,片面追求经济利益而进行盲目的开发乃至掠夺性开发,西北生态最终受到了毁灭性的打击。目前,该地区植被稀疏,土地、草场退化严重,水资源匮乏,生态环境极为脆弱(西北五省区生态水平见表1-3)。

(1) 草场退化加剧,草地承载力明显降低。草地植被是西北地区植被的主体,以新疆为例,新疆草地资源丰富,全区草地总面积为5725.88万公顷(其中可利用面积4800.68万公顷),位居全国第三位,占全国草地总面积的14.6%,占新疆国土总面积的34.44%。② 但新疆的草地退化现象非常严重,截至1986年,新疆不同程度草地退化面积为3329.7万公顷,占可利用草场面积的70%;截至1999年,新疆不同程度草地退化面积为3744.96万公顷,占可利用草场面积的80%。③ 青海省草地退化也十分严重,退化草地占全省草地总面积的90%;黄河源头玛多县退化草地面积达160.96万公顷,占全县草地面积的70%,其中重度退化92.02万公顷,中度退化55.67万公顷,轻度退化13.3万公顷,重度退化草地面积已超过一半以上。④ 甘肃省草地资源丰富,天然草地是耕地的3.31倍,林地的4.05倍。但甘肃省草地资源减少和退化严重,据粗略估计,甘肃天

---

① 吴晓军:《论西北地区生态环境的历史变迁》,载《甘肃社会科学》1999年第4期。
② 此数据为20世纪80年代草地资源调查数据。参见国家环保总局:《全国生态现状调查与评估 西北卷》,中国环境科学出版社2006年版,第761页。
③ 国家环保总局:《全国生态现状调查与评估 西北卷》,中国环境科学出版社2006年版,第764页。
④ 国家环保总局:《全国生态现状调查与评估 西北卷》,中国环境科学出版社2006年版,第568、576页。

然草地自1981年以来至少减少了21.5万公顷,留存下来的天然草地已有90%出现了不同程度的退化,其中达中度以上退化程度的约占可利用草地面积的78%,重度退化面积占33%。① 宁夏的天然草地退化也非常严重,相当多的草场已失去放牧价值,甚至近三成的天然草地已沙化。而且,由于受多种因素的影响,近几十年来,西北生态脆弱区草地退化的速度空前加剧,草地承载力明显降低。

表1-3 西北五省区生态水平②

	地理脆弱指数	气候变异指数	土壤侵蚀指数	区域生态发展平均值	在全国区域生态水平中的排位
宁夏	20.40	30.01	33.51	27.97	31
甘肃	15.53	35.44	46.00	32.32	30
新疆	8.07	57.38	37.10	34.18	29
青海	10.37	48.67	57.28	38.77	28
陕西	26.62	40.76	63.65	43.68	25

(2)土地沙化严重,水土流失问题突出。以陕西为例,经过多年的治理,虽然毛乌素沙地局部已出现良性转化,一些沙地变成了绿洲和农田,但沙漠化的总体局势并没有被遏制。1985年和1960年比,榆林的流动沙地面积缩小了39.6%,固定、半固定沙地增加了76%,沙地总面积扩大了16%。根据对榆林长城沿线24个乡镇的调查,20世纪50年代荒漠化土地仅占土地面积的37.7%,1970年后增至63.54%。另外,根据1995年全省荒漠化普查,1960—1995年荒漠化土地增加67.2万公顷,平均年增1.92万公顷,从原来的7个县,向南延伸为13个县。沙漠化的危害已经非常严重。③ 同时,西北地区水土流失问题日益突出。以甘肃省为例,1999年全省水土流失面积为12494000公顷,占全省土地总面积的27.49%,每年输入江河的泥沙达5.99亿吨,其中每年进入黄河的泥沙量

---

① 国家环保总局:《全国生态现状调查与评估 西北卷》,中国环境科学出版社2006年版,第270、273页。
② 康慕谊、董世魁等:《西部生态建设与生态补偿:目标、行动、问题、对策》,中国环境科学出版社2005年版,第9—10页。
③ 国家环保总局:《全国生态现状调查与评估 西北卷》,中国环境科学出版社2006年版,第60页。

为5.04亿吨,占总输沙量的84.14%。① 宁夏的水土流失也非常严重,从20世纪50年代到1999年,累计治理水土流失面积10243平方千米,但水土流失面积不但没有减少,反而增加了两千多平方千米。② 再看青海省三江源地区,2000年轻度以上水土流失面积950×10^4公顷,占其总面积的31.09%。其中,黄河源区378×10^4公顷,占黄河源区面积的35.04%;长江源区489×10^4公顷,占长江源区面积的29.64%;澜沧江源区84×10^4公顷,占澜沧江源区面积的25.28%。③ 西北生态脆弱区日益加重的水土流失,导致西北的生态环境更趋恶劣,也威胁到国家生态安全。

(3) 湖泊萎缩,湿地减少。西北地区曾经是最适合人类居住的地方,河流密布,湖泊众多,仅新疆境内面积大于1平方千米的湖泊就有139个,面积为5504.5平方千米,占全国总湖泊面积75610平方千米的7.3%。④ 自20世纪下半叶以来,在全球气候变暖和人类活动的影响下,高原湿地发生了明显的变化,湖泊水位下降、面积萎缩,河流出现断流,沼泽湿地退化。我国最大的内陆湖青海湖和黄河源的扎陵湖和鄂陵湖都出现了湖面明显萎缩的迹象,水位在缓慢下降。而新疆的罗布泊、卓尔湖等已经干涸,台特马湖、艾丁湖等已基本干涸,艾比湖等湖泊萎缩得非常严重。艾比湖位于准噶尔盆地西部,湖水面积曾达3000平方千米,1957年湖面为1070平方千米,1983年下降为522平方千米。⑤ 尤为严重的是,近20年来,三江源地区1071个湖泊萎缩,其中被称为"黄河源头第一县"的玛多县就有1040个湖泊萎缩。⑥ 相应的,高原湿地也出现了明显的变化。黄河源区20世纪80年代初有沼泽面积38.95万公顷,90年代减少为32.48万公顷,面积减少了64775公顷,

---

① 国家环保总局:《全国生态现状调查与评估 西北卷》,中国环境科学出版社2006年版,第212页。
② 国家环保总局:《全国生态现状调查与评估 西北卷》,中国环境科学出版社2006年版,第445页。
③ 陈桂琛等:《三江源自然保护区生态保护与建设》,青海人民出版社2007年版,第5页。
④ 国家环保总局:《全国生态现状调查与评估 西北卷》,中国环境科学出版社2006年版,第780页。
⑤ 国家环保总局:《全国生态现状调查与评估 西北卷》,中国环境科学出版社2006年版,第784页。
⑥ 陈桂琛等:《三江源自然保护区生态保护与建设》,青海人民出版社2007年版,第4页。

平均每年递减 5889 公顷。长江源头区许多山麓及山前坡地上的沼泽湿地已停止发育，部分地段甚至已出现沼泽泥潭地干燥裸露的现象。① 随着湖泊的萎缩和湿地的减少，西北地区的水源涵养能力大大的下降，自然灾害频发。

（4）生物多样性减少，部分珍稀动植物濒临灭绝。生物多样性是指地球活有机体及其生境的总称，是人类赖以生存和发展的物质基础，同时对调节气候环境、维护区域生态平衡等具有重要意义。西北地区地貌类型丰富，气候多样、生境变化复杂，形成了丰富而独特的生物多样性类型。以甘肃省为例，甘肃省地域辽阔，地形复杂，孕育了丰富的植物物种多样性，全省有野生维管植物四千余种，其中被子植物三千七百余种，裸子植物 46 种，蕨类植物一百九十余种，属国家重点保护的植物有五十余种。近年来，由人为因素和自然因素导致的生态退化，使许多野生动植物面临着直接或间接的威胁，珍稀植物的种群个体数量越来越少，部分植物种源丧失甚至灭绝，自然资源处于濒危灭绝状态。甘肃省濒危或受胁迫的动物数量也在逐年增加，20 世纪 80 年代有国家重点保护的动物 113 种，占国内 34 种保护动物种类的 32%；到 1994 年，列入《中国生物性保护行动计划》优先保护的种类已达 136 种，一些具有经济价值的珍稀保护动物如大鲵、红腹角雉、马麝、林麝等种群数量的减少速度更为迅速。② 青海省的生物多样性也在减少，青海高原现有的高等植物中已受到或面临威胁的物种占总种数的 15～20%，明显高于世界 10～15% 的平均水平；青海境内分布的哺乳类动物受威胁或濒危的有 38 种，鸟类为 49 种。同时，由于生态环境的恶化和人类近似疯狂的滥猎滥捕珍稀动物，造成藏羚羊、野牦牛、白唇鹿等种群快速减少，林麝、雪豹、普氏原羚等几近灭绝。③ 与 20 世纪 80 年代比，宁夏的生物多样性丢失状况也很严重，物种分布区域缩小，动植物种群在减少，有的濒临灭绝，有的（如铜鱼）已基本绝迹。

---

① 国家环保总局：《全国生态现状调查与评估 西北卷》，中国环境科学出版社 2006 年版，第 624 页。
② 国家环保总局：《全国生态现状调查与评估 西北卷》，中国环境科学出版社 2006 年版，第 289—292 页。
③ 国家环保总局：《全国生态现状调查与评估 西北卷》，中国环境科学出版社 2006 年版，第 584、591 页。

2. 生态退化的后果及对西北经济社会的损害

西北生态脆弱区生态环境的退化已越来越明显。由于生态破坏，使西北地区原本脆弱的生态环境雪上加霜，一些地区的生态环境更加恶劣，自然资源趋于短缺。这不仅严重威胁着当地的可持续发展，而且对全国生态环境及经济建设都带来了极大的损害。因生态退化和荒漠化加剧导致生态环境本就脆弱的新疆维吾尔自治区自然灾害频发，1997、1998、1999、2000 年，因各类自然灾害造成的直接经济损失分别为：50.5 亿元、59.18 亿元、64.44 亿元、48 亿元，分别占地区生产总值的 3.76%、4.35%、5%、3.5%，可以说，损失巨大。① 20 世纪 80—90 年代以来，青海省表现为以草地退化、耕地质量下降、水资源紧缺和生物多样性损失为特征的自然资源减少，生态功能和环境承载力下降，经济损失和对可持续发展影响巨大。据已有研究成果，青海省全省生态破坏经济损失达 12.87 亿元，仅 1993 年青海省生态破坏的经济损失就达 3.8 亿元，远远大于直接损失值，未来修复投入更大，将达到 9.26 亿元。更为严重的是，由生态破坏导致的资源争夺加剧，仅 2000 年，青海省发生的草场纠纷致使 6 人死亡，三百余人受伤，其中，青海省玉树藏族自治州囊谦县与西藏自治区昌都地区牧民发生的草场纠纷冲突中造成 2 人死亡，近百人受伤。显然，生态环境的破坏已直接影响到了社会稳定。② 与此同时，在三江源区不仅出现了"住在江河源头没水喝"的困境，而且"生态难民"也随之产生——严重的草地退化甚至沙化使可放牧的草场资源日益减少，牧民们为了生计，只能增加放牧强度，对已经不堪重负的草地施加更大的压力，越发加速了草场退化、沙化的进程，使三江源地区已然陷入"贫穷—掠夺式利用资源—破坏生态环境—更贫穷—生态难民"的恶性循环中，数量可观的生态难民随之产生。③ "生态难民"已成为西北生态脆弱区脱贫攻坚的难点。

1999 年，宁夏水土流失造成的经济损失为 64924 万元，是 1985 年损失值

---

① 国家环保总局：《全国生态现状调查与评估 西北卷》，中国环境科学出版社 2006 年版，第 820—821 页。
② 国家环保总局：《全国生态现状调查与评估 西北卷》，中国环境科学出版社 2006 年版，第 670、675 页。
③ 陈桂琛等：《三江源自然保护区生态保护与建设》，青海人民出版社 2007 年版，第 6 页。

6884.15万元的9.4倍（详见表1-4）；土壤次生盐渍化损失854万元；土地沙化损失4602万元。宁夏全区1999年主要生态环境破坏造成的经济损失达70380万元，占当年农业总产值的9.02%。①

表1-4 宁夏水土流失经济损失状况（万元）

生态破坏指标	经济损失（1985年）	经济损失（1999年）
土壤破坏造成泥沙流失损失	4783.5	50000
泥沙流失养分损失	1837.4	7334
水库储水能力损失	258.5	7500
库容减少灌溉损失	4.75	90
合计	6884.15	64924

陕西省因生态破坏造成的经济损失同样非常严重。以1999年为例，陕西省当年因部分生态问题造成的经济损失合计471.94亿元（详见表1-5）。由于生态环境的外溢效应，陕西省的生态环境问题还影响着周边地区及我国东部地区的生态安全。譬如，黄土高原水土流失威胁华北平原安全（陕西省入黄泥沙约占淤积黄河下游粗沙的一半，在2亿吨以上），荒漠化扩张使沙尘暴影响范围扩大（作为我国北方沙尘暴源地之一，陕西省境内长城沿线沙质荒漠化地区的沙尘在北风和西北风的影响下，可到达延安市、铜川市、西安市、渭南市以及山西省太原市、临汾市、运城市和河南省郑州市、洛阳市等地），秦巴山地生态破坏影响中线南水北调（秦巴山地乃汉江及其支流丹江的重要水源地，南水北调中线就以丹江口水库为水源，秦巴山地生态的退化已影响到汉江和丹江的水质）。②

表1-5 1999陕西省生态破坏的经济损失③

项目	计算方法	经济损失/万元	说明
土壤肥力损失	替代市场价值法	220392.42	按9.2亿吨泥沙计

---

① 国家环保总局：《全国生态现状调查与评估 西北卷》，中国环境科学出版社2006年版，第488页。
② 国家环保总局：《全国生态现状调查与评估 西北卷》，中国环境科学出版社2006年版，第111—114页。
③ 国家环保总局：《全国生态现状调查与评估 西北卷》，中国环境科学出版社2006年版，第111页。

第一章　西北生态脆弱区生态补偿现状分析

（续表）

项目	计算方法	经济损失/万元	说明
黄河下游清淤费	影子工程法	100000.00	按2亿吨粗沙计
缺水损失	补偿价值法	3365000.00	按16.2元/立方米计
退耕还林补助费	恢复费用法	498965.80	按3150元/公顷计
自然灾害损失	市场价值法	535000.00	按1999年统计值
合计/万元		4719358.22	

20 世纪 90 年代，甘肃省因旱灾、洪灾、雹灾、病虫害、沙尘暴灾造成的直接经济损失分别为 111.06 亿元、25.063 亿元、32.71 亿元、1.21 亿元、2.85 亿元。另据甘肃省环保局完成的《甘肃省生态环境状况及保护对策研究》表明，全省近 20 年水环境变化造成的经济损失为 12.9 亿元（详见表 1-6）。① 生态环境破坏给甘肃省某些县乡社会稳定和经济发展带来毁灭性打击，民勤已出现沙进人退的惨痛局面，黑河下游区域人畜无饮用水，出现 25000 名生态难民，阿克塞哈萨克族自治县县城不得不另择新址。

表1-6　甘肃省近20年各流域水环境变化经济损失（万元）

项目	内陆河	黄河	长江	全省
草场退化	1749.3	3504.6	518.4	5772.6
林木死亡	23463	4345	0	27808
盐渍化	1958.4	1018.4	117.5	3094.3
土地沙化	25296	4080	0	29376
水污染	9000	53500	0	62500
合计	61467	66448	635.9	128551

3. 西北生态脆弱区生态退化之成因

西北地区生态环境问题成因复杂，在全球气候变暖的大背景下，近几十年来气温波动性增高，局部地区降雨减少，在一定程度上加剧了西北地区生态退化的

---

① 国家环保总局：《全国生态现状调查与评估 西北卷》，中国环境科学出版社 2006 年版，第 390、393 页。

速度。但毋庸讳言，人为因素仍然是造成西北地区生态环境破坏的重要原因。①

（1）人口增长过快。以宁夏为例，1999年，自治区总人口为543.27万人②，人口密度已达105人/平方千米（在西北五省中仅次于陕西省，居第二位），宁南山区人口密度更是高达110人/平方千米，是联合国沙漠化会议确定的干旱、半干旱地区临界值（7—20人）的好几倍。正是因为人口增长过快，数量过多，给生态环境带来了巨大的压力。据研究，农业经济时期土地的承载力为40人/平方千米，工业经济时期土地的承载力为160人/平方千米。宁南山区无疑还处于农业经济时期，适宜承载人口121.82万人，但1997年底就已超载114.32万人。由于人口数量过多，而资源又是有限的，人们因缺粮、缺柴、缺草而滥垦、滥牧、滥采的现象屡禁不止，导致植被破坏、土地沙化、草场退化、水土流失等生态环境问题日益严重。③陕西也同样存在着人口压力引起的生态环境问题。人口的增加需要粮食的相应增加，当粮食产量不能满足人口增长的需求时，人们会通过扩大耕种面积或采取掠夺式生产来实现粮食产量的提高。榆林沙区耕地由1949年的45.8万公顷，增加到1988年的78.7万公顷，即为典型例证。沙区耕地的扩张导致原本脆弱的生态环境进一步恶化，土地生产力进一步下降。

（2）生态意识不强。长期以来，由于受"地大物博""人定胜天"等思想的影响，在处理经济增长和生态保护的关系上缺乏可持续发展理念，急功近利、追求政绩思想作祟，在自然资源开发上采取粗放式的开采模式，甚至是掠夺式的开发利用，对自然资源和生态环境造成了极大的破坏。以甘肃省为例，已发现的156种矿产占全国已知矿种的91%，其中有81种已探明储量，29种的储量居全国前五位。从已探明的储量来看，镍、钴、铂族金属、硒矿的保有储量居全国第一位，锌矿居全国第三位，铜、铅矿居全国第四位，锑矿居全国第五位。应该说，甘肃省是名符其实的矿产资源大省。在国家建设需求等多种因素驱使下，甘

---

① 刘驭、程丹：《人为因素是造成西部地区生态破坏的重要原因》，http：//www.envir.gov.cn/info，2002-1-16。
② 2010年，宁夏总人口已达630.14万人。参见国家统计局：《2010年第六次全国人口普查主要数据公报》（第2号），http：//www.stats.gov.cn/tjgb/qttjgb。
③ 国家环保总局：《全国生态现状调查与评估 西北卷》，中国环境科学出版社2006年版，第491—492页。

肃省对其丰富的矿产资源开始了大规模的开发利用。据统计，甘肃省已开采利用的矿产超过60种，矿山企业超过2000家，矿业及相关产业产值已占全省工业总产值的62.9%，有力地支撑了甘肃经济的发展。但是，矿产资源是不可再生的，这种大规模的开采一方面导致了一些资源的枯竭——白银的铜资源已接近枯竭，"镍都"金昌的开采期已不足50年，陇南的厂坝铅锌矿已支离破碎；① 另一方面，滥采滥挖对土地的占用和对生态环境的破坏也非常严重。甘肃省采矿占地面积由20世纪80年代的8355公顷，上升到90年代的16570公顷，对地表植被的破坏几乎是毁灭性的，植被的被毁加剧了水土流失，导致矿山生态环境进一步恶化。② "资源无价""取之不尽，用之不竭""有水快流""先下手为强"等不正确观念，大大加剧了西北地区生态环境的退化速度和程度。

（3）草场超载过牧。重视存栏数，忽视草地改良，造成草场超载、过牧、承载力下降。甘肃省1980年天然草地平均产草量为2616.59千克/公顷，总储草量468.48亿千克，全年理论载畜量为3208.1万羊单位。1998年以上三项指标下降为2093.29千克/公顷、374.70亿千克、2566.44万羊单位。1980－1998年的18年间，全省天然草地的平均生产能力下降了20%。③ 据统计，玛曲县20世纪50年代人口仅为6642人，各类牲畜24万头（只）；到2003年全县人口高达4.27万人，各类牲畜66万头（只）④，人草畜关系紧张，草场不堪重负。宁夏天然草场载畜量为270.66万个羊单位，但20世纪90年代末仅羊只存栏总数就达326万只，不计草原退化因素，为草原载畜能力的1.2倍。⑤ 调查中我们发现，其他地区存在同样的问题。柴达木地区1950年每只羊单位占有牧草地11.67公

---

① 《矿产资源存在先天不足"资源先导"制约甘肃发展》，http：//www.cre.net/show.php?contentid=21171，2004－6－1。
② 国家环保总局：《全国生态现状调查与评估 西北卷》，中国环境科学出版社2006年版，第398页。
③ 国家环保总局：《全国生态现状调查与评估 西北卷》，中国环境科学出版社2006年版，第398页。
④ 高新才、姜安印等：《"过牧"的制度解释及治理的制度设计——对玛曲县人草畜紧张关系的制度经济学思考》，载《兰州大学学报》（社科版）2004年第4期。
⑤ 国家环保总局：《全国生态现状调查与评估 西北卷》，中国环境科学出版社2006年版，第492页。

顷，1965年降为2.2公顷，1982年降为1.87公顷，1990年降为1.27公顷，牧草利用强度增大9倍以上。① 目前，三江源区实际人口65万，各类牲畜折羊数达到 2200×10^4 只羊单位，为新中国成立初期的3倍多，正常年份冷季草场牲畜超载达到50%—60%。② 超载过牧严重破坏了牧草的生长发育规律，导致土壤、草群结构变化，加之鼠害泛滥，草场上出现大量的"黑土滩"，而"黑土滩"的治理难度很大。显然，随着牧民选择的市场导向性增强，西北生态脆弱区牧民的"行为选择同可持续性目标的不协调性也在增强"③；西北广袤的草原与"风吹草低见牛羊"的原色渐行渐远。

（4）滥砍滥挖植被。近几十年来，宁夏人口数量快速增长，超过了自然资源的承载能力，人们因缺粮、缺柴、缺草料，滥垦、滥牧、滥采的现象屡禁不止，造成植被破坏、草原退化等一系列生态问题，人口与资源、环境相互之间形成恶性循环。④ 新疆药用植物、纤维植物资源丰富，天然植被被许多没有原料基地的甘草膏厂、麻黄素厂、罗布麻厂等挖掘采集，破坏了防风固沙的重要植被。⑤ "虫草经济"（10万元/千克，10年涨了50倍）的迅速升温，也是造成西北多地植被被滥挖甚至被彻底破坏的重要因素。甘肃省玛曲县是虫草的重要产区，每年都会有省内外各地规模庞大的人群来这里挖虫草，严重破坏了植被资源（挖一根虫草最少要破坏30平方厘米左右的草皮），造成水土流失。除植被破坏外，成千上万的人挖掘留下的空洞，大大加快了雨季中水土流失的速度。⑥ 青海省的情况也不容乐观，据统计，自20世纪50年代起，柴达木地区林木砍伐量达20万立方米，50%以上的森林资源遭到了消耗和破坏，林地面积减少了20%。

---

① 国家环保总局：《全国生态现状调查与评估 西北卷》，中国环境科学出版社2006年版，第686页。
② 陈桂琛等：《三江源自然保护区生态保护与建设》，青海人民出版社2007年版，第18页。
③ 高新才、姜安印等：《"过牧"的制度解释及治理的制度设计——对玛曲县人草畜紧张关系的制度经济学思考》，载《兰州大学学报》（社科版）2004年第4期。
④ 国家环保总局：《全国生态现状调查与评估 西北卷》，中国环境科学出版社2006年版，第492页。
⑤ 国家环保总局：《全国生态现状调查与评估 西北卷》，中国环境科学出版社2006年版，第826页。
⑥ 黄皓：《全民挖虫草 青藏高原遍体鳞伤》，http://www.sina.com.cn，2005-10-25。

柽柳、白刺等在盆地生态系统中占重要地位的植物被当作燃料大量采挖，致使沙生植物受到不同程度的破坏，总面积达133.33万公顷。在格尔木附近青藏高原沿线，沙生灌木几乎被采挖殆尽。乱采沙金是导致西北植被遭破坏的又一重要原因，青海省曲麻莱县的3.33万公顷以上的草地因此遭到了彻底破坏。① 草地植被遭大面积严重破坏，大大加快了草场退化和沙化的速度。

（5）盲目开垦耕地。20世纪60、70年代，随着人口的增加和粮食需求量的增长，陕西省试图通过扩大垦殖面积来获取粮食总产量的提高，所以，全省各地开始了盲目的大规模的垦殖活动。以榆林为例，榆林沙区耕地在1949年为45.8万公顷，到1988年增加到78.7万公顷，结果导致生态恶化，土地生产力下降。② 同样的原因，宁夏贫困山区的农民曾在草原上大面积开荒种植（即所谓"撞田"——若风调雨顺即广种薄收，若遇干旱即弃耕），造成自然植被的破坏，导致土地沙化和水土流失加剧。③ 1958—1960年"大跃进"期间，青海省为贯彻"以粮为纲"之"国策"，共开垦草原21.33×10^4公顷，其中三江源地区开垦约5×10^4公顷。④ 柴达木盆地累计开垦耕地8万公顷以上，其中55%已成为弃荒地。将水土条件较好的牧草地和林地开垦再撂荒，使原有的天然植被遭到破坏，且难以恢复，加速了荒漠化的过程。1959年柴达木盆地包括砾漠、岩漠和沙漠在内的土地面积仅为580万公顷，但到1994年已增加到1025万公顷，沙化面积扩大近一倍。由于盲目垦田，青海湖区的耕地由原来的1.71万公顷增加到20世纪90年代的2.8万公顷，翻了近一倍。20世纪50、60年代，这些刚刚开垦的土地由于长期积累的有机质和足量的浇灌，大部分都实现了较高的产量；但随着潜在的土壤肥力下降以及盐碱化和沼泽化的扩展，产量快速下降。进入21世纪，这些被开垦的土地大多被迫采取休耕的作法，导致这些土地全年一半以上的时间都呈

---

① 国家环保总局：《全国生态现状调查与评估 西北卷》，中国环境科学出版社2006年版，第685—688页。
② 国家环保总局：《全国生态现状调查与评估 西北卷》，中国环境科学出版社2006年版，第117页。
③ 国家环保总局：《全国生态现状调查与评估 西北卷》，中国环境科学出版社2006年版，第492页。
④ 陈桂琛等：《三江源自然保护区生态保护与建设》，青海人民出版社2007年版，第18页。

一种裸露或基本裸露的状态，许多耕地沦为沙地、砾地、沼泽地和盐碱地，生态环境开始恶化。①

（6）忽视传统生态文明。西北地区是少数民族聚居区，各民族创造了博大精深的传统生态文明。西北少数民族创造的传统生态文明以其全民信仰的宗教文化为精神基础，其生态伦理观认为，自然界的所有生物都有生命价值和生存权利，因而，人类应该崇敬自然、尊重生命。譬如，在青藏高原地区，所有的僧俗民众对藏传佛教无不保持着虔诚的信仰，他们时时刻刻践行着藏传佛教的教义，藏传佛教的"慈悲为怀""普度众生""因果报应"等理念早已深入当地民众的心中，成为高原藏族民众的思想意识。藏传佛教强调平等对待一切有情，提倡一种彻底的平等观，所有民众每时每刻都要用大慈大悲之心去关爱一切有情生命。在藏传佛教长期的熏陶下，藏族民众把生态环境视为自己生存的基础和条件，与动物和睦相处，产生了种种保护动植物的行为。回族、维吾尔族等民族作为全民信仰伊斯兰教的民族，伊斯兰文化中"人与自然和谐统一"的生态自然观、"爱惜生物"的生态伦理观、"人与自然和谐共处"的理想生态境界对他们的生态观念和行为方式具有重要的塑造和导向作用。② 正是在传统生态文明的指引下，藏族以及其他少数民族聚居区曾经是一片"净土"。西部大开发以来，我国西北地区各方面的事业都取得了很大的发展。随着政治民主化、经济市场化、教育普及化、宗教世俗化、社会现代化的进程，很多农牧民的价值观念和宗教观念正在发生着变化③，以宗教为基础的传统生态文明也受到不同程度的冲击，雪域高原已经不是生态上的纯净之土④。当然，在经济全球化和世界一体化的今天，想要完全恢复传统生态文明并借助宗教情怀来实现生态环境的恢复和保护，看来很困难。⑤ 但是我们应该找到一条能使少数民族聚居区的生态环境和民族文化共同繁荣发展的路径。

---

① 国家环保总局：《全国生态现状调查与评估 西北卷》，中国环境科学出版社2006年版，第686—690页。
② 冯怀信：《伊斯兰的生态观及现代意义》，载《中国宗教》1999年第2期。
③ 李涛：《从一个社区考察西藏山南农村经济现代化发展进程》，中国藏学网，2005-3-22。
④ 刘俊哲等：《藏族道德》，民族出版社2003年版，第352—353页。
⑤ 南文渊：《藏族生态伦理》，民族出版社2007年版，第341页。

第一章　西北生态脆弱区生态补偿现状分析

三、西北生态脆弱区生态补偿成效及不足
——以退耕还林为例

1. 西北生态脆弱区退耕还林补偿总体情况

（1）退耕还林在全国的进展。根据朱镕基总理"退耕还林，封山绿化，以粮代赈，个体承包"的指示精神，1999年，甘肃、陕西、四川3省率先开展退耕还林试点。2000年，中央2号文件和国务院西部地区开发会议将退耕还林工程列为西部大开发的重要内容；同年，经国务院正式批准，黄河中上游、长江上游地区17个省区188个县的退耕还林试点工作全面启动。2002年，国务院决定在全国范围内启动退耕还林还草工程，涉及陕西、甘肃、宁夏、青海、新疆等25个省（区、市）和新疆生产建设兵团，共1897个县（市、区、旗）。① 退耕还林的目标和任务为：初步规划工程建设期为2001—2005年，退耕地还林667万公顷，宜林荒山荒地造林867万公顷；② 第二阶段为2006—2010年，退耕地还林800万公顷，宜林荒山荒地造林867万公顷。到2010年退耕还林工程完成之时，要实现多数陡坡耕地已退耕还林，严重沙化耕地已得到较好治理；同时新增林草植被3200万公顷以上，退耕还林区林草覆盖率有较大的提高，生态环境状况明显改善。③

根据《国务院关于进一步完善退耕还林政策措施的若干意见》，国家（中央财政）无偿向退耕农户提供粮食及现金补助。粮食和现金的补助标准为：黄河流域及北方地区，每亩退耕地每年补助粮食（原粮）100千克（按1.4元/千克的

---

① 刘诚、李红勋：《中国退耕还林政策系统性评估研究》，经济管理出版社2010年版，第22页。
② 两类均含1999—2000年退耕还林试点任务。
③ 刘诚、李红勋：《中国退耕还林政策系统性评估研究》，经济管理出版社2010年版，第22页。

· 19 ·

价款折价计算)①,补助现金 20 元;补助年限为:还草补助为 2 年,还经济林补助为 5 年,还生态林补助暂定为 8 年。同时,国家还向退耕农户提供种苗及造林费补助:退耕地、宜林荒山荒地造林每亩补助 50 元,干旱、半干旱地带如遇连年干旱等特大自然灾害确实需补植或重新造林的,国家还可酌情给予补助。②

表 1-7 1999~2007 全国退耕还林工程进展概况③

指标	单位	1999	2000	2001	2002	2003	2004	2005	2006	2007
完成造林	公顷	46.70	88.8	89.03	442.36	619.61	321.75	189.83	97.70	105.6
退耕地造林	公顷	39.69	42.8	40.54	203.98	308.59	82.49	66.73	21.85	5.95
荒山地造林	公顷	7.01	45.7	48.49	238.38	311.02	239.26	123.10	75.85	97.73
种草	公顷			14.41	11.09	19.56	12.33	4.69	5.95	3.97
兑现粮食	亿千克			4.00	51.62	86.75	156.24	279.25		
兑现生活费	亿元			3.5	4.58	26.43	3.35	22.42		
国家投资	亿元		15.4	32.14	110.61	208.56	214.29	250.88	232.14	208.41
粮食折资	亿元			20.36	63.08	129.61	157.77	202.80		
种苗费	亿元		3.33	7.37	33.07	49.83	26.72	23.80		
科技支撑费	亿元			0.12	0.32	5.64	2.74	0.18		
其它费用	亿元			4.41	14.46	23.48	27.06	15.37		6.4

根据国家林业局统计,从 1999 年到 2011 年,全国已完成退耕还林 4.34 亿亩,其中退耕地造林 1.39 亿亩,荒山荒地造林和封山育林 2.95 亿亩,退耕还林区的森林覆盖率平均提高了 3 个百分点。为实施退耕还林工程,中央已累计投入资金 3250 亿元,3200 万农户 1.24 亿人口直接受益。④ 退耕还林工程从保护和修复生态环境出发,将水土流失严重以及沙化、盐碱化、石漠化严重的耕地以及粮

---

① 长江流域及南方地区,每亩退耕地每年补助粮食(原粮)150 千克,比黄河流域及北方地区多 50 千克。
② 参见《国务院关于进一步完善退耕还林政策措施的若干意见》,http://www.gov.cn/gongbao/content/2002/content_ 61463. htm。
③ 刘诚、李红勋:《中国退耕还林政策系统性评估研究》,经济管理出版社 2010 年版,第 26 页。
④ 董德:《从 1999 年到 2011 年全国共完成退耕还林任务 4.34 亿亩——国家林业局副局长印红答记者问》,www.news.china.com.cn,2012-6-4。

食产量较低且不稳定的耕地，有规划、有步骤地停止耕种，因地制宜地植树种草，以恢复植被。从取得的成绩看，退耕还林工程已成为我国乃至全世界政策性最强、投资最大、涉及面最广、群众参与程度最高的一项生态工程（全国退耕还林进展概况见表1－7）。

退耕还林工程，中央已累计投入资金3250亿元，3200万农户1.24亿人口直接受益。退耕还林工程从保护和修复生态的角度出发，将沙化、盐碱化、石漠化严重的耕地及水土流失严重、粮食产量低且不稳定的耕地，有计划、依程序地停止耕种，并视其土质情况种草种树，以恢复植被。从取得的成绩看，退耕还林工程已成为我国乃至全世界政策性最强、投资最大、涉及面最广、群众参与程度最高的一项生态工程（全国退耕还林进展概况见表1－7）。

（2）西北生态脆弱区退耕还林总体情况。西北地区大于15度的坡耕地面积为392.8×10^{4}公顷，占其耕地总面积的23.5%，其中按规定必须退耕的25度以上陡坡耕地为153.6×10^{4}公顷，占其耕地总面积的9.2%。当然，西北地区不仅仅陡坡耕地多，还是我国水土流失最为严重的地区之一，西北地区自然就成了实施退耕还林的重点区域。① 据统计，从1999年到2011年②，西北生态脆弱区已完成退耕还林9597.3万亩，其中退耕地造林3618.9万亩，荒山荒地造林和封山育林5968.4万亩③。具体情况如下。

①陕西省。作为退耕还林工程的试点省，陕西省自1999年以来，始终把退耕还林工程作为林业建设的重点工作，认真筹划并组织实施。1999年至2008年，陕西省共完成退耕还林3449.5万亩，其中退耕地还林1528.8万亩，荒山荒地造林1790.7万亩，封山育林130万亩，列全国第一。而且，退耕还林工程涉及陕西全省102个县（市、区）的915万农牧民，共兑现钱粮补助175.05亿元。④ 从调查中发现，陕西省政府及其相关部门非常重视退耕还林工程的管理，其退耕还

---

① 谢晨、彭道黎：《退耕还林政策十年评价》，社会科学文献出版社2011年版，第165页。
② 由于资料所限，部分省份统计时间截至2008年、2009年或2010年。
③ 此处数据由西北五省区数据累加而来，详见下文分省叙述。
④ 参见《陕西省林业厅关于我省退耕还林十周年工作总结的报告》（陕林发〔2009〕267号），http://www.snly.gov.cn/content_1.jsp?urltype=news.NewsContentUrl&wbnewsid=7588&wbtreeid=75。

林面积保存率始终在95%以上。与此同时，陕西省还治理水土流失面积9.42万平方千米，年输入黄河的泥沙量减少了1.3亿吨。①

②甘肃省。甘肃省也是退耕还林工程的试点省。1999年开展试点以来，甘肃省把退耕还林工程作为修复生态和可持续发展的长远大计，精心组织实施，实现了"退得下、还得上、稳得住、不反弹"的目标。截至2010年底，甘肃省共完成退耕还林2755.8万亩，其中退耕地还林1003.3万亩，荒山荒地造林1557.5万亩，封山育林195万亩。退耕还林过程中，累计兑现钱粮补助131.97亿元。甘肃省退耕还林面积保存率达99%，林权证发证率达95%，建档率实现100%，退耕还林工程进展顺利。②

③宁夏区。宁夏自2000年实施退耕还林工程以来，精心组织实施，顺利完成了退耕还林任务，取得了良好的效果。截至2011年底，宁夏共完成退耕还林1281万亩，其中退耕地造林471万亩，荒山荒地造林746万亩，封山育林64万亩，造林总面积达到全区国土面积的16.5%③，人均退耕面积列全国第一④。宁夏退耕地面积保存率达98%以上，成林率达36%。退耕还林以来，宁夏共兑现钱粮补助68.45亿元，其中种苗造林补助7.04亿元，第一轮原有粮款补助资金57.23亿元，第二轮完善政策补助资金4.18亿元。⑤（宁夏退耕还林工程任务及资金安排情况见表1-8）

---

① 赵辉：《陕西主色调由"黄"变"绿" 退耕还林面积全国第一》，http://www.cnwest.com，2010-1-11。

② 林业厅退耕办：《甘肃省退耕还林工程建设成绩斐然》，载《甘肃林业》2011年第4期。

③ 余峰、李月祥：《宁夏退耕还林工程研究》，黄河出版传媒集团2012年版，第44页。

④ 按照实际退耕人口计算，宁夏回族自治区退耕户人均退耕面积为3.08亩，是全国退耕户人均退耕面积1.12亩的2.7倍；按照区总人口计算，宁夏人均退耕面积为0.78亩，是全国25个退耕还林任务省（区、市）人均退耕面积0.15亩的5.2倍，人均退耕面积均为全国第一。参见余峰、孙艳华：《人均退耕还林面积居全国第一》，国家林业局网，2009-11-27。

⑤ 余峰、李月祥：《宁夏退耕还林工程研究》，黄河出版传媒集团2012年版，第44、36页。

表1-8 宁夏2000~2011年退耕还林工程任务及资金安排情况①

任务安排（万亩）				资金安排（万元）			
合计	退耕地造林	荒山造林	封山育林	合计	种苗造林补助	原政策财政补助	完善政策财政补助
12810000	4710000	7460000	640000	684495.6	70380.0	572346.0	41769.6

④青海省。2000年，青海省开始实施退耕还林（还草）工程。工程实施后，青海各级政府和各族人民都非常重视，积极组织实施，工程进展顺利。截至2009年，青海省共完成退耕还林967万亩，其中退耕地造林（种草）290万亩，荒山荒地造林（种草）582万亩，封山育林95万亩。② 同时，青海省还治理水土流失面积922万亩，减少15度以上陡坡耕地113.3万亩，减少沙化土地107.9万亩，生态效果明显。而且，随着退耕还林（还草）工程的推进，青海省生态建设步伐明显加快，毁林（草）开荒等不良现象得到初步遏制。③

⑤新疆区。新疆自2000年实施退耕还林工程以来，始终坚持"谁退耕、谁造林、谁经营、谁受益"的原则，将退耕还林工程与新疆特色林果产业规划相结合，提高了农户退耕还林的积极性。截至2009年，新疆共完成退耕还林1134万亩，其中退耕地造林325.8万亩，荒山荒地造林679万亩，封山育林129.2万亩，工程涉及自治区90个县（市、区）的150万农牧民。④ 截至2010年，新疆维吾尔自治区森林覆盖率达到4.02%，绿洲森林覆盖率达到23.5%⑤，生态环境逐步改善。

2. 西北生态脆弱区退耕还林补偿效果明显

退耕还林工程的实施，不仅使西北生态脆弱区生态环境建设跨入一个新的发

---

① 余峰、李月祥：《宁夏退耕还林工程研究》，黄河出版传媒集团2012年版，第44、36页。
② 2000—2009年，青海省在青海湖环湖地区、东部黄土丘陵区、西部柴达木盆地和共和盆地风沙区以及三江源头地区展开了大面积退耕还林还草工程，涉及48个县（市）、327个乡镇、3911个行政村。参见何伟：《退耕还林还草工程有效改善青海高原生态环境》，新华网，2009-12-14。
③ 王大千：《青海：十年退耕还林（还草）成果显著》，新华网，2010-8-10。
④ 熊聪茹：《新疆退耕还林工程累计造林1134万亩》，新华网，2010-2-18。
⑤ 新疆林业局：《新疆沙漠化面积"十二五"锁定零增长》，http://news.163.com，2011-2-16。

展时期，而且对调整当地农村产业结构、增加农民收入、实现农村经济社会全面发展同样起了重大的作用，退耕还林工程实现了经济、社会、生态的"三赢"。①

（1）局部生态环境明显改善。已如前文所述，从1999年到2011年，西北地区已完成退耕还林9597.3万亩，其中退耕地造林3618.9万亩，荒山荒地造林和封山育林5968.4万亩，成绩显著。随着退耕还林工程的推进，西北五省区退耕还林区域的林草资源量明显增加，西北五省区的森林覆盖率有了较大提高（西北地区退耕还林前后森林覆盖率对比情况见表1-9），局部生态明显改善。甘肃省天祝藏族自治县采取"退、造、封、育、护"等综合治理措施，在哈溪镇小脑皮沟村完成退耕还林（草）2515亩，生态移民59户256人，将其建成为小脑皮沟石羊河流域源头综合治理示范区，这是继朵什旱泉沟石羊河流域源头综合治理示范区后的又一个源头综合治理示范区。现在，这里的山头已被枝繁叶茂的灌木林等植被所覆盖，一道生态屏障已然形成。② 中国最美湖泊——青海湖周边的生态环境也明显改善，沙化土地以每年2.3%的速率递减，水位则连续5年上涨。③ 随着植被的改善，西北地区水土流失现象有所减弱。截至2010年底，宁夏近十年累计治理水土流失2.17万平方千米，每年减少入黄河泥沙4000万吨，初步实现了"水不下山、泥不出沟"的治理目标。④ 甘肃省陇南市已完成的退耕还林面积每年至少可减少水土流失500万吨，蓄水1500万立方米；天水市秦城区水土流失面积由1998年的314.3平方千米减少到90.74平方千米，减少71.7%，土壤年侵蚀量由退耕前的208.24万吨减少到95.56万吨，减少54.1%。⑤ 而且，随着林草植被的增加和局部生态环境的改善，西北地区的生物多样性开始恢复（当地居民对退耕还林的正面评价见表1-10）。以甘肃省张掖市为例，随着退耕

---

① 本节参见吕志祥：《西北地区生态补偿成效评析——退耕还林的视角》，载《攀登》2013年第4期。
② 过去这个小山村居住着50多户农牧民，地理、气候、人为开荒种地等多种因素，促使这里植被退化严重，周边的山岭一度变成了荒山秃岭。参见马顺龙、文占军：《天祝县以石羊河流域源头综合治理为主线实施生态立县》，新华网，2011-12-17。
③ 何伟：《退耕还林还草工程有效改善青海高原生态环境》，新华网，2009-12-14。
④ 宁夏曾经是全国水土流失最严重的省区之一，因水土流失年均输入黄河泥沙约1亿吨。参见余峰、李月祥：《宁夏退耕还林工程研究》，黄河出版传媒集团2012年版，第44页。
⑤ 林业厅退耕办：《甘肃省退耕还林工程建设成绩斐然》，载《甘肃林业》2011年第4期。

还林工程的实施，这里的局部小气候得到有效改善和调节，"消失"多年的黑鹳、白鹳、白天鹅等国家一、二类保护野生动物又频繁出现在民乐、山丹、肃南的部分退耕还林区。① 青海省化隆县沙连堡乡的受访民众也认为，自从退耕还林（草）后，当地的野生动物种类明显增加，甚至有叫不出学名的动物。三江源地区诸如藏原羚、藏野驴、猎隼、狐狸等野生动物的数量也迅速增多。显然，退耕还林工程的有效实施，使西北局部地区的生态环境明显好转，水土流失和风沙危害减轻，入河泥沙量减少，成为构建国家生态安全屏障的重要一环。

表1-9 西北五省区退耕还林前后森林覆盖率对比

省区	退耕前②	2010年③
陕西省	30.92%（1999）	41.42%（植被覆盖率达71.1%）
甘肃省	9.9%（2001）	13.42%
宁夏区	8.4%（2000）	11.4%
青海省	3.1%（1999）	5.3%
新疆区	1.68%（1998）	4.02%（绿洲森林覆盖率达到23.5%）

---

① 林业厅退耕办：《甘肃省退耕还林工程建设成绩斐然》，载《甘肃林业》2011年第4期。
② 许祖华、毛海峰：《陕西：退耕还林使森林覆盖率净增6.34%》，http://news.QQ.com，2007-10-15；连振祥：《甘肃省森林覆盖率达到13.42%》，新华网，2007-9-7；余峰、李月祥：《宁夏退耕还林工程研究》，黄河出版传媒集团2012年版，第44页；马勇：《西部大开发十年青海森林覆盖率大幅提高》，新华网，2010-9-1；戴岚、王慧敏：《新疆10年森林覆盖率增近一倍 气候向暖湿方向转变》，人民网，2008-4-9。
③ 王乐文：《陕西省省长赵正永：让三秦人民生活得更有尊严》，人民网，2011-2-22；李杨：《甘肃5年义务植树4.42亿株 森林覆盖率13.42%》，甘肃新闻网，2011-11-23；《2011年宁夏回族自治区人民政府工作报告》，www.gov.cn，2011-2-9；马勇：《西部大开发十年 青海森林覆盖率大幅提高》，新华网，2010-9-1；新疆林业局：《新疆沙漠化面积"十二五"锁定零增长》，http://news.163.com，2011-2-16。

表1-10 当地居民对退耕还林的正面评价①

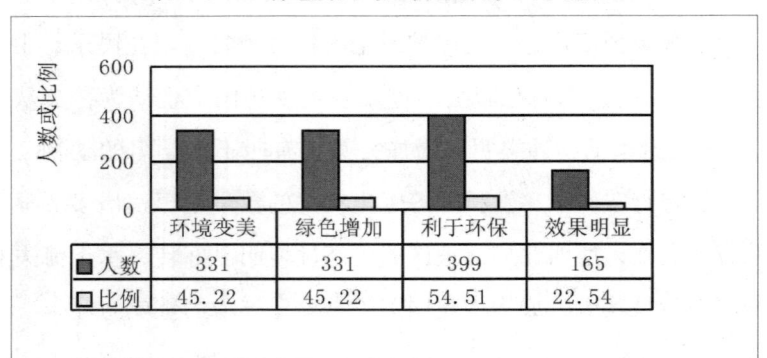

（2）生态环保意识有所提高。退耕还林工程的大规模实施很好的宣传、普及了生态环保理念，十多年来，西北地区干部群众组织和参与退耕还林的热情很高，加强生态环境保护已成为全民共识。1999年，退耕还林工程启动后，陕西省延安市充分动员起来，全力组织实施，十年来共完成退耕还林882.16万亩，其中退耕地还林502.38万亩，荒山荒地造林371.78万亩，封山育林8万亩，延安市生态环境明显改善，民众生态环保意识明显提高。随着退耕还林工程的深入，当地民众开始自觉地保护生态环境，部分地区即使国家没有补助，民众也在退耕。② 为了保证退耕还林工程"退得下、还得上、稳得住、能致富"，甘肃省甘南藏族自治州积极调整农村产业结构，培育和发展诸如优质藏药材基地、优质青稞基地、优质油菜基地、无公害蔬菜（食用菌）基地等后续产业。农牧民从退耕（牧）还林（草）和产业结构调整中获益良多，生态环保意识不仅复苏且更加牢固，他们积极参与退耕还林还草，部分地方甚至出现了争要退耕还林还草任务的现象。调查发现，与退耕前相比，西北地区86.44%的农户更加重视植树造林和保护树木；仅有12.97%的农户认为人们的环保观念没有发生变化；认为环保观念有所降低的农户更少，仅有0.59%。③ 而且，农户对于退耕还林的认知率也非常高，以甘肃省为例，当地农户对于退耕还林的认知率高达99%，90%以

---

① 根据课题组在西北五省区的问卷调查数据整理，受访总人数732人（户）。
② 元莉华、姚志伟：《延安退耕还林10年改变的不只是山水》，http://www.cnwest.com，2009-12-20。
③ 谢晨、彭道黎：《退耕还林政策十年评价》，社会科学文献出版社2011年版，第183页。

第一章 西北生态脆弱区生态补偿现状分析

上的农户表示非常支持此项工程——因为退耕还林工程确实可改善生态环境。①

（3）生态地位进一步提升。我国退耕还林工程的规模及投资，都已远远超越美国的罗斯福大草原林业工程、苏联的斯大林改造大自然计划和北非五国的绿色坝工程等世界重大生态工程，是名符其实的世界最大生态工程。如果按我国人工林平均每亩蓄积量3.1立方米计算，退耕还林树木成林后，林分蓄积量将达13亿立方米，可以固定二氧化碳近10亿吨，无疑将为应对全球气候变化、有效解决全球生态问题做出重大贡献。②而且，随着西北生态环境的好转，西北地区调节气候、涵养水源、防风固沙等生态功能也将日益显著，生态地位将进一步提升。以三江源地区为例，被誉为"中华水塔"的青海省三江源区向中下游供水六百多亿立方米/年，不仅维系着整个流域的水环境安全，还哺育了全国一半以上的人口。但近几十年来，受全球气候变暖和人类活动频繁等因素的影响，三江源地区的生态环境不断恶化，甚至面临一场深刻的生态危机。为拯救和修复脆弱的三江源生态，中央政府于2005年规划投资75亿元，采取退耕（牧）还林（草）、生态移民、禁牧减畜、荒漠化治理等一系列措施，实施三江源生态保护和修复工程。③经过持续的努力，三江源生态有所恢复，2011年，位于黄河源头的"姊妹湖"扎陵湖和鄂陵湖的水域面积恢复到560平方千米和677平方千米（2003年分别达到493平方千米和578平方千米的历史新低），这是三江源地区生态环境逐渐恢复的结果。随着三江源局部地区生态状况的好转，三江源地区沼泽、湖泊面积均有不同程度扩大，河流径流量逐渐增加，水源涵养功能有所恢复，三江源的生态效益加速生成④，生态地位更加重要。

表1-11 宁夏特色经济林产业⑤

品种	面积（万亩）	产量（吨）	产值（万元）
枸杞	70	80000	300000

---

① 林业厅退耕办：《甘肃省退耕还林工程建设成绩斐然》，载《甘肃林业》2011年第4期。
② 张永利：《在全国退耕还林工作座谈会上的讲话》，http://www.forestry.gov.cn，2010-7-29。
③ 何伟：《青海"生态立省"确保"中华水塔"碧水长流》，新华网，2011-2-20。
④ 何伟：《三江源生态保护和建设工程完成投资近50亿元》，新华网，2012-4-26。
⑤ 余峰、李月祥：《宁夏退耕还林工程研究》，黄河出版传媒集团2012年版，第202页。

（续表）

品种	面积（万亩）	产量（吨）	产值（万元）
葡萄	35	100000	160000
苹果	68	480000	40000
红枣	80	43000	40000

（4）农村经济结构逐步调整。西北五省区抓住退耕还林的契机，把生态区位重要、粮食产量低或粮食产量不稳定的陡坡耕地和沙化耕地实施退耕还林，在条件好的耕地上精耕细作，并发展林果经济、草畜养殖等特色产业，促进了农村产业结构的调整，增加了"三农"投入，实现了农民增收。在青海省，退耕（牧）还林（草）工程不仅惠泽农牧户29.62万户135.5万人，共发放粮食补助资金28.26亿元、生活补助资金3.99亿元（对农牧民收入增加值的贡献率达到23.1%①），而且，退耕（牧）还林（草）工程还成为青海省农牧区产业结构调整的重要推手，这里的种植业结构已开始发生变化，部分劳动力还向二、三产业转移。② 甘肃定西、陕西延安、宁夏固原等从前生态环境恶劣、经济发展滞后的地区也逐步走出了一条生态建设有成效、经济社会得发展的双赢道路。③ 甘肃省定西市安定区采取林草间作治理模式，在新建牧草基地55万亩的基础上，引良种、配饲料、改圈舍，实现了"草多—畜多—肥多—粮多—钱多"的良性循环，安定区畜牧业产值比退耕前增加了44.5%，农民人均畜牧业收入达四百多元。④ 陕西省延安市的苹果产业也已蜚声中外，2008年，延安市苹果总面积达二百三十多万亩，总产量达160万吨，总产值达29.3亿元，苹果收入占农民人均纯收入的40%左右。⑤ 宁夏固原累计完成退耕还林草254.2万亩，林草植被大面积恢

---

① 截至目前，退耕还林地区1.24亿农民已人均获得中央财政直补2000元/年，占西北地区退耕农民人均年纯收入的20%。见张永利：《在全国退耕还林工作座谈会上的讲话》，http://www.forestry.gov.cn，2010-7-29。
② 何伟：《退耕还林还草工程有效改善青海高原生态环境》，新华网，2009-12-14。
③ 张永利：《在全国退耕还林工作座谈会上的讲话》，http://www.forestry.gov.cn，2010-7-29。
④ 林业厅退耕办：《甘肃省退耕还林工程建设成绩斐然》，载《甘肃林业》2011年第4期。
⑤ 元莉华、姚志伟：《延安退耕还林10年改变的不只是山水》，http://www.cnwest.com，2009-12-20。

复（草原植被覆盖度提高到73%）的同时，具有当地特色和原产地特征的马铃薯加工、设施蔬菜、中药材等系列农产品开始畅销市场，固原生态农业经过"进""退"之路，实现了"一减两增"——"一减"是耕地面积减少了38%（370.01万亩）；"两增"是农牧渔业总产值增至63.3亿元（增长4.74倍），农民人均纯收入增至4044.1元（是2001年的3.9倍）。①（宁夏特色经济林产业见表1－11）。随着退耕还林区农村经济结构的调整，当地农户的收入渐趋多元化。以新疆若羌县为例，2008年当地农户人均纯收入有了较大的提高，当年农户人均收入的7612元中，退耕种植红枣的收入就占到了75%。②

(5) 社会秩序更加稳定。西北地区是多民族聚居区，除宁夏、新疆两个自治区外，青海省、甘肃省和陕西省均为多民族杂居的省份。维护民族团结和社会稳定，始终是西北地区各族人民的重大使命。加大西北生态保护的力度，发展农牧区经济，缩小西北与中东部地区的差距，让各族民众过上更加富裕的生活，是实现民族团结和社会稳定的重要保障。因为，民族地区存在的问题，归根结底还是要靠发展来解决；而生态环境的改善将为经济的稳步发展和人民群众的安居乐业提供良好的支撑。退耕还林工程启动以来，国家在包括西北民族地区在内的全国民族地区安排退耕还林任务1.2亿亩，占全国总任务的四分之一强。③退耕还林工程在民族地区的有效实施，不仅解决了农牧民的吃饭问题，而且促使民族地区经济社会进一步发展，各民族群众安居乐业，社会秩序更趋稳定。2000年起，新疆阿克苏人民积极落实国家退耕还林政策，大力发展林果产业。截至2009年，阿克苏在完成退耕还林134.35万亩的基础上，建成143.2万亩红枣基地、135万亩核桃基地，果品产量达到93.76万吨，林果业产值达到24.78亿元。退耕还林使阿克苏的72843户农民从中受益，他们不仅每年每亩享受国家160元左右的补助，种植果树每亩还能增收400元左右，套种农作物增收500－800元。由此，阿克苏农牧民人均纯收入由2000年的1678元提高到2009年的4833元，人均增

---

① 王建宏：《以退为进 固原市实施退耕还林实现林茂牧盛人增收》，中华园林网，2012－8－8。
② 张永利：《在全国退耕还林工作座谈会上的讲话》，http://www.forestry.gov.cn，2010－7－29。
③ 余峰、李月祥：《宁夏退耕还林工程研究》，黄河出版传媒集团2012年版，第47页。

收 3155 元。① 显然,生态环境改善的同时,阿克苏地区经济社会各项事业也取得了长足的发展。2004 年以来,宁夏回族自治区中部和南部地带连年干旱,部分地区粮食减产甚至绝收,正是退耕还林的钱粮补助使农户摆脱了天灾带来的生计困难,社会稳定,治安良好。所以,退耕还林工程被当地民众亲切地称为"德政工程""民心工程""扶贫工程"(西北地区退耕前后农户基本情况见表 1-12)。

表 1-12　西北地区退耕前后农户基本情况平均水平对比②

类型	退耕前	2009 年
耕地面积(亩)	19.87	9.66
林地面积(亩)	1.97	12.15
牧草地面积(亩)	0.29	1.04
园地面积(亩)	0.26	0.51
年粮食产量(斤)	4879.29	3221.79
外出务工人数(人)	0.67	1.02
现金收入(元)	6782.70	11226.13
林业收入(元)(不包括退耕补助)	188.25	1521.11

3. 西北生态脆弱区退耕还林补偿过程中存在的问题

退耕还林在西北地区实施十年来,取得了辉煌的成绩。但是,也存在着较为严重的问题,西北地区的生态依然非常脆弱,森林覆盖率较低,荒漠化面积仍然很大(见表 1-13)。③

---

① 林业局:《阿克苏地区退耕还林工程建设纪实》,http://news.163.com/10/1021/10/6JGTA53600014JB5.html。
② 谢晨、彭道黎:《退耕还林政策十年评价》,社会科学文献出版社 2011 年版,第 168 页。
③ 本节参考了苏月秀、彭道黎等:《西北地区退耕还林工程实施情况调查分析》,载《浙江农林大学学报》2011 年第 5 期;谢晨、彭道黎:《退耕还林政策十年评价》,社会科学文献出版社 2011 年版,第 188—191 页。

表 1-13　西北五省区 2003 年和 2011 年荒漠化情况对比

省区	国土面积（万平方千米）	2003 年荒漠化面积（万平方千米）①	2011 年荒漠化面积（万平方千米）②
新疆区	166.49	108.60	107.12
宁夏区	6.64	3.20	2.90
甘肃省	45.37	17.80	19.21
青海省	72.23	20.50	19.17（2006 年）
陕西省	20.58	3.10	3.11

（1）退耕还林政策宣传力度不够。退耕还林是"德政工程""民生工程"，广大农户非常支持这一政策。但在调查中，我们发现有相当部分农牧民并不十分了解退耕还林政策。他们反映，退耕还林十年来，并没有政府或其他有关组织向村民们较为系统的介绍退耕还林政策措施，农牧民并不十分了解为什么退耕、哪些地块可以退耕、退耕后有什么好处等等。调查中发现，只有 39.45% 的农户较为了解退耕还林政策。由于宣传力度不够，农民不了解退耕还林政策，多少影响了农户退耕的积极性，也增加了退耕户维权的难度。这一切对更好的推进退耕还林工程是不利的。

（2）退耕还林补助期限偏短、标准偏低、发放不及时。首先，农户认为现行的补助标准偏低，特别是西北地区严酷的自然条件下，种树护树的成本是比较高的，而农户拿到的补助还要维持生活就更显得捉襟见肘。所以，部分农户建议提高补助标准（譬如每亩 220 元），延长补助期限（譬如 20 年）；部分农户建议补助标准应随物价的上涨而提高。其次，农户认为退耕补助发放不及时，兑现迟

---

① 参见黄文清：《西部地区"一退两还"后补偿机制研究》，中国农业出版社 2011 年版，第 51 页。

② 参见新疆治沙领导小组：《新疆荒漠化和沙化状况公报》，载《新疆林业》2011 年第 5 期；陈秀梅：《宁夏土地荒漠化实现整体好转》，宁夏新闻网，2011-6-18；《甘肃成全国荒漠化最严重地区之一 每年掠走 5 亿元》，甘肃新闻网，2012-6-19；王武龙：《严重的土地沙化和脆弱的生态环境束缚着青海的发展》，青海新闻网，2006-11-28；陕西省林业厅：《陕西省遏制荒漠化迅猛发展的势头任重道远》，zzys.agri.gov.cn/Article_Show.aspx?Articl，2012-8-3。

（甚至因迟退耕1年就取消补助），或者以计划生育等"理由"克扣退耕补助。① 再次，农户认为退耕还林补助公示度不够，调查中发现，41.63%的村对退耕补助未公示。退耕补助发放不到位，导致部分农户对国家的退耕还林政策产生怀疑，影响了退耕还林的积极性。

（3）退耕还林规划、管理、经营粗放。首先，部分地区退耕地的规划不合理，部分退耕任务只分给了"关系户"，部分粮食产量高的地块被强制退耕，部分果园被强制拔除后栽植树木，而一些坡耕地并未退耕。其次，部分地方政府对退耕还林树种比例的要求不切实际，退耕地生态林与经济林8:2的比例过于生硬，与农户增加经济林（经济林的生态效益也非常好）的愿望冲突较大。再次，验收不及时、力度不够。有5.45%的农户退耕地无检查验收，导致农户完成了退耕，但得不到退耕补助；或退耕质量差，但无人管护，退耕还林流于形式。复次，退耕地经营粗放，收成欠佳。西北地区自然条件严酷，退耕地多属苗木存活条件较差的土地，有相当部分农户并没有掌握育苗造林、节水灌溉、科学施肥、病虫鼠害防治和抚育管理等实用技术，退耕地经营还是粗放的经营模式，影响了苗木的存活率和退耕还林的质量。

（4）退耕还林区产业结构调整缓慢、富裕劳动力未妥善安置。虽然，退耕还林是农村产业结构调整的一次重大机遇，而事实上西北农村的产业结构调整也取得了一定的成绩，但由于受到经济总量低、自然环境差、生态脆弱等客观因素的束缚，西北地区退耕还林后的产业结构调整依然举步维艰。农业税减免后，退耕还林的比较效益相对降低，种粮的比较效益相对提高，多少动摇了退耕户的决心。同时，部分农户退耕后，其富裕劳力并未得到妥善安置，农户的生机困难，养老没有可靠的保障，不可避免的会影响到退耕还林的积极性，致使退耕地复耕即"退林还耕"的可能性大大增加。

（5）退耕还林工程管护任务重、经济效益低、进一步推进存在较大困难。

---

① 甚至还存在村委会班子成员套取国家退耕还林补助款的现象。参见常舒清：《套取国家退耕还林补助款 甘肃平凉一村委会班子集体获刑》，中国甘肃网，2012-9-4；刘玉林、王鸿群：《安康汉滨区关庙镇虚报退耕还林面积 套取国家补助资金》，www.sxncb.com，2007-6-4；吴彩华：《海原俩村官虚报退耕还林地套取国家补助款》，宁夏新闻网，2007-5-31。

首先，退耕还林地绝大多数仍然处在未成林和幼林阶段，生态效益不明显，补植补造和抚育管护的任务很重。其次，有相当一部分地方的退耕还林经济效益较差，巩固退耕还林成果的长效机制依然没有形成。第三，国家暂不安排退耕地造林任务后，部分地区对退耕还林工作的重视程度下降。第四，农户希望继续对25°以上陡坡耕地安排退耕还林，希望加大退耕还林政策力度，将荒山荒地纳入退耕还林补助的范畴，允许部分地块搞间作以保障农户生活等。这些良好的愿望与国家现有的退耕还林政策相冲突，导致退耕还林工程进一步推进的难度增加。

第二章 西北生态脆弱区生态补偿法律机制导论

一、对生态补偿及其法律保障机制的初步阐释

1. 对生态补偿概念的法学阐释

不同学科对生态补偿的定义有所不同。经济学一般从成本与收益的均衡出发，认为生态补偿是指通过对保护（或损害）环境资源的行为进行补偿（或收费），提高该行为的收益（或成本），从而激励保护（或损害）行为的主体增加（或减少）因其行为带来的外部经济性（或外部不经济性），达到保护生态环境的目的。① 生态学一般从生态系统自身出发，将生态补偿视作"自然生态系统对由于社会、经济活动造成的生态环境破坏所起的缓冲和补偿作用"②。"其唯一目的是促进生态系统的平衡，体现的是人与自然的关系。"③ 法学上的生态补偿有别于以上两种学科的生态补偿。法学上的生态补偿应该从公平与正义、权利与义务的角度出发，解决那些因调节性生态功能的损益而产生的"人与人之间的补偿"问题。④ 也就是说，法学角度的生态补偿不仅试图缓解人与自然的关系，也调适人与人之间的社会关系。当然，学界对生态补偿法律含义的界定仍有不同的看法。持狭义说的学者认为："法学上纯粹意义的生态补偿，指的是在生态维护与建设过程中，政府对生态利益受损的利益填补与恢复。"⑤ 持广义说的学者认

---

① 毛显强、钟瑜等：《生态补偿的理论探讨》，载《中国人口·资源与环境》2002年第4期。
② 于连生等：《自然资源价值论及其应用》，化学工业出版社2004年版，第414页。
③ 李爱年、刘旭芳：《生态补偿法律含义再认识》，载《环境保护》2006年第12期。
④ 刘佳：《生态环境补偿的法律机制研究》，中央民族大学硕士学位论文，2006年。
⑤ 赵建林：《生态补偿法律制度研究》，中国政法大学硕士学位论文，2006年。

为，生态补偿不仅指对因人类的经济活动给生态环境造成的破坏及污染所进行的修复、补偿等活动，还应当包括对因生态环境保护而丧失发展机会的居民所给予的资金、技术甚至政策方面的扶持，以及为提升生态意识，提高环境保护水平而进行的科研、教育费用的支出。①

综上，我们可以将生态补偿概括为：生态补偿是指为实现调节性生态功能的持续供给，对特定环境资源的开发利用者（破坏者、污染者）征税（费），"对生态功能区中调节性生态功能的提供者、为生态平衡的特别牺牲者给予经济（或非经济）的回报和弥补的法律行为"②。显然，生态补偿有以下特点：

（1）生态补偿的目的是为了实现调节性生态功能的良性循环和维护社会层面的公平属性。通过生态补偿，不仅要对已破坏的生态环境进行修复和补偿，也要对恢复后的生态功能区发展给予长远的维持策略，以增强其调节性的生态功能。所以，生态补偿法律机制要注意平衡不同主体之间的利益。③

（2）生态补偿是对由一定行为导致的生态环境的特殊牺牲者进行的补偿。生态补偿是由受益人（包括政府主体和在生态保护过程中受益的市场主体）给付一定的资金或实物，用以弥补因生态建设而做出特别牺牲或丧失发展机会的地区和公民。生态补偿既是环境行政主体管理生态环境事务的合法行政行为，是国家调整公共利益与私人利益、长远利益与短期利益之间关系的必要制度；又是作为受益人的市场主体对因生态保护而做出特别牺牲者进行的补偿，是从环境资源的私人属性出发，通过明晰环境资源产权，在保障私人利益的同时，力图实现社会利益的最大化。

（3）生态补偿是为了生态环境特定功能的恢复而实施的补偿。就生态环境污染而言，生态环境问题产生的实质是由于污染物进入环境介质，超过生态承载力造成生态环境质量下降。这种情况下生态补偿的客体应该是无形的、非物质性的生态环境功能性价值，换句话说，就是环境介质的纳污容量和自净能力。就生

---

① 吕忠梅：《超越与保守——可持续发展视野下的环境法创新》，法律出版社2003年版，第355页。
② 李爱年：《生态效益补偿法律制度研究》，中国法制出版社2008年版，第53页。
③ 谢念：《生态补偿是社会公平问题》，http://www.sina.com.cn，2005-5-17。

态环境破坏而言,生态环境问题产生的原因是人类对环境资源的过量索取,这种无节制的滥用资源导致自然资源耗竭,生态平衡被打乱甚至完全被破坏。这种情况下生态补偿的客体应该是环境资源减损或丧失的再生能力及与其共存亡的生态功能。

(4) 生态补偿行为是一种法律行为。无论是国家(政府)向特定环境资源的开发利用者征税(费),还是国家(政府)对调节性生态功能的有益提供者和生态环境的特别牺牲者的回报和弥补,生态补偿从实质上讲都是一种法律行为,是法律行为在环境保护领域中的体现。①

2. 生态补偿的类型分析

为了对生态补偿有一个更加清晰的认识,我们有必要对生态补偿的类型进行初步分析。当然,从不同的视角,我们可以对生态补偿进行不同的分类。

(1) 从生态补偿的目的来看,可以分为增益性生态补偿和抑损性生态补偿。增益性生态补偿是指为了直接促使生态环境效益的增加、试图起到"增益作用"的补偿。增益性生态补偿的补偿资金从国家流向部分社会成员,是对生态环境正外部性的提供者和生态建设的特殊牺牲者的补偿,其目的是激励部分社会成员直接从事或参与到生态环境的修复和环境资源的保护事业当中。一些发达国家譬如奥地利和日本等国家将林业视为一种公共福利性质的特殊产业,对所有林业投资均实行高比例的补助,这种补助就是增益性生态补偿。增益性生态补偿主要运用于具有公共属性的物品上,如生态公益林的建设,由于生态公益林所具有的非排他性,投资者在创造和提供森林生态效益时,是无法通过市场的循环途径来实现产品价值并赢利的,因此,补偿显得非常重要。我们可以通过在社会和部分社会成员之间建立一定的生态公益林建设和保护的委托代理关系,并给予一定的补

---

① 刘嘉尧:《藏族传统生态文明与藏区生态补偿法律问题研究》,兰州理工大学硕士学位论文,2010年。

第二章 西北生态脆弱区生态补偿法律机制导论

偿，此类补偿也可以说是"对贡献者或牺牲者的补偿"①。增益性生态补偿强调那些对生态环境进行积极的补偿，以提升自然系统对整个社会发展的生态支持。所以，在增益性补偿中，国家（政府）为补偿主体，受偿主体为生态功能的有益提供者和特别牺牲者；增益性生态补偿的行为要件是国家（政府）对调节性生态功能的有益提供者和特别牺牲者给予经济（或非经济）的回报或弥补。

抑损性生态补偿主要是为了抑制生态资源的过快消耗、试图起到"抑损作用"的补偿。抑损性生态补偿的资金从部分社会成员流向国家和特定地区的公民，是对生态环境的开发者、受益者、损害者收税（费）的行为，其目标是试图使经济活动的外部性内部化，让生态破坏者或者资源的开发者为其生态获利行为付出一定的代价。目前，我国在某些领域征收的"生态"补偿税（费），如对伐木者征收的育林费、对矿产资源开发者征收的资源税、对特定水资源利用者征收的水资源费等，均属此类补偿类型。②抑损性生态补偿带有被动弥补的性质，是通过采取各种灵活变通的方法和手段，借助生态补偿税（费）的收取和转移来减缓和抑制人类活动对环境资源的消耗与破坏。所以，在抑损性补偿中，环境资源的特定开发利用者（破坏者、污染者）是补偿主体，受偿主体是国家或特定地区的公民；抑损性生态补偿的行为要件则是环境资源的特定开发利用者（破坏者、污染者）向国家缴费的行为。

（2）从生态补偿的主体来看，生态补偿可以分为政府性生态补偿和市场性生态补偿。政府性生态补偿是指政府作为补偿主体，采取现金、实物、优惠、补贴、税收减免、财政转移支付等手段进行的补偿活动。政府是生态补偿最主要的补偿主体。因为，国家担负着社会公共管理职责，对生态环境和自然资源进行管理和配置是其重要职责之一；基于履行国家的职能，政府必须实施生态补偿。政府作为主要的补偿主体，可以分为中央补偿主体和地方补偿主体两个部分。中央补偿主体是站在全国的角度，以生态安全和可持续发展为出发点，负责全国性的

---

① 增益性生态补偿中的补偿流是从受益的社会成员流向生态功能的提供者，譬如流向水源涵养林的所有者或营造者；也可以从某一个区域流向另一个特定的区域，譬如从江河的中下游地区流向上游地区等。参见杨娟：《生态补偿法律制度研究》，武汉大学硕士学位论文，2005年。

② 如果把生态环境容量也看成一种资源，则我国目前征收的排污费也属于该补偿类型。

全局生态补偿；同时，组织有关生态环境职责部门，对大面积的生态功能区域进行生态环境修复等。而地方补偿主体则根据国家对生态补偿的相关框架和职能分工，对小区域的生态修复和生态功能区的保护进行一系列的补偿措施。从生态补偿的现状看，政府在构建生态补偿机制方面仍然起到了主导的作用，有关补偿的范围、标准、数额以及生态补偿的环境质量目标等，均由政府一揽子做出规定。加之一般的市场主体没有能力进行大区域的生态修复和生态建设，所以，如青藏高原、黄土高原等重要的生态屏障区、水源涵养区、生物多样性保护区等区域的生态建设仍然需要政府的支持和投入。就其特点而言，政府补偿往往具有无偿性和强制性①，政府经常采用财政转移支付的方式将国民收入的一部分无偿拨付给受偿的公民或者地区，受偿者无需支付任何对价。

　　市场性生态补偿主要是指企业作为补偿主体，采取现金、项目合作、共同开发、技术培训等手段进行的补偿活动。企业之所以成为生态补偿的常见主体，是因为在企业的经营过程中，必定要涉及一定的生态行为，这种行为在一定程度上可能造成对生态环境的过度开发或破坏。根据受益者（损害者）补偿原则，企业向环境资源的所有者或生态功能的提供者提供相应的补偿，可以避免企业把原本由企业自己承担的污染成本转嫁给民众或其他组织，或者借"搭便车"以"降低"生产成本，却加剧了生态环境的破坏。②与政府补偿的强制性有所不同，市场补偿更多的是利用价格机制和协商方式来决定补偿方式与补偿额度的。市场补偿具有更多的灵活性与便捷性，同时加强了生态补偿工程的可执行性，可以让补偿主体与受偿主体更理性、更密切的沟通生态补偿中发生的相关事宜。虽然我国生态补偿中的市场补偿所占比例还不大，但随着环境市场譬如碳交易市场的形成和发展，市场补偿肯定会成为生态补偿的重要一极。③

　　当然，生态补偿还可做其他类型的划分。譬如，从生态补偿的方式来看，生态补偿可以分为实物补偿和非实物补偿，等等。

---

① 胡仪元：《西部生态经济开发的利益补偿机制》，载《社会科学辑刊》2005年第2期。
② 张怡：《创建"养护者受益"环保法基本原则》，载《现代法学》2005年第6期。
③ 王良海：《我国生态补偿法律制度研究》，西南政法大学硕士学位论文，2006年。

3. 生态补偿的法律保障机制

机制原指机器的构造和工作原理,后被生物学、医学等学科借用,用于表示生物机体结构各组成部分之间的相互关系及其变化方式;现已广泛应用于自然现象和社会现象,指内部组织及其运行变化的规律。[①] 生态补偿机制是指生态补偿的主体、客体、类型、标准等要素之间的相互关系及其运行方式。在生态补偿过程中,"机制"起着基础性的、根本的作用,良好的生态补偿机制,将推动生态补偿的顺利进行以实现其优化目标,并达到事半功倍的效果。当然,机制也是一种制度安排,只有通过适当制度的建立才能形成相应的机制,机制的完善也需要制度的变革和改进。所以,从制度学的理论来看,生态补偿机制也是一种制度安排。所谓生态补偿法律机制,"是指以维护人类的生存和发展、促进人与自然和谐相处和社会公平为目的,对在环境资源利用过程中所产生的利益关系进行相应的分配和协调,由生态环境的受益者和破坏者,对生态环境承担必要的保护、修复、建设等相应义务的一系列行为活动和有关制度保障的总称"[②]。在法治社会中,一项事业的顺利推进离不开制度的保障,生态补偿工程当然也需要包括法律在内的各项制度的保障。生态补偿不仅是一项生态事业,还事关政治、经济、社会等诸多方面,是一项复杂的系统工程,生态补偿机制要想发挥出预期的效用,就必须有专门的生态补偿立法保驾护航,必须建立合理的法制构造模式和结构框架。换句话说,只有生态补偿的各项法律制度能够相互呼应、相互补充,生态补偿机制才能发挥出应有的作用。

二、补强西北生态脆弱区生态补偿法律机制之动因

1. 西北生态脆弱区生态补偿机制之缺失

根据国家环境保护总局颁布的《关于开展生态补偿试点工作的指导意见》

---

① 《机制》,http://baike.baidu.com/view/79349.htm。
② 张锋:《生态补偿法律保障机制研究》,中国环境科学出版社2010年版,第36—37页。

（环发［2007］130号），生态补偿机制"是以保护生态环境、促进人与自然和谐为目的，根据生态系统服务价值、生态保护成本、发展机会成本，综合运用行政和市场手段，调整生态环境保护和建设相关各方之间利益关系的环境经济政策"。显然，生态补偿具有政府性和市场性（前文已有论述），因而，生态补偿也可分为政府性补偿和市场性补偿。所谓政府性补偿是指政府作为补偿主体，采取财政拨付、政策优惠、税收减免等手段进行的补偿活动；所谓市场性补偿是指市场主体（主要是企业）作为补偿主体，采取项目合作、现金支付、技能培训等方式进行的补偿活动。政府性补偿具有明显的无偿性和强制性，市场性补偿具有显著的对价性和协作性。由于政府性补偿又可分为政府性纵向补偿和政府性横向补偿，故而西北生态脆弱区生态补偿机制理应由政府性纵向补偿机制、政府性横向补偿机制和市场性补偿机制等组成。然而，从西北生态脆弱区生态补偿实践现状看，以上三种补偿机制都不同程度的存在着不足或缺失。[①]

（1）政府性纵向补偿机制之缺失。政府性纵向补偿是指中央政府对全国区域、地方政府对其管辖区域进行的生态补偿。国家（政府）的公共管理职能和生态环境的"公共资源"属性，都决定了政府性纵向补偿不仅现在是而且将来也是最重要的生态补偿机制——政府在生态环境建设中理应承担更大的责任。事实上，政府性纵向补偿确实也是我国目前最重要的生态补偿形式，在生态环境保护特别是生态脆弱区生态修复中发挥了重大且不可替代的作用。以退耕还林为例，从1999年到2011年，西北地区已完成退耕还林9597.3万亩，其中退耕地造林3618.9万亩，荒山荒地造林和封山育林5968.4万亩。西北生态脆弱区林草资源量明显增加，森林覆盖率也有了较大提高。[②] 但是，政府性纵向补偿机制在西北生态脆弱区实施过程中也暴露出一系列问题：首先，补偿期限偏短。西北民众普遍反映，现在退耕还林的补助期限偏短。以甘肃省定西市为例，定西市退耕地造林主要树种为柴柏，柴柏从树苗长成椽材至少需要50年，而现行的退耕还

---

① 本节参见吕志祥、孟天琦：《渭河源头区生态补偿机制缺失及重构新论》，载《中国水土保持》2014年第1期。

② 与10年前相比，甘肃省植被覆盖率由退耕前的9.9%提高至目前的13.42%。参见张强：《加大退耕还林工程力度 建设绿色生态安全屏障》，www.gszx.gov.cn，2012-11-21。

林补助期限（还生态林补助8年，还经济林补助5年）就显得太短了。加之西北生态脆弱区多数农牧民刚刚脱贫，对退耕还林补助的依赖非常强，如补助期太短，会使农牧民的生计变得非常困难。① 其次，补偿标准偏低、资金发放不到位。面对西北生态脆弱区严酷的自然条件，退耕还林的成本较高，所需补助也较高，但现行的补助标准为每亩160元，显然偏低。故而，当地农户强烈希望适当提高补助标准——至少应随物价的上涨而提高。另外，退耕还林补偿金发放不及时、兑现迟、遭克扣（以计划生育等"理由"克扣退耕补助或者因迟退耕1年就取消补助）等现象仍然时有发生，甚至还存在村委会非法套取侵吞国家退耕还林补助款的现象②，已影响到农户退耕还林的热情。第三，补偿方式单一。退耕还林等生态补偿工程是复杂而系统的生态建设工程，持续时间长，资金需求大。以退耕还林为例，中央政府已累计投入资金3250亿元。③ 虽然多数农户对钱粮补助的直接补偿方式持赞成态度，然而此类补偿方式与增强退耕户自我发展能力相脱钩，可持续性不足。调查中发现，退耕农户对技术培训、就业指导、小额贷款、异地安置④、后续产业开发等间接补偿方式有很高的愿望和需求。第四，未充分顾及民众的生计和发展。在生态修复和保护过程中，政府往往会限制对林草等资源的占有和使用甚而至于强行关停企业。而西北地区本属于欠发达地区，农牧民对自然资源的依赖度较高，生态修复工程可能会导致民众生活陷入困顿状态。以甘肃省渭源县为例，退耕还林以来，县上将170.19万亩各类林地和重度退化草场一次性进行了封山禁牧⑤；2008年又关停年加工能力不足万t的26家淀粉生产加工企业⑥。"禁牧"和"关停"的后果显然是双向的——有利于生态保

---

① 王衡：《退耕还林不能一退了之 补助年限不应搞"一刀切"》，http：//finance.sina.com.cn，2006-4-20。
② 常舒清：《套取国家退耕还林补助款 甘肃平凉一村委会班子集体获刑》，中国甘肃网，2012-9-4。
③ 董德：《从1999年到2011年全国共完成退耕还林任务4.34亿亩——国家林业局副局长印红答记者问》，www.news.china.com.cn，2012-6-4。
④ 从我们在西北五省区的问卷调查情况来看，选择"异地安置"的民众有333人（户），占45.49%，居第一位。
⑤ 王雨等：《满目葱茏看渭源》，http：//www.gansudaily.com.cn，2005-12-14。
⑥ 郑菊红：《渭源将关停26家马铃薯淀粉加工企业》，http：//www.gscn.com.cn，2008-10-10。

护却不利于民众眼下的生机。① 故而顾及公平之法理，此类"特别牺牲"理应得到合理补偿。②

（2）政府性横向补偿机制之缺失。政府性横向补偿是指无隶属关系的地方政府之间基于生态建设和保护而进行的生态补偿。从我国的生态补偿实践来看，政府性纵向补偿始终占据绝对主导的地位，中央财政在我国生态补偿事业中扮演着非常重要的角色，政府性横向补偿还处于萌芽阶段或者说是刚刚开始探索的阶段。中央财政在生态补偿中的"一极独大"，虽然很好地体现了社会主义的优越性——正所谓集中力量办大事——为缓解和遏制生态环境的进一步恶化起到了重大的作用，但近乎完全依赖中央政府的补偿方式显然与受益者（损害者）补偿原则不符，且不说巨大的社会力量并未被重视，其积极性和智慧被忽视，也使本应承担生态环境责任的地方政府和企业形成了依赖思想甚至逃避自己的责任。考虑到西北各族人民为保护生态环境、为中东部地区提供优良的水源和生态服务而牺牲了诸多发展机会③，中东部地区理应对西北地区提供生态补偿。以渭河源头区为例，本着"利益共享，责任共担"的原则，2011年12月，陕、甘两省沿渭六市在西安市签定了《渭河流域环境保护城市联盟框架协议》。协议约定，基于渭河源头区甘肃各市对生态修复和保护的努力，陕西省愿意给予源头区各市一定额度的补偿，补偿金专项用于源头区环境治理和生态修复。《协议》明确：设定渭河跨省出境水质目标，作为生态补偿的依据；出境水质考核因子暂定为化学需氧量和氨氮，其检测结果需经陕西省和甘肃省环境保护厅的共同认可。《协议》签定后，陕西省即兑现承诺，给予甘肃省定西市、天水市各300万元的生态补偿

---

① 渭源县经济基础薄弱，民众对林草等自然资源的依赖程度高；淀粉加工亦是他们基本的谋生手段。
② 吕志祥、刘嘉尧：《我国生态补偿立法的缺失及法律重构新论》，载《青海民族研究》2009年第4期。
③ 为了保渭河水质，源头区人民做了不懈的努力。以定西和天水为例，"薯都"定西考虑到小粉坊容易造成水污染，这几年，全市7县1区共关闭418家淀粉加工企业，剩下的28家都按要求上了治污设施；天水市从2007年开始先后关闭86户小粉坊，对污水排放不能稳定达标的11家重点工业企业实施技术改造，提升了污染物处理能力，并关闭了水污染物排放大的铜酞菁和酞菁蓝生产。参见武卫政：《甘陕合力治污 渭河生态补偿开了个好头》，人民网，2012-4-5。

第二章 西北生态脆弱区生态补偿法律机制导论

金,陕甘两省之间的政府性横向补偿机制正式启动。① 陕甘跨省生态补偿机制的启动,对完善西北生态脆弱区生态补偿机制具有重大的意义。然而,陕甘之间的横向补偿机制其问题和困难依然较多。譬如,应该如何确定两省之间的补偿原则?补偿目标是什么?如何确定补偿标准?渭河源头区的生态保护和建设仅靠陕、甘两省就可以独善其身吗(陕、甘两省均为欠发达省份,财力有限;渭河源头区生态修复之外溢效应只及于陕甘两省吗)?要完善陕甘两省跨省补偿机制,这些问题和其他诸多问题都需要认真回答。而且,陕甘两省之间的合作还仅仅是西北地区"内部"的合作,西北地区和中东部地区的生态合作仍未启幕,西北生态脆弱区最亟需的政府性横向补偿机制仍然缺如。

(3)市场性补偿机制缺失。市场性补偿是指市场主体将其环境资源产权(譬如碳排放权)上市交易,进而实现的一种补偿形式。企业作为最重要的市场主体,自然成为市场性生态补偿的常见主体。因为企业在生产和运行过程中,都会涉及生态环境资源,而且往往会过度利用甚至破坏其周边的生态环境。依据受益者(损害者)补偿原则,企业依据其自身的生态环境行为,向环境资源的所有者或生态修复者提供一定的补偿,实乃公平正义之法理要求,同时,还可避免企业将原本应由自己承担的生态环境成本转嫁给社会或其他民众。② 当然,市场性补偿在我国才刚刚起步,在整个生态补偿实践中的比例还很小。然而,随着市场经济的充分发展,我国的碳交易等环境市场也会趋于成熟,市场性补偿自然会成为生态补偿的重要一极。那些重化工企业以及生态环境组织等市场主体,可以借助排污权等环境资源产权的交易,在追求"低碳"发展的同时实现自身利益的最大化。与政府性补偿的强制性不同,市场性补偿强调协商和自由,双方可利用价格机制经友好协商来达成补偿事宜并实现"双赢",更加灵活和便捷,更能体现生态补偿以人为本的原则。然而,受生态补偿机制不健全、环境交易市场刚刚起步、东西部生态协作机制仍未形成等因素的影响,西北生态脆弱区市场性生态补偿机制仍然阙如。不过,从国外生态补偿实践的发展经验来看,生态补偿的

---

① 武卫政:《甘陕合力治污 渭河生态补偿开了个好头》,人民网,2012-4-5。
② 张怡:《创建"养护者受益"环保法基本原则》,载《现代法学》2005年第6期。

市场化无疑是拓宽生态补偿的重要路径。所以，我们也坚信，随着中国经济市场化进程的加速特别是要素市场和环境市场的进一步发展，市场性生态补偿必然会有长足的发展，西北生态脆弱区生态补偿机制必然会更加丰富和成熟。①

2. 西北生态脆弱区生态补偿立法之缺失

与西北生态脆弱区生态补偿机制之缺失伴随的是西北生态脆弱区生态补偿立法的缺失。已如前文所言，生态补偿要达到预期的效果，必须有专门的生态补偿立法保驾护航。但可惜的是，我国的生态补偿立法还很"简陋"，存在着严重的缺失。②

（1）我国尚无环境基本法，也没有生态补偿方面的专门立法，与环境保护和生态补偿相关的一些重要法律也存在着较严重的缺失。《中华人民共和国环境保护法》（2014）亮点频出且被称为史上最严环境法，但由全国人大常委会审议通过，并非由全国人大审议通过，层级偏低，并非基本法③；而且新环境法虽然规定了生态补偿等措施，但是总体来说和生态保护有关的资源开发及林、农、水环境等方面规定修改得较少，综合性不足，立法结构瘸腿的现象依然存在，依然侧重于污染防治。自然资源单行法强调"经济"利用而欠缺"生态"意识，其资源有偿使用原则并未体现资源的生态价值，对环境资源开发者的生态保护和补偿义务未做规定或仅做"简约"的规定。譬如《中华人民共和国森林法》（1998）虽然有"生态补偿"的规定，但并无配套措施，育林费的征收并不等于生态补偿费的征收——"砍伐一片森林所造成的生态功能丧失，靠补种同样数量

---

① 王良海：《我国生态补偿法律制度研究》，西南政法大学硕士学位论文，2006年。
② 吕志祥、刘嘉尧：《我国生态补偿立法的缺失及法律重构新论》，载《青海民族研究》2009年第4期。
③ 美国《国家环境政策法》规定"国家的各项政策、法律以及公法解释与执行均应当与本法的规定相一致"，由此确立了其在环境保护领域的基本法地位。我国新修订的《环境保护法》并无类似规定，未明确其基本法地位。

的小树"①，显然是无法弥补的。《中华人民共和国宪法》没有环境权的规定②，且对私人财产的保护略显"抽象"，不利于生态补偿制度的建立。《中华人民共和国物权法》（2007）并未建立清晰的自然资源物权制度，使生态的建设者和生态效益的提供者的权益难以得到较好的保护。《中华人民共和国刑法》（1997）虽然将环境犯罪独立出来进行规定，但生态保护的指导思想并没有贯彻始终，有些罪名注重保护的是人身和财产，并未顾及生态利益的损失。③如《刑法》第339条规定："……未经国务院有关主管部门许可，擅自进口固体废物用作原料，造成重大环境污染事故，致使公私财产遭受重大损失或者严重危害人体健康的，处五年以下有期徒刑，并处罚金。"这样的规定与非法处置进口的固体废物罪的环境目的并不吻合。④

（2）我国现有的生态补偿立法散见于多部法律法规中，原则性规定多，可操作性差。《中华人民共和国森林法》（1998）第8条规定："国家设立森林生态效益补偿基金，用于提供生态效益的防护林和特种用途林的森林资源、林木的营造、抚育、保护和管理。森林生态效益补偿基金必须专款专用，不得挪作他用。"这也是"生态补偿"首次出现在我国的法律条文中。这项法律制度的出台，多少回应了现代环境资源法律机制变革的新变化、新要求。但是，由于配套法规的

---

① 李爱年：《生态效益补偿法律制度研究》，中国法制出版社2008年版，第174页。
② 《环境保护法》（2014）虽然设立了信息公开和公众参与制度，并且建立了环境公益诉讼制度，从实践上保障了公民对环境的知情权、参与权、监督权和诉讼权，但并没有明确承认和宣告公民的环境权。
③ 张建伟：《生态补偿制度构建的若干法律问题研究》，载《甘肃政法学院学报》2006年第5期。
④ 《刑法》（1997）第338条规定："违反国家规定，向土地、水体、大气排放、倾倒或者处置有放射性废物、含传染病病原体的废物、有毒物质或者其他危险废物，造成重大环境污染事故，致使公私财产遭受重大损失或者人身伤亡的严重后果的，处三年以下有期徒刑或者拘役，并处或者单处罚金；后果特别严重的，处三年以上七年以下有期徒刑，并处罚金。"2011年《刑法修正案（八）》将其修改为："违反国家规定，排放、倾倒或者处置有放射性的废物、含传染病病原体的废物、有毒物质或者其他有害物质，严重污染环境的，处三年以下有期徒刑或者拘役，并处或者单处罚金；后果特别严重的，处三年以上七年以下有期徒刑，并处罚金。"此次修改降低了污染环境罪的犯罪门槛，使污染环境罪回归环境的"本原"，不再偏向"公私财产有无重大损失或者人身伤亡有无严重后果"，显系不小的进步。

缺失，造成森林生态补偿过程中问题重重。《中华人民共和国防沙治沙法》（2001）第20条规定："沙化土地所在地区的县级以上地方人民政府，不得批准在沙漠边缘地带和林地、草原开垦耕地；已经开垦并对生态产生不良影响的，应当有计划地组织退耕还林还草。"第33条规定："县级以上地方人民政府应当按照国家有关规定，根据防沙治沙的面积和难易程度，给予从事防沙治沙活动的单位和个人资金补助、财政贴息以及税费减免等政策优惠。"显然，国家出台防沙治沙的决策并实施退耕还林（草）生态补偿，是国家层面有关增益性生态补偿立法的重要表现。但是，这些粗线条的规定在实践中较难操作和落到实处。再譬如，《中华人民共和国民族区域自治法》（2001）第65条规定："国家采取措施，对输出自然资源的民族自治地方给予一定的利益补偿。"第66条规定："上级国家机关应当把民族自治地方的重大生态平衡、环境保护的综合治理工程项目纳入国民经济和社会发展计划，统一部署。民族自治地方为国家的生态平衡、环境保护做出贡献的，国家给予一定的利益补偿。"这些规定也多是在"宣示"的层面发挥作用。《中华人民共和国环境保护法》（2014）第31条规定："国家建立、健全生态保护补偿制度。国家加大对生态保护地区的财政转移支付力度。有关地方人民政府应当落实生态保护补偿资金，确保其用于生态保护补偿。国家指导受益地区和生态保护地区人民政府通过协商或者按照市场规则进行生态保护补偿。"该条不仅强调要建立、健全国家生态保护补偿制度，要求地方政府落实生态补偿资金，而且对市场性补偿也给予关注和"指导"，所以，我们有理由相信，一个健全的具有可操作性的生态补偿法律制度或将出现。

（3）部分行政法规、规章和地方性法规、规章中也有生态补偿的规定，但是层级低，过于简单。在行政法规、规章层面，《森林法实施条例》（2000）第15条规定："防护林和特种用途林的经营者，有获得森林生态效益补偿的权利。"《退耕还林条例》（2002）第35条规定："国家按照核定的退耕还林实际面积，向土地承包经营权人提供补助粮食、种苗造林补助费和生活补助费。"《国务院关于落实科学发展观加强环境保护的决定》（国发〔2005〕39号）规定："要完善生态补偿政策，尽快建立生态补偿机制。"《国务院关于印发2007年工作要点的通知》（国发〔2007〕8号）规定："加快建立生态环境补偿机制。"《国务院关于印发节能减排综合性工作方案的通知》（国发〔2007〕15号）规定："改进和完善资源开发生态补偿机制。开展跨流域生态补偿试点工作。"这些法规、规章中都出现了"生态补偿"的字眼，并试图建立生态补偿之机制，但是其层级太低，过于简单，导致这些"规定"亦在宣示的层面发挥作用，真正在生态补偿实践中则很难起到指导、规范或激励的作用。另外，一些地方性法规、规章中也有关于生态补偿的规定。譬如，《果洛藏族自治州草原管理条例》（1994）第8条规定："在草原上挖砂、取土、割灌木、挖药材等，须征得草原使用者和乡（镇）人民政府同意，缴纳草原补偿费。"《甘南藏族自治州草原管理办法》（1998）第8条规定："征用、使用天然草原，必须由征用、使用单位支付草原补偿费和牧民安置补助费。"《甘肃省环境保护条例》（2004）第5条规定：环境保护工作"实行谁开发谁保护，谁污染谁治理，谁破坏谁恢复，谁利用谁补偿"。这些地方性法规、规章中虽然也有生态补偿之规定，但由于同样的原因，在实践中较难操作，难以发挥其应有的作用。

3. 补强西北生态脆弱区生态补偿法律机制之动因①

（1）建设美丽中国的需要。胡锦涛同志在党的十八大报告中代表全国人民提出了美丽中国的愿景，他明确指出："把生态文明建设放在突出地位，融入经济建设、政治建设、文化建设、社会建设各方面和全过程，努力建设美丽中国，实现中华民族永续发展"②。而且，党的十八大报告首次独立成篇论述生态文明建设，并提出建设美丽中国的新目标，这都足以说明党和政府已将生态文明建设提高到一个前所未有的高度。不仅如此，大会要求将生态文明建设纳入国家各项事业的总体布局，也使得中国特色社会主义事业"五位一体"格局正式形成。这是党贯彻落实科学发展观、推进中国梦的一个新部署，也是对马克思主义生态思想的承续和发展。美丽中国的提出，是我党"面对资源约束趋紧、环境污染严

---

① 本节参见吕志祥、董媛杰：《补强西北生态补偿机制之动因新论》，载《攀登》2013年第6期。
② 胡锦涛：《坚定不移地沿着中国特色社会主义道路前进，为全面建成小康社会而奋斗》，http：//www.xj.xinhuanet.com/2012-11/19/c_113722546.htm。

重、生态系统退化的严峻形势","尊重自然、顺应自然、保护自然"的顺势选择;也是"关系人民福祉、关乎民族未来的长远大计"。① 毫无疑问,党的十七大报告将生态文明建设确定为发展战略,十八大报告在更加系统论述生态文明建设的同时,将其提升到更高的战略层面,彰显中国共产党人对生态环境的高度重视和负责任的态度。

建设美丽中国首先要建设美丽西北或者说要重点建设美丽西北。因为西北地区生态环境脆弱、生态区位重要,这里不仅是我国(甚至包括南亚、东南亚地区)的"江河源"和"生态源",还是我国(乃至东半球)气候的"启动器"和"调节区",是国家生态安全的重要屏障。② 毫无疑问,西北地区不仅是我国生态修复和保护的重点区域,也是确保我国生态安全的关键地区,更是解决水土流失和沙尘暴等生态问题的主战场。而且,西北地区生态环境的变化将直接影响到我国的经济发展与社会稳定,关系到全国的可持续发展和中华民族的伟大复兴。然而,西北地区生态环境的重要性并没有得到足够的重视。在传统粗放式的发展模式下,乱伐、乱采、滥挖及超载放牧等不文明行为,已对当地资源及森林植被造成严重的破坏,植被覆盖度降低,地下水位下降,江河断流,不少区域严重缺水。宁夏的西海固地区、甘肃的中东部地区和陕西的陕北地区成为我国最为严重的缺水地区,这里的年平均降水量只有 300 毫米左右,蒸发量却高达 1500 – 2000 毫米。③ 西北地区生态环境的退化大大的减弱了它的水源涵养功能和气候调节功能,对我国的生态安全已造成一定的负面影响。所以,西北地区的生态环境急需修复和补偿,也只有补强生态补偿机制,美丽中国(当然包括美丽西北)梦才会变成现实。

(2)传承华夏文明的需要。据专家考证,"华夏"一词源出《尚书》"华夏蛮貊,罔不率俾"。我中华大地"有服章之美,谓之华";"有礼仪之大,谓之夏"。华夏文明是世界公认持续时间最长的文明之一,既古老又辉煌,其典型的

---

① 胡锦涛:《坚定不移地沿着中国特色社会主义道路前进,为全面建成小康社会而奋斗》,http://www.xj.xinhuanet.com/2012 – 11/19/c_ 113722546.htm。
② 2013 年 12 月,甘肃省获批建设国家生态安全屏障综合试验区。
③ 中国妇女发展基金会:《西部母亲的"幸福泉"——"大地之爱·母亲水窖"工程回眸》,http://www.women.org.cn/zhuanti/9da/5ncgzz/huihuang/16.htm。

第二章 西北生态脆弱区生态补偿法律机制导论

炎黄血统、发达的诗书礼仪及广袤的中华疆域为其典型特征。华夏文明以易、诗、书、礼、乐为其文明源泉,其独特的道德礼仪和博大精深的易学思想为世所称道。史传,中华民族的人文始祖伏羲氏在渭河畔仰天俯地,一画开天,汇成八卦,启动了华夏文明;周、秦、汉、唐等盛世王朝也是孕育、发展于渭河流域并走向辉煌。显然,古老而又神奇的华夏文明起源于祖国的西北地区。

现在的西北生态脆弱、植被稀疏、气候干旱,但历史上的西北是一个气候温暖、山川秀美之地。史载,横跨陕、甘、宁三省区的黄土高原森林密布、绿草如茵①;新疆一带的地表植被茂密,生物众多;青海方圆也是"森林之多,无地不有"②。而且,西北地区在北宋之前还是我国的经济、政治、文化中心;强大的西周、秦、西汉等王朝都建都于此,西北良好的生态环境和丰饶的物产起到了非常重要的支撑作用。③ 即使到了今天,西北地区依然是华夏文明遗迹及留存最为丰富的地区之一。为了更好地传承华夏文明,2013 年,甘肃省申请并获批建设华夏文明传承创新示范区,期冀统合华夏文明的保护、传承与创新,给其他地区起到示范作用。④ 内涵丰富、博大精深的华夏文明,自然包括生态文明;西北地区恰恰孕育了极有"现代"气息的本土生态文明,诸如藏族生态文明、伊斯兰生态文明等等。故而,补强生态补偿机制,弘扬西北本土生态文化,再造秀美西北,将西北建设成为宜居之地、幸福之地,也是传承华夏文明之所需。

(3) 同步建成小康的需要。据专家考证,小康一词源于《礼记》,其意大概指自然经济条件下生活比较宽裕的社会。我们正在建设的小康社会有其特定的内涵,指经济发展、政治民主、文化繁荣、社会和谐、环境优美、生活殷实、人民安居乐业和综合国力强盛的全面、协调和可持续发展的社会。邓小平同志早在 1979 年就指出,中国现代化建设所要达到的目标就是小康社会,小康就是"中国式的现代化"。此后,江泽民同志在党的十五大上提出了"建设小康社会"的新任务。紧随其后的十六大、十七大对小康社会进行了更加深入的阐述。党的十

---

① 吴传钧:《中国经济地理》,科学出版社 1998 年版。
② 王致中、魏丽英:《中国西北社会经济史研究》,三秦出版社 1996 年版。
③ 马端临:《经籍考文献通考》(卷322),华东师大出版社 1985 年版。
④ 李琛奇:《甘肃加快建设华夏文明创新区 文化陇原厚积薄发》,中国经济网,2013 - 2 - 19。

八大报告进一步指出，我们要建设的小康社会是经济、政治、文化、社会、生态文明全面发展的社会，是一个层次更高、内涵更丰富的小康社会。其目标是：经济持续健康发展、人民民主不断扩大、文化软实力显著增强、人民生活水平全面提高、资源节约型和环境友好型社会建设取得重大进展。① 由此可见，小康社会是一个从低到高的不断发展的过程，我们要全面建成小康社会，除了经济发展、民生保障等"硬"要求外，还需要提升民众的精神生活（包括享受美好环境的愉悦感）和权利（包括环境权）保障层次。

然而，西北地区随其生态环境的退化，它的发展优势也不再存在——西北地区在中国历史进程中甚至被彻底边缘化了。其实，经济社会的发展和生态环境的变迁之间有密切的联系，其影响是双向的。西北地区是华夏文明的重要起源地和发展地，在一个很长的历史时期是那么的富庶、繁荣、宜居，但由于忽视生态规律过度开发，这里的生态环境急转直下，优美环境的丧失最终导致西北地区成了贫穷荒凉的代名词。除陕西省之外，2012 年西北各省区人均 GDP 均未达到全国平均水平，仍属于典型的欠发达地区。② 而上海、北京、天津、江苏等省市人均 GDP 高达 1 万美元，已达发达水平或者说已全面建成小康社会。不仅如此，西北各省区其他的现代化指标譬如社会生产力、预期寿命、人均教育费用及信息费用等也基本上处于全国后列。故而，西北各省区小康建设的任务还很重。考虑到生态环境对经济社会发展重要的支撑作用，西北小康社会的建设重点当然应该放在生态建设方面。补强生态补偿机制，加强生态修复和保护，是西北地区同步建成小康的前提。

（4）巩固边疆稳定的需要。边疆是指两国间的政治分界线或者一国之内定居区和无人定居区之间宽度不等的地带，也指靠近国界的疆土。边疆这一概念属于历史范畴，在人类出现不同的利益共同体且运用界线来标识其地理范围时，边疆就自然而然的产生了。我国的边疆地区往往与民族地区重合，故而，我国的边

---

① 胡锦涛：《坚定不移地沿着中国特色社会主义道路前进，为全面建成小康社会而奋斗》，http://www.xj.xinhuanet.com/2012-11/19/c_113722546.htm。
② 2012 年，全国人均 GDP 为 38353.52 元，其中陕西为 38608.55 元，宁夏为 36410.64 元，新疆为 33799.55 元，青海为 33178.52 元，甘肃为 22036.66 元。

疆概念多与民族问题天然地联系在一起。西北边疆位于我国北部安全战略区的西部，包括新疆维吾尔自治区、内蒙古自治区的阿拉善盟和伊克昭盟以及甘肃省毗连国界的地区等，这里地域广袤（约 247 万平方千米）①，地处偏远，民族众多，发展经济的任务依然很重。正所谓"发展是硬道理，稳定是硬任务"，稳定和谐的社会环境对西北边疆地区而言，显得尤为重要。因为，没有较为稳定的社会环境，社会组织就难以正常运转，民众则可能会流离失所，更可能危及国家安全。显然，维护边疆稳定是天大的事，不容小觑。而且，完成"硬任务"离不开发展。因为，包括生态利益之内的利益冲突是影响当下社会和谐稳定的重要因素。②

西北地区生态脆弱，经济相对落后，不少民众还处于"靠天吃饭"的状态，对林草等资源的依赖程度很高，超载放牧、乱采滥挖时有发生。近几十年涌动的"虫草热""掘金热""发菜热"更是吸引了大量的外地人来此淘"金"，进一步破坏了当地的生态环境，"贫穷—生态破坏—更贫穷"的恶性循环已然形成。虽然西北地区的生态环境问题已引起中央政府的高度重视，并实施了退耕还林、天保工程等大规模的生态修复计划，但西北地区的生态环境也只是局部得到改善、整体还在恶化当中。甚至部分地区譬如青海省三江源地区、甘肃省民勤县、新疆塔克拉玛干沙漠东南缘的且末县等地生态退化加速，已不可避免地出现了生态难民，老百姓生计非常困难。而且，西北生态的恶化致使本地经济发展更为困难。①随着旱灾、风沙及沙尘暴的频繁肆虐，西北的土壤更加贫瘠，地下水位进一步下降，农作物减产更加严重。②西北地区不仅贫困区广布，而且贫困区与生态环境极为恶劣的高原、山地和沙漠边缘地带高度重合，民众脱贫的难度非常大。③毫无疑问，经济和生态密不可分，经济滞后和生态退化引起的利益冲突恰是影响边疆地区稳定的重要因素。故而，补强生态补偿机制，实现西北地区经济、社会、生态的协调和可持续发展，实乃当务之急。

---

① 李世勇：《影响中国西北边疆安全的国际因素分析》，载《兰州大学学报》（社科版）2012 年第 3 期。
② 王银梅、李龙：《西北少数民族地区社会和谐稳定问题实证研究》，载《西南民族大学学报》（社科版）2012 年第 4 期。
③ 陈佳贵等：《西北开发报告：西北地区生态环境恶化的危害》，http：//www.360doc.com，2010 - 6 - 15。

(5) 规范区域合作的需要。西北地区拥有非常丰富的矿产资源，前景广阔，价值巨大（矿产资源潜在价值达 33.7 万亿元，占全国的 36.4%）。我们以能源资源为例，西北煤炭储量高达 3009 亿吨，占全国总储量的 30%；石油储量高达 5.1 亿吨，占全国陆上总储量的 23%；天然气储量高达 4354 亿立方米，占全国陆上总储量的 58.5%。根据现行有关规定，矿产资源为国家所有，系国家战略资源。改革开放几十年来，国家本着全国"一盘棋"的思，借助"西煤东运""西气东输""西电东送"等方式，将"廉价"的气、油、煤等资源从西北源源不断地"调"往中东部地区，极大地支撑了东部的腾飞和中部的崛起。然而，西北地区的老百姓几乎未从当地丰富的资源中得益，恰恰相反，这里的生态环境却因矿产开发而变得更加脆弱甚至难以治理。以煤炭为例，从西北地区"调"出 1 吨煤，当地政府得到的补偿费仅为 0.2 元。如此微薄的补偿（如果算得上是补偿的话）当然难以恢复当地生态，更难以促进当地经济的发展。陕西省神木县政府曾向神华集团提出将补偿金增至 5 元/吨，但遭到拒绝并被认为是"敲诈"。然而，神木的生态环境本来就比较脆弱，大规模的煤炭开采更使神木的生态雪上加霜！① 调查发现，矿产开采（有些地方是滥采滥挖）给西北生态造成的破坏非常严重，不少地方原本为山清水秀之地，却因矿产开采变成了寸草不生的废渣堆。其实，西北生态的恶化不仅给当地经济社会的发展带来了严重的困难，也已经影响到中东部地区的进一步发展。西北地区林草植被持续减少，生态环境进一步恶化，气候仍在"干化"当中，江河源区水量锐减，其负面影响已经延扩至全流域乃至全国。但长期以来，西北生态环境的恶化仅被视为西北的区域性问题而未能得到足够的重视。②

邓小平同志在 1985 年强调："我们的政策是让一部分人、一部分地区先富起来，以带动和帮助落后的地区，先进地区帮助落后地区是一个义务。"③ 现在，中东部地区尤其是东部地区在西部资源的支撑下已经"富起来"了，带动和帮

---

① 王志强：《央企豪门神华遭遇挑战 煤炭垄断或将被打破》，http：//finance. people. com. cn/GB/4691188. html，2006 - 8 - 11。
② 陈佳贵等：《西北开发报告：西北地区生态环境恶化的危害》，http：//www. 360doc. com，2010 - 6 - 15。
③ 邓小平：《让一部分人先富起来》，www. XINHUANET. com，2005 - 1 - 16。

助西部地区发展的时机已经到来。换句话说,中东部地区的发展与低成本"利用"西北地区自然资源密不可分,所以,帮助、补偿西北地区是一种还债行为——既符合公平正义之法理要求,也是权利义务对等之必然反映。另外,建立跨省、跨区域的生态补偿机制,补强横向补偿机制,其实也是中东部地区在帮助自己、在为自身的发展以及良好的环境进行必要的投入。不言而喻,补强生态补偿机制,规范东西部之间的区域合作,显然为双赢之举。

三、完善西北生态脆弱区生态补偿法律机制之进路

1. 西北生态脆弱区生态补偿法律机制的伦理根基:生态整体论

(1) 从人类中心论到生态整体论。自20世纪60年代以来,曾经陶醉于工业文明巨大成就的人类猛然发现,工业文明给生态环境造成了巨大的伤害。学界开始反思、寻找出路,哲学家则从环境伦理方面进行反思,从人类中心论到生态整体论的演进反映了环境伦理思想的发展轨迹。人类中心论是一种传统的伦理思想,它认为人是宇宙的中心,所以"一切都以人为尺度",人可以征服、统治自然,自然不在道德范围之内,道德只调节人际之间的关系,自然界只是满足人类欲望的工具。人类中心论把人从"神域"解放出来,提升了"人"的地位,推动了人类同自然界做斗争并取得了前所未有的成绩。但是,人类中心论"忽视了作为自然界一部分的人与自然之间的内在联系,否认自然的内在价值……从而为人类征服自然、破坏生态、污染环境提供了思想认识上的根据"[1],导致人与自然的冲突不断,生态危机日益加剧。生态整体论是环境伦理学全新的一种视角,它把包括人类在内的自然界理解为一个整体,认为人是自然有机的组成部分,自然各部分之间的联系是有机的、内在的、动态的;自然界除具有外在价值即与人类有关的工具性价值之外,还具有不依赖人类评价而自为存在的内在价

---

[1] 陈泉生等:《环境法哲学》,中国法制出版社2012年版,第8页。

值。① 所以，"人类应当把道德关怀的重点和伦理价值的范畴从生命的个体扩展到自然界的整个生态系统"②，应该根据对生态环境的影响判断人类行为的道德价值。生态整体论认为，人并非"万物之灵"而是自然生态系统的普通一员，人类在自然面前始终应该保持一种谦卑的态度，人类不应该试图控制自然，而应该寻求与自然和谐相处。作为"物种"之一，人类应该关心其他物种的命运，自觉维护生物的多样性和价值的多样性并将其视为一项道德使命。

（2）生态整体论视阈下重构西北生态脆弱区生态补偿法律机制的伦理根基。①生态整体论的"整体"理论。生态整体论强调人类是自然的一部分，"每一个个体都是因为我的具体的思想和体验而存在，但它也是作为它自己体验的中心而存在的"③。所以，人类应该时时刻刻为生态整体利益着想，主动限制超越生态系统承载力的物质欲求和经济增长。人类应该建构符合"整体"理论的的法律价值和制度模式，我们的法律特别是生态环境法不仅要符合社会规律，也要符合自然规律。及时修复和补偿生态环境，利于人与自然的协调、"相容"。②生态整体论的内在价值理论。生态整体论认为自然界具有其内在价值，这种价值不以人的意志为转移，"它就在那里"。正如美国哲学家 H. 罗尔斯顿所说："自然的价值主要体现在它的创造性，即各类生物在自然环境中生存、依赖、竞争和发展并使自然界本身得以进化；自然的价值是由生态系统的内在整体结构决定的，其全面的协调和发展是人类发展的基础。"④ 所以，"仅倡导人类理性与人类正义是远远不够的，还应当尊崇自然正义"⑤ 和生态正义。③生态整体论的生态资本理论。生态资本（ecological capital）指能够带来经济效益、社会效益的自然资源和生态环境，包括自然资源存量、环境质量、生态系统等。毫无疑问，整个自然环

---

① 〔美〕H. 罗尔斯顿：《环境伦理学：自然界的价值和对自然界的义务》，载邱仁宗主编：《国外自然科学哲学问题》，中国社会科学出版社 1991 年版。

② 赵晓红：《从人类中心论到生态中心论——当代西方环境伦理思想评介》，载《中共中央党校学报》2005 年第 4 期。

③ 吕忠梅：《超越与保守——可持续发展视野下的环境法创新》，法律出版社 2003 年版，第 96 页。

④ 〔美〕H. 罗尔斯顿：《环境伦理学：自然界的价值和对自然界的义务》，载邱仁宗主编：《国外自然科学哲学问题》，中国社会科学出版社 1991 年版。

⑤ 陈泉生等：《环境法哲学》，中国法制出版社 2012 年版，第 53 页。

境都是资本,假如没有空气、土壤、水等生态要素,人类何以生产?如何生产?生态资本理论要求人类不仅要追求生态环境的经济价值,还要注重其生态价值和社会价值并试图用市场的手段实现经济和生态的双赢,因为,人与自然的和谐共处具有天然合理性。④生态整体论的生态安全理论。生态安全是指生态系统处于一种不受污染、破坏和威胁的状态,是指"所有生物的生态安全权利及其实现受到保护,生物的生活、健康、安乐、生活保障来源、必要资源、社会秩序和适应环境变化的能力等方面处于无生态危险或不受生态危险威胁的状态"[1]。生态整体论的生态安全包括自然生态安全、经济生态安全和社会生态安全,政府作为公共产品最有力的提供者,对生态安全负有不可推卸之责任。⑤生态整体论的"生态人"假设。生态人是指"处于生态系统中,具有生态风险意识和生态品格,追求经济效益、社会效益、生态效益三种效益协调、和谐发展,以'人类和生态共同利益'为中心的理性人"[2]。它不同于"经济人"和"社会人",它是代表"人"与"自然"共同利益的"复合人",它"不能只考虑'生态安全'而否定自身的经济利益……也不能一味追求自身的经济利益而无视'生态安全'"[3],它强调"人与自然平衡的向往"。

2. 西北生态脆弱区生态补偿法律机制的指导思想:可持续发展理念

(1)可持续发展理念及其内涵。所谓可持续发展是指特定区域的发展不危害或削弱其它区域的发展能力,同时,当代人的需要不损及后代人的需求的发展。1980年,联合国大会第一次使用"可持续发展"的概念;[4] 1987年,世界环境与发展委员会在长篇专题研究报告《我们共同的未来》中,首次较为系统地阐述了可持续发展的概念和战略。该报告提出,可持续发展是"既满足当代人的需要,又不对后代人满足其需要的能力构成危害的发展"。2002年,联合国可持续发展问题世界首脑会议指出,经济发展、社会发展和环境保护是可持续发展

---

① 陈泉生等:《环境法哲学》,中国法制出版社2012年版,第73页。
② 陈泉生等:《环境法哲学》,中国法制出版社2012年版,第75页。
③ 陈泉生等:《环境法哲学》,中国法制出版社2012年版,第44页。
④ 钱阔、陈绍志:《自然资源资产化管理——可持续发展的理想选择》,经济管理出版社1996年版,第11页。

的三大支柱思想。各界也普遍认为，可持续发展的内涵主要包括三个方面：①经济持续。可持续发展当然包括经济增长，因为经济增长是国家实力和社会财富的现实要求。而且，经济持续不仅仅重视增长数量，更重视增长的质量，它追求用最少的自然资源创造出最大的经济效益，强调循环经济和低碳经济，实施清洁生产和文明消费。②社会持续。可持续发展强调社会的进步，因为说到底，经济的发展是要解决人的问题，要以改善和提高民众的生活质量为目标。但事实上，我们这个社会还存在着很多社会问题，不少人仍处于贫困或半贫困状态，他们的生产方式简单粗放，对自然资源的依存度很高，较难摆脱"资源的诅咒"。所以，消除贫困，解决民生问题，是可持续发展的应有之义。③生态持续。可持续发展要以保护生态为基础，与环境的承载能力相协调。虽然发展是必须的，但发展的同时必须保护生态环境，包括控制和减少环境污染，改善和提高环境质量，保护地球生命系统，保持地球生态系统的完整性，以可持续的方式利用可再生资源，在地球承载能力之内实现人类的永续发展。① 显然，可持续发展是生态保护和经济、社会发展的矛盾的统一，是一种新的发展观，它意味着要建立一种全新的社会生产方式。可持续发展的核心是"发展"，但它强调人与自然的协调与和谐，试图建立一种符合生态文明要求的循环型社会。可持续发展强调既不能因为保护生态环境而阻碍经济、社会的发展，也不能因为追求经济、社会的发展而破坏生态环境。也就是说，可持续发展理念，"既有要保持经济、社会、环境持续发展、保持世世代代永续发展的内涵，又有实现经济、社会和环境协调发展的内涵"②。

（2）可持续发展理念对重构西北生态脆弱区生态补偿法律机制的指导性意义。理念是一种理想的、永恒的、精神性范型，可持续发展理念是一种基于人类和生态环境（人类其实是生态环境的有机组成部分）共同利益而提出的有利于人类长期发展的理想的、永恒的、精神性范型。《环境保护法》（2014）虽强调"经济社会可持续发展"和"生态文明建设"，并坚持"保护优先、预防为主"的原则，但是，我国的部分环境单行法（包括其他法律法规）并未以可持续发

---

① 吕志祥：《经济法基本问题研究》，甘肃人民出版社2003年版，第84—85页。
② 张锋：《生态补偿法律保障机制研究》，中国环境科学出版社2010年版，第17页。

展理念为指导思想,仅强调"谁污染,谁治理"的末端治理,已不能适应西北生态脆弱区生态建设的需要。同时,现行的环境法律法规并未充分考虑后代人的利益,极易造成代际不公平。显然,为了实现可持续发展,就应该在环境法律法规(包括其他法律法规)中明确规定可持续发展理念为其指导思想。在可持续发展理念的指导下,西北生态脆弱区生态补偿法律机制的重构需要重点处理好(也应该能处理好)两个问题。第一,实现经济社会发展与生态环境相协调,达到经济效益、社会效益和生态效益的共赢。人类经济社会的发展一定要限制在生态环境的承载力之内,如果人类追求经济社会的发展而损害了生态环境,实施生态补偿的目的就在于对受损的生态环境进行修复和补偿,使其恢复再生能力。同时,为避免那些因生态环境建设的特殊牺牲者陷入经济上的窘境,国家对这些公民也要给予补偿。这样,既维持了生态环境的平衡,又利于人类的生存和发展。第二,实现当代人和后代人之间的公平,经生态补偿,在满足当代人需求的同时,不损及后代人发展的需求和机会。人类开发生态环境和自然资源的行为实质上是一种向自然借债的行为,而生态补偿其实就是一种向自然还债的行为。可持续发展理念不仅强调代内公平,还强调代际公平。所以,考虑到人性的贪婪、自私等本性及可能出现的对生态环境的"透支",生态补偿不仅要重视当下的借债和还债,还要重视未来的借债和还债,以实现当代人与后代人之间的公平。①

3. 西北生态脆弱区生态补偿法律机制的重要支撑:传统生态文明
——以藏族聚居区为例

(1)藏族、藏族聚居区及藏族传统生态文明。藏族自称"博巴",意为农业人群,是最早起源于雅鲁藏布江流域的一个农业部落。两汉时期藏族属于西羌人的一支,7世纪时赞普松赞干布建立了吐蕃王朝(即"大蕃"王朝,和"大唐"王朝相对应),其称谓历经"吐蕃""西蕃""乌斯藏""唐古特""藏番""西藏"(康熙年间始称)等,藏族称谓与此亦有密切关系。② 目前,藏族主要聚

---

① 张锋:《生态补偿法律保障机制研究》,中国环境科学出版社2010年版,第42—43页。
② 《藏族》,http://news.xinhuanet.com/ziliao/2005 - 04/21/content_ 2858028.htm。

居在西藏自治区及青海省海北、黄南、果洛、玉树等藏族自治州和海西蒙古族藏族自治州，甘肃省甘南藏族自治州和天祝藏族自治县，四川省甘孜藏族自治州、阿坝藏族羌族自治州和木里藏族自治县以及云南省迪庆藏族自治州，人口541.6万人（2000年人口普查数据）。其中，青海省海北、黄南、果洛、玉树等藏族自治州、海西蒙古族藏族自治州以及甘肃省甘南藏族自治州、天祝藏族自治县均位于西北生态脆弱区。这里高山环绕，雪山连绵，湖泊众多，许多大江大河如黄河、长江等都发源于此；这里地势较高，大部分地区热量不足，高于4500米的地方最热月份平均温度不足10℃，没有绝对的无霜期，谷物难以成熟，只宜放牧。①

藏族传统生态文明是指藏族在历史上形成的关于宇宙、自然、人生的伦理道德、禁忌观念、法律规范、风俗习惯和生活方式的总和，是藏民族遵循人、自然、社会和谐发展这一客观规律而取得的物质与精神成果的总和。自古以来，生活在雪域高原的藏民族对高原生态环境的脆弱及自然资源的珍贵有更为深切的感受。如何在脆弱、有限的生态环境中生存，是藏民族自古以来始终面临的重大问题。人在生态环境中处于什么地位，如何与其他生物相处，在处理好人与自然关系的同时，如何将人与社会的关系纳入敬畏自然的轨道，对这些问题的深入思考与践行，形成了博大精深并蕴含着现代理念的藏族传统生态文明。② 藏族传统生态文明大体上包括：藏族传统的游牧方式和农耕文化、藏族聚居区民间生态思想、藏族禁忌、藏族环境习惯法、藏族聚居区地方政府和历代中央政府在藏族聚居区颁行的生态法规、藏传佛教生态思想等。③

由于藏民族是一个全民信仰藏传佛教的民族，藏族传统生态文明自然与藏传佛教有非常密切的联系。藏传佛教的自然观和环境观最先源于藏族古老的灵魂观和藏区传统宗教苯教的万物有灵思想，同时深受佛教宇宙观的影响。佛教缘起论认为，大千世界，森罗万象，无一不是因缘和合而生。所以，世界上的万事万物

---

① 《青海高原》，http://baike.baidu.com/view/1191868.htm。
② 南文渊：《藏族生态伦理 前言》，民族出版社2007年版，第2页。
③ 吕志祥等：《藏区生态法研究——从藏族传统生态文明的视角》，中央民族大学出版社2013年版，第4—22页。

都处在因果联系当中，是互为因果的，它们相互联系、相互依存，谁也离不开谁，"一个也不能少"。藏传佛教这种人物共生的观念，发展了本教关于人与自然关系的思想。而且，佛教认为人只不过是六道众生之一，六道众生皆有可能曾为生身父母，所以，尊重生命、众生平等理念就显得自然而然、无比重要。不仅如此，佛教还认为众生皆有佛性，只要改恶扬善，虔诚向佛，众生皆可成佛。在藏传佛教教义影响下，藏族民众均虔心向佛，尊重一切有情。① 正是在这种众生平等、天人一体思想的影响下，藏民族以慈悲之心对待一切有情，使动植物及生态环境得到保护，从而使雪域高原的生态得以完整保留下来，使藏族聚居区成为圣洁之地，使青藏高原成为净土高原。

（2）藏族传统生态文明与现代生态伦理相契合。藏族传统生态文明博大精深，正是其节制、适度的理念和时刻保护生态环境的生活方式，使生活在地质环境复杂、自然生态脆弱的青藏高原地区的藏民族繁衍至今，并创造了辉煌灿烂的文明。从藏民族信守的自然禁忌和已经延续千百年的传统的生产方式可以管窥，藏族传统生态文明蕴含着先进的生态伦理思想，即：注重人与自然的和谐，强调保护生态环境，爱护大自然，保护生态多样性，进而实现人与自然和谐相处。这种生态伦理思想与现代的生态伦理思想有着高度的契合，它们都追求人与自然协调生存、和谐共处。藏族先民自古以来就生活在青藏高原，经长期的生产生活实践，创造了独具藏民族特色的游牧文化及农耕文化，无论是藏族聚居区的牧民还是农民，他们都坚信：万物皆有生存的权利，人类应爱护它们。这种境界显然已经达到了一种当代人都无法企及的高度，超越了人类本身的生存需要，是一种"众生平等"的境界。藏族传统生态文明中珍视自然生命的内涵，显然是藏民族长期以来尊重自然的"自然而然"的结果；藏族先民显然已经深刻认识到，人类只能适应自然，人类是自然的"奴仆"而并非自然"主宰"。我们可以肯定地说，以藏传佛教为基础的藏族传统生态文明虽然不是作为严格科学意义上的生态学理论，但是却具有辞源学意义上的生态意义。我们要建设一个清净的家园，这

---

① 甘措：《藏族环保习俗的思想渊源》，www.xuemo.cn/news/detail.asp?n_id=1698，2011-1-6。

与佛教"人间净土"的理想是相同的。可以说，藏族传统生态文明所包含的生态理念具有很强的"现代性"，与现代生态伦理存在着高度的契合。

（3）藏族传统生态文明对藏族聚居区生态（补偿）法治建设的意义。根据法治的基本含义，藏族聚居区生态（补偿）法治建设主要应具有以下一些原则和要求：首先，要建设现代生态（补偿）法律文化，提高广大僧俗干部和民众的理论水平和生态（补偿）法治观念。其次，要建立一个结构严谨、内部和谐、体例科学、协调发展并能充分体现现代生态伦理思想和现代法律基本精神的完备的生态（补偿）法律体系。最后，要树立生态（补偿）法律的极大权威，切实有效地实施法律。在这几个方面，藏族传统生态文明都将发挥重大而独特的作用。

首先，藏族传统生态文明有利于藏族聚居区民众现代生态（补偿）法治意识的形成。藏族聚居区生态（补偿）的法治化建设离不开藏族聚居区民众现代生态（补偿）法治意识的支撑，因为生态（补偿）法的权威更重要的不是来自于其强制性，而是来自于其符合民情。否则，已建立的生态（补偿）法只能是僵死的教条，更不能成为社会中的"活法"。① 而我们可以断定，只有那些植根于社会之中，特别是能够深深植根于历史深处和大多数人内心深处的法律，才是社会学意义上的"活法"。② 藏族传统生态规范就是这样的"活法"，是藏族聚居区生态（补偿）法治建设的"源头活水"。藏族传统生态文明蕴含着浓厚的民族色彩和信仰色彩，包涵着雪域高原人民深深的感情投入。这种蕴含着人的信仰和感情的人与自然和谐相处的文化观，恰恰为藏族聚居区生态（补偿）法治化提供了强有力的观念支撑。

其次，藏族传统生态文明有利于藏族聚居区现代生态（补偿）法律体系的生成。法律产生于习俗，是习俗的实际规律性创造了法律，习俗是产生惯例和法的源泉。③ 当一项一般的社会习俗经反复使用并得到了大多数人的认可，而它的

---

① 王作全：《三江源区生态环境保护法治化研究》，北京大学出版社2007年版，第76页。
② 尹伊君：《社会变迁的法律解释》，商务印书馆2004年版，第114页。
③ 〔德〕马克思·韦伯：《经济与社会》（上卷），王迪译，商务印书馆1997年版，第368—369页。

重要性又得到了非依靠强制力迫使人们遵守不可的程度，它就成为一项惯例或者习惯法。而当某一项惯例或习惯法为全社会的成员普遍遵守和赞成，特别是与每一个人的利益休戚相关时，它就会上升为国家法。从古到今的那些行之有效的法律都是这样从底部一点点"长"起来的。① 藏族聚居区的生态（补偿）法当然应该是也必然是在藏族传统生态文明的基础上一点点"长"起来。藏族聚居区生态（补偿）法律体系的生成不能仅仅依靠理性构建，还要重视以往经验的发现，对藏族聚居区传统生态文明的充分利用，使现代生态法理论与藏族聚居区传统生态文明相结合，才能逐渐达到国家法与藏族聚居区"地方性知识"的逐步统一。

最后，藏族传统生态文明有利于藏族聚居区生态（补偿）法切实有效地实施。生态（补偿）法同样是"民族的历史、文化、社会价值观念和一般意识与认识的集中表现"②，它的活力当然源于大多数人的承认，它的效力同样源于其深厚的社会基础所产生的特定的强制力和约束力。"法的制度并非由于存在着强制的保障才在现实中在经验上'适用'，而是它的适用作为'习俗'已经扎了根，'约定俗成'，而惯例又往往对公然偏离它的举止表示不赞同。"③ 所以，"只有当法律符合人们习以为常的习俗和惯例时，才是行之有效的，而违背习俗和惯例的结果，必然是效力低下的"④。藏族传统生态文明是藏民族全体成员"约定俗成"的日常生活的准则和向导，对藏民族有着深刻的影响。因而，藏族传统生态文明对以它为基础而创制的生态（补偿）法的运行所具有的促进作用，是不言而喻的。⑤ 显然，藏族传统生态文明是藏族聚居区生态（补偿）法得以切实有效的实施的最重要的法文化基础。⑥

---

① 尹伊君：《社会变迁的法律解释》，商务印书馆2004年版，第115页。
② 〔美〕M. A. 格伦顿、M. W 戈登、C. 奥沙克维：《比较法律传统序论——比较法的范围、目的、法律传统和方法论》，载《环球法律评论》1987年第2期。
③ 〔德〕马克思·韦伯：《经济与社会》（上卷），王迪译，商务印书馆1997年版，第369—370页。
④ 尹伊君：《社会变迁的法律解释》，商务印书馆2004年版，第116页。
⑤ 王作全：《三江源区生态环境保护法治化研究》，北京大学出版社2007年版，第78页。
⑥ 吕志祥、刘嘉尧：《藏族传统生态文明在我国藏族聚居区生态法治建设中的意义》，载《攀登》2011年第6期。

4. 西北生态脆弱区生态补偿法律机制之基本原则

（1）生态承载力控制原则。生态承载力控制原则是指人类的经济、社会、生态活动都必须在生态承载力的范围之内进行。生态承载力①（ecosystem carrying capacity）的概念出现在20世纪初。1921年，帕克（Park, R. E.）和伯吉斯（Burgess, E. W.）在人类生态学（human ecology）领域中首次使用了这一概念。他们认为，所谓生态承载力是指在某特定生态环境（譬如生存空间、营养物质、阳光等生态因子及其组合）下，某个体存在数量的极限。后来，生态承载力成了生态学的核心概念之一。生态承载力不仅包括生态系统的自我维持和自我调节能力，还包括环境资源子系统的供容能力和社会经济子系统的发展能力。换句话说，"生态承载力是指为使环境正常发挥其生态功能，某地区环境资源所能承受的人类活动作用的最高极限"，如果超过这个"极限"，生态系统将因不能自我恢复而被破坏。②显然，环境本身是具有纳污能力和自净能力的，人类并非不能向环境排放污染物（或开发利用自然资源），只是要掌握好"度"。"环境的功能和价值恰恰主要体现在其能够消纳一定量的污染物质，并允许适度的环境资源的开发利用。"③如果人类始终在环境的"极限"内开发利用自然资源，环境就可以自我维持、自我更新并不断达到新的平衡。但是受人类中心主义的影响和人类本性的贪婪影响，在一个较长的时间里，人类仅仅把自然当作自己生存、发展的"工具"，大规模的无度的甚至是掠夺性地开采资源，无限制地排放污染物，对生态环境造成了极大的伤害，生态危机已成为全球性的重大问题。专家研究发现，"当今环境问题，大多是人类活动超过了环境承载力的极限所造成的"④。显然，"人类一切与环境有关的行为对环境产生的不利影响都不能超过生态承载力，否则，将造成环境运行的失衡，即环境污染、环境破坏和生态失衡"⑤。所以，

---

① 生态承载力亦称环境承载力、资源承载力、环境负载定额等。
② 冯嘉：《环境法原则论》，中国政法大学出版社2012年版，第137页。
③ 冯嘉：《环境法原则论》，中国政法大学出版社2012年版，第138页。
④ 唐剑虎、叶文虎：《环境承载力的本质及其定量化初步研究》，载《中国环境科学》1998年第3期。
⑤ 冯嘉：《环境法原则论》，中国政法大学出版社2012年版，第138页。

我们必须以生态承载力为依据控制对生态资源的开发利用,一旦超过"承载力"就要及时进行修复和补偿以保持生态环境的良性运行和可持续发展。《环境保护法》(2014)第5条"环境保护坚持保护优先、预防为主"的原则,第44条"国家实行重点污染物排放总量控制制度"等规定,皆体现了生态承载力控制原则。

(2)以人为本原则。以人为本原则是指在生态补偿过程中要充分考虑到人的利益,必须以保障和改善民生为核心,以促进发展和维护公平为根本。生态整体论并不否定人的利益,只是强调要在生态环境的承载力之内追求经济效益和社会效益。以人为本也是科学发展观的核心,是中国共产党全心全意为人民服务根本宗旨的体现。以人为本要求生态建设同样要从民众的根本利益出发,切实保障相关生态区域每一个公民的生态权益;因为,人类认识和改造自然也是为人类创造良好的生存条件和发展环境。人类生活的世界是由自然、人、社会三个部分构成的,以人为本的新发展观即全面、协调、可持续的发展观,从根本上说就是要寻求人与自然、人与社会、人与人之间关系的总体性和谐发展。所以,生态补偿法律机制必须以保障和协调公民的环境权、生存权和发展权为核心。要通过一系列切实可行的补偿措施,切实保障退耕还林区农牧民的基本生活,并逐步提高其生活水平;要积极引导和鼓励退耕还林区居民转变生产、生活方式,走循环经济和低碳经济的道路。同时,生态补偿法律机制必须以促进发展、维护公平为根本。要处理好生态补偿过程中生态保护与和谐稳定、扶贫开发、区域发展的关系,处理好生态补偿过程中政府主导与市场引导的关系,处理好生态补偿中钱粮等直接补助与技术培训、合作开发等间接补偿的关系,形成符合市场经济要求的正确导向。在搞好生态环境保护的同时,确保生态功能区、退耕还林区享有与其他地区同等的基本公共服务权利和机会,推进西北地区的跨越式发展,逐步缩小与中东部地区的发展差距。①《环境保护法》(2014)第1条"为保护和改善环境……保障公众健康",第31条"国家加大对生态保护地区的财政转移支付力度"

---

① 《青海省人民政府关于探索建立三江源生态补偿机制的若干意见》就强调了以人为本原则和促进发展原则。见http://www.law-lib.com/law/law_view.asp?id=345103,2012-8-9。

等规定，皆体现了以人为本原则。

（3）受益者（损害者）补偿原则。受益者（损害者）补偿原则是指生态环境的开发利用者、受益者及生态环境的破坏者、污染者等必须对特定生态环境的所有者和生态环境正外部性的创造者、维护者及特殊牺牲者提供补偿。受益者（损害者）补偿原则"天生的使命就是解决环境保护中存在的公平问题"①。生态环境的开发利用者在获利的同时对生态环境造成了污染或破坏，或者江河的下游地区享受了上游地区提供的洁净的水源，或者中东部地区享受了西部地区生态屏障的好处，并未支付对价，这是极不符合公平、正义要求和权利、义务对等性之法理的。所以，为了实现矫正的正义，法律要求环境资源的开发利用者、生态环境的污染者或破坏者以及享受到生态环境正外部性的主体（譬如地方政府、企业等），必须支付一定的对价，对生态环境进行修复和治理，并对生态环境的建设者和特殊牺牲者给予补偿，是符合法律公平、正义观念要求的。可见，受益者（损害者）补偿原则显然是权利义务对应性的法理要求在生态补偿法中的具体体现，该原则在我国有关自然资源法及《国务院关于环境保护若干问题的决定》（1996）中已有明确的规定。受益者（损害者）补偿原则体现了社会公平和环境正义②，理应贯穿于生态补偿法治的始终。西北生态脆弱区生态补偿过程中贯彻受益者（损害者）补偿原则，还可以缓解西北地区坐拥巨量的生态资本而经济、社会发展受限的窘态。一直以来，西北地区默默以自己的生态价值，给气候影响区以及中东部地区带来了巨大的生态效益。可是，由于生态法特别是生态补偿法的缺失，给这里的发展带来严重的限制和束缚，致使大西北长期徘徊在经济发展与环境保护的两难境地。所以，从权利、义务对等性的法理出发，严格贯彻受益者（损害者）补偿原则，来缓解由于生态保护给西北经济、社会发展所带来的压力势在必然。《环境保护法》（2014）第 5 条"环境保护坚持……损害担责的原则"，第 31 条"国家指导受益地区和生态保护地区人民政府通过协商或者按照市场规则进行生态保护补偿"等规定，皆体现了受益者（损害者）补偿原则。

---

① 冯嘉：《环境法原则论》，中国政法大学出版社 2012 年版，第 127 页。
② 马骧聪：《环境资源法》，北京师范大学出版社 1999 年版，第 73 页。

（4）公众参与原则。公众参与原则是指公众有权参与环境法的制订和环境管理过程，有权获取环境信息并对损害环境的事件提起诉讼。公众参与原则亦称"依靠群众保护环境的原则"或"环境保护的民主原则"。① 公众参与原则不仅是公民环境权的"重申"，而且能有效地弥补市场调节和国家干预的不足。因为公众是生态环境问题的直接承受者，对于生态环境的变化而言，较市场和政府往往更主动、更敏感、更积极。他们的环境切身利益也会促使他们能及时发现问题并向有关部门及时汇报甚至控告，以便及时处理并把损害降到最低。所以，公众参与原则在生态补偿过程中具有天然合理性。公众参与原则起源于20世纪60年代。1969年，美国的《国家环境政策法》明确提出了"公众参与"原则并开始实施；1972年，联合国《人类环境宣言》公布，更多国家在其影响下肯定了公众参与原则的重要性；1992年，联合国环发大会通过的《21世纪议程》论述了公众参与的内容，随后很多国际法文件也都强调了公众参与在生态保护中的重要作用。公众参与原则赋予公众三个方面的权利：一是生态（补偿）信息获取权，即公民或社团有权获得有关部门所持有的生态（补偿）信息并适当的加以利用；二是生态（补偿）决策参与权，即公民或社团有权通过一定的程序或途径参与生态（补偿）决策，以推进补偿的公平和透明；三是环境诉讼权，即公民或社团有权通过司法程序或行政程序，来捍卫自己或者公共的的生态（补偿）权益。②《环境保护法》（2014）第5条"环境保护坚持……公众参与……的原则"，第53条"公民、法人和其他组织依法享有获取信息、参与和监督环境保护的权利"等规定，皆体现了公众参与原则。

5. 完善西北生态脆弱区生态补偿机制之进路

我国的生态补偿实践和探索在西北生态脆弱区生态修复和保护过程中发挥了重要的作用，西北地区局部生态明显好转，绿色在增加，水土流失和土地沙化等现象初步得到遏制。但不可忽视的是，西北生态脆弱区生态补偿机制也存在着较

---

① 蔡守秋：《环境法教程》，法律出版社1995年版，第78页。
② 汪劲：《中国环境法原理》，北京大学出版社2000年版，第100页。

为严重的缺失和不足。经过认真调查和系统分析，我们认为，西北生态脆弱区生态补偿的政府性补偿机制和市场性补偿机制都应该适时重构。①

（1）补强政府性纵向补偿机制。首先，应该适当延长补偿期限。适当延长生态补偿期限，建立健全生态修复和保护的长效机制，对于原本脆弱的西北生态而言，非常重要。② 退耕还林等生态补偿工程理应以不损及农户利益特别是其生存利益为底线，适当延长补偿期限，顾及退耕户的生存利益及可持续发展，则更加契合公平发展之理念，更加契合社会主义社会的道德要求。现行的退耕还林补偿期生态林为8年、经济林为5年，事实上西北地区的林木生长较为缓慢，一般需要十余年甚至二十余年才能成长为椽材，譬如甘肃省平凉市退耕地造林中的刺槐（有4.63万公顷），要生产椽材至少需要15年的时间。如果补偿期一到即停止补偿，则会将退耕户陷入"无所依"的状态。③ 其次，应该适当提高补偿标准。生态补偿的标准问题是一个较为复杂的问题，一般应当顾及当地生态系统服务价值、生态保护成本及发展机会成本等。西北地区生态价值巨大，但自然条件严酷、气候寒冷干旱，种树护树的成本高昂，所以，西北地区的生态补偿标准理应高于其他地区。而且，诸如退耕还林等钱粮补助也应随物价上涨而适时调整。第三，应当拓展多元化的补偿方式。钱粮等直接补偿方式可解决农户的燃眉之急，应该保留。但是，从调查中发现，退耕农户对技术培训、异地安置、就业指导等等间接补偿方式亦有很高的期待。既然退耕还林属民生工程，理应尊重农户的愿望和要求。第四，应该适当扩大补偿的范围。生态补偿的终极目标是再造秀美中国，进而实现可持续发展。故而，对那些持续进行生态保护和建设，精心养护退耕地林草的农户，应该加大补偿力度或者给予持续性的补偿（因为他们的行

---

① 本节参见吕志祥、孟天琦：《渭河源头区生态补偿机制缺失及重构新论》，载《中国水土保持》2014年第1期。
② 譬如，美国退耕计划的合同期就比较长，一般为10—15年。参见蔡艳芝、刘洁：《国际森林生态补偿制度创新的比较与借鉴》，载《西北农林科技大学学报》（社科版）2009年第4期。
③ 王衡：《退耕还林不能一退了之 补助年限不应搞"一刀切"》，http：//finance. sina. com. cn，2006-4-20。

为在持续性的创造生态服务价值），以激励民众投身生态建设的热情。① 最后，进一步规范补偿资金的发放。建立健全补偿资金的发放程序及监督程序，严肃处理补偿资金发放中的违法违规行为，实现补偿资金发放的及时、公正、透明，对后续生态补偿工程的顺利推进，意义重大。补强政府性纵向补偿机制在新环境法中也有所体现，《环境保护法》（2014）第 31 条规定："国家建立、健全生态保护补偿制度。国家加大对生态保护地区的财政转移支付力度。"

（2）完善政府性横向补偿机制——以陕甘跨省生态补偿为例。如前文所言，2011 年 12 月，陕甘两省就渭河源头区的跨省生态补偿达成了"协议"，陕甘两省之间的政府性横向补偿正式启幕。然而，陕甘两省之间的补偿虽已开始，但机制并未形成，渭河流域的跨省生态补偿机制还存在诸多问题。考虑到渭河源头区对于整个渭河流域乃至黄河流域的特别重要性，鉴于陕甘两省的经济实力（两省均属于欠发达省份，甘肃省的发展更为滞后）及其相互之间协调的难度，我们以为，国家应该高度重视渭河源头区的生态修复和补偿。首先，中央政府应该先行投入"足额"资金（譬如 15 亿元，具体金额可通过详细论证得出），以修复和治理已被破坏的渭河源头区生态——单凭陕甘两省的努力来保护渭河流域近乎不可能，当然也不公平——渭河源头区及渭河全流域的生态外溢效应还造福陕甘两省之外的中东部地区。其次，陕甘两省之间的跨省补偿应该在国务院有关部门（譬如国家环境保护部）的主导、协调下，由陕甘两省组织生态环境方面的知名专家进一步论证、协商，最终出台更具科学性和操作性的"渭河源头区跨省生态补偿实施细则"。"细则"应该明确：①补偿原则。如前文所述，陕甘跨省生态补偿应该确立生态承载力控制原则、以人为本原则、受益者（损害者）补偿原则、公众参与原则、区域合作原则等。②补偿模式。以陕西省省级财政横向转移支付为主，同时，陕西省宝鸡市、咸阳市、西安市、渭南市等渭河下游城市与甘肃省定西市、天水市、平凉市、庆阳市等源头区城市"结对子"，实现技能培训、异地安置等多元、深度的合作和补偿。③补偿依据。充分发挥中央专项治理

---

① 钟大能：《西部少数民族地区生态环境建设进程与其财政补偿机制的形成》，经济科学出版社 2008 年版，第 306 页。

资金的生态修复作用，较为全面、系统地对渭河源头区环境进行治理和修复，进而提升渭河水质。在此基础上，就渭河入陕西省的水质确定一个"合适"的评判基准作为补偿的依据，并随跨省补偿的持续而逐年提升此标准。④补偿标准。在监测年度内，以陕甘两省交界处水质（在牛背村渭河水质监测站监测的基础上经陕甘两省环境保护厅认可）为考核标准，如渭河甘肃段水质优于基本标准，陕西省补偿甘肃省 5000 万元（具体金额可通过详细论证得出）；如渭河甘肃段水质劣于基本标准，甘肃省补偿陕西省 1000 万元（具体金额可通过详细论证得出，但要考虑甘肃省为改善渭河源头区生态已投入大量资金、且经济发展远落后于陕西省的事实）。⑤补偿监督部门。陕甘两省跨省生态补偿的监督部门应该是国家环境保护部，也只有环境保护部才能更好地协调陕甘两省。当然，参酌陕甘两省的做法，西北地区和中东部地区之间的生态合作和补偿也应该及早启动，以尽快改善西北生态脆弱区的生态环境，更好地发挥西北生态服务中东部地区的功能。《环境保护法》（2014）第 31 条"国家指导受益地区和生态保护地区人民政府通过协商……进行生态保护补偿"等规定，也说明了国家补强政府性横向补偿机制的决心。

（3）引入市场性补偿机制。西北地处偏远边疆地区，生态环境脆弱，但地理位置重要，是国家生态安全屏障建设的重要区域。西北生态脆弱区生态的修复和补偿不仅与西北九千六百多万人的生存与发展密切相关，而且事关中东部地区乃至国家的生态安全。近几十年来，西北地区的生态变得更加脆弱，气候"干化"，水土流失日趋严重，源头径流量锐减，不仅给大西北的生态安全带来严重的隐患，而且已影响到中东部地区经济社会的可持续发展。中央政府和西北各级地方政府作为公共管理者，开始高度关注西北生态脆弱区生态状况，启动了退耕还林工程、天保工程等生态工程，试图修复和保护西北生态。随着"工程"的推进，西北局部生态环境正在好转，成绩斐然。但是，生态修复是一项复杂的系统工程，需要数十年甚至更长时间的持续投入和努力，才能彻底改变目前的环境状况。如此看来，单凭政府"一极"力量期冀建设美丽西北显然是不够的。而且，环境修复和治理如果完全由政府"买单"，并不符合受益者（损害者）补偿原则和公众参与原则。同时，我们也要认识到生态环境治理的力量和智慧恰恰也在民间。所以,顺应民间的生态保护愿望,调动民间的环境保护力量,引入市场性补偿机制,对拓宽生态补偿的途径大有裨益。首先,应当借鉴美德日等国家生态保护的成功经验,在清晰界定有关环境资源产权的基础上①,将部分环境资源产权(譬如退耕地林木的所有权等)明确界定给个人,以充分发挥物权的激励功能——激励民众投身环保的热情——并降低民众维权的难度。其次,积极创建或完善环境资源交易平台(市场),探索并稳步推进排污权交易等市场化的补偿模式,探索并建立流域水资源使用权转让等交易机制,以推动生态环境的受益者在自主自愿、平等协商的基础上给予生态功能的提供者合理的补偿。最后,充分利用市场手段,拓宽生态补偿资金的渠道。应该调动全社会的力量(譬如尝试发行"生态彩票")包括商业资本甚至国际投资,建立生态修复和生态补偿基金,以保障生态修复和补偿的顺利推进。② 引入市场性补偿机制在新环境法中也有所体现,《环境保护法》(2014)第31条规定:"国家指导受益地区和生态保护地区……按照市场规则进行生态保护补偿。"

6. 完善西北生态脆弱区生态补偿立法之进路

生态补偿良性机制的建立需要环境法及相关法特别是生态补偿立法的保障,但我国环境法及生态补偿立法的缺失非常明显。所以,我们应尽快制定环境基本法或环境法典,修订与生态补偿密切相关的法律、法规,出台生态补偿法,建立权威、高效、规范的管理机制,从而形成法制化、规范化、科学化的西北生态修复和补偿之路。

(1)修订《宪法》,增设环境权并修改公民财产权的有关条款。环境权是指主体"对其赖以生存和发展的环境所享有的基本权利和应承担的基本义务"③,就公民而言,就是享有在安全和舒适的环境中生存和发展的权利;就国家而言,就是国家环境资源管理权。环境权产生以来虽有争议但备受关注并被广泛运用。

---

① 蔡艳芝、刘洁:《国际森林生态补偿制度创新的比较与借鉴》,载《西北农林科技大学学报》(社科版)2009年第4期。
② 王洛林:《未来50年:中国西部大开发战略》,北京出版社2002年版,第206页。
③ 蔡守秋:《环境法教程》,法律出版社1995年版,第33页。

从立法实践看，许多国家都在自己的宪法中确认了环境权，从而使环境权成为宪法的新生权利，如俄罗斯、菲律宾、智利等国的宪法中就直接规定了公民的环境权。① 但是我国《宪法》并无环境权之明确规定，已直接影响到生态补偿机制的顺利构建——生态补偿的目的就是为了协调公民的环境权与生存权、发展权之间的矛盾。正是由于环境权的缺失，我们把退耕还林工程视为"扶贫工程""德政工程"；其实，退耕还林工程恰是为了保障公民的环境权——并非基于对他们的同情和怜悯，而是基于对其环境权的保障。在《宪法》中增设环境权，使环境权成为公民的基本人权意义非常重大，它不仅使我国跟上世界人权发展的潮流，就生态补偿而言也使其在宪法层面有了明确的权利依据。同时，应该修订宪法中有关私有财产保护的规定。我国《宪法》第 13 条规定："公民的合法的私有财产不受侵犯。国家依照法律规定保护公民的私有财产权和继承权。国家为了公共利益的需要，可以依照法律规定对公民的私有财产实行征收或者征用并给予补偿。"我们以为，法律保护的都是合法的财产，所以，规定"私有财产不受侵犯"即可，并无必要重申"合法"的才保护。另外，对"公共利益"应进行紧缩解释，以避免"公共利益"的无限扩大及公权力的无限膨胀；对"征收或者征用"进行扩张解释，明确征收或者征用包含对土地利用的限制，或者把"实行征收或者征用并给予补偿"改为"实行征收、征用或者利用限制并给予补偿"②，以实现对因生态环境建设而产生的特殊牺牲者以补偿，体现环境正义。

（2）进一步修订《环境保护法》，将其提升到环境基本法的层次。经过 3 年的立法"长跑"、4 次提交审议，新《环境保护法》于 2014 年 4 月 24 日得以通过，并于 2015 年 1 月 1 日起实施。修订后的《环境保护法》不仅其条文增加到了 70 条，而且法律的可执行性和可操作性也大为加强，被称为史上最严环保法。新环境法亮点频出，譬如首次将"保障公众健康"写入总则第一条，首次规定"保护优先"的原则，首次确定每年 6 月 5 日为环境日；并强调政府的环境管理职责，建立公共监测预警机制，划定生态保护红线，增设生态补偿机制，加大排

---

① 张锋：《生态补偿法律保障机制研究》，中国环境科学出版社 2010 年版，第 81 页。
② 刘嘉尧：《藏族传统生态文明与藏区生态补偿法律问题研究》，兰州理工大学硕士学位论文，2010 年。

污惩治力度，确立环境公益诉讼制度。应该说，新环境法的理念先进、责任严厉、进步巨大。但是，如前文所言，《环境保护法》(2014) 仍然由全国人大常委会审议通过，与其他环境单行法处于同一位阶，并非基本法。所以，进一步修订《环境保护法》，势在必行。首先，确立《环境保护法》基本法的地位①，建议由全国人大审议通过《环境保护法》，使之上升到基本法的层次，统领生态环境法律体系，为生态补偿提供基本法层面的法律依据。其次，在可持续发展理念的指导下，进一步调整《环境保护法》的立法结构，突出生态价值，增加保护生态环境和自然资源的比重，以体现生态环境本身的价值及其对人类社会可持续发展的意义。第三，鉴于环境权的特别重要性及其在"环境法"中的核心地位，《环境保护法》应明确提出公民的环境权，使生态补偿的权利依据更加充分。②第四，进一步完善公众参与机制，扩大环境公益诉讼的主体，"对污染环境、破坏生态，损害社会公共利益的行为"，任何组织和个人均可以提起诉讼，以充分发挥环境公益诉讼在生态建设中的作用。

（3）修订《物权法》等相关法，为生态补偿提供立体的支撑和保障。首先，生态补偿制度的确立对自然资源物权制度有强烈的依赖，只有合理的明晰的资源物权制度才能使物尽其用；反之就因缺少相应的主体，会使资源成为"公有资源"，必然导致"公地悲剧"的产生。生态环境和自然资源物权制度的构建就是为了保证生态环境权益人对生态资源享有的占有、使用、收益和处分的权利，也可以为在"谁"补偿"谁"的生态补偿制度中落实主体。而我国目前的生态环境物权关系并不明晰，所以，修订《物权法》，进一步明晰环境资源的物权关系，将生态功能区居民的经营权、收益权用法律形式制度化，就能促进和调动区

---

① 根据 2011 年 10 月 27 日国务院新闻办公室发表的《中国特色社会主义法律体系》白皮书，中国特色社会主义法律体系，是以宪法为统帅，以法律为主干，以行政法规、地方性法规为重要组成部分，由宪法相关法、民法商法、行政法、经济法、社会法、刑法、诉讼与非诉讼程序法等多个法律部门组成的有机统一整体。环境法还未成为"法律部门"，这可能与我国环境基本法的缺失有一定的关系。
② 生态补偿就是在协调人类的环境权与生存权、发展权之间冲突的同时，维护公民的环境权。没有环境权，为什么还要进行生态补偿？

域内广大居民维护生态环境和参与生态补偿的积极性。① 其次，我国的环境刑法应该加强对环境本身的关注和保护，以当事人对生态环境本身所造成的损害为判定罪与非罪和量刑的标准，是环境刑法获取制度合理性与价值合理性的应然路向。毫无疑问，环境刑法应该以生态利益为其基本的法益目标，环境犯罪应该优先保护生态环境利益，应该将生态环境利益的损害作为环境类犯罪定罪和量刑的标准。所以，以生态利益为纲进一步修订《刑法》，势在必行。再次，修订税法，实现税法的绿色化，用制度的办法让企业去承担环境成本，使生态资源的价值得到合理的补偿，最终实现生态环境的有序和自然资源的可持续，也非常重要。加快生态税的立法进程，不仅可以为生态补偿提供长效的稳定的资金来源，还可以推动各主体经济、社会、环境行为的绿色化，最终达致人与自然的和谐共存。②

（4）修订自然资源单行法，明确"写入"生态保护和生态补偿之规定。第一部自然资源单行法《森林法》在1984年颁布后，我国的自然资源立法进入一个快车道。③ 经过多年的发展，我国的自然资源法规群已然形成。但是，我国的自然资源单行法缺少对生态保护的掌管力度，生态保护的立法目的和指导思想并不明确。其实，自然资源均为生态环境要素，我们保护自然资源的目的，既是为了生态效益，也是为了经济利益，但其中最重要的就是生态效益。但由于我国生态补偿立法机制不完善，在已出台的自然资源法中，明确提出"保护和改善生态环境""维护生态平衡"等立法宗旨的自然资源单行法比较少，而以获取经济利益为目的法规比较多，譬如：《水法》《土地管理法》《矿产资源法》《渔业法》等。应当说，法制建设的灵魂或者说根基就是法的指导思想。但由于现行的自然资源单行法多数是计划经济时期完成的，当时并没有所谓可持续发展等思想，所以，其立法思想与我们当代的生态环境现状严重脱节。这种指导思想上的偏差，

---

① 李胜兰、曹志兴：《构建有中国特色的自然资源产权制度》，载《资源科学》2000年第3期。
② 2008年11月5日，环保部发布《中国碳平衡交易框架研究》报告，建议积极运用政策手段开征碳税，促使企业减少二氧化碳排放。参见新华网，2008 - 11 - 6。
③ 吕志祥、刘嘉尧：《高原藏区生态法治基本原则新探——基于藏族传统生态文明的视角》，载《西藏民族学院学报》2010年第3期。

主要体现在各单行法内容上过度利用自然资源而轻视对自然资源的保护,过分重视获取资源的经济利益而忽视了生态效益。① 所以,目前的一些单行法从根本上来说,并不利于自然资源的永续利用和生态保护。因此,修订和完善自然资源单行法律,明确生态补偿的内容并使之生态化显得极为迫切。②

(5)制定《生态补偿法》和《生态补偿法实施条例》。为推动建立生态补偿机制,完善环境经济政策,促进生态环境保护,国家环境保护总局于 2007 年颁布了《关于开展生态补偿试点工作的指导意见》。《意见》阐述了开展生态补偿试点工作的重要意义,明确了开展生态补偿试点工作的指导思想、原则和目标,并着力探索建立自然保护区、重要生态功能区、矿产资源开发以及流域水环境保护等重点领域的生态补偿机制。《意见》虽然非常重要,但由于其层级太低,过于原则,欠缺可操作性,所以,它所能发挥的作用是非常有限的。我们认为,应该在修改、完善《意见》的基础上,在《环境保护法》(2014)第 31 条生态补偿规定的指导下,尽快由全国人大常委会制定《生态补偿法》,国务院相应出台《生态补偿法实施条例》。然后由各省、区制定本省、区以及自然保护区、重要生态功能区、矿产资源开发以及流域水环境保护等重点领域的生态补偿条例,对生态补偿进行非常细致的规定并强力推行,才能实现生态补偿的"恢复、维持和增强"的效果。③《生态补偿法》应该就生态补偿的概念、目的、原则、补偿的种类、主体、标准、范围、方式等做出明确具体的规定,同时赋予地方政府在不违反生态补偿法原则的基础上灵活变通的权力,调动各方参与生态补偿的积极性和热情,以形成生态补偿的长效机制。④

---

① 陶伯进:《论自然资源法的范畴界定与体系完善》,http://www.studa.net,2008-3-17。
② 任红巧:《可持续发展观下自然资源立法的完善》,山西财经大学硕士学位论文,2007 年。
③ 程颐:《饮用水源保护区生态补偿机制构建初探》,厦门大学硕士学位论文,2008 年。
④ 吕志祥、刘嘉尧:《西部生态补偿制度缺失及重构》,载《商业研究》2009 年第 11 期。

第三章　西北生态脆弱区生态补偿标准的经济学实证分析

一、西北生态脆弱区生态补偿标准的确立基础

1. 生态补偿（标准）的理论依据

（1）生态补偿（标准）的生态学依据。生态学是研究生物与其环境之间的交互关系以及生物物种相互间的交错关系的学科，生态系统理论是其研究的核心。生态系统是指在一定的时间与空间范围内，生物及其生存环境以及生物物种间交互作用，在信息交换、能量流动以及物质循环之下连结彼此，进而构成的一个不可分割的自然整体。① 显然，生态学意义上的生态系统强调生物与其依存的环境间的整体性关系，二者相互作用、相互影响。事实上，人类赖以生存的世界也有着系统的完整性以及广泛的联系性，不论是生存于世间的芸芸众生，还是国家、地区、组织，都无法挣脱与生态系统之间千丝万缕的联系，人类要想较为顺利地实现能量的流动和物质的循环，就必须依赖于生态系统的支持。② 当然，人类在依赖生态系统的同时也会对生态系统的平衡产生一系列影响。人类社会作为一个复杂的生态复合系统，是在自然生态系统的根基和人类行为的主导下，借助物质、资金、信息等经济流的涌动而形成的。③ 自然生态系统有一个阈值或极限（生态承载力），它是自然生态系统对于人类活动的承载和负荷。人类通过生产生活活动影响着生态环境，这种影响一旦超出生态系统的承载阈值或极限，就会

---

① 百度百科：《生态系统》，baike.baidu.com，2013-9-9。
② 梅宏：《生态损害预防的法理》，中国海洋大学博士学位论文，2007年。
③ 赵绘宇：《论生态系统管理》，载《华东理工大学学报》（社科版）2006年第2期。

对生态系统的局部或全部造成紊乱甚至打破其平衡状态。遭受破坏、失去平衡的生态环境将会对人类生存造成极大的威胁，这就是自然环境的生态潜力与人类社会的经济潜力之间相互作用、相互影响的过程。保持经济、社会和生态复合系统之间动态平衡，必须促使生态潜力的增速大于经济潜力；但从我国环境资源的利用现实来看，经济潜力的增速明显大于生态潜力的增速，造成局部乃至全局的生态环境紊乱，生态系统濒临失衡。恢复并维护业已破坏的生态环境，大力提高生态潜力是横亘在我国发展面前的重要课题。① 而生态补偿恰是针对生态损失进行的，是维持生态潜力的良好方式和手段。

（2）生态补偿（标准）的经济学依据。经济学是研究人类经济活动和各种经济关系及其运行、发展规律的学科，其核心思想是物质稀缺性和有效利用资源。生态补偿的经济学依据非常丰富，此处择其要者概述如下。

①环境资源价值理论。从哲学角度理解，"价值"指作为主体的人与作为客体的外界物之间的关系。正是基于人的需求，价值关系才得以存在。② 如同马克思所说，"价值这个普遍的概念是从人们对待满足他们需求的外界物的关系中产生出来的"③。既然价值是人的需求与外界建立起来的一种联系，人对自然资源是否也具有某种需求呢？毋庸置疑，人类须臾离不开自然资源，自然资源对人类的实用性决定了其价值的存在，而稀缺性则决定了其价值的大小。在实践中，人们往往将自然资源的价值狭隘地理解为其经济价值，而忽略了更为重要的生态价值即服务功能价值。其实，生态系统对人类社会的支持主要是通过产品和服务两个方面来实现的。这里的产品指的是可在市场流通并通过货币予以表现的实物型商品；这里的服务指的是虽"不能"在市场流通，但对人类同样重要或者说更加重要的服务功能，譬如水质净化、气候调节、生物多样性保护等等。2003 年，联合国及其有关组织发起并赞助了"千年生态系统评估"国际合作项目，并对生态系统服务做出了综合性的界定，即"人类从生态系统中获得的各种惠益"④，

---

① 王慧：《新安江流域生态补偿机制的建立和完善》，合肥工业大学硕士学位论文，2010 年。
② 安晓明：《论自然资源价格的构成和量定》，载《税务与经济》2004 年第 3 期。
③ 刘志刚：《宪法诉讼的价值分析》，载《甘肃政法学院学报》2007 年第 4 期。
④ 王兴杰、赵骞之等：《生态补偿的概念、标准及政府的作用——基于人类活动对生态系统作用类型分析》，载《中国人口·资源与环境》2010 年第 5 期。

诸如调节服务、支持服务、供给服务、文化服务等等。① 我们也可以说，环境资源本身便是生态系统服务功能所提供的直接价值，而各种无形的惠益则是间接的价值。② 随着经济社会的发展，人类对自然资源的消耗日渐扩大，对自然环境的投入也与日俱增，自然生态系统在人类经济发展的影响下逐渐成为"人化自然"。进入当代社会以来，人类更加认识到生态环境的重要性，世界各国都开始了大规模的修复和补偿生态环境的行为，以实现人与自然的和谐共存及可持续发展。这种以可持续发展为目的而进行的人力劳动投入所产生的价值便成为环境资源价值的一部分。而这种劳动大体上可以分为两种：第一种是直接劳动，即为了恢复和改善已被破坏的生态环境而投入的劳动，譬如退耕还林、退牧还草等等；另一种是间接劳动，即在预见某行为会对生态环境造成不利影响的情况下，为保护生态环境而改变该行为而付出的劳动及附加的劳动。③ 基于环境资源的双重性，生态环境的价值也具有双重性，即生态系统的服务价值和可供人们开发利用的资源价值。正是基于生态环境的价值性，人们在开发利用环境资源时，需对其进行客观的评价与测算，科学厘定补偿标准，建立健全生态补偿机制，以实现经济、社会、生态的和谐和可持续发展。

②外部性理论。从环境经济学的角度看，外部性无疑是造成自然资源过度开发和环境污染的重要原因。④ 所谓外部性是指某一经济活动给与此项经济活动无关的第三方造成的影响，分为正外部性（外部经济性）和负外部性（外部不经济性）。⑤ 正外部性即经济主体创造的社会收益大于其私人收益时的情况；负外部性即经济主体为其活动付出的私人成本少于社会成本的情况。⑥ 正如庇古在

---

① 张永民、赵士洞：《全球生态系统服务的状况与趋势》，载《地球科学进展》2007年第5期。
② 刘继青、王洪飞：《自然资源及环境的价值与价格研究》，载《商业经济》2010年第11期。
③ 胡续礼、张旸等：《浅析水土保持生态补偿机制建立的理论基础及实现途径》，载《中国水土保持》2007年第4期。
④ 马爱慧、蔡银莺等：《耕地生态补偿实践与研究进展》，载《生态学报》2011年第8期。
⑤ 施晓亮：《区域经济均衡发展中的生态补偿机制研究——以宁波象山港区域为例》，复旦大学硕士学位论文，2007年。
⑥ 刘翠：《建立生态补偿的依据及其意义》，中国海洋大学硕士学位论文，2010年。

第三章　西北生态脆弱区生态补偿标准的经济学实证分析

《福利经济学》一书中阐述的："存在经济外部性，是因当 A 向 B 提供劳务时，往往会致使他人获利抑或受损，但 A 并没有从受益者处获取报酬，也不曾对受害者支付补偿。"① 譬如，流域上游民众为了保持水土而大力植树造林，不仅能够有效地减少中下游地区的河湖淤积，避免中下游地区洪涝灾害，减少经济损失，还能使下游的广大民众获得优质的工农业用水，此即正外部性的体现。② 再譬如，为了谋取经济利益，大力开采矿产资源，不仅会对当地环境和生态景观造成破坏，还会打破原有良好的生态功能，给周边居民的生产生活带来一系列消极影响，这就是负外部性的体现。当经济主体的活动出现外部性时，其私人收益与私人成本不匹配，或者是私人收益小于社会收益，或者是社会成本大于私人成本，市场的无形之手在资源配置中无法发挥良好的作用，"市场失灵"随之产生。面对无形之手的失灵，政府这只有形之手就必须适时显现，对其进行必要的干预，以克服市场失灵并弥补市场之不足。对于生产、消费致使他人受损的行为，政府应通过征收税负等方式补偿受损者；同时，对于生产、消费使他人获益的行为，政府也应从受益者处提取部分收入补偿正外部性的供给者。③ 因而，生态补偿的实施可以说是解决外部性的良好途径。

③产权理论。产权是指财产所有权以及与财产所有权有关的财产权，是经济所有制关系的法律表现形式，包括财产的所有权、占有权、使用权、收益权和处置权等。从经济学角度看，产权是确定"经济人"受益或受损及如何进行补偿的一种规则，产权的作用之一就在于帮助产权人实现和他人交易时的预期。所以，产权明晰是市场交易和市场机制有序运行的前提和基础。产权并非单个权利而是一个权利束，它是由所有权、处分权、收益权等综合而成的权利。产权既包括产权人收益的权利，也包括其受损的权利，它对受益与受损的方式进行了界定，并说明如何进行补偿。显然，产权在本质上所反映的是人和人之间的关系。就生态环境而言，如果环境资源产权不清晰，倘若它的被使用是零价格，那就意

---

① 转引自刘娟：《农村有机垃圾就地消纳的生态补偿研究——以上海郊区为例》，复旦大学硕士学位论文，2007 年。
② 潘金：《我国生态环境补偿法律机制研究》，北京交通大学硕士学位论文，2008 年。
③ 郑建瑜：《区域自然资源开发的理论与实践——以浙江省安吉县为例》，华东师范大学博士学位论文，2007 年。

味着环境资源会因人类的过度开发利用而遭受破坏。所以，必须改变环境资源产权不清晰的状态，对环境资源的产权予以明确的界定，开发利用者必须缴纳一定的资源使用费或是环境税。① 如果产权明晰且无交易费用，那么，不管产权的初始界定如何，都能够在市场机制和自愿一致的协商下实现资源的最佳配置；如果产权明晰但有交易费用，那么，要实现资源的最优配置则需在制度安排与选择之下进行，此即著名的"科斯定理（Coase Theory）"。② 透过科斯定理可以看出，应对"市场失灵"，政府的干预非常重要；借助产权理论，完善生态补偿机制，可以很好地解决环境外部性问题。③

（3）生态补偿（标准）的法学依据。法学，亦称法律学、法律科学，是研究法、法的现象以及与法相关问题的专门学问，是正义和非正义之学。自由、秩序、正义是法的基本价值和法学研究的基本追求。自由是指在法律的范围内"为所欲为"，即在不损及他人、社会以及国家利益的前提下，做自己愿意做的一切事情。秩序，乃人和事物存在和运转中具有一定一致性、连续性和确定性的结构、过程和模式，"意指在自然进程和社会进程中都存在着某种程度的一致性、连续性和确定性"④。正义强调的是社会生活中主体的平等、公平和公正。此处重点讨论与生态权利、生态补偿最密切相关的公平和自由。公平是指依据一定的标准和正当的秩序公正合理地待人处事，意味着社会的经济利益、生态利益乃至政治利益在全体社会成员之间合理、平等的分配，也意味着权利的平等和司法的公正。公平作为人类的恒久追求，本属价值范畴，所有社会规范形式（包括法律规范）都将公平作为重要的价值内容和价值目标，毫不夸张地说，公平乃政治社会所有价值体系的最高目标。⑤ 古希腊思想家视公平为和谐与秩序，柏拉图则将其界定为各司其职、各得其所。事实上，公平是一个不断发展着的概念，所以，

---

① 麻丽珍：《生态补偿法律问题研究》，华侨大学硕士学位论文，2007年。
② 张蓝青：《长江上游地区生态补偿机制研究》，西南财经大学硕士学位论文，2006年。
③ 卢艳丽：《大伙房水库生态补偿机制的理论与实证研究》，东北师范大学硕士学位论文，2008年。
④ 〔美〕博登海默：《法理学：法律哲学与法律方法》，邓正来译，中国政法大学出版社1999年版，第219—220页。
⑤ 邵诚等：《法与公平》，西北大学出版社1995年版，第2页。

第三章　西北生态脆弱区生态补偿标准的经济学实证分析

不同社会、不同时代的人会有不同的公平观。正如马克思所说："希腊人和古罗马人的公平认为奴隶制是公平的，1789年资产者的公平原则要求废除封建制度，因为据说它不公平……所以，关于永恒公平的观念不仅因时因地而变，甚至也因人而异。"① 我们认为，所谓公平，主要是指一种社会利益的均衡状态，以此对社会基本结构产生影响并促进社会合作与发展。② 为了国家的生态安全，西北地区大片区域被划为生态功能区和禁止开发区，未划为生态功能区和禁止开发区的区域也由于生态建设不可避免地会对产业发展造成若干限制，西北地区因生态建设与众多发展机会和财富增值失之交臂。为公平起见，由中央政府和东部地区地方政府和企业给予西北生态脆弱区一定的生态补偿实为天经地义。

自由与法律紧密相关，可以肯定地说，自由是相对的，而不是绝对的，一个人在充分享受自由的同时，必然受到法律等制度的约束。显然，"自由是一些人对另一些人所施以的强制在社会中被减至最小可能之限度的一种状态"③。"法律的目的不是废除或限制自由，而是保护和扩大自由。"④ "整个法律和正义的哲学就是以自由观念为核心而建构起来的。"⑤ 对公民个人而言，自由既是一种免于恐惧、免于奴役、免于伤害和能够满足自身欲望、实现自我价值的良好的安乐的心理状态，也是一种期冀提升生活质量和生命质量的行为取向和行为方式。显然，自由不仅是人类生存的前提，更是人类发展的前提。自由是如此重要，甚至"不自由，毋宁死"已成为老百姓之"成见"。但是在生态环境领域，法律与自由，特别是公法对于公民自由进行限制与剥夺的案例不胜枚举。以三江源地区为例，2005年，国务院批准了《青海三江源自然保护区生态保护和建设总体规划》，"规划"将青海省"玉树、果洛、海南、黄南4个藏族自治州的16个县和格尔木市的唐古拉山乡纳入了重点保护与建设范围，总面积达15.23平方千米，

---

① 《马克思恩格斯选集》第3卷，人民出版社2012年版，第212页。
② 单飞跃：《经济法理念与范畴的解析》，中国检察出版社2002年版，第9页。
③ 〔英〕哈耶克：《自由秩序原理》，邓正来译，三联书店1997年版，第3页。
④ 〔英〕约翰·洛克：《政府论》（下篇），刘晓根译，商务印书馆2004年版，第36页。
⑤ 〔美〕博登海默：《法理学：法律哲学与法律方法》，邓正来译，中国政法大学出版社2004年版，第298页。

占青海省总面积的21%，占三江源地区总面积的42%"①。"规划"还对禁牧搬迁、退耕（牧）还林（草）等生态保护项目予以了确定。② 就禁牧搬迁而言，通过移民点的建设，有18个生态核心区的牧民顺利搬出。这次移民共涉及10140户藏族牧民，五万余人牵涉其中。③ 据搬迁后一个对60人所做的回访调查显示，仅有32人即53%的人适应了搬迁后的生活，剩余的47%仍处于适应之中。藏族牧民远离祖辈生活的草原，这便是一种牺牲，生态补偿也是法的价值之要求。

2. 生态补偿（标准）的生态价值基础

研究生态补偿机制离不开对生态资源价值形成和内在规定性的深入分析。究其原因，与一般商品价值的规定性相比，生态资源价值无论在形成过程还是实现方式方面都与他们明显不同。生态资源价值的形成既依赖于大自然巧夺天工的造物能力，还与人类的劳动力消耗密不可分，更与相对于经济系统对生态资源需求日显稀缺的生态服务功能有着重要联系。在生态资源价值补偿机制的研究中，如何对生态资源进行科学、正确的价值评估是一个关键性的难题，亦是准确界定生态补偿标准的前提和依据。

（1）生态资源及生态价值的形成。生态资源（ecological resources）是指能够维护自然环境生态功能的物质、能量和信息等的统称。生态资源可以分解为生态环境和自然资源两个方面。生态环境是由生物群落及非生物自然因素组成的各种生态系统所构成的整体，自然资源指天然存在的、可提高人类当前和未来福利的自然环境因素的总称。站在资源经济学或生态经济学的角度，我们会很容易地发现，漫长的人类社会发展史其实是不断利用和消耗生态资源的历史。正是基于生态资源的存在和支撑，人类社会的经济、社会发展才会有较为丰沛的物质保障；同时，长期以来，人类始终未曾挣脱自然生态资源利用边际报酬递减的束缚。譬如，两河流域之所以能成为人类文明的摇篮之一，正是建基于宜人的居住

---

① 杨巴：《青海三江源自然保护区生态保护和建设综述》，http://www.qhnews.com，2006 - 12 - 10。
② 白雪梅：《三江源环境保护中生态移民的人文思考》，载《青海环境》2009年第3期。
③ 石德生：《三江源生态移民的生活状况与社会适应——以格尔木市长江源生态移民点为例》，载《西藏研究》2008年第4期。

环境和良好的生态系统。但是，当时居住者不合时宜的粗放式的"耕作"活动，给当地的生态环境造成了极大的破坏甚至是毁灭性的打击，两河流域的生态景观急剧恶化，原本良好的生态系统和美丽宜人的居住环境不复存在，一度非常辉煌的两河文明也随之黯然失色。① 当然，并非没有特例，确实也有一些文明突破了生态资源的束缚而存续下来，突破了经济发展和生态环境的关系，出现了神奇的"环境库兹尼茨曲线（Environmental Kuznets Curve，EKC）"②。然而，生态资源的稀缺性并非在人类发展的早期即体现出来，而是随着人类经济、社会的发展，当生产力水平进一步提升和科学技术显著进步的情况下，人类掌控和开发自然资源的能力和欲望与日俱增，生态资源的稀缺性也随之显现。有稀缺就有价值，生态资源的价值遂被人们逐渐认识并被高度重视。显然，资源的价值并非一开始就"有"或者说一开始就被人们所认识，只是当人类与生态间的关系日趋紧张时，生态资源的经济价值才显露无遗。所以毫不夸张的说，生态资源的价值具有显著的时序性——生态资源在不同发展阶段呈现出的稀缺性与价值属性并不相同。

（2）生态资源价值的构成。无论是从环境经济学理论还是可持续发展理论来看，生态资源的价值具有明显的广泛性和复杂性。所以，对生态资源总价值的衡量应该综合其对当代人的服务价值、作为生产要素的经济价值以及维持生态系统与经济系统的动态平衡、满足后代人需求的潜在价值，即环境价值。换句话说，生态资源的价值内涵至少应当包括服务价值、经济价值和环境价值三个方面。③ ①存在价值（服务价值）。存在价值是生态资源以浑然天成的方式存在于自然世界而原本就有的价值，正所谓存在即价值，此类价值并不因人类的存在或需要而存在。但事实上，从古到今甚至到遥远的未来，整个人类都会因生态资源

---

① 侯凤岐：《生态资源价值补偿机制研究》，西北大学博士学位论文，2008年。
② 库兹涅茨曲线是20世纪50年代由库兹涅茨（诺贝尔经济学奖获得者）提出的，用来分析收入水平与公平程度间关系的一种学说。他发现，收入不均会随经济的增长而先升后降，呈现一种倒U型的曲线。1996年，帕纳约托首次将环境质量与人均收入间的关系称为环境库兹涅茨曲线（EKC），EKC揭示，环境质量会随人均收入的增加先降后升，也呈现一种倒U型关系。参见《环境库兹涅茨曲线》，http：//baike.baidu.com/view/60982.htm?fr=aladdin。
③ 中国21世纪议程管理中心、可持续发展战略研究组：《发展的基础：中国可持续发展的资源、生态基础评价》，社会科学文献出版社2004年版，第18页。

的存在价值而受益。存在价值属于生态学范畴的价值,为了与"环境价值"相区别,此处将其称为存在价值(服务价值)。②经济价值。经济价值是生态资源作为生产要素进入"市场",经人类的开发、利用甚至消耗所呈现的价值。生态资源本来"自然"的存在于世间,但在人类行为的影响下,渐趋成为包含人类一般劳动的商品流入市场,最终被消耗。在从"自然"状态到成为"人工"商品的过程中,生态资源价值的衡量将取决于经济世界的价值规律。尤其是在市场起决定性作用的情况下,生态资源的价值更加取决于其自身的稀缺性、市场的需求情况及其所包含的人类一般劳动。③环境价值。环境价值即生态资源的环境容量,是生态资源吸纳、消解人类生产生活过程中排放的废弃物的能力。从远古到现代,人类在其发展过程中向大自然排放了巨量的垃圾。但我们至今还可以享受优美的自然环境,正是基于生态资源的环境容量在不断"化解"环境冲突和矛盾,正是环境价值在发挥作用。①

基于以上分析,我们可以将生态资源的价值分为实物型价值和货币型价值。实物型价值可以用公式表示为:"生态资源总价值(TV) = 存在价值(EV) + 经济价值(ECV) + 环境价值(ENV)";货币型价值可以用公式表述为:"生态资源总货币价值(TV) = 存在价值(EV) + 用户经济价值(UEV) + 环境经济价值(EEV)"。② 从以上公式可以看出,生态资源总价值固定的情况下,任一部分价值的增加就意味着其他部分价值的减少。所以,我们在发展经济的同时还要享受优良的生态环境,就需要下大力气进行生态修复和补偿,不断"做大"生态资源的价值总量。而且,这两个公式对于建构和完善生态补偿法律机制、对于政府在生态方面的决策都具有非常重要的指导意义。就某特定生态资源而言,其环境承载能力是固定的,那我们就应该认真考虑其利用方式,因为,不同的利用方式会产生完全不同的利用效益。譬如,对一片生态功能已严重退化的荒山或草地而言,是应该开垦荒地发展农业,还是应该退耕还林草以保护绿水青山呢?结论不言自明。如果我们不考虑生态规律,强行开垦耕种,不仅不会实现农业的丰

---

① 侯凤岐:《生态资源价值补偿机制研究》,西北大学博士学位论文,2008年。
② 侯凤岐:《生态资源价值补偿机制研究》,西北大学博士学位论文,2008年。

收，还会使原本脆弱的生态雪上加霜；但如果另辟蹊径，坚持退耕还林草，不仅能日益改善其生态功能，还会逐渐提高其土壤肥力，进而带动整体收益的增加。

（3）生态资源价值的特殊规定性。生态资源价值的特殊规定性主要体现在以下四个方面。

第一，时序性。随着社会的进步和科技的发展，人类对生态资源的需求与日俱增、对生态资源的掌控力度越来越强，生态资源的功能和用途则更为广泛、包含的价值也愈加突出，这便是生态资源的时序性使然。19世纪中期以前，人类仍以"手工"生产为主，机器时代还未到来，人类生产对生态资源的影响并不明显，此时的生态资源仍然可借助其"环境容量"自我调节以修复生态。所以，人类生产对生态资源造成的负面影响可忽略不计，也无需补偿。但是，随着大机器时代的到来，人类开发利用生态资源的广度和深度都发生了巨大的变化，对环境的破坏也到了前所未有的程度，已远远超越环境的承载能力。此时的生态资源已难以凭借自身的"容量"来包容、消解人类所排放的废弃物，久而久之，生态灾难自然发生。如果我们还不采取修复和补偿措施，生态将不可持续，人类也难以生存繁衍下去。而且，到了高度发达的今天，人类已不是单方面地开发利用生态资源，而是与生态资源相互作用、相互影响，生态资源的价值构成也发生了从有效用无费用到效用与费用并存且相互影响的转变。

第二，整体性。生态环境是由各类生态要素构成的，各类生态要素间不仅相互联系和相互作用，在一定条件下，不同的生态资源还能通过物质与能量的交换和转化和谐共生、兴衰共存，此即生态资源的整体性。"人类只有一个地球"，是人类对于生态资源整体性认识的深刻体现。已如前文所言，生态资源的服务价值、经济价值、环境价值是相互统一、难以分割的，单方面追求经济价值的扩大，只会导致其服务价值和环境价值的萎缩或减少，甚至最后造成整个生态系统的崩溃。① 而当生态系统难以实现自我调节之时，人类期冀得到的经济价值也将不复存在。从近几十年甚至更遥远的历史来看，人类为了追求经济利益，不惜乱砍滥伐、超载放牧、毁灭森林、围湖造田，致使生态资源的服务效益和环境效益

---

① 陈亚芹：《基于哲学视角的自然资源价值透析》，载《黑河学刊》2011年第8期。

大为降低,导致环境事故频发,生态难民涌动,经济社会的可持续发展严重受阻。① 不言而喻,在考量某种生态资源的价值时,顾及生态资源的整体性不仅重要而且必须。②

第三,地域性和外溢性。生态资源在地区分布方面具有天然的巨大差异,一地的生态资源与另一地的生态资源可能会有天壤之别,"与生俱来",无法强求,此乃生态资源价值地域性的主要表现。不同的区域,会有不同的地形、地貌及地质特征,而不同的地形、地貌及地质特征又会直接造就不同的生态资源。而且,即使是相同或相似的生态资源,所处地域不同,人们对它的开发程度、利用方式可能会有不同甚至会有巨大的差异,相应的,生态资源所"蕴含"的价值也就会不同,对资源的补偿方式也会有差异。而且,人类在开发利用生态资源的过程中,不一定只带来正效益,也可能带来负效益。从人类开发利用生态资源的历史来看,往往会有负效益,甚至负效益大于正效益的情况也并非没有。譬如,我国西北地区曾是森林茂密、山川秀美之地,但由于过度开发、过度砍伐森林导致森林资源枯竭,水土流失加剧,很多地方成了不毛之地,沙漠连片广布。近年来肆虐大江南北的沙尘暴,西北地区为其重要的沙源地之一。脆弱的西北生态,不仅已影响到西北地区经济社会的发展,而且对中东部地区的发展也极为不利。仅以黄河断流为例,黄河断流已给黄河中下游各省份的持续发展留下了巨大的隐患,造成了巨大的经济损失。

第四,延展性。生态资源的价值是多方面的,譬如,森林资源可以提供木材和林产品,木材经加工还可成为各类木质合成品,经济效益显著;同时,森林在生态功能上,不仅可以涵养水源、净化空气,还能防止水土流失并起到良好的防灾减灾作用,使人类从中获益。生态资源还具有满足人类精神与道德需求的文化价值,譬如,优美的生态景观可供人们观赏、休闲、娱乐、放松身心;自然遗产不仅是"人类的"巨大的财富,还可帮助人们陶冶情操、修身养性、提高道德水准。显然,生态资源的价值极其丰富,它不仅是人类赖以生存的基础,是人类

---

① 周肇光:《马克思价值论与自然资源价值决定的内在联系》,载《安徽大学学报》(哲社版)2007年第5期。
② 陈星:《自然资源价格论》,中共中央党校博士学位论文,2007年。

生产活动的对象，还是人类物质文明和精神文明的基石。随着生产力的发展和社会的进步，人类在享受发达物质生活的同时，也感受了雾霾、酸雨、沙尘暴、洪水等"洗礼"，人们对于生态资源也有了进一步的认识。对生态资源价值的追求，人类也由原来只追求经济价值，转而追求其环境价值、社会价值、文化价值等等更多方面的东西。①

二、西北生态脆弱区生态补偿标准的估算原则、计量方法和差异化设计

1. 西北生态脆弱区生态补偿的估算原则

生态补偿的估算原则是指估算生态补偿标准时应该遵守的准则，该准则在生态补偿标准估算和确立过程中有非常重要的作用。为方便讨论起见，我们仅以草地生态为例，做进一步的阐述。

（1）权责发生制原则。所谓权责发生制原则（accrual basis），是指以取得现金的权利或支付现金的责任权责是否发生为标志来确认本期收入和费用的会计原则，即以权责发生与否（并非以现金收付与否）来确认当期的收入和费用的原则。以草地生态价值为例，在会计确认时，我们一般会将一定会计期间向人类提供生态服务的某草地资源，作为草地生态价值的会计估计对象；某一草地在一定会计期间提供的生态服务就是当期收益，产生该当期收益所发生的成本即当期费用，我们即可对当期的净损失和净收益进行估算。在资产负债表日（date of balance sheet，即结账日期）时，将正在提供（或将来提供）生态服务的草地生态价值确认为该时点的存量，此存量就是传统会计上所谓的存货。无论估算草地生态服务的存量还是流量，草地生态会计要素到资产负债表日都要将其归属期予以确定。因为市场价格并不能确定大部分的生态价值，只有已提供的服务价值才可

---

① 高智晟：《野生动物价值评估与定价研究》，东北林业大学博士学位论文，2005年。

以确定，也就是说，要确定会计要素的归属期时需依据权责发生制原则。①

（2）配比原则。所谓配比原则（matching principle）是指在一个会计期间，某会计对象的各项收益和它相配比的成本、费用须在同一期间登记入账，并逐一对应，以准确计算该会计主体所获得的净损益。配比原则需以权责发生制原则为基础，并与权责发生制原则相配合来确定本期损益。即会计主体首先必须按照权责发生制原则对相应的收入和费用进行核算，但只有依照配比原则确定的与本期收入相匹配的费用才是期间费用。草地建设活动不同于普通的经营活动，草地不仅能提供直接的实物价值，还能提供生态服务价值。由此不难发现，草地建设活动会产生多项价值，这些价值都会给牧区民众带来实实在在的收益。根据配比原则，生态建设的成本会伴随收益一同产生。由于生态价值与实物价值都很重要，考虑到某些具体的建设成本难以和产出相配比，故应当将建设成本按照生态价值和实物价值的比例进行分配。所以，我们不妨将此期间草地生态价值的成本与生态补偿收入相匹配，将其余建设成本与其实物价值相匹配。

（3）划分资本性支出与收益性支出原则。此项原则之要义在于，会计核算必须对收益性和资本性支出之界限进行严格区分，以便更加准确地计算各期损益。所谓收益性支出即受益期为一个营业周期（或一年）的支出，也就是为了取得本期收益的支出；所谓资本性支出即受益期超过一个营业周期（或一年）的支出，也就是为了取得本期收益及以后各期收益的支出。正确划分资本性支出和收益性支出非常重要，它决定了能否正确计算会计主体当期的经营损益。仍以草地生态建设为例，确定会计记账期间后，还需要确定草地生态会计中的生态建设成本并对其进行分类。同传统会计一样，生态会计中生态建设成本的划分也应依据其支出项的影响，具体析出各类资产支出。由于期间费用的发生，对该期间的损益都产生了实实在在的影响，所以，无论是生态价值分摊的部分还是实物价值分摊的部分，生态会计都应将其确定为收益性支出。有些费用譬如退牧还草的种子费、抚育费、管理费等等，每一会计期间都需要在生态价值与实物价值之间

---

① 曾松耀、王泽民：《牧区草场生态价值估算——以甘南藏族自治州为例》，载《开发研究》2012年第5期。

予以分配，其中，与生态价值相匹配的支出，应该与当期草地生态补偿的收入相配比，来计算生态净收益，所以，此项支出亦应确认为收益性支出。

（4）客观性原则。客观性原则是指生态会计信息应客观准确地反映草地生态价值，避免主观臆断。对草地生态价值进行估算的目的之一，就是将草地生态建设者的生态保护和建设情况真实地反映出来，同时将草地生态的服务绩效真实地反映出来。而草地生态的价值包括经济价值、社会价值和生态价值，是三者的统一，所以，在估算草地生态的价值时要避免传统会计仅注重经济价值而忽视社会价值和生态价值的弊端。考虑到涵养水源、水土保持、生物多样性保护等草地生态价值，在某特定时点上的存量与流量较难盘点，但草地生态价值的存量与流量和草地生态提供的服务效益有密切的联系，所以，草地生态价值的估算应紧密结合草地生态提供的服务效益，应该顾及社会各方对生态服务的需求，进行科学、客观的评估。

2. 西北生态脆弱区生态补偿标准的计量方法

生态补偿主要是对产权主体（生态建设者）环境经济行为产生的生态环境效益及产权主体环境经济行为的机会成本进行补偿。但生态系统服务功能的价值较为模糊，在确定方面极为困难，因而，支付生态服务功能的价值实为不易。但由于市场定价可以对财务成本进行评估，因而支付产权主体环境行为的机会成本往往较为容易实现。故此，机会成本补偿是当前国际上普遍接受的补偿水平。

参酌已有研究，根据生态系统服务和自然资本的市场发育程度，我们可以把生态系统服务和自然资本经济价值的计量方法分为实际市场评估法、替代（隐含）市场评估法和假想（模拟）市场评估法三类。①

（1）实际市场评估法。实际市场评估法是直接运用货币价格，对可以观察和度量的生态系统服务进行评估的费用和效益评价技术方法之一，主要包括以下几种。

①费用支出法。费用支出法是一种传统的估算方法，它站在消费者的角度估

---

① 陶红：《石羊河流域生态补偿标准研究》，兰州大学硕士学位论文，2009 年。

算生态资源的价值,即消费者愿意消费的金额即某特定生态资源的经济价值。以生态旅游资源为例,就是将旅行者的交通费、餐饮费、住宿费等等费用累加起来即为某生态旅游资源的经济价值。费用支出法包括总支出法、区内支出法和部分费用法三种形式。总支出法是将旅行者全部的支出作为生态资源的价值;区内支出法是将旅行者在旅游区的全部支出作为生态资源的价值;部分费用法则是将旅行者在旅行中支出的交通、门票、住宿和餐饮四项费用作为生态资源的价值。

②市场价值法。市场价值法与费用支出法相类似,可用于有费用支出的生态资源价值评估,亦可用于无费用支出但有市场价格的生态资源价值评估。譬如,未通过市场交换直接在当地消费的生态系统产品,就可以用市场价值法进行估算。因为,这些产品看上去缺乏市场交换环境,但实际上它们仍然有市场价值,所以,依然根据市场价格确定其经济价值。

③生产效应法。生产效应法将生态资源视作一个生产要素,通过该要素的变化引起生产力或生产成本的变化,进而促使产出水平或产品价格发生变化。产出水平或产品价格的变化,又会影响生产者的利润和效益发生变化,最终影响市场的供给以及消费者福利。譬如,水源地被污染,水产品的产量、质量就会下降,价格也会随之而下跌,这些都会导致渔民的经济损失,也会影响水产品消费者的福利。生产效应法也可以称为生产力变动法。

实际市场评估法所反映出的生态资源价值,是市场中的消费者愿意支付的、可信的一种价值,且其数据的获取较为容易。但这种方法高度依赖于相关市场的成熟度,如果发生市场失灵甚或市场机制本来就不成熟,"市场"价值就会出现严重的偏差,相关生态资源的价值也就难以准确估算。

(2)替代(隐含)市场评估法。在生态系统服务难以用明确的价格表示的时候,我们可以参酌与这些服务相似的替代品的价格进行估算,即以利用技术手段获得与某特定生态系统服务相同或类似效果所需要的费用为依据,间接估算出该生态系统的服务价值。① 替代(隐含)市场评估法有以下几种。

---

① 张志强、徐中民等:《生态系统服务与自然资本价值评估研究进展》,载《生物多样性保护与区域可持续发展——第四届全国生物多样性保护与持续利用研讨会论文集》,中国林业出版社 2002 年版,第 232—233 页。

①替代成本法。当某人造系统能够替代某生态系统为人类提供生态服务时，该人造系统的生产成本即大体相当于该生态资源的价值。譬如，某污水处理厂的污水处理能力，恰好与某区域生态系统的污水净化能力相当，那么，建造该污水处理厂及维持该厂运行的费用为某生态系统所提供的污水净化服务的价值。替代成本法看起来简单，但在实际应用中也有一些难点。譬如，替代工程的合理化成本如何确定？建造工艺不同、技术含量不同，替代工程的建造成本也不同。再譬如，替代工程和生态系统的溢出效应是相同的吗？事实上，人造系统和生态系统的生态服务价值往往有天壤之别。以湿地为例，湿地有污水净化的功能，但是还有其他更为重要的生态功能；而污水处理厂除了净化污水之外，似乎没有其他的生态功能。

②生产成本法。由生态资源的存在引起生产率和生产成本的变化，进而至于引起产值和利润（可用市场价格计算和度量）的变化，则增加之产值和利润即为生态资源的价值。譬如，良好的生态系统可以净化灌溉水水质，进而促使农田的产量和产值增加，那么，此增加值即为某生态系统的生态服务价值。当然，实践中具体运用此方法依然存在一定的难点，譬如，"剂量—反映"关系到底如何确定？某生态资源的服务价值究竟在多大程度上可以为某经济活动带来增加的收益，特别是当某种标准的收益是由多项生态服务（或者生态服务与非生态方法共同作用）引起时，如何确定其各自的比重？因而，此方法较为适宜有着明确"剂量—反映"关系的生态资源价值的确定。

③恢复费用法。特定的生态资源譬如森林有防风沙、清洁空气甚至抵御台风的作用，也可以减轻或避免特定自然灾害的发生。但是，如果没有此类生态资源，某种自然灾害便难以避免。在这样的情况下，人工恢复某种生态资源所需费用即为该生态资源的价值。譬如，红树林可以较好地抵御台风，降低台风的破坏力，减轻因台风造成的灾害损失。那么，人工恢复红树林的费用便是相应面积红树林的生态资源价值，此即所谓的恢复费用法。

④重置成本法。现实中，我们可能会遇到某生态环境服务功能或生态环境损失量难以计量，且"没有"市场价格可以替代之情形。那么，如何估算该生态资源的价值？我们以为，虽然可以说生态资源无价，事实上，因生态质量的不断

恶化而破坏的生产性资产，均可计量且有市场价格。所以，我们可以将生产性资源的恢复费用视作某生态资源的最低价格。此即所谓的重置成本法。譬如，为了恢复已被破坏的森林，重新植树造林成为必然。显然，重置这片森林的成本便是先前森林的经济价值。

（3）假想（模拟）市场评估法。假想（模拟）市场评估法主要指条件估值法。条件估值法（contingent valuation method，简称 CVM）其实是一种直接调查的方法，即在假想市场情景下，通过直接调查、询问民众对某特定生态系统服务的支付意愿（WTP），并以民众的支付意愿来估算某特定生态系统服务经济价值的评估方法。① 与实际市场评估法和替代（隐含）市场评估法相比，假想（模拟）市场评估法主要是根据调查对象的回答作为评估依据。其优点在于它可以更直接的反应民众的意愿，其缺点在于结论的非精确性。在生态补偿标准的估算过程中，假想（模拟）市场评估法一般被用作估算生态资源的非利用价值。②

3. 西北生态脆弱区主要生态领域补偿标准的差异化设计

（1）主要生态补偿领域的确定。目前，主要的生态补偿领域包括：草地生态补偿、森林生态补偿、流域生态补偿等。

①草地生态补偿。草地被称为"地球之肾"，与草地的经济价值相比，其丰富的生态功能具有更为重要的价值，诸如防风固沙、涵养水源、保持水土、净化空气以及维护生物多样性等，对减少地表水土冲刷和江河泥沙淤积、降低水灾隐患具有不可替代的作用。草地生态补偿是指为了恢复与保护草地生态系统的生态功能以维护生态平衡，在重要的草地生态功能区，针对该区域草地的主导生态系统服务功能所进行的补偿，主要包括两部分内容：一是对恢复和保护该区域草地的主导生态系统服务功能的直接投入；二是该区域内居民为恢复和保护草地的主导生态系统服务功能而牺牲的发展机会成本。

---

① 张志强、徐中民等：《生态系统服务与自然资本价值评估研究进展》，载《生物多样性保护与区域可持续发展——第四届全国生物多样性保护与持续利用研讨会论文集》，中国林业出版社 2002 年版，第 233 页。
② 段光明：《生态系统服务经济评价研究》，中国科学院博士学位论文，2004 年。

②森林生态补偿。森林被称为"地球之肺",森林不仅为人类生产、生活源源不断的供给木料、燃料、食品等相关产品,更重要是它还支撑着地球生命系统。长期以来,人类只重视森林的经济价值,森林的生态价值往往被忽略。事实上,森林最重要的价值并非其经济价值而是它的生态价值。森林的固碳吐氧、防风固沙、生物多样性保持等生态功能,不仅对大自然而且对人类自身的发展也是十分重要的。森林的生态价值有非常明显的正外部性,但由于其"公共产品"的属性,难以借助市场交换来实现。建构完善的森林生态补偿机制,实现森林生态服务的价值化转型,才能更好地保护森林生态系统的良性发展。

③流域生态补偿。流域的上下游之间在某种意义上讲是一种利益共同体,流域上游良好的生态环境对下游经济社会的发展极具重要性,相反,流域上游恶劣的生态环境及被污染的河水也不利于下游地区的发展。但是,上游地区民众为了保护和维持上游良好的生态环境,而采取限产、关停等措施或投入巨额资金用于生态建设,使得下游地区民众也能享受良好生态环境带来的福利,下游地区就会主动给上游地区以合理的回报吗?好像很难。这种情况下,上游地区民众可能会选择竭泽而渔、滥砍乱伐、超载过牧,以维持眼下的生计。久而久之,不仅上游地区的经济难以为继,下游地区也会出现经济发展和环境污染的双重困境。所以,建立中央政府及下游地区对上游地区的生态补偿,非常重要。

(2) 主要生态补偿领域补偿标准的依据。不同的领域的补偿,其补偿标准的依据是不相同的。

①草地生态补偿标准的依据。草地无疑具有丰富多样的生态系统功能,然而,囿于人类认知的有限性,并受到当前我国经济发展水平的限制,针对全部的草地生态系统服务功能进行补偿是不现实的。所以,当前补强草地生态补偿机制的合理途径,是根据《全国生态功能区划》对重要生态功能区草地生态系统所提供的主导生态服务功能进行补偿。譬如,纯牧区玛曲县作为黄河首曲,虽具有

多项草地生态系统服务功能①，但应该依据《全国生态功能区划》所界定的该区域的主导生态功能即水源涵养功能（玛曲县位于黄河甘南水源涵养重要区）进行补偿。而对位于新疆维吾尔自治区东南部的阿尔金草原，则属于荒漠防风固沙重要区，因而，对于该地区的草地生态补偿则应当根据其主导生态服务功能——防风固沙功能进行补偿。

②森林生态补偿标准的依据。森林生态补偿标准的核算方法包括：其一是直接成本法，即将植树造林的直接成本（包括造林的直接投入和管理成本）作为补偿标准。此方法只计算直接成本，补偿力度不够，激励不足，很容易导致森林的再次被破坏。其二是机会成本核算法，即核算当地民众为保护森林而失去的发展机会成本。此方法在森林生态补偿的研究中应用较多。其三是生态服务价值法，即直接核算森林生态系统的生态服务价值。囿于人类的视域及科学手段的不足，此方法在计算和实施过程中难度相当大。但也有人认为，可将生态系统的服务效益视为其直接效益即经济价值（木材价值）的10倍。②当然，森林生态补偿标准的估算还应顾及地域、经济发展水平等等因素。

③流域生态补偿标准的依据。目前，流域生态补偿标准多是以投入和效益为依据进行估算的。"投入"包括对流域水资源和流域生态保护的各项投入，既包括上游民众对于农业非点源污染的治理和对于环境污染的综合治理，也包括为了优化水环境而进行的退耕还林、退牧还草、天然林资源保护、新建水利设施等涵养水源项目的投资。"效益"包括生态环境建设（投入）产生的外部效益（诸如因水质优化、水土流失状况改善、水量分布均匀等等产生的效益）以及因流域水环境保护而限制经济发展所造成的损失。当然，流域生态补偿标准的核算还应考虑补偿主体（主要指下游地方政府及企业）的支付能力及支付意愿。

---

① 借鉴国内外关于自然资源生态经济学的相关理论与方法，采用生态功能效益价值化的评估方法，玛曲草地生态服务项目主要包括了气体调节、干扰调节、防风固沙、涵养水源、水土保持、废物处理、生物多样性保持、食物生产、原材料和娱乐文化功能等11个方面。参见玛曲县草原站：《玛曲县退牧还草工程建设及效果监测评价（2003~2008年）》。
② 冯艳芬、王芳等：《生态补偿标准研究》，载《地理与地理信息科学》2009年第4期。

三、西北生态脆弱区生态补偿标准的经济学实证分析——以甘南为例

1. 甘南生态及生态补偿（标准）现状

（1）甘南生态环境。甘南位于甘肃省西南部，位于青藏高原东北边缘，系雪域高原的组成部分；东部渐次向陇南山地过度，北部和定西、临夏相接。甘南幅员辽阔，总面积达 4.5 万平方千米，藏、汉、回等 24 个民族聚居于此，总人口为 68.03 万，藏族人口最多，占其总人口的 55.6%。甘南海拔在 1100～4900 米之间，多数地区海拔在 3000 米以上，可以分为三个自然类型区，东部多为丘陵山地，这里高寒阴湿，系甘南的农牧区；南部为岷迭山区，这里山大沟深，气候温和，系甘肃重要林区；西北部为草甸草原，这里地域广袤，系甘肃主要牧区。① 甘南天然而优良的草地、森林、湿地等生态资源，形成了完整的水涵养体系。甘南丰富的生态资源不仅惠及当地民众，同时可服务整个黄河流域乃至全国。

甘南水资源丰富，其水系分属黄河、长江两大水域。甘南境内黄河干流总长达 420 千米，面积为 8850 平方千米；洮河全长达 673 千米，流域面积为 25500 平方千米；大夏河全长达 203 千米，流域面积为 7152 平方千米。甘南不仅是黄河上游重要的水源补给区，也是整个雪域高原的重要水源涵养区。甘南地区良好的生态环境及其水环境，在为我国两大水系的水源涵养、水土保持等方面发挥着举足轻重的作用。

甘南草地资源非常丰富，有亚洲"第一牧场"的美誉。甘南拥有 4084 万亩天然草原，为其土地总面积的 70.28%；天然草原中可利用面积达 3848 万亩，为其天然草原面积的 94.2%。甘南的草地资源主要分布在碌曲县、玛曲县、夏河县、卓尼县、合作市和迭部县，这里的草地牧草茂密、连片集中，其植被覆盖度

---

① 百度百科：《甘肃甘南藏族自治州》，baike.baidu.com，2011-4-28。

竟达74.7%甚至更高。甘南草场以高寒草甸类为主，其次是山地草甸类，再次是高原草原类，其草地植物种类繁杂。全国共有18个草地类别，甘南就有17个。细而言之，甘南草地的植物共有94科、369属、917种，其中大小牲畜可食用的有316属、789种，为其总数的83.66%。① 甘南草地资源有着极为突出的优势，是青藏高原载畜能力较高、耐放牧性最大的天然草场。

甘南虽然生态资源丰富，但生态环境却非常脆弱。这里的地理状况相对复杂，群山林立、沟壑纵横、海拔较高，大多数植物不适合在这里生存，加之严酷的自然环境和多变的气候条件导致这里的植物生长非常缓慢。甘南的生态环境非常容易受到破坏，而且一旦破坏则很难恢复。近年来，随着经济的高速发展和全球气候的变暖，大多数河流、湖泊水位显著下降。以玛曲县为例，玛曲共有27条黄河支流，但其中的11条已长年干涸，16条成了季节河，沼泽、湿地大面积萎缩。而且，在经济利益的诱惑下，大量内地民众涌入草原采挖冬虫夏草，给这里原本脆弱的生态环境压了最后一根稻草，生态问题非常严重。根据调查，玛曲县90%的草场已开始退化，部分草场退化严重，草地生产力随之下降，天然草地青干草产量已由20世纪80年代的300千克/亩下降为目前的200千克/亩。不仅如此，玛曲县天然草地的植被覆盖度已降至75%左右，牧草高度降至12厘米左右。② 更为严重的是，随着鼠虫危害导致的"黑土滩"不断扩大，甘南的水土流失和沙化问题日益严重，使原本脆弱的生态环境不利于生物多样性的保护。显然，甘南作为黄河上游最重要的水源补给涵养区，其生态环境将影响整个黄河流域甚至全国，急需修复和补偿。

（2）甘南生态补偿（标准）现状。其实，甘南州政府和甘南民众早已看到甘南生态问题的严重性，并竭力进行治理。自2003年起，国家对包括甘南高原在内的青藏高原地区启动退牧还草工程。退牧还草的具体内容主要包括"禁牧、休牧、划区轮牧和舍饲圈养"等。玛曲、碌曲等县的退牧还草以实物补偿为主，

---

① 黄莹霞、陆文铭：《甘南州草地生态系统现状及可持续发展对策》，载《甘肃科技》2011年第8期。
② 周文馨、李开南：《黄河蓄水池保护现状调查：草场退化湿地萎缩》，http://www.sina.com.cn，2008-8-1。

合作市则以饲料粮补助折现的资金补偿为主——折现资金主要用于购买饲草料、修建棚圈和畜种改良等等。① 从 2003 年开始到 2008 年的五年里，甘南退牧还草的投入高达 7.3155 亿元，其中，中央投资 5.3317 亿元，地方配套及群众自筹 1.9837 亿元；共完成退牧还草 2895 万亩，其中禁牧 660 万亩，休牧 2195 万亩，划区轮牧 40 万亩，补种改良 705.2 万亩。② 调查显示，退牧还草工程的实施缓和了甘南草地的萎缩状况，一定程度上提高了当地生态环境的功能，进一步提高了民众的生活收入。

2007 年 12 月，国家发改委正式批准了《甘肃甘南黄河重要水源补给生态功能区保护与建设》项目，工程从 2009—2020 年分两个阶段实施。工程专项资金高达 44 亿元人民币，既包括甘南湿地保护及其恢复其生态功能的资金，也包括农牧民培训、生态保护宣传教育等方面的费用。③ 甘南黄河重要水源补给生态功能区保护与建设可从根本上提高甘南水源补给和涵养能力，实现湿地生态系统服务功能的恢复，同时也可加快甘南的基础设施建设。

2. 基于生态系统服务价值的生态补偿标准

甘南草地（占其土地面积的 70%）资源丰富，生态价值巨大。客观地说，草地生态系统是甘南州最大的生态系统（见表 3-1）。因此，我们将以草地生态系统的生态服务价值为研究对象，参照谢高地、张钇锂等人关于草地生态系统服务价值的评估模型④，综合考虑甘南草地资源的实际情况，估算甘南草地资源的生态价值。

---

① 赵雪雁、董霞等：《甘南黄河水源补给区生态补偿方式的选择》，载《冰川冻土》2010 年第 1 期。
② 甘南藏族自治州发展和改革委员会：《甘南州天然草原保护建设工作回顾》，http://gn.gsei.com.cn/ArticleContent.aspx? ArticleId=29。
③ 甘肃省发展和改革委员会：《关于甘南黄河重要水源补给生态功能区生态保护与建设规划湿地保护与恢复项目可行性研究报告的批复》，http://www.gspc.gov.cn/xxgk/ShowArticle.asp? ArticleID=3402。
④ 谢高地、张钇锂等：《中国自然草地生态系统服务价值》，载《自然资源学报》2001 年第 1 期。

表 3-1　甘南州草地类型及面积　单位：万顷

j	草地类型	面积	面积比例
1	亚高山草甸	21.9373	53.71%
2	亚高山灌木草甸	13.6378	33.39%
3	高山草甸	2.2913	5.61%
4	沼泽草甸	2.2913	5.61%
5	山地草原	0.4942	1.21%
6	林间草甸	0.1307	0.32%
7	盐生草甸	0.0613	0.15%

资料来源：《甘南州年鉴（2012）》

科斯坦萨在研究中将生态系统的生态服务功能分为 17 大类（见表 3-2）。鉴于一些功能诸如基因资源、干扰管理、授粉作用等，目前还很难测算，所以，我们将分析的重点放在生态环境的大气调节、水环境调节、土壤保持、有机物生产、休憩、文化等功能（见表 3-3）。考虑到西北地区仍然属于欠发达地区，污染物排放量相比东部地区少，故而对于废弃物处理这一指标，将其价值在计算中减半。

表 3-2　Costanza 研究中所涉及的生态系统服务和功能①

序号	生态系统服务	生态系统功能	举例
1	大气调节	调节大气的化学成分	二氧化碳与氧气的平衡、降低硫化物的水平
2	气候调节	调节地球温度、降水量及其它由生物媒介的区域性或世界性气候调节	温室气体调节、影响云形成的 DMS 产物
3	干扰调节	生态系统对环境波动的容量、衰减乃至综合反应	防洪水、防风暴、干旱区生态恢复等
4	水调节	水文流动及水环境调节	为工农业及运输等提供用水
5	供水	水的贮存和维持	由河流、水库等供水
6	土壤保持	生态系统中的土壤保持	防止土壤因刮风等而流失、贮存湿地等的沉积物

---

① 王晶：《生态补偿问题的研究》，天津大学硕士学位论文，2006 年；蔡洪彬：《建筑设计的生态效益观研究》，哈尔滨工业大学博士学位论文，2011 年。

(续表)

序号	生态系统服务	生态系统功能	举例
7	土壤形成	土壤形成的过程	岩石风化、有机物积累
8	养分循环	养分的贮存及其内循环	固碳、磷等元素，养分循环
9	废弃物处理	恢复流动性养分、去除异类养分、分解化合物	处理废弃物、防治污染、解毒
10	授粉作用	花配子运动	为植物种群的繁殖提供授粉媒介
11	生物控制	生物种群的营养动力学控制	捕食者对被捕食物种的控制、顶级捕食者对食草动物的控制
12	生物避难所	为定居及迁徙种群提供栖息地	动物繁殖场、物种栖息地、越冬场所
13	有机物生产	总初级生产过程中可提取食物的部分	在打猎、采集、农耕或捕捞过程中收获野味、坚果、作物、水果和鱼
14	基因资源	特有生物材料与产品的来源	医药、用于材料科学的产品、抗植物病原体和作物虫害的基因、装饰物种（宠物和植物的园艺品种）
15	原材料	总初级生产中可提取原材料的部分	木材、燃料和饲料的生产
16	休憩	提供休憩机会	生态旅游、休闲垂钓、其他休憩活动
17	文化	提供非商业性机会	生态环境的美学、艺术、精神调适及科学价值

根据生物量订正有关草地生态系统之服务价格并估算草地生态系统的服务价值：

单价订正：：$P_{ij} = (b_i/B) P_I$。 (1)

在式（1）中，P_{ij} 系订正后的单位面积生态系统服务价值，$i=1,2,\cdots,9$，$j=1,2,\cdots,7$；P_i 系生态系统服务价值的参考基准单价；b_i 系 j 类草地的生物量；B 系我国草地单位面积的平均生物量。① 其中，i, j 取值如表 3-1、表 3-3 所示。

j 类草地生态系统服务的总价值为：

---

① 谢高地、张钇锂等：《中国自然草地生态系统服务价值》，载《自然资源学报》2001 年第 1 期。

$$V_j = A_j \sum_{i=1}^{17} P_{ij} \tag{2}$$

式中，v_j系j类草地生态系统服务的总价值，A_j系j类草地的面积，P_{ij}系j类草地的i类生态服务之单价（见表3-5）

表3-3　i取值标准

i	生态系统服务价值	
1	固碳吐氧	气体调节
2	生物多样性保护	生物控制
		生物避难所
3	涵养水源	水调节
		供水
4	土壤保持	土壤形成
		侵蚀控制
5	废物处理	
6	气候调节	
7	食物生产	
8	原材料	
9	旅游娱乐	

表3-4　全国各省、直辖市废水排放总量　单位：万吨

	排污数量	排名
广东	785587	1
江苏	592774	2
浙江	420134	3
河南	378785	4
福建	316178	5
湖北	293064	6
四川	279852	7
湖南	278811	8
河北	278551	9
安徽	243265	10
辽宁	232247	11

(续表)

	排污数量	排名
广西	222439	12
上海	214155	13
江西	194432	14
黑龙江	150661	15
云南	147523	16
北京	145469	17
重庆	131450	18
陕西	121815	19
吉林	116162	20
山西	116132	21
内蒙古	100389	22
新疆	83329	23
贵州	77927	24
天津	67147	25
甘肃	59232	26
山东	44331	27
宁夏	39432	28
海南	35725	29
青海	21292	30
西藏	4635	31

资料来源：《2012 中国统计年鉴》

从上表中可以看到西北地区的排污量在全国排名中处于后列，尤其是青海、宁夏、甘肃、新疆的排污量在 31 个省、市、自治区中排在后十位。西北地区相对于中东部地区排污量少，其生态系统的废物处理价值相对也少。

依据公式（1）可以得出单位面积草地生态系统的服务价值（见表 3-5）。

表3-5 草地生态系统单位面积生态服务价值表① 单位：元/公顷

生态系统服务功能	生态服务单价
固碳吐氧	707.9
气候调节	796.4
水源涵养	707.9
土壤保持	1725.5
废物处理	579.6
生物多样性保护	964.5
食物生产	265.5
原材料	44.2
旅游娱乐	35.4

依据公式（2）可以得出各草地类型的生态服务总价值（见表3-6、3-7）。

表3-6 甘南州各类草地生态服务总价值 单位：万元

草地类型	生态服务总价值
亚高山草甸	127826.453
亚高山灌木草甸	79466.0968
高山草甸	13351.276
沼泽草甸	13351.276
山地草原	2879.65398
林间草甸	761.57583
盐生草甸	357.18897
总计	237993.521

表3-7 甘南州各、县市草地生态系统服务价值 单位：10^7元

县、市	合作	玛曲	碌曲	夏河	卓尼	迭部	舟曲	临潭	总计
生态服务价值	15.21	79.57	43.19	43.09	29.04	13.25	7.46	7.18	237.99

---

① 谢高地、鲁春霞等：《青藏高原生态资产的价值评估》，载《自然资源学报》2003年第2期。

估算结果表明，甘南各类草地的生态服务价值差异较大，其中，亚高山草甸的生态服务价值最高。如果分区域来看，玛曲县的草地生态系统服务价值最大，其次是碌曲县，再次是夏河县。甘南草地生态系统的生态服务总价值高达 237.993×10^7 元，非常惊人。

3. 基于机会成本法的生态补偿标准

机会成本也是考量生态补偿标准的重要因素，机会成本法重在评估生态保护过程中的成本与收益。甘南草地资源非常丰富，当地民众的收入也以牧业为主，所以，机会成本视阈下甘南州草地生态补偿标准的估算，应该以农牧户因保护草地生态系统而弃牧时应获得的经济收入为依据。参照戴其文、赵雪雁有关草地生态保护过程中的机会成本模型①：

$$T_{opp} = C_{opp} * N \tag{1}$$

$$C_{opp} = \left(\sum_{i=1}^{n} \sum_{-i=1}^{n} \right) / N \tag{2}$$

$$N = \sum_{i=1}^{n} a_i \tag{3}$$

式中：T_{opp} 指机会成本；C_{opp} 指每个羊单位的机会成本；C_i 指农户对单位羊的投入成本；N 指折算成羊单位的放牧总数；B 指收益，i 指牲畜类型；a_i 指各类牲畜放牧总量。根据《甘南统计年鉴2011》所载有关数据，用公式 (1)、(2)、(3) 可以计算出甘南农牧民的机会成本（见表3-8）。

表3-8 甘南各县市参与生态补偿项目的机会成本　单位：元/公顷·年

	合作	玛曲	碌曲	舟曲	迭部	卓尼	夏河	临潭	甘南州
机会成本	720.15	578.85	452.70	851.25	387.90	559.35	765.45	819.45	621.3

一般认为，生态补偿标准的上限应该是生态资源的生态系统服务价值，生态补偿的下限应该是生态建设者因保护生态环境而失去的经济发展机会（此处仅指农牧民失去的放牧机会）。根据我们的计算可粗略地得出，甘南草地生态资源的

---

① 戴其文、赵雪雁：《生态补偿机制中若干关键科学问题——以甘南藏族自治州草地生态系统为例》，载《地理学报》，2010年第4期。

补偿标准上限是：5826.9元/公顷（根据甘南州草地生态系统总价值和甘南州草地总面积计算得出），补偿标准下限是：621.3元/公顷·年。①

4. 对甘南生态补偿标准的进一步分析

（1）机会成本计算的时间因素。应该说我们在确定机会成本时，基本上可以估算出当地因生态保护而投入的成本，也能估算出农牧民放牧受到限制甚至完全被禁止放牧而损失的经济成本。但是，草原生长的周期性非常强，在不同的周期其产生的价值并不相同。而且，我们估算的成本在遥远的将来甚至在不远的将来，是否还靠谱，需要具体分析。因为，养护草原的成本在今天可能是621.3元/公顷·年，考虑到物价的上涨及气候的变化等因素，5年或10年以后的成本未必还是这个数字。所以，应该分期限估算其机会成本，将今天计算的机会成本确定一个适用期，将时间因素"融"入机会成本的估算中，那么，得出的补偿标准才会有较强的适用性和动态性。

（2）补偿依据的全面性和计算的完整性。已如前文所言，生态补偿的依据一般包括生态服务价值、生态的外溢效应、当地民众的机会成本以及补偿主体的支付意愿等等。多数学者认为，在确定生态补偿标准时应该将生态系统服务价值作为补偿的上限，将生态建设者因生态建设而失去的机会成本作为补偿的下限。然而，不管是在生态系统服务价值的估算过程中还是在机会成本的估算过程中，都会有一些不确定因素或者出现一些指标无从考究的情形。譬如，我们在估算甘南草地生态系统服务价值时，就有意识的忽略了"干扰管理、基因资源、授粉作用"等指标；在估算机会成本时，又往往会忽略某生态修复工程本身的管理成本以及生产生活技术改造成本等等。可见，估算也仅仅是估算，其结果并非是精确的或者说是确定无疑的，补偿标准不准确或出现偏差就成了"常态"。

（3）补偿标准的"一刀切"问题。目前，我国的生态补偿标准在区分区域类型方面是大而化之的。我国国土面积大，幅员辽阔，区域之间的跨度也非常大，生态资源不仅类型多样，而且在不同区位有不同的价值。因而，生态补偿的

---

① 其实，补偿的下限还应包括当地民众为生态建设而付出的直接投入。

标准当然也应该是多元的。譬如，在退牧还草工程中，国家为青藏高原地区的补偿为 375 元/公顷，对新疆地区的补偿为 300 元/公顷。看起来，同为西部地区的西藏和新疆其补偿标准有些许区别，但其实这样的差异还远远不能反映两地生态及生态建设的"损益"情况。因为，我国的天然草地资源不仅非常丰富，而且类型多样，其生态系统服务价值也会千差万别。以青藏高原地区为例，这里生长着我国 18 类天然草地类型中的 17 类，而生长在这里的 17 类草地资源其丰裕度和载蓄力也有较为明显的差异，对这 17 类草地资源给予整齐划一的补偿本身就不合理。所以，粗放的仅从大区域上划定补偿标准，并不完全适用于生态资源丰富的西北地区。

5. 对西北生态脆弱区生态补偿标准的再思考

通过评估、测算甘南的生态服务价值，我们发现，不同类型的生态系统或者同一类型生态系统下不同物种的生态服务价值并不相同。因而，不同地区的生态资源（本身差异非常大）能够提供的生态服务价值也一定存在较大的差异。

在西北地区的生态资源中，陕西的森林资源最为丰富，新疆的草地资源最为丰富，青海的湿地资源最为丰富（见表 3-9）。

表 3-9 西北地区陆地生态系统面积   单位：万顷

	森林	草地	湿地
陕西	1205.80	4349.2	592.9
甘肃	955.44	16071.6	1258.1
青海	634.00	31530.7	4126.0
宁夏	179.03	2625.6	255.6
新疆	1066.57	45902.2	1410.2
总计	4040.84	100479.3	7642.8

资料来源：《2012 中国统计年鉴》

表 3-10 西北地区不同陆地生态系统生态服务价值   单位：10^4 万元

	生态系统服务价值	百分比
森林	7578.35	7.40%

（续表）

	生态系统服务价值	百分比
草地	58548.29	57.2%
湿地	36261.80	35.4%
总计	102388.44	100%

根据表3-10的计算结果显示，西北地区生态服务价值巨大，加大西北生态脆弱区生态补偿力度理所当然。同时，西北地区地域辽阔，生态系统多样，所以，西北不同区域的生态补偿应该各有侧重，譬如，新疆应以草地生态补偿为重点。而且，在估算生态补偿标准时，还要考虑农户的发展机会成本以及其他差异。以甘南草地生态补偿为例，纯牧区的草地面积非常大且类型多样，其生态系统服务的价值也很高；半农半牧区草原面积相对较小，其生态系统服务的价值也相应要低一些。另外，纯牧区乡镇少、人口也少，半农半牧区乡镇多、人口也多，如果按草地人均拥有量来实施生态补偿，则必然会出现补偿不公之现象。同时，草地生态补偿金的发放还应当考虑草地自身的载畜能力，应当将补偿与"草畜平衡"挂钩，实现"草畜平衡"以维持草地生态系统服务价值者，应当给予补偿；反之，超载放牧破坏"草畜平衡"者，不应当给予补偿。①

---

① 万本太、邹首民：《走向实践的生态补偿——案例分析与探索》，中国环境科学出版社2008年版，第167~168页。

第四章 西北生态脆弱区草地生态补偿法律机制实证研究

一、西北生态脆弱区草地生态补偿的现实背景

1. 草地、草地资源及其生态功能

（1）草地、草地资源及其经济价值。20世纪50年代以前，我国习惯上将"草地"称为"草原"。《中国植被》一书中指出，"凡是由耐寒的旱生多年生草本植物为主（有时为旱生小半灌木）组成的植物群落就叫草原。"①"草原"不仅易与植被分类中的草原类型相混淆，而且习惯上"草原"一词的含义是概指"天苍苍，野茫茫，风吹草低见牛羊"的大面积的坦荡开阔的天然牧地，并不包括其他性质的草地（如面积较小的或人工牧用地），也不包括其他生态类型的牧用植物（如热性、湿生等类型的灌木和林木嫩枝及树叶等）。因此，在20世纪80年代全面展开的全国草地资源调查之前，应用领域常称为"草场"。

"草地"一词是Grassland的译语，Grassland是世界各国通用的学科术语，然而，Grassland的内涵在各国仍有差异。原苏联的草地经营学家A．M．德米特里耶夫在《草地经营（附草地学基础）》（1948年）一书中，对草地的解释是："凡有形成草群（或草被）的多年生草本植物生长着的陆地地区，称为草地"。美国草地委员会于1974年对草原被用于放牧、割草时期就叫草地的概念作了一次修正，指出："草地包括草原、草甸、荒漠、冻原和灌木在内的放牧地。"②

---

① 甘肃省草原总站：《甘肃草地资源》，甘肃科学技术出版社1999年版，第1页。
② 甘肃省草原总站：《甘肃草地资源》，甘肃科学技术出版社1999年版，第1页。

伴随草地学科的迅速发展,"草地"这一概念的内涵日渐丰富,并逐渐在我国学术界和应用界确立。草地既包含有自然形成的大面积天然饲用植物群落所着生的、以放牧和割草利用为主的天然牧业生产用地,亦有通过人工种植或改良的人工及半人工草地和与粮食作物轮换种植的轮作牧用草地,也包含着实际上放牧或打草利用的灌木及乔木饲料着生地。草地生态系统是陆地生态系统分布最为广泛的类型之一,因其分布地域之广阔以及类型之多样化,草地生态系统具有非常重要的生态服务功能,其在整个陆地生态系统中占据不可替代的地位。

我国草地是欧亚大陆草原的重要组成部分,草地类型较为全面。根据中国草地资源调查的分类原则,我国草地划分为18个大类、53个组、824个草地类型。草地资源在我国各省(区、市)均有分布。我国拥有天然草原近4亿公顷,占国土面积的41.7%,是耕地面积的3.2倍、森林面积的2.5倍,在我国农田、森林和草地等绿色植被生态系统中占到63%,是我国面积最大的陆地生态系统,也是我国的主体生态系统之一。草地不仅是我国面积最大的自然资源,也是非常重要的生态屏障,更是牧区民众须臾不可或缺的生产、生活资料。《国务院关于加强草原保护与建设的若干意见》(国发〔2002〕19号文件)指出,"加强草原保护与建设,对促进少数民族地区团结,保护边疆安全和社会稳定,维护生态安全,加快牧区经济发展,提高广大牧民生活水平,都具有重大意义。"①

草地资源自古以来是牧区重要的生产资料和生活资料,具有重大的经济价值。牧区历来是我国重要的畜牧业生产基地。据统计,2006年,全国牧区县有牧业人口数492.68万人,人均收入3029.6元,其中人均牧业收入2323.71元,占到76.7%;半牧区县牧业人口数1159.58万人,人均收入2709.78元,其中,人均牧业收入1307.8元,占到48.3%。这说明牧业仍是这些地区大多数人口的重要生活来源。②同时,牧区、半牧区还是我国肉类、乳类、毛绒生产的重要基地。

(2)草地资源的生态功能。与草地的经济价值相比,其丰富的生态功能具

---

① 《国务院关于加强草原保护与建设的若干意见》(国发〔2002〕19号文件),http://www.fc110.gov.cn/zcfg/bwfg/200909/25408.html。
② 韩俊等:《中国草原生态问题调查》,上海远东出版社2011年版,第4页。

有更为重要的价值，诸如防风固沙、涵养水源、保持水土、净化空气以及维护生物多样性等，对减少江河泥沙的淤积、地表水土的冲刷以及降低水灾隐患均具有不可替代的功能。

①水源涵养、调蓄与防洪功能。水源的涵养需要稳定良好的生态环境来保障。不同的生态系统，其水源涵养功能不一样。研究结果表明，相同条件下，较之裸地，草地土壤的含水量能高出90%以上；与裸露坡地相比，长草坡地的地表径流量可以减少47%，冲刷量减少77%。以"黄河第一弯"玛曲县为例，县境内拥有面积达17.5万公顷的湿地，是目前国内保存较好、特征最明显的高寒沼泽湿地，对水源具有特殊的涵养作用。该地区内拥有的广阔、优良的草地，曾被誉为"亚洲第一天然牧场"。植被密度高、结构良好。这些优良的自然生态环境，使得该地区成为黄河流域重要的"蓄水池"。同时，流经该区域的黄河水质好，水量相对稳定，对下游不易造成污染和洪灾。水源涵养过程同时也是调蓄过程，它既可削减洪峰流量，又可增加枯水季节流量，使地表径流或多或少走向均匀。其中，削减洪峰流量的特点对于防御洪涝灾害的发生有重要作用。

②水土保持功能。西北生态脆弱区水土流失的潜在威胁较大，该区域为草原、森林等植被的涵水固土效用，能够形成较好的水土保持功能。以甘南黄河重要水源涵养区为例，黄河玛曲以上河段，土壤侵蚀模数仅45.8吨/平方千米，玛曲站实测历年最大含沙量为2.15千克/立方米，平均输沙量为125千克/s，年输沙量为395万吨。而兰州站年径流量相当于玛曲站的2.35倍，但历年最大含沙量却高达329千克/立方米，相当于玛曲站的153倍，多年平均输沙量为1.13亿吨，为玛曲站的28.6倍。这些数据显示该地区侵蚀能力较低，区域内部地势平缓，森林灌丛、草甸植被覆盖度高，水土保持功能强。

③生物多样性维持功能。草地资源所处的地理位置和独特的地貌特征，决定区域内具有丰富的物种、基因、遗传和自然景观等方面的多样性。以甘南黄河重要水源涵养区为例，该区域是我国西北生物多样性关键地区之一，该区域其高寒环境构成了独特的生命存衍区，有些生物在这一区域已达到边缘分布和极限分布，是珍贵的种质资源和高原基因库。

④净化空气功能。据科学测算，25平方米—50平方米的草地可以吸收掉一

个人一天呼出的二氧化碳。草地是陆地仅次于森林的吸收同化二氧化碳的碳汇，草地土壤腐殖质层是北方主要的碳库，在碳循环中有巨大的作用。据计算，我国天然草地每公顷的固碳量约为1.5吨/年，具有吸收温室气体、净化空气的卓越功能。

⑤防风固沙功能。植被状况直接影响着空中沙土的含量。以青藏高原东部边缘处的甘南高原为例，由于地势开阔，海拔又高，冬季和春季风力大，每年12月至翌年5月，风力最大，而大风持续的最长时间则与植物的枯黄季是同步的。高原上的大风多属西北风，吹向东南方向。一般来讲，风速为6米·秒$^{-1}$时即可扬起沙土，甘南高原每年刮风天气达到6米·秒$^{-1}$以上的风速，一般不少于150天。[1] 假设裸露地表的8级大风按每小时能刮起0.1厘米厚沙土计算，则沙土刮起量为0.0001立方米/平方米，每亩为0.0667立方米沙土。如果每一次刮大风继续5小时（当地通常为10小时），那么，每亩大约0.3335立方米的沙土。若植被的覆盖度是60%，每亩则每一次因大风所刮起的沙土大约为0.02668立方米。就甘南高原的272.3×10^{4}公顷草地而言，一次大风吹向东部或者东南部方向的总沙土量约为533.6×10^{4}立方米。每年以70天8级的大风来计算，每年刮起的沙土量则达到3.735×10^{8}立方米。以过去的20年里甘南草地的退化速度来看，再有不到十年时间，植被的覆盖度平均下降到50%以下，到时每年卷起的沙土量高达4.669×10^{8}立方米之多，其中绝大部分将刮向东部或东南部地区，使得邻近的大中城市如成都、兰州受到威胁，甚至危及更远的地区。[2]

2. 西北生态脆弱区草地资源退化现状

我国草地资源主要分布在西部地区，全国五大牧区（即内蒙古、甘肃、青海、新疆、西藏）中的三大牧区（甘肃、青海、新疆）均位于西北生态脆弱区，该地区草地资源丰富、地域辽阔，各牧区海拔高差以及气候差异较大，草地类型复杂多样。全国18类天然草地中，除干热稀树灌草丛类外，其余各类在该地区

---

[1] 秦大河：《中国西部环境演变评估》（第3卷），科学出版社2002年版，第99页。
[2] 洛桑·灵智多杰：《青藏高原甘南生态经济示范区研究》，甘肃科学技术出版社2005年版，第24—25页。

均有不同程度的分布，西北地区的天然草地可谓全国草地类型的缩影。

国家环保总局发布的《2005年中国环境状况公报》显示，2005年，中国90%的可利用天然草场发生不同程度退化。另据农业部草原监理中心2005年监测，全国90%以上可利用天然草原不同程度地退化，其中，轻度退化面积占57%，中度退化面积占31%，重度退化面积占12%。目前，我国严重退化草原近1.8亿公顷，并以每年200万公顷的速度在扩展。近年来，尽管国家高度重视西北地区的草地生态建设并加大了投入，但西北生态脆弱区草地退化的趋势并未得到有效的遏制，其生态屏障的作用明显削弱，威胁西北乃至全国的生态安全。

（1）草地退化面积逐年增加，生产能力大幅下降。近几十年来，受多种因素的影响，西北地区草地退化加速。以陕西为例，天然草地退化面积达781085公顷（其中严重退化面积达72891公顷），占草地总面积的15%（见表4-1）。

表4-1 西北部分省天然草地退化面积（公顷）

省区	草地总面积	退化面积	严重退化	退化草地占草地面积（%）
陕西	5206183	781085	72891	15.00
甘肃	17904206	7128487	2227153	39.81
青海	36369746	6190973		17.02

资料来源：《中国草地资源数据》（1994年）

宁夏草地退化现象也很严重，退化面积达292.4万公顷，占草地总面积的97%。其中轻度退化面积达84.4万公顷，占草地总面积的29%；中度退化面积达126.6万公顷，占草地总面积的43%；重度退化面积达90.42万公顷，占草地总面积的31%（见表4-2）。

表4-2 西北生态脆弱区草地退化情况统计（万公顷）

省区	草地总面积	退化面积	比例（%）	其中					
				轻度	%	中度	%	重度	%
新疆	5725.8	3466.7	61	1666.7	48	1333.3	38	466.7	13
青海	3637	2036.72	56	863.72	42	733	36	440	22

（续表）

省区	草地总面积	退化面积	比例（%）	其中					
				轻度	%	中度	%	重度	%
甘肃	1790.4	855.81	48	312.5	37	340.2	40	203.1	24
宁夏	301.4	292.4	97	84.4	29	126.6	43	90.42	31

数据来源：中科院地理所杨汝荣副研究员研究汇总①，2001

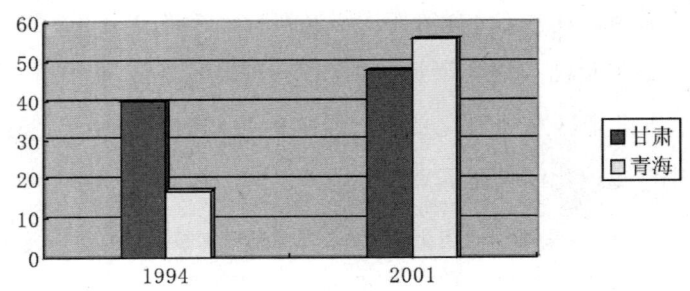

图4-1 甘、青两省草地退化程度对比图（1994-2001）

再以甘肃、青海两省的统计数据为例，从上表可以清晰地看出西北地区草地退化比例在1994—2001年间的上升趋势，即该地区草地生态环境状况呈现出严重化的趋势，草地退化直接导致草地生产力大幅下降。由此造成牲畜长期营养不足，生长发育不好，个体变小，体重下降，导致畜牧业效益下降。而农牧民为了维持基本生活需要和增加收入，不断超载放牧，从而进一步加剧了草地植被的退化，结果陷入草地生态环境不断恶化的恶性循环之中。

（2）草地沙化严重，水土流失加剧。由于草地退化，导致北部沙漠步步南逼，其风沙线每年平均前移3米~6米，处于风沙线上的村镇遭受流沙埋没的威胁。我国于1994、1999年以及2004年先后三次完成了荒漠化与沙化的监测，都发现被誉为"亚洲第一牧场"的玛曲成为我国发展速度最快的土地沙化敏感地带。由于玛曲县境内的黄河沿岸沙化线不断纵深化扩展，导致沙化的草原（俗称

---

① 转引自李昊民：《我国西部牧区草地资源的生态补偿机制研究》，中国农业科学院硕士学位论文，2007年。

黑土滩）约18.0万公顷，大型的沙化点约有36处，流动沙丘带约220千米长，而且，每年的扩展速度为3.9%。草原面积受到土地沙化影响已达20万公顷以上。① 草地沙化导致沙尘暴的发生率以及危害性日益加剧；同时将导致我国重要的江河流域水土流失加剧，雨季洪灾、旱季断流的过程加快，严重影响西北地区乃至全国的生态安全。

（3）湿地面积锐减，干旱缺水草地增加。据20世纪80年代初的统计资料，甘南高原的湿地面积为42.7万公顷，而目前保持原貌的湿地仅有17.5万公顷，其它大都干涸。干旱缺水草地已扩大到44.7万公顷，占该区可利用草地面积的17.4%，被誉为"黄河蓄水池"的玛曲湿地的干涸面积已高达10.2万公顷，原有6.6万公顷沼泽湿地已缩小到不足2.0万公顷。湿地面积不断缩小，干旱缺水草地不断增加，无疑将导致西北草地生态功能大大降低。

（4）水源涵养能力普遍降低，河流补给量急剧减少。天然草原退化、湿地萎缩和林地面积的减少导致植被涵养水源功能降低，河流的补给量出现急剧减少。被誉为"黄河之肾"的玛曲境内黄河的支流共28条，目前已经有11条发生干涸；此外，有不少已成为季节性的河流，湖泊的水位呈现明显下降的约有数百个，导致地表的径流与土壤的含水量出现锐减。而吉合浪塘位于夏河桑科乡的西面，原本是大夏河源头，如今已成为无水之源，导致河道已缩短3千米。根据水文资料，1990年代以降，黄河玛曲段所补给的水量已减少了25.3%，大夏河的径流量减少了11.8%，而洮河减少量达到27.0%。仅以1997年山东省黄河断流造成的100亿元损失推算，有20亿元以上损失是由于甘南及以上地段，尤其是黄河首曲的草地退化、水源涵养能力下降等原因造成的。②

3. 完善西北生态脆弱区草地生态补偿机制的重要意义

（1）草地生态补偿及其法律关系辨析。在我国，建立草地生态补偿机制正

---

① 甘肃省林业调查规划院：《甘肃甘南黄河重要水源补给生态功能区生态保护与建设规划（2006~2020年）》。
② 洛桑·灵智多杰：《青藏高原甘南生态经济示范区研究》，甘肃科学技术出版社2005年版，第1页。

在成为国家高度重视和社会各界普遍关注的热点问题。通过法律制度创新，有效降低政策的主观随意性与不稳定性，确认相关利益主体的合法权益，调整相关利益各方的生态及经济利益的分配关系，以促进经济、社会可持续发展，更是我国生态法治进程中的必然选择。因而，准确界定草地生态补偿的法律含义以及法律关系是完善草地生态补偿法律机制的必要前提。

①草地生态补偿的法律含义。在法律视域下，草地生态补偿是指为了恢复与保护草地生态系统的生态功能以维护生态平衡，在重要的草地生态功能区，针对该区域草地的主导生态系统服务功能所进行的补偿，主要包括两部分内容：一是对恢复和保护该区域草地的主导生态系统服务功能的直接投入；二是该区域内居民为恢复和保护草地的主导生态系统服务功能而牺牲的发展机会成本。

西北生态脆弱区的草地无疑具有丰富多样的生态系统功能，然而，囿于人类认知的有限性，并受到当前我国经济发展水平的限制，针对全部的草地生态系统服务功能进行补偿是不现实的。然而，完善西北生态脆弱区生态补偿机制具有重要性和紧迫性，因而，当前补强草地生态补偿机制的合理途径，是根据《全国生态功能区划》对重要生态功能区草地生态系统所提供的主导生态服务功能进行补偿。因此，完善草地生态补偿机制应当区别草地生态系统所在的不同的生态区位，根据不同生态区位的主导生态服务功能确定草地补偿主体、受益主体、补偿标准以及补偿途径。

譬如，纯牧区玛曲县作为黄河首曲，其草地具有多项草地生态系统服务功能①，但是，由于人类对于草地生态系统服务功能认知的有限性，草地生态补偿不可能对玛曲县草地所具有的全部生态系统服务功能进行补偿，而应当立足我国当前的社会经济发展水平，针对该区域草地特定的生态系统服务功能——依据《全国生态功能区划》所界定的该区域的主导生态功能，即水源涵养功能（玛曲县位于黄河甘南水源涵养重要区）进行补偿。而对位于新疆维吾尔自治区东南部

---

① 借鉴国内外关于自然资源生态经济学的相关理论与方法，采用生态功能效益价值化的评估方法，玛曲草地生态服务项目主要包括了气体调节、干扰调节、防风固沙、涵养水源、水土保持、废物处理、生物多样性保持、食物生产、原材料和娱乐文化功能等十多个方面。参见玛曲县草原站：《玛曲县退牧还草工程建设及效果监测评价（2003~2008年）》。

的阿尔金草原，则属于荒漠防风固沙重要区，因而，对于该地区的草地生态补偿则应当根据其主导生态服务功能——防风固沙功能进行补偿。

②草地生态补偿法律关系的主体。草地生态补偿法律关系的主体应当包括在草地生态补偿中享有相应权利、承担相应义务的法人和自然人，包括生态补偿主体（即"由谁来补偿"）和生态受偿主体（即"补偿给谁"）。

第一，草地生态补偿主体。依据受益者补偿原则，草地生态应当由草地生态系统服务功能的受益主体来补偿。但是，生态效益受益主体具有范围广、不特定等特点，相应的其生态补偿主体也较难确定。为有效确定生态效益受益主体，依据生态综合管理思想，草地生态效益受益主体需要综合以下因素予以确定：一是依据《全国生态功能区划》确定重要生态功能区内草地的主导生态服务功能。二是确定该重要生态功能区域内草地主导生态功能的受益主体，一般包括：该重要生态功能区域的居民、该区域外的其他受益地区居民。实践中，可以确定为具体区域（包括上述重要生态功能区域和其他受益地区）的政府及居民。合理确定生态补偿主体，能够为选择补偿资金途径提供法理支撑。鉴于我国目前政府财政支付能力较弱、人们对于生态系统服务功能认识不足的现实，生态补偿资金宜采取多元化筹集途径，补偿主体应当以中央政府为主，并将受益地区地方政府和企业纳入补偿主体的范围，以拓展生态补偿的社会化途径和市场化途径。

第二，草地生态受偿主体。指草地生态补偿的接受主体，即为恢复和保护草地生态系统的生态平衡，为维持重要生态功能区草地的主导生态服务功能而进行生态保护和建设的主体。确定生态受偿主体，解决的是确定生态补偿对象的立法问题。实践中，依据《全国生态功能区划》关于重要生态功能区的划分，确定该区域内草地生态保护者和建设者为生态受偿主体，即该区域的政府及居民。

③草地生态补偿法律关系的客体。草地生态补偿法律关系的客体，即草地生态补偿法律关系主体的权利、义务所指向、作用的对象，是草地的主导生态系统服务功能。《全国生态功能区划》以生态系统的主导生态服务功能为依据对全国生态功能区进行划分，因而依据《全国生态功能区划》即可确定重要生态功能区内草地的主导生态系统服务功能。确定生态补偿法律关系客体的意义在于，可以为确定生态补偿的标准提供参考依据。如何合理确定生态补偿的标准，始终是

生态补偿机制的关键和困难所在。理论界普遍认为：补偿标准应该在国家的经济发展水平和其对生态效益的需求间寻求平衡点。生态补偿标准能否有效确定是关系生态补偿能否有效实施的关键因素，因而，应当基于我国对于生态效益的现实需求，综合以下因素予以确定：一是生态经济学关于某种特定生态系统服务功能的价值评估；二是经济发展水平；三是社会对于生态效益的支付意愿水平和受偿意愿水平；四是生态补偿不同利益方的生存权、环境权、发展权等权益的协调与平衡。

草地生态补偿机制的健全是一项系统工程，需要生态学、经济学、法学、社会学等各学科的合作与努力。由此，生态补偿机制的完善必然是一个动态的、发展的过程，这一过程应当基于中国的现实生态需求，符合生态综合管理的科学理念。唯其如此，才能为草地生态补偿机制的完善提供符合我国现实的立法依据和思路。

（2）完善西北生态脆弱区草地生态补偿机制的重要意义。完善草地生态补偿机制是保护西北地区草地生态服务功能的重要措施。西北地区具有非常重要的生态区位，草地是西北地区重要的生态资源，保护草地资源对于维护西北地区乃至全国的生态安全具有重要的意义。建立草地生态补偿机制能够通过宏观调整草地生态效益和相关经济效益在草地生态保护者和受益者之间的分配关系，通过经济补偿有效遏制该地区农牧民超载过牧提高草地畜牧业经济收入的盲目行为，以防止草地生态环境的进一步恶化；同时，可激励草地生态资源保护者的生态保护行为，以恢复和保护草地生态系统功能。西北地区生态保护与经济发展的矛盾十分突出。西北地区自然环境脆弱而恶劣，人口相对过剩，经济、文化相对落后，贫困人口较多，从而陷入"贫困（poverty）—人口增长（population growth）—环境退化（environmental degradation）"的PPE怪圈。而且，环境与经济这一对根本性的因素，对立而又统一，互相联系又互相制约，单纯从一方面入手，都无法促使西北地区走出PPE怪圈。[①] 建立草地生态补偿机制能够根据该地区草地资源的重要生态功能，秉承"生态优先"的理念，通过宏观调控，对该地区为保

---

① 常丽霞、叶进：《超越增长：西部地区可持续发展刍论》，载《商业时代》2008年第8期。

第四章 西北生态脆弱区草地生态补偿法律机制实证研究

护草地生态资源投入的成本和牺牲的发展机会给予合理的补偿,从而缓解西北草地资源领域发展经济与保护生态之间的根本性矛盾,有助于西北地区走出PPE怪圈,实现可持续发展。

当然,完善西北生态脆弱区草地生态补偿机制也是推进生态文明建设的重要举措。生态文明是人类文明的高级形态,是人类深刻反思工业文明的社会危机和生态危机之后的理性选择,生态文明的核心是人类社会的可持续发展。党的十七大报告第一次明确提出建设生态文明的理念,这是对中国经济增长模式和发展模式的深刻反省,将生态建设提高到文明的高度,体现了人类文明的升华。① 十八大报告进一步指出,建设生态文明是关系人民福祉、关乎民族未来的长远大计。建设生态文明,意味着在自然生态系统保护方面坚持自然恢复为主的方针,着力推进生态工程建设,从源头上扭转生态恶化的趋势。生态文明建设涉及各方面的利益,而区域间的利益关系、民族间的利益关系、代际公平关系、经济发展与环境保护的关系则是生态文明建设中需要认真协调的四个基本的关系。② 西北草地资源主要位于民族地区,草地生态补偿机制能够从根本上协调上述重要的利益关系,以保障西北民族地区可持续发展。

二、西北生态脆弱区草地生态补偿:国家法与习惯法的暗合与补缺

1. 可持续发展与生态正义

20世纪60年代以后,包括"八大公害事件"在内的严重工业污染对人类传统的发展模式——通过高投入、高消耗追求经济数量的增长;通过高消费、高挥霍追求毫无节制的享受——敲响了警钟。人们开始认识到社会发展的终极目标,

---

① 常丽霞、叶进:《向生态文明转型的政府环境管理职能刍议》,载《西北民族大学学报》(哲社版)2008年第1期。
② 侯向阳、杨理等:《实施草原生态补偿的意义、趋势和建议》,载《中国草地学报》2008年第5期。

不是经济上"量"的扩张,而是包括社会政治、治安状况、生活环境等指标在内的"生活质量"的全面提高。① 这样的背景下,可持续发展作为全新的社会经济发展模式应运而生。可持续发展并不否定经济发展,而是强调人类的活动要受生态承载力的控制,它追求的是生态—经济—社会复合系统的可持续性。也就是说,"可持续发展包括生态持续、经济持续和社会持续这三大特征。它们之间相互关联而不可分割:生态持续是基础,经济持续是条件,社会持续是目的"②。

可持续发展的思想核心主要表现为规范两类基本的关系:人与人之间的公正关系和人与自然之间的公正关系。③ 国内外可持续发展的法律实践集中表现为:就人与自然而言,其公正关系倡导自然物的权利,以保护自然系统之生态效益。而人与人之间,其关系准则倡导环境权及其保护,注重衡平不同地区之间的协调发展和人类的代际利益。

正义是法律最基本的价值之一,生态正义亦因此成为生态法追求的首要价值。由于不同的文化有不同的正义观,建立在不同正义观基础上的正义的内涵和标准自然存在不同。当代国家生态法所追求的生态正义的价值目标,其实质是基于可持续发展理念的生态正义观。基于可持续发展观的生态正义蕴涵的价值追求主要包括生态公平与生态安全。生态公平则主要指代内公平、代际公平以及人类与自然生命体的权利公平。④

代内公平是指处于同一代的人们对资源开发以及享受清洁和健康的环境这两方面的利益都要有同样的权利,它体现在国家层次和国际社会层次。代际公平是指在人与自然的关系中,每一代人都有相同的地位。全人类在过去、现在以及将来共同拥有地球环境,当代人和后代人对其赖以生存和发展的生态资源有相同的选择机会和相同的获益机会。这意味着当代人有权使用生态环境,并从中受益,也有责任为后代保护环境。人类与自然生命体的权利公平则指人与自然界的权利公平,这意味着确认包括人与非人在内的生命主体及其权利,亦即所有生命主体

---

① 程立显:《关于可持续发展的若干伦理学问题》,载《北京大学学报》(哲社版)2000年第3期。
② 汪劲:《环境法律的解释:问题与方法》,人民法院出版社2006年版,第230页。
③ 汪劲:《环境法律的解释:问题与方法》,人民法院出版社2006年版,第231页。
④ 参见吕忠梅:《环境法新视野》,中国政法大学出版社2000年版,第222—228页。

都有不受危害的权利。

生态安全则指人的环境权利及其实现受到保护，自然环境和人的健康及生命活动处于无生态危险或不受生态危险威胁的状态。①

2. 生态正义：习惯法与国家法的暗合与差异

（1）生态习惯法文化蕴涵的生态正义。西北生态脆弱区草地资源主要分布于民族地区，如新疆维吾尔族聚居区，甘、青川交界处的拉卜楞藏族聚居区，宁夏回族聚居区等。少数民族在长期适应草地生态环境的历史发展过程中，创造了灿烂的游牧文化，其间蕴含着丰富而宝贵的生态习惯法文化。少数民族的生态习惯法文化无论是从生态伦理观还是行为模式的面向考察，都充分体现出少数民族与草地生态系统之间的和谐共存关系。从生态正义的视角看，生态习惯法与国家生态法之间在以下方面存在契合与共通：

其一，承认并尊重自然生态的内在价值。少数民族的生态习惯法文化以其普遍信仰的宗教文化为精神基础。其生态伦理观坚持，自然界的生物均具有内存的生命价值和生存的权利，正因此，人类无疑应当崇敬自然并且尊重生命。以藏传佛教为例，一方面，运用因果报应、生死轮回的思想来诠释生命的现实和未来之间的关系，相信人类与各种动物都会由于各自的不同业报而相互轮回于不同的境界，从这个意义上讲，人类和动物是具有平等性的生命体，彼此的区别仅在于各自由于作"业"之不同从而获得不同境界的报应：或者成为人，或者轮回成为各种动物。而另一方面，高原藏族的自然观普遍相信，高原的草木、山石、潮泊以及溪流等处，栖息着各种各样的神灵与鬼怪，所以，自然界的万物皆为神圣，均应当对其保持崇敬，而不能冒犯，由此而演变为高原藏族独特的自然崇拜与自然禁忌。藏族的传统生态习惯法文化是在承认自然万物的内在价值基础上，通过各种自然崇拜和自然禁忌而建立起尊重自然的伦理价值观和行为规范。而且，在人权概念被明确提出的数百年前，就有一位穆斯林法学家创造性地提出了动物权

---

① 王树义：《生态安全及其立法问题探讨》，载王树义主编：《可持续发展与中国环境法治——生态安全及其立法问题专题研究》，科学出版社2007年版，第5页。

利。他说，牲畜、动物与人类一样都具有生存的权利。人们应当善待供驱使的牲畜，向它们提供饲料和饮水，即使病、老或闲置无用，仍须照料它们。而且，人们无权超负荷地役使动物，也无权把它们约束在有害它们健康的地方，更不能使它们受到同类或者异类动物的伤害。① 回族作为全民信仰伊斯兰教的民族，伊斯兰文化中的自然观、生态伦理观对回族的生态观念和行为方式具有重要的塑造和导向作用。在伊斯兰教看来，万物都是真主创造的敏感活跃的生命体，与人类没有什么不同，它们也是在真主的普慈之爱下顺势成长的，人类当然应以友好、协作的态度对待它们。《古兰经》训诫人们：切勿图谋不轨、踩躏禾稼、伤害牲畜，真主是唾弃恶行的。《圣训》也反复强调对动植物保护的重要性，人类应该对天地万物心存仁爱之心、敬畏之心，特别禁止无故宰杀幼畜、砍伐幼苗等行为。②

其二，保护自然生态系统的生态效益。藏族生态习惯法文化的保护对象涉及高原草地系统的各种生态要素，以神话、宗教、禁忌、崇拜以及各种的象征符号来建构自然—人文的生态系统。该地方性知识的体系充分尊重自然万物内在的价值，维护种种生态要素之间的有机联系，同时，能够认识到人类社会活动、自然环境以及神灵体系之间彼此相依存的有机统一。高原藏族长期积累形成的生态习惯法文化，主张奉行和谐与节制的生活方式，尽可能地减少人类活动对自然万物的干扰，以减少对于寄身于山石草木间的神灵鬼怪可能的冒犯与冲撞，实际则是力求尊重自然生态规律，以维持高原整体的生态平衡。再如，《古兰经》认为，人类的智慧正是体现在对自然现象的观察和理解中。因而，伊斯兰文化在强调爱护自然物、保持与自然界和谐平衡关系的前提下，把握自然的本质，尊重自然规律，对自然界进行合理的开发利用，为人类造福。③

其三，维护人类代际利益。以高原藏族为例考察，其关于人与自然之间关系

---

① 马明良：《伊斯兰教生态伦理观与回族撒拉族环境保护意识》，载《青海民族学院学报》1999年第3期。
② 杨立宾：《回族生态伦理观与聚居区域的生态文明建设》，载《中共银川市委党校学报》2009年第4期。
③ 杨立宾：《回族生态伦理观与聚居区域的生态文明建设》，载《中共银川市委党校学报》2009年第4期。

的认知以及轮回、果报等宗教文化思想，在成为藏族生态习惯法文化体系中崇敬并且珍惜自然万物的思想基础的同时，还对藏民族的行为模式形成有效规制，实现以节制、和谐的生活、生产方式来保护人类世世代代永续共存的目标。《古兰经》指出："他（指真主，笔者注）以大地为你们的席，以天空为你们的幕，并从云中降下雨水。而借雨水生出许多果实，做你们的给养。"人类也应该相应地爱护自然、保护自然，与自然相依为命，共存共荣。否则糟踏自然、滥用自然，势必自毁家园，自食其果。《古兰经》强调："灾害因众人所犯的罪恶而显现于大陆和海洋，以至真主使他们尝试自己行为的一点报酬，以便他们悔悟。"① 回族、维吾尔族的生态伦理观深受其宗教文化的影响，认为人类不合理的生态行为将导致真主的惩罚和大自然的报复，因而倡导合理地开发自然、利用自然，有节制地向大自然索取，享受真主的恩赐，世代与自然和谐共存。

（2）生态习惯法与国家法视域内生态正义的暗合与差异。如前所述，当代国家生态立法所追求的基于可持续发展理论的生态正义观，蕴涵着生态公平（代内公平、代际公平以及人类与自然生命体的权利公平）和生态安全两个方面的深刻内涵。西北民族地区的生态习惯法文化因其与自然生态环境的有机统一性以及与所处社会文化的整体背景的相互契合性，从而在生态伦理观、秩序功能等方面与当代国家生态法不谋而合，二者关于生态正义的价值取向存在暗合与共通。

然则由于习惯法与国家法的效力范围不同，二者之间关于生态正义的诠释亦存在差异。首先，就法对人的效力而言。习惯法以属地主义为主，并与属人主义与保护主义相结合。譬如藏族生态习惯法传统上以部落组织作为基础，从而决定了其仅适用于该部落组织管辖的地域范围之内。传统的藏族部落组织内，某个成员一旦被部落组织逐出所生活的部落地域范围，就会自动丧失作为部落成员的身份。就对人的效力而言，藏族传统习惯法主要适用于部落组织的内部成员，并且，适用习惯法以维护部落组织的利益为依据。对于任何侵害本部落利益的人，无论是否本部落组织的成员，都将受到传统部落习惯法严厉的制裁。另一方面，

---

① 马明良：《伊斯兰教生态伦理观与回族撒拉族环境保护意识》，载《青海民族学院学报》1999年第3期。

考察法的空间效力，则藏族的习惯法适用于本部落的全部管辖范围，即传统习惯法对于部落组织管辖地域内的一切人均具有无可辩驳的拘束力。

综上，少数民族的生态习惯法就其效力范围而言，仅对民族社区的管辖地域内的人适用，所蕴涵的生态正义亦只能在该范围内得以实现。民族生态法文化体系亦只能在少数民族社区实现所蕴涵的生态正义的价值追求。应当看到，当代民族地区的生态环境趋于恶化，跨区域的生态问题日渐突出。民族地区由于其重要的生态功能区位，生态环境的变化已不再仅仅局限于本地区的生态平衡与和谐；由于生态环境的整体性和系统性而直接关系到该地区之外的区域，乃至全国的生态安全。面对这种跨区域的生态问题，生态习惯法显然鞭长莫及。从这个意义上讲，生态习惯法受其效力范围的制约，无法对当前跨区域的、全球化的生态问题发挥其生态法文化的规范和制约功能，以调控和衡平不同地区之间的协调发展，从而实现整个社会的生态正义。

3. 西北生态脆弱区草地生态补偿：国家法对习惯法的整合与补缺

（1）生态保护与生态正义的悖论。草地生态系统具有丰富而重要的生态服务功能。近年来，气温、降水等自然因素的变化和不合理的人类活动导致天然草地退化日趋严重，草地生态环境进一步恶化。草地的退化导致草地生产能力下降，草地面积锐减，生物多样性遭到破坏，水资源枯竭，河流径流量减少，水土流失加剧等问题。如江河源地区水资源涵养功能急剧减弱，给江河补给的水资源大量减少，导致江河中下游地区旱涝灾害频繁、河水断流，工农业生产受到制约，直接威胁到整个江河流域的经济社会可持续发展和生态安全。本世纪初，黄河源头地区出现断流现象，整个黄河流域的水资源供需矛盾日益尖锐，对流域各省区的经济发展造成严重影响。据有关资料显示，山东省1997年断流造成的直接经济损失达100亿元，其中，二十多亿元是由甘南及其以上地段尤其是黄河首曲的草原退化、水源涵养能力下降等因素造成的。① 因此，恢复和保护该地区的

---

① 国家林业局：《甘肃甘南黄河重要水源补给生态功能区生态保护与建设规划》，百度文库，2015 - 3 - 6。

自然生态环境,增强其涵养水源、强化其水源补给功能,是关系黄河中下游地区和国家生态安全的重大战略问题。

以江河源头草地系统为例,一方面,江河源头地区生态相对脆弱,经济发展相对滞后。为了江河流域的生态安全和向下游提供可持续利用的水资源,该地区投入了大量的人力、物力和财力,甚至以牺牲当地的经济发展为代价,进行源头地区生态环境的恢复与保护。另一方面,江河水资源对下游地区的水资源使用者带来了巨大的经济效益。江河下游地区人口和城镇密集,其经济发展对江河水资源具有更强的依赖性。这种状况使得流域生态效益及其相关的经济效益在生态保护者(江河源头地区)与受益者(江河下游地区)之间出现不公平分配。出于对江河水源地的保护,国家和地方政府对水源地的资源开发、产业发展作出各种限制,其实质是限制或者剥夺了源头地区的发展权。这种生态保护与经济利益关系的扭曲,使得源头地区作为生态保护者得不到应有的经济激励,严重影响江河上下游地区之间的公平、协调发展,有悖可持续发展对于生态正义的内在要求。防风固沙生态功能区的草地系统同样存在草地生态保护产生的生态效益和相关的经济效益在草地生态保护者和受益者之间的公平分配问题。因此,亟待建立草地生态补偿机制,以调整草地生态效益以及相关的经济效益在生态保护者与受益者之间的分配关系,以实现对于生态投资者的合理回报,从而激励草地生态系统这种"公共产品"的足额提供。

(2) 草地生态补偿政策概述。我国现阶段草地生态补偿主要通过公共财政手段,在全国主要牧区实施退牧还草工程以及草原生态保护补助奖励政策,以解决草地休养生息和恢复发展的问题。

2002年12月,国务院批准正式实施退牧还草工程。① 退牧还草工程的总体思路是:在完善草原家庭承包责任制的基础上,进一步落实草场生产、保护与建设的责任,严格实行以草定畜并控制草场的载畜量。同时,要推行草场围栏封育,将禁牧、休牧、划区轮牧相结合;下大力气建设人工草地和饲草料基地的基

---

① 国务院西部开发办等:《关于下达 2003 年退牧还草任务的通知》,中国经济网,2006 - 6 - 13。

础上，推行舍饲圈养，恢复草原植被，实现畜牧业的可持续发展，确保农牧民的长远生计。退牧还草的建设目标和重点实施范围是：从2003年起，计划用5年时间，在新疆北部退化草原、青藏高原东部江河源草原、蒙甘宁西部荒漠草原等地，集中力量先期治理10亿亩，使西部地区严重退化草原的40%得到基本恢复，天然草场得以休养生息，进而实现草畜平衡和草原资源的可持续发展和永续利用。

退牧还草的投入机制，实行国家、地方和农牧户相结合的方式，以中央投入带动地方和个人投入，进而实现草原生态建设投入的多元化。国家对退牧还草给予必要的草原围栏建设资金补助和饲料粮补助（轮牧不享受饲料粮补助政策），草原围栏建设资金和饲料粮补助数量，根据草原类型和区域范围来确定。就西北生态脆弱区而言，甘肃、宁夏的西部荒漠草原和新疆北部退化草地若全年禁牧，中央补助饲料粮11斤/亩；若季节性休牧（按3个月算），中央补助饲料粮2.75斤/亩；另外，草原围栏建设按16.5元/亩计算，中央政府补助70%，地方政府和个人承担其余的30%。青藏高原东部江河源草地若全年禁牧，中央补助饲料粮5.5斤/亩；若季节性休牧（按3个月算），中央补助饲料粮1.38斤/亩；另外，草原围栏建设按20元/亩计算，中央政府补助70%，地方政府和个人承担其余的30%。而且，饲料粮补助资金可实行挂账停息，中央政府按每斤0.45元对省级政府包干；但饲料粮调运费由地方政府负担（纳入财政预算）。退牧还草饲料粮连续补助5年，在国家补助总量范围内，省级政府还可根据实际情况进行合理调整。

为了巩固退牧还草工程的生态保护效益，中央政府决定从2011年起，在内蒙古、新疆（含新疆生产建设兵团）、西藏、青海、四川、甘肃、宁夏和云南8个主要草原牧区省（区），全面建立草原生态保护补助奖励机制（以下简称草原补奖政策）。政策的目标是通过建立禁牧补助和草畜平衡奖励机制，对牧民进行生产性补贴的同时配套实施系列支持政策，使牧民逐渐转变生产发展方式，缓解牧民增收与草原生态建设的矛盾，进而实现草地资源的可持续发展。

草原补奖政策的主要内容包括：一是禁牧补助。对那些退化严重、环境恶劣、不宜放牧的草原进行禁牧封育，由中央政府给予牧民6元/亩的补助。二是

第四章　西北生态脆弱区草地生态补偿法律机制实证研究

草畜平衡奖励。禁牧区之外的可牧区也要保持合理的载储量,若牧民未超载放牧,由中央政府给予牧民 1.5 元/亩的奖励。三是生产性补贴。首先,启动牧区生产资料综合补贴,对该区域约 200 万户牧民的生产资料成本进行补贴,补贴标准为 500 元/户。其次,推行牧草良种补贴,对该区域 0.9 亿亩的人工草场进行良种补贴,标准为 10 元/亩。第三,增加牧区畜牧良种补贴,继续补贴乳牛、绵羊良种的同时,对牦牛、山羊良种也给予补贴。第四,大力发展牧区教育和牧民培训事业,提升牧民再就业的能力。为切实推行草原补奖政策,中央政府每年安排专项资金 134 亿元,专款专用。①

(3) 草地生态补偿政策的习惯法渊源。从宏观的视角而言,国家在重要牧区推行退牧还草政策和草原生态保护补奖政策,宗旨在于借助公共财政手段以修复、保护草地资源的的生态系统服务功能,进而维护生态平衡。所以,针对该区域草地的主导生态功能(如涵养水源、防风固沙等)进行补偿,以协调由此产生的生态效益及相关的经济利益在生态保护者与受益者之间的公平分配关系,实现生态正义。从微观的政策实施内容分析,主要根据草地的退化程度以及生态区位分别实施禁牧、休牧以及轮牧等保护模式,以保障自然恢复草地植被。考察草地生态补偿的相关政策内容,牧区高度调适于自然生态的传统的游牧生计方式构筑了草地补偿政策的思想基础。

在高原牧区,传统游牧生计其最典型的特征表现为"逐水草而居",即牧区的生产与生活方式充分尊重、遵循牧区的自然生态规律,按季节实行轮牧。面对不同的季节条件下不同的气候环境,区分草地的不同生长期来充分利用和保护草地生态,牧民生动形象地将这种按季节进行的轮牧总结为"冬不吃夏草,夏不吃冬草"。在牧区,处于不同季节条件下的草场分别被称为"暖季草场""冷季草场"。在甘南州的玛曲县,冷季草场从当年的 11 月,牲畜被赶入冬场算起,到翌年 6 月中旬时,牲畜达到其饱青期止,长达 7 个月的放牧时期。而暖季草场是从 6 月中旬起算,直到 10 月底截止,其间草场的利用时间约 4 个半月。同时,在冷

---

① 《国务院常务会决定建立草原生态保护补助奖励机制》,http://www.gov.cn,2010 – 10 – 12。

季与暖季的过渡时期,则有过渡草场,称为春秋草场。牧区传统的轮牧方式遵循草地的自然生态规律,根据不同季节条件下不同草甸的生长情况,避开牧草的关键性生长期(即牧草的返青期与种子成熟期),通过区分季节从事轮牧,从而保障了处于返青期和种子成熟期的草地能够通过轮牧实现休养生息,利于更新和恢复草地植被。

在不同牧区,对于季节牧场的划分不尽一致,仍以玛曲县为例,有的牧区只有冬春—夏秋季两季轮牧;而有的牧区,则形成三季轮牧方式,这种轮牧方式又可根据对草场分季节利用情况的不同,分为冬春—夏—秋三季轮牧或者冬—春秋—夏三季轮牧方式。在季节草场内,则根据各类牲畜的不同放牧习性,因地制宜划分放牧地段,畜群在同一牧地、同一季节有"先羊、中马、后牛"的排牧习惯。这种季节轮牧、畜群管理的牧业生产经验,充分体现出牧民们在脆弱的高原生态环境下,顺应自然规律,对自然资源的谨慎适应和合理利用。其核心内容是根据不同季节不同草场的生长情况,按照牧草生长期进行转场轮牧,在牧草最关键的生长期给予其休养生息的机会,以维持草地资源的可持续利用。它是牧民长期在高寒草地牧居,利用不同草地,分不同季节进行放牧的经验之凝结与积累。

牧民们的禁牧和季节性轮牧,其实质是为增进草地的生态效益而形成的牧业方面的习惯性规范,其根本目的是通过自愿主动地奉行节制的、和谐的放牧方式,牺牲自身的发展机会,

来保障草地生态的恢复及更新,从而实现草地系统的生态平衡。从这个意义上,理应对其予以合理的经济补偿,从而激励牧民们保护草地生态,进而保障作为公共物品的草地生态服务系统的足额提供。以政府为主导的草地生态补偿政策,吸收了高原牧区中季节性轮牧以及禁牧的习惯性放牧经验,从两个方面对牧民进行生态补偿:其一,是直接投资于禁牧、休牧等草地生态保护行为,比如,围栏封育;其二,对牧民们为保护草地生态牺牲的发展机会予以合理补偿,从而协调草地生态保护领域所存在的草地生态效益与相关经济利益不平等的分配关系,进而推动草地生态保护者与生态受益者之间的和谐共处、共存共荣。

在西北少数民族地区草地生态补偿方面,国家法与习惯法之间呈现出补缺与整合的显著特征:首先,国家法能够弥补传统习惯法在效力范围方面的不足。习

惯法的地域性非常显著，故而难以实现对跨区域的草地生态效益分配进行有效的调整，而国家法却能够从宏观调控的角度，有效规范与调整草地生态补偿法律关系。其次，国家法合理吸收习惯法作为地方性知识的合理经验，比如休牧、轮牧等，通过整合、内化，确定为草地生态补偿法律关系的相关权利与义务，从而实现习惯法进入国家法规范体系。草地生态补偿机制藉由对习惯法文化的补缺与整合，在充分发挥国家法与习惯法各自的效力优势的同时，弥补各自存在的局限性。具体而言，国家法为统一法制而注定无法兼顾地方性的细微差异，难免抽象化、原则化；习惯法虽贴近社区生活却不能避免其对于跨区域调整的无奈；然而，二者之间通过调适与整合，却能够最大程度地实现草地领域的生态正义。

三、西北生态脆弱区草地生态补偿实践
——以黄河首曲玛曲县为例

1. 玛曲县生态区位概述

玛曲县位于甘、青、川三省结合部的"黄河九曲之首"，县境内为首曲湿地保护区的核心区域。黄河在玛曲境内流径 1.019 万平方千米，占甘肃省境内黄河流域面积的 59%，黄河入玛曲时其水量仅为 20%，出玛曲时水量则高达 65%。黄河上游径流量为其全流域径流量的 55%，而其中的 45% 源于首曲湿地。玛曲境内有 27 条一级支流，三百多条二、三级支流汇入黄河，加上其丰富的地下水资源，作为黄河源区的重要组成部分，玛曲被誉为"黄河蓄水池"和"中华水塔"，可谓十分允当。由乔科滩、万延滩、贡塞尔客木道等滩地组成的黄河首曲湿地（面积达 45 公顷），是青藏高原湿地类型中面积较大、保存最完整、状态最原始、特征最明显、物种资源最丰富、最具代表性的高原沼泽地，位列全国十大高原湿地之一。

2. 玛曲县草地生态补偿政策实践

2003 年，玛曲县所在的甘南州启动实施退牧还草工程，其内容主要包括休

牧、禁牧、补播改良等模式。所谓禁牧，是指对沙化的草地以及极度退化的草地实行长期封育；对由于鼠害的极度危害而形成的"黑土滩"进行为期10年的封育禁牧，待植被获得一定程度的恢复后，再进行季节性的休牧与划区轮牧。而对于退化草地，则实行以季节性休牧为主，在牧草的萌发期与结实期，实行90天休牧。补播改良则是指对禁牧、休牧以及划区轮牧的区域中退化严重的草场，先进行地面处理，再补播多年生的优质牧草。甘南州在政策的具体实施中，根据本地区的草地和牲畜的特征，将饲料粮的变现资金用于饲草料的购买、棚圈修建、人工种草以及畜种改良等。2011年开始实施的甘肃省草原补奖政策同样惠及玛曲，其具体内容上文已有叙述。

玛曲县退牧还草工程的实施期间，在2003年至2008年，县境内工程实施区域的草地总面积为1005万亩。据统计，禁牧草地面积共265万亩，休牧的草地面积为730万亩，而轮牧面积则为10万亩。工程实施进程中，按照具体的工程建设要求，因地制宜地采取了禁牧、围栏封育、休牧等草地的不同恢复模式。补播改良约165.2万亩退化草地，中央财政支持的经费达17697.5万元。

玛曲县在实施退牧还草工程后，草地植被的恢复速度和草地生态的自我恢复能力得到提高，为该地区提供了良性的草地生态环境。其一，玛曲县境内的草地植被恢复有了显著的改善，草地的植被覆盖度、草地高度以及草地的生产力均有显著提高。据统计，与对照的草地相比，高寒草甸类的禁牧草地，地上生产力及盖度分别提高21.39%、18.68%；在休牧区草地，则分别提高29.29%、22.76%；而高寒沼泽类的禁牧草地，地上生产力与盖度，比相对照的草地分别提高25.33%、20%，休牧区草地则提高13.65%、12.06%。其二，草地系统的生态服务价值增加显著。高寒草地在未实施禁牧以前，总生态服务价值是64.68亿元，而禁牧后，生态服务总价值提高到78.62亿元；休牧后的草地则提高到83.32亿元。[①] 作为黄河首曲，甘南州玛曲县其生态区位极其重要，该地区草地生态环境的恢复和改善无疑将对黄河下游地区水资源的开发利用产生积极的

---

① 刘振恒、武高林等：《黄河上游首曲湿地保护区退牧还草效益分析》，载《草原与草坪》2009年第3期。

影响。

3. 对西北生态脆弱区草地生态补偿实践的检视

应该看到,我国的草地生态补偿政策是由政府通过公共财政手段(即公共购买)实施的,这种生态补偿的模式一般适用于生态影响力广、受益人群多的区域。政府性纵向补偿模式通常有两大风险:第一,由于信息不畅或者不对称,政府可能往往支付了高于草地生态修复实际所需的费用。第二,由于官僚体制本身的低效率以及腐败的可能性,政府性纵向补偿模式也可能往往表现出低效的一面以及浪费补偿资金的一面。① 考察西北生态脆弱区,我们发现,退牧还草生态补偿实践中存在以下问题。

(1) 补偿标准单一,并未体现不同生态区位草地系统生态功能的差异性。就补偿标准而言,西北生态脆弱区可粗略的分为两大区域,即蒙甘宁西部荒漠草原、内蒙古东部退化草原、新疆北部退化草原执行一种标准,青藏高原东部江河源草原则执行另一种补偿标准,这种大而化之的做法与"一刀切"无异。根据《全国生态功能区划》,不同生态功能区的草地其主导的生态服务功能是不相同的,诸如水源涵养、土壤保持、防风固沙、生物多样性保护等,各有侧重。而且,不同区域的草地退化程度也不相同,恢复与保护的成本自然存在差异。显然,草地生态补偿的标准应当体现不同生态区位、不同类型草地生态系统生态功能的差异性。草地生态补偿标准并未顾及区域内草地类型差异较大以及草地生态功能区位存在差异的生态现实,一定程度上削弱了草地生态补偿政策协调区域发展、保护草地生态效益的绩效。

(2) 补偿标准偏低,忽略了机会成本和管理成本。西北生态脆弱区退牧还草补偿金主要包括草原围栏建设资金补助(中央补助70%,地方和个人承担30%)、禁牧地和休牧地的饲料粮补助。显然,补偿金仅用于补偿草地生态保护的直接成本,并未顾及机会成本和管理成本。首先,补偿金并未包括因草地生态

---

① 中国生态补偿机制与政策研究课题组:《中国生态补偿机制与政策研究》,科学出版社2007年版,第40页。

保护而丧失的机会成本，也没有包含牧民依托草地放牧的畜牧业经营收入（如牧区依托畜牧业的乳、皮、毛制品等收入），抑制了农牧民退牧还草的积极性。而且，退牧还草政策没有考虑实施区域地方政府由于禁牧、休牧所导致的地方财政收入的减少，一定程度上也削弱了地方政府实施政策的积极性。其次，补偿金并未顾及退牧还草的管理成本。退牧还草工程的顺利展开需要有效的专业化的管理，譬如退牧还草前对于草地资源的调查、政策宣传，以及退牧还草的过程管理、绩效管理等，这些政策执行成本都需要地方政府自行负担。西北地区本属经济欠发达地区，地方财政基础薄弱，而退牧还草政策所产生的一系列管理成本无疑加重了地方政府的财政负担，从而在一定程度上阻碍了地方政府有效实施政策的积极性。

（3）政策的制定实施未能实现与地方性知识的良好对接。退牧还草区多为少数民族聚居区，少数民族生态习惯法文化应当成为政策制定及实施的重要法文化渊源。但是，由于政策的制定者对于实际牧业生产的地方性知识并无充分的认知，导致现行草地生态补偿政策存在一定的不足。一是对于自然气候条件存在差异的地区采取了"一刀切"的做法，结果不可避免地造成"南橘北枳"的结果。确保牧草返青期不放牧，是休牧政策的初衷。但是，由于青藏高原"倒春寒"出现时间的不确定性，牧草的返青期也具有不确定性。但是，现行的政策法规明确规定了休牧的起讫时间，这种规定过于刚性，并不符合牧区生产实际。如果强制性地执行，可能会违背草地生长的自然规律，影响政策的实施绩效。二是由于欠缺与地方性知识的沟通，导致补偿政策适用上的"水土不服"。以甘南为例，为引导牧区实行舍饲圈养，退牧还草的部分补偿金须用于修建暖棚。由于青藏高原的部分牲畜，比如牦牛，长期圈养会导致生病，而且，不利于畜种的改良。因此，退牧还草工程的实施过程中修建的暖棚，对于牦牛的养殖户而言，大多数情况下处于闲置，这不但造成生态补偿资金的浪费，同时也阻碍了草地补偿政策的预期目标有效实现。

（4）政策的制定与实施缺乏公众参与的制度安排。草地生态补偿政策从制定到实施、评估的全过程，都由于缺乏公众广泛而有效的参与削弱了政策的实际效果。我们在调研中发现，部分村将退牧还草补偿金以"国家补助"的名义平

第四章 西北生态脆弱区草地生态补偿法律机制实证研究

均发放给了农牧户,农牧民并不知道"退牧还草"事宜。由于农牧民的不知情,导致草地围栏的管护、超载过牧行为的制约等等都成为虚无缥缈的幻象。而且,由于牧民不了解退牧还草政策的宗旨和具体内容,当然更无从谈起对于政策实施的社会监督。一项旨在促进生态建设的好政策,在实施过程中却因为缺乏公众广泛而深入的参与,严重影响了政策的绩效。其实,与农牧民紧密相关的退牧还草政策,无论从制定到实施,都应该高度重视农牧民的意愿;不能单从国家自上而下的视角,更须保障自下而上沟通渠道的畅通,恰如费孝通先生所言,"政治绝不能只在自上而下的单轨上运行。人民的意见是不论任何性质的政治所不能不加以考虑的"①,自下而上的轨道同样非常重要。草地生态补偿的实践揭示:政策的制订和实施均应充分考量来自实践基层的反馈意见和观点,从而有效疏通自下而上的轨道,将公众参与的基本原则贯彻、渗透于政策的整个制订、实施以及评估、监管的过程当中,以充分保障基层社会的知情权和话语权的同时,增进政策的具体实施绩效。

(5)欠缺对政策实施过程的科学监管。现行政策的有效推进亟需科学的过程监管,而草地补偿政策实践证明,监管的缺失已然降低了政策的实施绩效。首先,地方政府对于草畜的统计与评估是否准确欠缺有效的监管,可能导致地方政府为了争取到更多的补偿金而虚报或瞒报。譬如,根据现行草地生态保护的补奖政策,草地的禁牧补助与草畜平衡的奖励均按已承包到户的草地面积予以发放。所以,落实草原补奖政策的前提是全面地实现草原承包到户。部分地方政府在原本不能放牧的湿地上建起围栏,目的是将该部分湿地视为承包的草地,进而争取草地补奖资金,从而造成围栏资金的浪费。调查中,基层专业技术人员对此评议说:"这么做还真的不如把钱直接发给农牧户,那才算造福百姓呢。"其次,工程维护和过程监管的缺失导致工程的后续管护问题层出不穷,严重影响了政策的实施效果。譬如,草地围栏的后续管护即存在较多问题。国家用于围栏建造的投资巨大,但是,安装到牧户的草场后,一方面,地方政府缺乏管护的人力、财力;另一方面,由于不是牧民自己花钱安装的,因而牧民缺乏后续管护的责任心

---

① 《费孝通文集》(第4卷),群言出版社1999年版,第336页。

和积极性，很多围栏损毁得很厉害，调研中不止一次地听到基层草原站技术人员的感慨："长期这样下去，最后就剩下草原上的一堆烂铁丝了，不但起不到保护草地的作用，反而破坏了草地生态环境。"再次，对于牧民的草地保护行为无法准确监管，无疑也会降低政策的实施绩效。

四、完善西北生态脆弱区草地生态补偿法律机制的构想

我国草地生态补偿政策尚未制度化和体系化，政策的主观随意性不利于退牧还草的长期有效实施。完善草地生态补偿的法治保障体系，迫在眉睫。鉴于前文对生态补偿机制和生态补偿立法的完善均有较为详尽的论述，所以，此处仅围绕西北生态脆弱区草地生态补偿实证分析中发现的重大事项和"个性"事项展开论述。

1. 草地生态补偿的制度设计

（1）适当放宽草地生态补偿法律关系的主体。主体的确定对于草地生态补偿的实施至关重要，所以，有关法律法规首先要对草地生态补偿的补偿主体和受偿主体进行明确的界定。经过对玛曲草地生态补偿实践的实证分析，我们认为，在现有草地生态补偿实践的基础上适当放宽草地生态补偿的补偿主体和受偿主体，非常必要。

第一，关于草地生态补偿的补偿主体。为了国家生态安全的需要，中央政府理应对草地生态这一公共产品的生产者提供补偿，因而，中央政府无疑是主要的补偿主体。同时，考虑到草地生态的正外部性，应当通过制度安排将草地主导生态服务功能的受益地区纳入补偿主体的范围。譬如，甘南黄河水源涵养重要区的草地生态系统的主导生态功能是"水源涵养"，受益地区包括中下游黄河流域内的水利、水电、农业部门、工矿企业及城镇居民。所以，黄河中下游地区地方政府和有关企业也应该成为重要的补偿主体。

第二，关于草地生态补偿的受偿主体。实践中，受我国现阶段社会经济发展水平的限制，无法对所有的草地资源进行补偿。因而，应当根据草地资源所在的

生态功能区位选择重要生态功能区的草地资源进行补偿。具体而言，以生态补偿的法律含义为依据，针对不同生态区位的草地资源所具有的水源涵养、土壤保持、防风固沙、生物多样性保护等生态功能，对《全国生态功能区划》所划定的重要生态服务功能区域，优先进行生态补偿。并以此为基础，确定生态受偿主体，即生态功能区的政府及居民。值得关注的是，草地生态补偿受偿主体的范围，除了重要生态功能区的草地所有权人或者使用权人，还应当包括草地生态保护的建设者和管理者，即具体保护和管理草地生态系统的地方政府，以比激励地方政府进行草地生态建设的积极性。

（2）更加科学的确定草地生态补偿标准。目前，国内外对于生态补偿标准的确定尚未有统一的认识。譬如，中国生态补偿机制与政策研究课题组认为，生态补偿标准的确定可重点考虑以下四个因素：生态建设者的直接投入及其机会成本，生态受益者的获益情况，生态的修复成本或恢复成本，生态提供的系统服务价值。① 亦有学者总结国内外学者关于确定生态补偿标准的两种主要观点：一是按照生态产权主体环境经济行为创造的环境效益给予补偿；二是根据生态产权主体环境经济行为的机会成本给予补偿。② 无疑，这些"学说"都自有道理。然而，基于生态补偿所具有的生态功能区位上的差异性、与特定的社会经济发展水平密切相关等根本性特点，合理确定我国现阶段草地生态补偿标准，应当综合当前的社会经济发展水平、草地的生态功能区位等因素。质言之，草地生态补偿标准的确定，一方面，需要充分认识到我国现阶段所处的社会经济发展水平，这决定了目前要对草地生态系统的各项生态服务功能都进行补偿是不现实的；另一方面，针对我国草地资源退化的生态现实，应当根据《全国生态功能区划》，区分不同生态区位的草地资源以确定其补偿标准。

首先，《全国生态功能区划》所划定的重要生态功能区域内的草地资源，其主导生态服务功能的价值测算应当成为确定生态补偿标准的重要参考依据。其

---

① 中国生态补偿机制与政策研究课题组：《中国生态补偿与政策研究》，科学出版社 2007 年版，第 10 页。
② 孔凡斌：《退耕还林（草）工程政策问题分析与优化建议》，载《林业科学》2004 年第 2 期。

一，草地主导生态服务的价值是确定生态补偿标准的上限。譬如，位于三江源水源涵养重要区、甘南水源涵养重要区的草地生态补偿标准的上限是该区域草地的水源涵养生态服务价值；而阿尔金草原荒漠防风固沙重要区、塔里木河流域防风固沙重要区的草地生态补偿的标准则不高于该区域草地的防风固沙的生态服务价值。其二，生态补偿标准的确定应当区分不同区域、不同类型的草地资源，而且以其主导生态服务功能的价值，作为区分补偿标准的参考依据。目前，草地科学的发展已经为草地生态系统服务价值的评估与测算提供了理论支持，从而使得评估草地生态系统服务功能的价值，并以其作为确定草地生态补偿标准的参考依据成为可能。① 对特定区域草地的主导生态服务价值进行评估，并以此为参考依据来区分不同生态功能区的草地的补偿标准。

其次，补偿标准应当涵盖特定区域居民为草地生态保护的直接投入以及为保护草地生态而牺牲的部分机会成本，这是草地生态补偿的下限，即草地生态保护的直接投入与保护草地生态环境的机会成本之和应当成为草地生态补偿标准的下限，即最低标准。

再次，为建立草地生态补偿的长效机制，应当对地方政府执行政策的成本应当予以补偿，以激励地方政府长期进行草地生态保护的积极性。

（3）积极拓展生态补偿的途径。国内外生态补偿实践中，根据实施主体和运作机制的差异，生态补偿的方式主要有两大类：一是政府补偿方式。政府补偿方式又分为政府性纵向补偿方式和政府性横向补偿方式，我国目前实施的生态补偿多为政府性纵向补偿，即以中央政府或者上级政府为补偿主体，以特定区域的下级政府或农牧民为受偿主体，以政策优惠、财政补贴、转移支付等为手段的方式。二是市场补偿方式。即以生态环境要素的权属、生态服务功能、环境污染治理的绩效或配额等作为市场交易对象，通过市场交易或生态环境标记等支付或兑现生态环境服务功能价值的方式。②

---

① 相关研究参见谢高地、鲁春霞等：《青藏高原高寒草地生态系统服务价值评估》，载《山地学报》2003年第1期；谢高地、张钇锂等：《中国自然草地生态系统服务价值》，载《自然资源学报》2001年第1期。
② 中国生态补偿机制与政策研究课题组：《中国生态补偿机制与政策研究》，科学出版社2007年版，第11页。

当前，我国的草地生态补偿政策是由中央政府作为补偿主体，通过政府补偿的方式实施的。这种补偿方式固然体现了中央政府为国家生态安全买单的经济补偿责任，然而，公共财政手段所隐含的信息不对称、官僚体制的低效、腐败等负面作用一定程度上影响了公共购买模式的实际效果。另一方面，受我国当前社会经济发展水平的制约，单纯依靠政府购买的方式进行生态补偿无疑会使政府负担过重的同时，生态建设者得不到充分合理的补偿。因而，基于我国当前的生态现实和社会经济发展现状，应当由政府购买为主导，同时积极培育、拓展生态补偿的市场化途径。最终达到政府和市场两方面相辅相成，共同促进我国生态保护建设的效果。

同时，立足我国草地生态现实和生态补偿政策的实践，借鉴国际生态补偿的经验，西北生态脆弱区草地生态补偿还可以采取以下方式：第一，开征生态补偿税。根据相关性原则，对依赖重要生态功能区草地资源的经济活动征收生态税，征税对象主要包括重要生态功能区草地生态效益的受益地区。譬如，水源涵养区的草地生态补偿税主要针对流域下游地区的地方政府及相关企业。第二，建立生态补偿基金。由政府有关部门组织建立草地生态补偿基金，接受来自国家预算拨款、社会投资、捐赠、发行生态彩票等的资金用于草地生态补偿。第三，应当在加强国际合作的基础上，积极培育和发展草地碳汇交易。①

另外，应当指出的是，政府购买模式的实施运作中应当通过法律、经济等手段，引入非政府组织或者中介机构的广泛参与，以克服政府购买模式中可能出现的信息不对称、腐败、对生态补偿资金的挤占、冲击等风险。

2. 草地生态补偿的法律保障机制

生态补偿机制的根本宗旨在于利用法律、经济、行政等手段调整相关生态效益和经济利益在不同利益主体间的公平分配，激励生态保护和建设，促进地区间、群体间生态正义的实现，其本质是一种利益协调机制。建立有机统一的法律

---

① 相关研究参见钟华平、樊江文等：《草地生态系统碳积蓄的研究进展》，载《草业科学》2005年第1期；韦惠兰、高涛：《草地生态系统碳储量及生态补偿研究——以甘肃玛曲县为例》，载《生态经济》2010年第5期。

协调与保障机制对于减少政策实施的主观随意性以及可能存在的风险及弊端至关重要。基于玛曲草地生态补偿政策实践的经验分析，草地生态补偿法律保障机制应当至少包括以下内容。

（1）草地生态补偿组织管理机制。草地生态补偿机制其本质是利益协调机制，涉及中央、地方政府、牧民乃至于受益地区相关行业的生态利益和相关的经济利益。现行退牧还草政策由国务院西部开发办、国家发改委、农业部、财政部、国家粮食局等部门联合组织实施，缺乏专门的组织管理机构，不利于各部门的组织与协调，因而亟待健全和完善生态补偿组织管理机制，明确规定草地生态补偿的评估机构、组织管理机构、资金管理机构及其各自的职能分工，以法律制度明晰各专门机构的权、责、利，并协调相关政府部门的利益关系，以保障草地生态补偿机制的有效运作。

（2）草地生态补偿资金管理机制。应当建立草地生态补偿资金使用情况的监督与管理制度，对资金的管理、运作以及对违规使用补偿资金的责任追究均实现制度化、规范化，以法律制度预防和制裁挪用、挤占以至于贪污补偿金的行为。

（3）草地生态补偿监管机制。正如草地生态补偿政策实践所揭示的，工程实施过程中可能存在来自地方政府或者牧民的阻碍。譬如，由于信息不对称，生态补偿政策在自上而下实施的过程中，各级地方政府为了获取更多的补偿金，可能虚报有关统计信息。再如，基层政府在执行政策的过程中，为了减少执行成本而变相执行政策——"上有政策，下有对策"是政策执行过程中非常普遍的现象。对于接受补偿的牧民而言，接受补偿金却并未采取禁牧、休牧或者仍然超载过牧等这些"道德风险"都可能存在。因而，建立草地生态补偿监管机制非常重要。草地生态补偿监管机制的核心在于社会监督机制，通过法律制度激励牧民、新闻媒体、非政府组织等社会监督力量，以"社会"为主来"监督"，以"政府"为主来"管理"，从而疏通草地生态补偿监管的自下而上和自上而下两条社会治理轨道，以保障草地生态补偿制度的有效实施。

此外，草地生态补偿机制还应当重视以下方面：其一，鉴于"政绩观"决定发展观，地方政府追求GDP的直接后果之一就是将生态效益让位于经济利益，牺牲生态环境盲目追求经济增长,对于西北生态脆弱区的重要生态功能区,应当改变传统以 GDP 作为官员政绩考核指标的"政绩观",代之以能够更客观合理地反映该地区社会发展的科学的政绩考核指标,譬如从 GDP 转向 GNH①,全面建立绿色 GDP 考核体系等。其二,加大退牧还草等草地生态补偿政策的宣传力度。退牧还草政策主要在民族地区实施,民族地区信息相对闭塞,许多地方还存在语言不通等障碍,加之宣传力度不够,导致退牧还草政策在牧区的知悉度不够。我们在实地调查中发现,很多牧民对国家的退牧还草政策缺乏准确具体的了解与认知,很多牧民知道有"国家补助"这回事,但对于"为什么补助""补助多少"等细节却一概不知,从而影响了退牧还草政策实施的绩效。

---

① GNH(Gross National Happiness)即"国民幸福总值",也称"国民幸福指数",是最早于 20 世纪 70 年代由不丹国王创造性地提出的由社会经济持续公正发展(Sustainable and Equitable Socio – economic Development)、环境保护(Conservation of Environment)、文化的维护和提升(Preservation and Promotion of Culture)、政府善治(Good Governance)四大支柱构建成的国民幸福总值(GNH)指标。GNH 测量的是人们的幸福感,它反映民众主观生活质量的核心指标,并越来越被国际社会普遍接受。

第五章　西北生态脆弱区森林生态补偿法律机制实证研究

一、加强西北生态脆弱区森林生态补偿的重要意义

1. 森林、森林资源及其重要功能

（1）森林及森林资源。森林是陆地生态系统的主体，是地球生命系统的支撑，亦是人类赖以生存和发展的重要资源。森林哺育了人类，森林生态系统向人类提供基本的生活条件——人类的生存与繁衍都依靠森林生态系统的供养与庇护。

学界关于森林的定义很多，联合国粮农组织 1958 年在森林资源清查征求意见表中所下的定义为："凡生长着以任何大小林木为主体的植物群落，不论采伐与否，但具有木材或其它林产品的生产能力，并能影响气候和水文状况，或能庇护家畜和野兽的土地称为森林。"按照该定义，森林是和林地面积相联系的。① 依据我国《森林法实施条例》第二条的规定，森林资源应当包括森林、林木以及林地，还包括依赖森林、林木和林地生存的野生的动物、植物以及微生物。就森林而言，包含乔木林、竹林。林木则包括树木、竹子。林地应当包含郁闭度在 0.2 以上的乔木林地、竹林地、灌木林地、疏林地、采伐迹地、火烧迹地、未成林造林地、苗圃地和县级以上人民政府规划的宜林地。② 显然，森林资源应当包括整个的森林生态系统资源。

---

① 〔德〕F. 洛茨、K. E. 哈勒、F. 佐勒：《森林资源清查》，林昌庚、沙琢等译校，中国林业出版社 1985 年版，第 1 页。
② 《中华人民共和国森林法实施条例》（2000），第 2 条。

（2）森林生态系统的服务功能。就森林对于人类的重要价值而言，森林生态系统的服务功能可分为生态服务功能和经济社会服务功能两大类。①

首先，森林具有重要的生态服务功能。森林是自然界功能最完善、最强大的资源库、生物基因库、水和二氧化碳储存库。它具有保护水土资源，保持生物多样性，为农业生产力可持续发展提供支持，吸收碳并对气候变暖现象进行调节，在干旱、半干旱地区与沙漠化和土地退化"作斗争"，为人类提供宜人的气候和空间，保护沿海地区和沿海渔业等生态服务功能。主要包括：①生态调节功能。主要包括气候调节、涵养水源、防风固沙、水土保持以及环境净化等功能，对改善生态环境，维持生态平衡起着决定性的作用。②保持生物多样性的功能。每个物种都是一个基因库，而森林能够为生物物种提供栖息地，从而有利于增加生物物种的多样性。

其次，森林还具有重要的经济社会服务功能。主要包括：①经济服务价值。森林能够提供食物和原材料等林产品。森林提供产品的功能在不同的地区差异很大，譬如在南方地区，由于降雨充沛，光热资源丰富，适宜于多种乔木林生长，因而该地区林地可提供木材及其他林副产品。而在气候干旱的北方地区，则适宜耐旱灌木或灌草结合的方式建植，其林产品主要是一些薪柴和饲料。森林提供的经济服务价值可以从林业总产值、林业增加值等方面进行度量。②社会服务价值。譬如林业所提供的就业机会、就业收入，林业作为农民生存保障的重要来源，林业的发展对稳定社会所提供的保障价值，以及森林（优良的植被、丰富的物种）所具有的独特的旅游、文化价值和科学研究价值。林业的社会服务价值可以通过林业所提供的就业机会、就业价值、社会保障人数和保障价值等方面进行评价。

2. 西北生态脆弱区类型多样的森林资源

西北地区地域辽阔，地貌相差悬殊，山地、高原、盆地并存，自然生态系统

---

① 中国21世纪议程管理中心、可持续发展战略研究组：《生态补偿：国际经验与中国实践》，社会科学文献出版社2007年版，第112—116页。

非常复杂。区内有广袤高寒的高原，类型多样的草原，植被茂密的森林，浩瀚的戈壁沙漠，丰富的河流湖泊。自然地理上，兼有我国的东部季风区、蒙新干燥区和青藏高寒区；气候特点兼跨温带、暖温带和亚热带三个气候带以及干旱、半干旱、半湿润和湿润四个干湿地区；植被兼有蒙新甘草原荒漠区和青藏高原的寒漠草甸草原区以及东部的森林湿润区的特点。是以温带、暖温带的干旱气候与高寒山地的高原为主的区域，还有分布于陕南、陇南的秦巴山亚热带的湿润区以及黄土高原的半湿润、半干旱的气候区。因而，复杂的自然生态环境决定了生长其间的生物物种丰富，其区系成分较为复杂，且生物地理群落的类型呈现多样性化，地域性的差异明显，资源的丰度低，自然生态环境相对脆弱。①

西北地处我国生态环境脆弱地带，从生态区位上讲，属于我国土壤侵蚀敏感地区、沙漠化敏感地区、盐渍化敏感地区以及冻融侵蚀敏感地区。按照《全国生态功能区划》，西北地区具有水源涵养、土壤保持、防风固沙、生物多样性保护等重要的生态系统服务功能，在全国具有重要的生态区位，是我国生态安全的屏障。

西北地区森林资源独具特色，类型多样。按森林资源的起源可分为天然林、人工林两大类，其中，天然林包括山地森林、平原次生林、次生灌木林、河谷林、荒漠灌木林和胡杨林等。区境内森林主要分布于天山、祁连山、西倾山、马衔山、巴颜喀拉山、昆仑山、阿尔泰山、唐古拉山、小龙山、子午岭、关山、秦岭、贺兰山、六盘山、罗山等山系。从地域上讲，森林资源东多西少，凸显出分布不均衡的特点。

表5-1 西北五省（区）森林资源概况②

省份	林业用地面积/万公顷	林业用地占本区土地总面积/%	有林地面积万/公顷	森林覆盖率%	有林地占林业用地面积/万公顷	人均有林地面积/公顷
陕西	1212.5	58.9	497.35	24.15	41.0	0.164
甘肃	727.03	16.2	198.86	4.33	27.4	0.084

---

① 张小燕、杨改河：《中国西北地区退耕还林还草研究》，科学出版社2005年版，第26页。
② 张小燕、杨改河：《中国西北地区退耕还林还草研究》，科学出版社2005年版，第37页。

（续表）

省份	林业用地面积/万公顷	林业用地占本区土地总面积/%	有林地面积万/公顷	森林覆盖率%	有林地占林业用地面积/万公顷	人均有林地面积/公顷
青海	287.54	4.0	25.01	0.35	8.7	0.054
宁夏	102.73	15.5	10.20	1.54	9.9	0.021
新疆	408.83	2.5	130.56	0.79	31.9	0.083
合计	2738.63	9.0	857.98	2.80	31.3	0.081
全国	26288.85	27.4	13370.35	13.92	50.9	0.114

3. 加强西北生态脆弱区森林生态补偿的重要意义

（1）西北地区主要的生态环境问题。21世纪以来，"局部好转，总体恶化"成为生态环境领域最为概括的总结。现阶段，我国主要的生态环境问题表现为：生态环境质量整体下降的趋势未能得到有效改变；水污染严重，水生态失衡的局面进一步加重；水土流失严重，土地退化趋势加重；生物多样性保护形势严峻；土地荒漠化和沙化及其危害依然严重；森林资源短缺，林地生态功能脆弱。① 这些生态环境问题在西北地区表现得尤其突出。西北地区耕地每年减少上万公顷，淡水资源不及世界平均水平的28%，灌溉水利用不足40%（一些发达国家在70%以上）；西部地区水土流失面积约为307.3万平方千米，占全国水土流失面积的83.7%。甘肃、青海、陕西、新疆、宁夏五省（区）水土流失面积分别为各省（区）总土地面积的85%、75%、67%、58%、46.3%。②

在西北地区，最为突出的生态环境问题表现为荒漠化和沙化加剧。我国是受荒漠化的危害最为严重的国家之一，其荒漠化的土地面积共计262.2万平方千米，西北、华北以及东北地区是主要的分布区域。荒漠化和沙化成为长期以来制

---

① 孔凡斌：《中国生态补偿机制：理论、实践与政策设计》，中国环境科学出版社2010年版，第1—3页。
② 段巧甫、郭廷辅：《从西北五省（区）水土保持经验看西部生态环境建设》，载《中国水土保持》2002年第1期。

约干旱的西北地区经济和社会发展的重要因素。①风沙危害加剧。我国北方的万里风沙线上,有1300万 hm² 农田经常受到风沙危害,粮食产量低而不稳;有数以千计的水利工程设施因受风沙侵袭排灌性能减弱。有800千米的铁路和数千公里公路受到风沙威胁,严重时曾导致铁路、公路交通中断。②沙尘暴频频发生。1993年5月5日12时,一场特大的沙尘暴在甘肃河西走廊自西北向东南席卷而来,覆盖范围遍及甘肃河西走廊中东部、内蒙古阿拉善盟以及宁夏部分地区。风面前移速度50~60千米/小时,最大时速76千米;沙尘暴在空中形成了高达300米—400米的沙暴悬壁,呈三层球状沙层团,随狂风滚动。这次沙尘暴给我国经济、社会造成了巨大的经济损失。沙尘暴裹挟着粉尘经高空飘浮到日本、韩国和朝鲜等国家,引起国际社会的极大关注。而造成这次沙尘暴灾害的主要原因则是气候干旱、沙源广阔,植被覆盖度低。③干旱缺水。以宁夏回族自治区为例,这片总面积6.64万千米²的土地,所辖五市共22个县(市、区)无一例外属于干旱、半干旱地带。宁夏有86%的地域年降水量在300毫米以下,很多地方寸草不生。此外,在受全球气候变化影响最大的干旱地区,平均温度升高将促使荒漠化土地迅速扩张,耕地盐碱化面积扩大,植被退化,绿洲萎缩。

资料显示,西北五省(区)的耕地沙漠化(风沙化)面积达4247.84千米²,占旱地总面积的29.64%,草地沙漠化(风沙化)面积达到122159.33平方千米,占草地总面积的95.80%。森林覆盖率不到世界平均水平的15%,用材林消耗量仍高于生长量;草地退化面积大于86.67万千米²,占可利用草地面积的2/3以上,平均产草量下降了30-50%,生态环境退化严重,阻碍了该地区经济、社会的可持续发展。①

(2)加强森林生态补偿是西北地区建设生态文明的重要选择。工业经济的快速发展给生态环境带来了严峻的挑战,生态环境问题已成为世界各国高度关注的一个全球性问题。而且,诸如温室效应、水土流失、物种减少、臭氧层损耗、土地退化沙化、沙尘暴危害等,都和森林面积锐减紧密相关。②

---

① 赵敏娟:《西北地区农村资源破坏及其层次分析》,载《中国干旱半干旱地区经济与环境可持续发展研讨会论文集》,1999年。
② 陈炳浩:《森林资源保护与农业可持续发展》,北京出版社2001年版,第1页。

第五章　西北生态脆弱区森林生态补偿法律机制实证研究

一个国家需要多少森林才能从各个方面保护好它的生态环境？应当区分不同的区域类型，根据与这些类型最相关的那些生态、经济和社会效益来考虑。譬如，对于平原地区，主要从保护农业环境的角度来考虑；对于山区地带，则从蓄水保土的需要来考虑；对于黄土丘陵区，主要从防治水土流失，配置水土保持林来考虑。据学者研究，为了改善我国的生态环境，全国总计需要森林3.14亿公顷，折合林业用地面积3.46亿公顷；为改善西北地区年降水量小于400毫米区域的生态环境，也需要增加相应面积的森林（详见表5－2）。①

表5－2　西北地区不同类型地区需要的森林面积②

地区类型	总面积（万公顷）	应达到森林覆盖率（％）	需森林面积（万公顷）
黄土丘陵	1200.0	45	540.0
黄河河套	378.8	15	56.8
河西走廊	563.5	15	84.5
黄河上游河谷	989.2	60	593.5
祁连山	1070.1	30	321.0
南疆绿洲	1932.3		
北疆绿洲	1786.9		
天山、阿尔泰山	4806.3	10	481.3
西北荒漠、半荒漠待补水区	17259.6		

由于历史的原因，人们过分强调森林的经济社会价值，导致对于森林的过度砍伐和森林面积的急剧缩小。1998年的特大洪灾深刻地影响了我国关于森林资源的定位，由过去的森林资源"产业型"逐渐转变为"公益型"，即由国民经济的组成部分转向既是国民经济的组成部分，更是生态环境的"主体"；造林方式和结构正在由基本以人工造林、造乔木林为主转向按不同目的而采取不同的作业方式和植被组合。③我国森林资源大多分布在经济欠发达地区，森林生态效益的

---

① 陈炳浩：《森林资源保护与农业可持续发展》，北京出版社2001年版，第32—33页。
② 陈炳浩：《森林资源保护与农业可持续发展》，北京出版社2001年版，第33页。
③ 周生贤：《突出布局调整　加速生态建设　努力实现新世纪林业的跨越式发展》，载《中国绿色时报》2001年2月2日。

外部性特征和公共物品属性使得江河中下游地区成为森林生态系统的生态效益受益地区,从而出现了经济发展水平和居民收入水平相对较低的江河源头地区(一般属于经济欠发达地区)牺牲自身的发展机会,保护和发展森林资源,为全社会提供森林生态效益,而经济发展水平和居民收入水平相对较高的江河中下游地区无偿使用森林生态效益的不公平现象,森林资源的生态效益和经济效益在森林资源的的保护建设者和受益者之间的不公平分配,造成生态建设者得不到应有的激励和补偿,而生态受益者无偿享用生态效益。这种扭曲的利益分配关系严重影响了地区之间以及利益相关者之间的协调发展,同时也对我国的生态文明建设形成了巨大的障碍。因此,加强森林生态补偿,完善森林生态效益补偿机制,以协调森林资源的生态效益和经济效益在不同地区以及不同群体之间的公平分配,激励森林资源的保护者,促进生态公平,成为西北地区乃至全国生态文明建设的重要选择。

二、森林生态补偿的国际经验与我国的政策实践

1. 森林生态补偿的国际经验

(1)《京都议定书》及其清洁发展机制。自20世纪70年代末以来,全球气候变化问题成为国际社会共同关注的重大环境问题。1992年,在巴西里约热内卢召开的联合国环境与发展大会上,154个国家和欧盟共同签署了《联合国气候变化框架公约》,该公约于1994年生效。由于气候变化问题仍然存在科学上的不确定性,而且各国之间存在错综复杂的利益关系,正如其名称所揭示的,该公约只是一个框架性的国际法律文件。公约原则性地规定了附件一中所列的缔约国(即发达国家和经济转型国家)负有义务率先削减温室气体的排放,而关于具体的减排指标和时间表,该公约都没有做出规定。1997年,在公约第3次缔约方大会期间,各缔约方经过艰难的谈判和共同的努力,终于签署了具有里程碑意义的《京都议定书》。议定书以国际法的形式对其附件二所列的缔约方(主要发达国家)的温室气体排放量做出了具有法律约束力的限制,这在历史上还是第一次。

第五章 西北生态脆弱区森林生态补偿法律机制实证研究

《京都议定书》还引入帮助缔约方中主要发达国家的"灵活机制"即'京都机制",以减轻其承担减排与控排的义务,推动"京都目标"的真正实现。这三种灵活机制包括:联合履行机制(Joint Implementation, JI)、排放贸易机制(Emission Trading, ET)、清洁发展机制(Clean Development Mechanism, CDM)。

清洁发展机制(CDM)是为了实现温室气体的减排义务,缔约方中的发达国家与缔约方中的发展中国家进行项目级合作的一种灵活履约机制,即通过在发展中国家建设合作项目,发达国家可向发展中国家提供资金和技术,实施能够减排的项目,帮助发达国家获得在其领土内等量温室气体的排放权。通过"减排义务"的交易,赋予森林体现其公共产品价值的市场,最后形成一个可贸易的交易市场。CDM机制一方面帮助发达国家以较低的成本实现减排温室气体义务,另一方面,也可以使得发展中国家从合作项目中获得符合可持续发展的技术和投资,是一种"双赢"的灵活履约机制。CDM机制框架下关于碳汇的交易适用于造林和再造林项目,能够为森林生态效益价值市场化提供途径,以解决生态型森林建设管护中的资金补偿问题,这也是由联合国发起的具有国际性特点的森林生态补偿。

我国于1997年批准了《联合国气候变化框架公约》,2002年批准了《京都议定书》。2004年,由国家发展和改革委员会、科学技术部、外交部联合颁布了《清洁发展机制项目运行管理暂行办法》,并于当年开始实施。为了进一步推进清洁发展机制项目在中国的有序开展,2011年,由国家发展和改革委员会、财政部等部委对《清洁发展机制项目运行管理办法》(2005)进行了修订。新办法包括总则、管理体制、申请和实施程序、法律责任、附则等5章,并附有可直接向国家发改委提交"清洁项目"申请的中央企业名单。

(2)美国的土壤银行计划(SBP)和保护与储备计划(CRP)。① 美国发展农业、改善生态环境的森林生态补偿经历了较长时期的发展与革新。20世纪20年代,美国经济出现了严重的衰退,农产品过剩,价格下跌,农业生产极其艰

---

① 张小燕、杨改河:《中国西北地区退耕还林还草研究》,科学出版社2005年版,第15—19页。

难,大批农场相继破产。美国政府面对生态环境严重恶化的局面和经济危机的社会现实,政府意识到调整产业结构、改善生态环境的紧迫性。纽约州制定《休依特法案》,规定由政府投资,收购破产农场,将失业的农民吸纳为林场工人。根据该法案,当时政府购买了四十多万公顷耕地,实施退耕还林,把大片耕种的陡坡耕地变成了森林,纽约州的森林覆盖率由100年前的不足20%提高到现在的65%。

美国早期的"土壤银行计划"(Soil Bank Program,SBP)是退耕还林森林生态补偿的起点,是美国的第一个土地退耕计划。20世纪50-60年代,美国政府开始推行自愿退耕计划(Land Retirement or Acreage Division),旨在引导农场主将退出部分的耕地用于土壤保护。1956年实施的土壤银行计划,即鼓励农场主短期或者长期退耕部分土地,将其"存入"土壤银行并给予相应的补助或补贴。1959—1968年的10年间,根据土壤银行计划退耕的耕地每年有445万公顷—11174万公顷。

1985年,美国的食品安全保障法(Food Security Act)又增设了由美国农业部管理的"保护与储备计划"(Conservation Reserve Program,CRP)。CRP是借由美国政府的长期资助,使农场主自愿参加的、水土流失易发区耕地的退耕计划。该计划一般为10年—15年,美国农业部每年对参与项目的农场主给予一定的补助(Land Rental Rate)。而且,如果是在休耕的土地上植树或者植造其他永久性植被,政府还补偿其成本的一半。

1990年以前,即CRP实施的早期其主要目标是减少土壤的侵蚀。所以,退耕地入选按照土地潜力分级标准(Land Capability Classification),只要是符合Ⅳ-Ⅷ级别的耕地,补助不高于各地区规定的最高标准,都可退耕。而从1990年开始,在总结前期实施经验的基础上,美国发动多个部门研究建立了环境受益指数,即EBI(Environmental Benefits Index)指标体系。这是一个用来分析、筛选农民退耕申请的综合性指标评价体系,其中包括退耕以后植树面积的比例、地表与地下的水质状况以及土地的生产力状况、优先保护区的退耕面积比例等方面的综合性评价。从1995年开始,将政府的成本指标加入了该EBI指标评价体系。如今,EBI已然涵盖环境、经济、社会等各方面的因素评价。该综合指标体系每年都根据签约情况和政府目标等因素的变化情况不断对指标类型以及权重进行修正，从而成为一个动态的、综合性的指标评价体系。如今，美国的 CRP 经过十多年的发展，已经逐步实现了规范化、量化和动态化的管理。

（3）欧盟的生态补偿政策。欧盟启动农业生态补偿政策的背景原因主要包括：一是欧盟农业发展所带来的一系列生态环境问题，如土壤污染、盐碱化、地下水污染、饮用水污染和水体富营养化、植物病害增加、农田物种多样性降低、高原弃耕等，使得农产品的质量安全受到了影响，也使欧盟农业的可持续发展受到挑战。二是自 20 世纪 70 年代中期以来的农业生产过剩问题，给政府带来沉重负担。欧盟希望农民降低产出，为此启动了对休耕、粗放经营等农业措施的补偿政策。三是农村的贫困化与低就业率，启动补偿政策在一定程度上是为了增加农民收入。①

基于以上的背景原因，1992 年 5 月，欧盟对其共同农业政策（Common Agriculture Policy，CAP）进行了改革，通过了与土地退耕相联系的对生产者的补贴政策，同时采取了一系列的社会与环境措施，这被认为是欧盟生态补偿政策的正式开始。1999 年 5 月，欧盟对 CAP 又进行了重大的改革，形成了《2000 年议程》。②

到 2000 年，欧盟国家有 1200～1600 万公顷的农地退耕，其中，法国达到 200 万公顷—300 万公顷，英国计划造林 3.6 万公顷，并将利用退耕还林的契机不断扩大林地。凡愿意长期退耕者，可签署农林协议书，政府据此每年支付农民 125 英镑/公顷以下的补偿金，为期 30 年。③

2. 我国森林生态补偿的历程概述

伴随人们对森林资源生态效益认知的不断深化，森林资源的生态效益和经济效益在不同地区、不同群体之间的不公平分配关系受到社会各界的普遍重视。我

---

① 中国 21 世纪议程管理中心、可持续发展战略研究组：《生态补偿：国际经验与中国实践》，社会科学文献出版社 2007 年版，第 178 页。
② 中国 21 世纪议程管理中心、可持续发展战略研究组：《生态补偿：国际经验与中国实践》，社会科学文献出版社 2007 年版，第 177 页。
③ 张小燕、杨改河：《中国西北地区退耕还林还草研究》，科学出版社 2005 年版，第 16 页。

国森林生态效益补偿制度的确立经历了一个曲折的发展过程，具体可分为三个阶段[①]：

（1）探索阶段（1978—1998年）。改革开放伊始，我国经济体制逐渐由计划经济向市场经济转变，森林资源的外部性问题日益突出。20世纪80年代末90年代初，我国开始了关于森林生态效益补偿机制的理论探讨。自1992年始，国务院先后多次出台文件，明确提出"要建立林价制度和森林生态效益补偿制度"〔《关于1992年经济体制改革要点的通知》（国发［1992］12号）〕，"逐步建立森林生态效益补偿费制度"（《关于"九五"时期和今年农村工作的主要任务和政策措施》），以实现森林植被的恢复与发展。这一阶段，森林资源的生态系统服务功能已受到社会各界的普遍重视，但森林生态补偿制度在我国尚处于探索阶段，相关具体问题尚未形成统一的意见。

（2）试点阶段（1998—2004年）。1999年，国务院公布的《全国生态环境建设规划》提出，按照"谁受益、谁补偿，谁破坏、谁恢复"的原则，建立生态效益补偿制度。我国森林生态效益补偿的各项政策在这一阶段先后得以进行试点。主要包括：

天然林资源保护工程的试点（1998—1999年）。1998年，长江流域发生的特大洪涝灾害使全社会普遍认识到，天然林资源过度消耗所造成的生态环境的恶化。党中央、国务院做出实施天然林资源保护工程的重大决策，旨在通过禁伐和建设保护天然林，实现天然林的休养生息和可持续发展。

退耕还林工程的试点（1999—2001年）。1997年，江泽民同志从民族发展的长远大计出发，发出"再造一个山川秀美的西北地区"的号召，为实施退耕还林工程奠定了坚实的思想基础。1999年，我国粮食产量继1996年、1998年之后，第三次突破了5000亿千克，全国粮食库存2750亿千克，加上农民的存粮2000亿千克，全社会存粮近5000亿千克，相当于全国一年的粮食产量，粮食出现阶段性、结构性、区域性供大于求的状况。1999年8月，朱镕基同志先后视察

[①] 中国生态补偿机制与政策研究课题组：《中国生态补偿机制与政策研究》，科学出版社2007年版，第169页；丁四保等：《主体功能区的生态补偿研究》，科学出版社2009年版，第36页。

了西南和西北六省区，提出"退耕还林（草）、封山绿化、以粮代赈、个体承包"的十六字政策方针；随后，甘肃、陕西、四川3省即开始了退耕还林试点。2000年，经国务院批准，新疆生产建设兵团及中西部地区17个省（区、市）的188个县开始退耕还林试点。2001年，退耕还林工程根据"突出重点、稳步推进"之原则，将新疆和田、陕西延安等水土流失较为严重的区域进一步纳入工程的试点范围，由此，退耕还林的试点扩展到224个县。退耕还林工程旨在对水土流失严重、沙化、盐碱化、石漠化严重、粮食产量低且不稳定的耕地，有计划、分步骤进行退耕还林，从而改善重点地区所存在的严重的水土流失和风沙灾害等生态环境问题。

森林生态效益补助资金的试点（2001—2004年）。2001年，财政部设立森林生态效益补助基金，主要用于生态公益林（包括防护林和特种用途林）的保护和管理，从而标志着我国森林生态效益补偿制度进入正式实施的阶段。从2001年开始，国家每年拨付10亿元作为森林生态效益的补助资金开展森林生态效益补助试点工作，范围涉及11个省（区）境内未实施天然林保护工程的660个县级单位与国家级的自然保护区，主要用于保护和管理国家重点公益林，每年的补助标准是75元/公顷。

（3）实施阶段（自1999年开始）。国务院于2000年先后批准了《长江上游、黄河上中游地区天然林资源保护工程实施方案》和《东北、内蒙古等重点国有林区天然林资源保护工程实施方案》，从而标志着我国天然林保护工程的正式启动。该项工程的实施范围：以小浪底库区为界，黄河上中游地区包含甘肃、青海、宁夏等6个省（区）；长江上游地区则以三峡库区为界，包括西藏、四川等6个省（区、市）；在东北、内蒙古等重点国有林区，包括新疆、内蒙古等5个省（区）。上述17个省（区、市）的天然林资源达0.73×108公顷，约占全国天然林（1.07×108公顷）的69%。天然林保护工程的总投资包括基本建设投资和财政资金投入。其中，基本建设投资专项用于长江上游、黄河上中游地区封山育林（每年210元/公顷）、飞播造林（每年750元/公顷）、人工造林（长江上游地区3000元/公顷，黄河上中游地区4500元/公顷）以及森林防火等方面；财政资金投入专项用于天然林资源的管护事业费、森林企业的社会性支出补助、林区职工养老保险社会统筹费补助等等。

2002年，国务院西部开发办和国家林业局协同召开全国退耕还林工作电视电话会议，退耕还林工程扩至全国25个省（区、市）及新疆生产建设兵团，这标志着退耕还林工程正式在全国推开。2004年，国家林业局召开全国森林生态效益补偿基金制度电视电话会议，正式建立了中央森林生态效益补偿基金，这标志着我国正式确立了森林生态效益补偿基金制度。

3. 我国森林生态效益补偿的政策法律体系

森林生态补偿是我国起步最早，实施规模最大的生态效益补偿领域。在森林生态效益补偿的探索中，我国出台了一系列的政策与法律规范，为森林生态效益补偿机制的规范化发展提供了有效的保障。所谓森林生态效益补偿的政策法律制度是指由国家制定或认可，并由国家强制力保证实施的，调整森林资源的开发、利用、保护、改善的过程中各种与生态补偿相关的政策与法律规范的总称。① 目前，我国森林生态效益补偿的政策、法律、法规、规章以我国《森林法》为基本法律依据，围绕三大森林生态补偿工程基本形成了有机的的政策法律体系。

（1）《森林法》明确规定了森林生态效益补偿。我国森林生态补偿制度是伴随对森林生态效益价值认知的不断深化而逐渐建立的。1992年，国务院正式批转了体改委上报的《关于一九九二年经济体制改革要点的通知》（国发［1992］12号），"通知"明确指出"要建立林价制度和森林生态效益补偿制度"，以推动森林资源的有偿利用；1993年，国务院下发《关于进一步加强造林绿化工作的通知》（国发［1993］15号），强调"要改革造林绿化资金投入机制，逐步实行征收生态效益补偿费制度"。上述规定奠定了我国森林生态效益补偿制度的政策基础。

《森林法》（1998）首次以法律的形式明确规定了建立森林生态补偿制度。②

---

① 本定义借鉴了孔凡斌关于生态补偿政策法律制度的概念界定，参见孔凡斌：《中国生态补偿机制：理论、实践与政策设计》，中国环境科学出版社2010年版，第31页。
② 《森林法》第八条规定："国家设立森林生态效益补偿基金，用于提供生态效益的防护林和特种用途林的森林资源、林木的营造、抚育、保护和管理。森林生态效益补偿基金必须专款专用，不得挪作他用。"

同时，该法的第十八条还规定了勘查、开采矿藏和各项建设工程占用林地须依法缴纳的"森林植被恢复费"，属于广义上的森林生态补偿的范畴。

（2）天然林资源保护工程的政策法律制度。天然林保护工程的试点阶段，财政部于1998年颁布了《天然林保护工程专项资金管理办法》；国家林业局则于1999年出台《天然林保护工程财政资金管理规定》；至2000年国务院批准《长江上游、黄河中上游地区的天然林资源保护工程实施方案》，则标志着天然林资源保护工程进入正式实施阶段。国家林业局为规范天然林资源保护工程的有效实施，颁布了《重点地区天然林资源保护工程建设资金管理规定》（2001）、《天然林资源保护工程检查验收办法》（2001）、《天然林资源保护工程管理办法》（2001），以上政策法规均为天然林保护工程实施的规范化提供了有力的制度保障。

（3）退耕还林工程的政策法律制度。退耕还林工程是近年来中央政府启动的规模最大的生态工程，为了保障其规范化管理，国务院及林业局颁布了一系列政策、法规和规章。在该工程的试点阶段，国务院颁布了《国务院关于进一步做好退耕还林还草试点工作的若干意见》（2000）；国家林业局则颁布了《退耕还林工程建设检查验收办法》（2001）。退耕还林工程正式实施后，国务院颁布《关于进一步完善退耕还林政策措施的若干意见》（2002）的同时，还出台了《退耕还林条例》（2002）。国家林业局于2003年颁布《退耕还林工程建设监理规定》。

（4）重点公益林生态补偿的政策法律制度。国家重点公益林生态补偿政策自2001年试点起，国务院相关部委先后颁布了一系列管理办法，以明确责任，保障该项政策的规范化实施。2001年，国家林业局依据《中华人民共和国森林法》和《中华人民共和国森林法实施条例》，颁布了《国家公益林认定办法》，专门规定了国家公益林的划定范围、申报程序和批准程序。2004年，国家林业局和财政部共同颁布了《重点公益林区划界定办法》（林策发〔2004〕94号）和《中央森林生态效益补偿基金管理办法》（财农〔2004〕169号），进一步细化了有关政策措施。

三、西北生态脆弱区森林生态补偿政策的实证分析

1. 西北生态脆弱区天然林资源保护工程的实施绩效评析

天然林资源保护工程通过对天然林资源进行保护和培育,从根本上遏制森林生态的恶化,从而达到保护生物多样性,促进社会、经济可持续发展的目的。

西北五省(区)积极响应国家所提出的全面停止长江上游、黄河中上游地区的天然林采伐,全力搞好生态建设的意见,自天然林资源保护工程实施以来,先后发布《关于停止国有天然林采伐的布告》,启动实施天然林资源保护工程。自工程实施以来,西北生态脆弱区的天然林资源得到有效的恢复与发展,林区经济开始转型。

表5-3 西北五省(区)天然林保护区建设情况(2010年)

地区	工程区木材产量(立方米)	荒山荒(沙)地造林面积(公顷)	年末实有封山(沙)育林面积(公顷)	年末实有森林管护面积(公顷)
陕西	98679	130701	671754	9248763
甘肃	17314	48996	366247	4604683
青海	—	17955	268959	1983333
宁夏	—	11331	172373	670129
新疆	16509	—	93032	1933121
新疆兵团	—	—	—	99732

资料来源:林业部:《中国林业统计年鉴2010年》,中国林业出版社2011版。

以甘肃省天然林资源保护工程区为例①,该工程区是各重要江河水系的水源涵养区和长江上游、黄河上中游支流、河西内陆河源头地区,在西北地区乃至全国的生态建设中都处于非常重要的地位。截止2010年,甘肃省天然林保护工程

---

① 甘肃省地方史志编辑委员会:《甘肃省志·林业志(1986~2005)》,甘肃文化出版社2009年版,第372—379页。

建设已完成第一期（2000—2005年）和第二期（2006—2010年）。

甘肃省工程区的主要建设目标是：使甘肃省长江上游、黄河上中游地区的395.72万公顷森林资源得到切实保护，全面停止天然林资源的商品性采伐。主要建设任务包括：①调减森林资源消耗量。由1997年的397.61万立方米调减至年均87.90万立方米，调减量为309.71万立方米，调减幅度为77.9%；商品林产量由1997年的78.19万立方米调减至年均2.50万立方米（指对人工林的采伐），调减量为75.69万立方米，调减幅度为96.8%。②加强森林管护。工程区内397.72万公顷有林地、灌木林地、未成林造林地得到有效管护。③完成职工分流。工程区内的国有森工企业、国有林场计有富余职工42710人。分流上岗职工16341人，占富余职工总数的41.07%。④加大生态公益林建设。2000—2010年工程区内生态公益林建设总任务量为68.72万公顷。2000—2010年，甘肃省天然林保护工程所需总投资397757万元，其中：中央补助318198.03万元，占总投资的80%；地方配套79558.97万元，占总投资的20%〔含省配套6 098.3万元，占76.8%；市（州）配套7638.5万元，占9.6%；县、区、市配套10813.16万元，占地方配套总数的13.6%〕。

为规范天然林资源保护工程的管理，甘肃省林业厅制定了《甘肃省天然林资源保护工程管理办法》《甘肃省天然林资源保护工程核查验收办法》《天然林资源保护工程"四到省"考核办法甘肃省实施细则》《国家天然林资源保护工程甘肃省建设标准》《甘肃省天然林资源保护工程建设监理实施办法》等一系列政策法规，为工程实施和管理提供了有效的制度保障。一方面，甘肃省天然林保护工程取得了显著的生态效益，工程区内森林资源增加，林分质量提高，增加了森林生态系统涵养水源、保持水土、固碳增氧的功能。同时，森林管护得到加强（1998－2005年，该工程区内暴力抗法等恶性案件、大案的发案率由工程实施前的多发转变为零，参见表5－4），遏止了天然森林分布线的退缩及林内的条块状退缩，森林生态系统得以休养生息，林相林貌明显好转，野生动物的栖息环境得以改善，野生动植物的种类、种群和数量大幅增加，多年未见的羚牛、黑熊、豹、金丝猴、大熊猫、梅花鹿、狼、蓝马鸡等国家一、二级保护动物相继出没。

表 5-4　甘肃省天然林资源保护工程区林政、刑事案件查处统计表①

年度	护林专业队伍		发生毁林盗林盗运案件（件）	查处案件		涉案木材（立方米）	批捕犯罪分子并判刑（人）
	人数	其中：警察（人）		件数	其中：刑事案（件）		
2000	14060	1369	1572	1503	65	717	155
2001	14060	1406	1540	1485	102	1250	186
2002	14060	1512	1101	1046	52	931	131
2003	14060	1644	999	951	76	677	148
2004	14060	1803	1506	1421	65	1080	97
2005	14060	1803	1629	1629	85		

另一方面，工程也取得了一定的经济社会效益。林业职工的就业结构有了根本性的变化，部分人员的岗位由工程实施前的木材生产调整为育苗、造林、护林等新岗位，原来的"伐木人"变成了"种树人"；另有部分人员利用森林天然的地理条件，探索全新的就业途径，譬如从事花卉种植、山野菜和中药材开发以及森林旅游等新型产业。工程实施前以集体或个体经济形式从事木材加工、运输的部分群众，也开始转向农牧业开发等产业中。

再以陕西省为例，截至 2008 年底，陕西省林地面积达 1.84 亿亩，占全省土地总面积的 59.26%，森林面积和森林覆盖率列全国第 12 位，林木总蓄积列全国第 10 位。实施天然林资源保护工程以后，全省森林质量不断提高，森林群落结构渐趋稳定，防风固沙、水源涵养等生态功能显著增强。据西北农林科技大学火地塘林场天然林保护效益研究表明，工程实施后地表径流减少了 39.26%，约 92.85% 重金属元素被森林生态系统所吸收。而且，伴随林草植被的进一步增加，动植物生长环境也有了明显改善，大熊猫、金丝猴、羚牛等国家一级保护动物种群不断扩大，数量逐年增加。②

---

① 甘肃省地方史志编辑委员会：《甘肃省志·林业志（1986~2005）》，甘肃文化出版社 2009 年版，第 378 页。
② 胡纪元、王杨：《陕西生态环境建设 60 年》，http://www.zgdsw.org.cn/BIG5/218994/219014/220570/222739/14739095.html. 2011-05-25。

2. 西北生态脆弱区退耕还林工程的实施绩效评析

（1）退耕还林工程的生态效益评估。退耕还林工程生态效益的考察主要包括气体调节（碳蓄积和氧气释放增加量）、水土保持、水源涵养、生物多样性保护、环境净化以及文化等方面生态服务功能的价值变化。中国21世纪议程管理中心、可持续发展战略研究组将25个退耕省（市、区）大致分为8个类型区，即东北地区（包括黑龙江、吉林、辽宁）、华北地区（包括河北、北京、天津、内蒙古）、黄土高原区（包括陕西、山西、宁夏、甘肃）、新疆荒漠绿洲区、长江中下游地区（包括安徽、江西、河南、湖北、湖南）、西南地区（云南、贵州、四川、重庆）、华南地区（广西、海南）、青藏高原区（青海、西藏）。研究表明，退耕还林后的林地碳蓄积量比退耕前的农田和荒山荒地的增量，相比较其他类型区（西南地区、华南地区和长江中下游地区），新疆荒漠绿洲退耕区、黄土高原丘陵沟壑区退耕还林的单位土地面积蓄碳释氧效益相对较低。就水土保持效益而言，相比较其他地区，黄土高原区退耕还林的水土保持效应较为显著，而新疆地区相对较小。而相比较单位退耕面积涵养水源增加量较大的长江中下游、西南和华南地区，新疆、黄土高原增加量较小。在各生态类型区中，黄土高原退耕还林后的保持土壤价值相对较高，新疆和青藏高原区相对较低。退耕还林后，西北生态脆弱区维持生物多样性和环境净化等生态服务功能比退耕前有明显提高。其中，黄土高原区的生物多样性保护功能的价值增加较为显著，而新疆、青藏高原区则相对较小。总体而言，退耕还林的生态效益总价值（即碳蓄积、氧气释放、土壤保持、水源涵养、生物多样性保护、环境净化等价值的总和）相对较大的是黄土高原地区。①

---

① 中国21世纪议程管理中心、可持续发展战略研究组：《生态补偿：国际经验与中国实践》，社会科学文献出版社2007年版，第142—149页。

表5-5　各生态类型区退耕还林的年度生态效益总价值①

类别	全国	东北	华北	黄土高原	新疆	长江中下游	西南	华南	青藏
单位面积价值（元/公顷）	5102.8	5264.5	3266.1	3684.1	2590.0	7091.0	6715.5	9115.1	2837.1
总价值（亿元）	728.1	59.21	76.8	146.8	11.9	163.5	218.4	42.0	9.1

（2）退耕还林工程的经济社会效益评估。退耕还林工程经济社会服务价值的评估可以从林业总产值、林业增加值、就业机会、就业价值以及保障人数和保障价值等方面进行度量。

根据中国 21 世纪议程管理中心、可持续发展战略研究组的研究，1999—2003 年全国退耕还林荒山造林共造成年度总产值下降 376 亿元，增加值下降 246 亿元，就业机会减少 281 万人，保障人数下降 205 万人，就业价值下降 77 亿元，保障价值下降 13 亿元的净价值变化。即总体而言，退耕还林工程在经济社会价值方面所带来的影响是负面的。

表5-6　西北地区单位面积退耕地还林的经济社会服务功能价值的变化②

省（区）	总产值（元/公顷）	增加值（元/公顷）	就业机会（人/公顷）	保障人数（人/公顷）	就业价值（元/公顷）	保障价值（元/公顷）
陕西	-5216.72	-3160.5	-0.36	-0.55	-992.3	-341.6
甘肃	-3373.59	-2028.53	-0.24	-0.45	-648.3	-281.3
青海	-3202.31	-1914.34	-0.26	-0.32	-715..3	-200.2
宁夏	-1566.57	-1420.43	-0.22	0.02	-613.2	14.4
新疆	-6002.12	-3406.21	-0.75	0.36	-2052.8	226.4

表5-7　西北地区单位面积荒山荒地造林的经济社会服务功能价值的变化③

省（区）	总产值（元/公顷）	增加值（元/公顷）	就业机会（人/公顷）	保障人数（人/公顷）	就业价值（元/公顷）	保障价值（元/公顷）
陕西	270.25	176.27	0.02	0.03	59.3	19.5

---

① 中国 21 世纪议程管理中心、可持续发展战略研究组：《生态补偿：国际经验与中国实践》，社会科学文献出版社 2007 年版，第 149 页。
② 中国 21 世纪议程管理中心、可持续发展战略研究组：《生态补偿：国际经验与中国实践》，社会科学文献出版社 2007 年版，第 150 页。
③ 中国 21 世纪议程管理中心、可持续发展战略研究组：《生态补偿：国际经验与中国实践》，社会科学文献出版社 2007 年版，第 152 页。

第五章 西北生态脆弱区森林生态补偿法律机制实证研究

(续表)

省（区）	总产值 （元/公顷）	增加值 （元/公顷）	就业机会 （人/公顷）	保障人数 （人/公顷）	就业价值 （元/公顷）	保障价值 （元/公顷）
甘肃	291.25	107.7	0.01	0.05	28.4	30.9
青海	108.59	67.57	0.01	0.02	18.3	10
宁夏	1423.76	536.01	0.06	0.17	169.9	106.2
新疆	168.08	94.04	0.01	0	25.9	0.6

根据表5-6和表5-7中所示的单位面积的退耕还林和荒山造林的经济社会服务功能价值变化的统计数据，分别乘以1999~2003年西北地区各省（区）在退耕还林工程中的退耕地还林和荒山造林的面积数，再将两组数据相加，即可得到西北五省（区）退耕还林工程（含退耕地还林和荒山造林）年度的经济社会服务功能的变化情况，具体见表5-8所示。

表5-8 西北地区退耕还林、荒山造林的年度经济社会服务功能价值的净变化[①]

省（区）	总产值 （万元）	增加值 （万元）	就业机会 （人）	保障人数 （人）	就业价值 （万元）	保障价值 （万元）
陕西	-391328	-236135	-269031	-411440	-73840	-25489
甘肃	-155633	-96603	-115521	-202602	-31143	-12681
青海	-38376	-22919	-31060	-37589	-8622	-2373
宁夏	-273	-18189	-33643	44758	-9314	2838
新疆	-192006	-108996	-242577	117595	-66430	7410

（3）西北地区退耕还林工程效益的综合分析。综合退耕还林工程的生态效益和经济社会服务效益的考察评估，可以得出退耕还林工程效益的综合分析结果。从全国8个生态类型区退耕还林工程效益的综合分析情况[②]来看，退耕还林工程具有正的净收益[③]；而且，随着退耕还林工程的持续推进，这种净收益会日益增加。黄土高原区的经济社会服务价值为-1131.4元/公顷，生态服务价值为

[①] 中国21世纪议程管理中心、可持续发展战略研究组：《生态补偿：国际经验与中国实践》，社会科学文献出版社2007年版，第153页。
[②] 中国21世纪议程管理中心、可持续发展战略研究组：《生态补偿：国际经验与中国实践》，社会科学文献出版社2007年版，第156页。
[③] 中国21世纪议程管理中心、可持续发展战略研究组：《生态补偿：国际经验与中国实践》，社会科学文献出版社2007年版，第155—156页。

西北生态脆弱区生态补偿法律机制实证研究

3684.1 元/公顷，净收益为 2552.7 元/公顷；新疆荒漠绿洲区的经济社会服务价值为 -1788.9 元/公顷，生态服务价值为 2590 元/公顷，净收益为 801.1 元/公顷；青藏高原区的经济社会服务价值为 -1154.46 元/公顷，生态服务价值为 2837.1 元/公顷，净收益为 1682.64 元/公顷。

3. 西北生态脆弱区生态公益林生态补偿政策的实施绩效评析

自 2004 年财政部明确设立中央森林生态效益补偿基金，对重点公益林实行生态补偿之后，中央财政自 2004 年起对西北地区的重点公益林实施了补偿（2004—2008 年陕西省未纳入国家重点公益林生态补偿政策的实施范围）。西北各省（区）按照《重点公益林区划界定办法》的区划标准，以及本区域内生态安全的需要，对其境内的国家公益林和地方公益林进行了区划界定。将各省（区）纳入国家森林生态效益补偿的重点公益林，落实到了各生态区位的山头地块。

表 5-9　西北地区中央财政森林生态效益补偿基金历年投入统计（2004—2008）①

省（区）	2004	2005	2006	2007	2008
陕西	-	-	-	-	-
甘肃	10000	10000	17153	18268	18268
宁夏	462	462	402	623	623
青海	5100	5100	8204	8205	8205
新疆兵团	1675	1745	5528	5528	5528

单位：万元。表中符号"-"代表当年无补偿资金投入。

目前，西北各省（区）先后根据各自生态建设的需要，在界定地方公益林区划的基础上，开展了包括省级和市州级地方公益林生态补偿的实践探索。如宁夏回族自治区颁布实施的《宁夏回族自治区森林生态效益补偿基金管理实施细则》规定，地方补偿基金补助标准为每年每亩 4.5 元。陕西省铜川市出台《铜川市集体公益林财政补偿基金管理办法》，要求市级财政对集体地方公益林实行森

---

① 孔凡斌：《中国生态补偿机制：理论、实践与政策设计》，中国环境科学出版社 2010 年版，第 44 页。

林生态效益补偿，补偿标准为每年每亩4元；各区（县）财政对集体地方公益林补偿标准为每年每亩3元。

生态公益林补偿政策在西北生态脆弱区的实施，为西北地区生态区位极为重要或者生态状况极为脆弱，且对国土生态安全、生物多样性保护以及经济社会可持续发展具有重要作用的重点公益林建设与管护，提供了较为可靠的政策保障。国家重点公益林实施生态补偿后，森林资源的管护能力增强，补偿区内的森林案件、森林火灾的发生率明显降低，森林病虫害得到了较好的防治。截止2011年，宁夏回族自治区已有607万亩重点公益林纳入国家和地方森林生态效益补偿基金范围，其中纳入国家级的有541万亩，纳入地方级的有66万亩。一批公益林所有者和经营者有了"生态存折"。[①] 甘肃省张掖市自2004年实施森林生态效益补偿工程以来，全市公益林面积由763.3万亩增加到900.9万亩，增加了137.6万亩；纳入国家补偿范围的非天保区公益林面积由238.3万亩增至328.32万亩；灌木林平均盖度从30%增加到36%；建设围栏513.86千米，维护管护区道路126.5千米，新建或维修护林站33处；公益林区内岩羊、甘肃马鹿、雪鸡等国家保护野生动物种群数量呈逐年递增趋势，生物多样性发生显著变化，实现了面积、蓄积双增长。同时，公益林管护和建设促进了农民增收，加快了农村经济发展，充分调动了全社会爱林护林的积极性。[②]

4. 西北生态脆弱区森林生态补偿政策实践存在的问题

（1）关于补偿标准。我国现行森林生态补偿标准存在的问题较多，主要表现在：

①现行各项政策存在冲突。《国务院关于进一步完善退耕还林政策措施的若干意见》（2002）规定：国家补助宜林荒山荒地植树造林的种苗和造林费，补助标准为每年每亩50元。然而，财政部和国家林业局于2004年颁布的《中央森林生态效益补偿基金管理办法》规定：中央补偿基金平均补助标准为每年每亩5

---

① 高菲：《宁夏自治区607万亩公益林获生态效益补偿》，宁夏新闻网，2011-3-19。
② 甘肃省林业厅：《甘肃省张掖市生态公益林建设成效显著》，国家林业局政府网，2011-6-27。

元。这意味着同样是在荒山造公益林,纳入退耕还林工程和重点公益林补偿政策的公益林,则享受差异较大的补偿标准,导致造林户之间的不公平现象,而这正是由于现行各项森林生态补偿之间缺乏统一的协调机制所引起的。

②"一刀切"的模式并未顾及成本差异。现行森林生态补偿标准在具体的政策实施中采取了"一刀切"的模式,没有充分考虑不同的森林资源在建设和管护过程中存在的成本差异。譬如,《国务院关于进一步做好退耕还林还草试点工作的若干意见》(2000)对生态林和经济林的比例做出规定,生态林一般应占80%左右;对生态林和经济林每年实施同样的补偿标准。生态林的外部经济性特征决定了经营生态林和经济林之间存在巨大的经济收益差距,生态林的所有权人普遍认为现行补偿标准过低。这样的补偿政策无形中会鼓励退耕农户更多地造经济林,且对退耕还生态林的农户造成不公平。又如,退耕还林政策规定给予750元/hm^2的苗木补助费。然而,根据西北地区有关部门的测算,经营不同的林种投入的成本存在较大差异:栽种乔木需要苗木费约4500元/公顷,栽种灌木约需1500元/公顷,即使种草也需要种子费约1050~1200元/公顷。① 譬如,陕西省铜川市耀州区的造林大户马淑芳,1985年贷款37万元,完成荒山造林85.6公顷,其生态贡献有目共睹。但由于马淑芳的森林被划入重点公益林和天保区的禁伐区,一方面无采伐收入,另一方面还要按时还贷,使其快速沦为贫困户。②

③管护费用不足。现行标准难以补偿森林资源的实际管护费用,课题组在实地调研中发现,甘肃省河西地区退耕后多种杨树,每亩杨树每年灌溉至少4—5次,每次灌溉每亩约需30立方米的水,当地主要通过黑河水进行提灌,而提灌的电费每年约100元—120元,这都需要计入管护费用中,300元的补偿标准显然过低。

④未顾及政策执行成本。以退耕还林政策为例,补偿标准中没有考虑地方政府为贯彻实施政策所必需的组织、规划、勘察、宣传、培训、建档、发证、验收等工作经费。据甘肃省林业厅估算,政策执行成本约占退耕还林总造价的3%—

---

① 张小燕、杨改河:《中国西北地区退耕还式还草研究》,科学出版社2005年版,第6页。
② 张洁、李卫忠等:《陕西省公益林管护存在问题与对策研究》,载《西北林学院学报》2010年第1期。

5%，需要地方财政支付，加大了经济欠发达的西北地区地方政府的财政负担，也影响了工程实施区地方政府实施森林生态补偿政策的积极性。

⑤现行政策关于补偿标准的规定缺乏科学性。现行补偿标准的确定主要依据中央财政的情况，而非森林生态效益的科学评估，没有体现出生态补偿机制通过经济补偿激励生态建设者的制度效应。此外，补偿标准一经确定，在一定的实施周期内不再变化。与之相对应的是，粮价以及相关农产品、药材等价格浮动较大。农民也都是经济理性人，手握多年不变的较低补偿资金，面对瞬息变化的市场，很难保证退耕户不复垦，亦难平衡还生态林和还经济林的农户之间的收益差距。那么，还林后是否能够保证其良好管护以维持政策实施取得的生态效益？能否实现"退得下""保得住"？课题组在西北地区进行的调研结果显示，近年来有许多退耕户将退耕的生态林转换为经济林，甚至由于生态林的管护需要更多投入却缺乏经济效益，一些农户将退耕的生态林撂荒的情形亦不鲜见。

目前，国家对天然林保护工程公益林造林的投入是4500元/公顷，其中地方配套900元，由于西北地区地方财力所限，地方配套资金无法落实，实际造林投入只有3600元/公顷。这是天然林保护工程1998年试点阶段制定的补偿标准，而时至今日，物价和劳动力价格都上涨了很多。以陕西省为例，目前每公顷造林投入已达到7 500元—9 000元，部分地区高达12 000元，国家投入远不能满足造林的实际需要。正是由于国家补偿标准过低，导致造林越多负担越重，极大地打击了民众造林的积极性。陕西省铜川市耀州区的高尔塬林场，甚至出现了拖欠造林人工费高达一百余万元的严重后果（无钱发放人工费）。①

（2）关于补偿资金的融资渠道。当前森林生态补偿政策主要采取中央政府转移支付的方式，即由中央财政提供补偿资金，而尚未形成多元化的生态补偿融资机制。现行政策没有区分不同地区的经济发展水平，对补偿标准采取"一刀切"的方法，虽然节省了政策的决策成本和执行成本，却无形中降低了政策配置资金的效率。

---

① 张洁、李卫忠等：《陕西省公益林管护存在问题与对策研究》，载《西北农学院学报》2010年第1期。

以生态公益林补偿政策为例，西北地区除宁夏回族自治区规定了每亩 4.5 元的地方补偿基金补助外，其余各省（区）都只能依赖中央财政的生态补偿资金。而北京、广东、浙江、江苏、江西、福建等经济发达地区的省级补偿标准分别为每年每公顷 315 元、195 元、225 元、120 元、127.5 元、105 元①，省级补偿标准都远高于中央财政补偿基金的平均标准，省级财政成为生态公益林补偿资金的主要来源，从而加剧了西北地区与经济发达地区经济社会发展的不平衡性；而补偿资金的欠缺无疑影响了西北地方政府实施生态补偿政策的积极性。西北生态脆弱区作为森林生态补偿政策的重点实施区域，其政策实施绩效直接影响我国生态保护建设的成效。

（3）关于补偿期限。现行退耕还林政策对全国不同的实施区域都统一规定了补偿期限（退耕还生态林补偿 8 年、还经济林补偿 5 年、还草补偿 3 年），没有考虑到不同地区自然条件和经济社会水平都存在较大的差异，从而增加了西北生态脆弱区"复垦"的风险。

课题组在对甘肃省退耕还林政策进行实地调研的过程中发现，许多严格按照国家关于生态林 80% 的比例要求执行政策的地区，农户们却面临着深深的困惑：西北地区生态林成林的时间较长，一般都需要 20 年以上，而且成林后禁止商业性采伐。从而导致还生态林户在补偿期（8 年）后没有经济收益。即使现在国家继续实施第二周期的补偿，同样的问题依然存在。因而，现行森林生态补偿政策没有建立起对于农民的长效激励机制。很多贫困山区的退耕农户关于补偿期满后的生计，大多持被动和观望的态度。一方面，西北地区经济、文化都相对落后，农民对于从事非农业就业的意识不强；另一方面，西北地区自然生态环境恶劣，发展后续产业存在较多困难。现行政策关于补偿期限的"统一"规定，很大程度上削弱了政策的实效性，同时，影响了西北地区的生态建设和经济社会的可持续发展。

（4）关于森林资源管护责任的约束机制。重造林、轻管护的问题在现行政

---

① 孔凡斌：《中国生态补偿机制：理论、实践与政策设计》，中国环境科学出版社 2010 年版，第 46 页。

策实施中始终存在。主要原因除了补偿标准较低,林木管护的所需资金难以保证外,现行政策体系没有形成有效的森林管护约束机制。

一方面,根据现行政策和制度的安排,难以通过补偿资金的拨付对森林管护形成有效的约束机制。林业部门负责对退耕情况予以验收,而财政部门则负责拨付生态补偿资金,两个部门之间分工负责,相对独立。以退耕还林政策为例,林业部门应当及时对退耕还林户进行验收,并以验收结果作为拨付补偿资金的依据。然而,根据财政部的要求,不论林业部门对退耕户的验收是否合格,财政部门对退耕户的补偿资金到年底均须如期拨付。从而导致对农户是否尽到管护义务难以形成有效的约束机制。另一方面,森林管护的监管难以到位。地方政府林业部门面对范围较广的农户,限于财力、人力,难以实施有效的监管。此外,从农户的角度考察,尤其是生态林户,由于生态林不能给农户带来经济收益,因而只退耕、疏于管护是退耕农户的常态。

(5) 关于公众参与。现行各项森林生态补偿政策其根本宗旨,在于国家对重要生态功能区职工和农民所提供的森林生态效益进行补偿,激励相关地区保护和建设森林资源的积极性,以恢复森林生态系统,减少洪水、库区泥沙淤积和沙尘暴所带来的负面影响。森林生态效益所具有的公共物品的属性决定了现行各项相关政策无论是从生态效益还是经济效益方面衡量,其实质都是惠民政策。由于政策覆盖面较广,所涉区域自然禀赋以及经济社会条件差异较大,因而政策的决策、实施以及监管每一环节都离不开工程区内的职工和农民的有效参与。

考察现有森林生态补偿政策,一方面,关于各项重要内容多采取了"一刀切"式的统一规定,从而造成统一的政策规定在自然、经济、社会条件差异较大的地区实施绩效差异较大,且降低了森林生态补偿资金的配置效率。另一方面,作为公共财政手段的生态补偿模式还存在官僚体制本身的低效率、腐败的可能性以及政府预算优先领域的冲击等弊端。① 而现行政策实施过程中所出现的各种问题其根本性的原因可以归结为:不管是专家、林业职工还是当地农户,不同层次

---

① 中国生态补偿机制与政策研究课题组:《中国生态补偿机制与政策研究》,科学出版社 2007 年版,第 40 页。

的公众对于政策的参与度明显不够。使得国家的宏观政策难以细微地关照到不同地区的差异，从而削弱了政策的实际效果。

（6）关于政策实施的监测评估。定期对工程进行监测与评估，无疑对促进政策目标的实现以及科学评估政策的实施绩效具有重要的作用。

当前各项政策均由地方林政部门进行规划、组织实施并进行工程验收，就地区利益而言，地方政府与本地区林业职工、农户存在一致的利益需求，因而，林政部门不宜作为监测与评估机构。国家林业局应当建立主要由林业专家组成的专门的森林生态补偿政策监测评估机构，下辖不同重要生态功能区的监测站点，充分吸收当地有经验的林业职工和农户，定期对政策实施进行科学、有效的监测与评估。

（7）关于补偿资金的管理机制。目前，伴随森林生态补偿各项政策的推进实施，已逐步建立并完善了补偿资金的管理与运行的制度。然而，课题组在实地调研中发现，在工程实施过程中，补偿资金的管理仍然存在以下不足：首先，作为基层群众自治组织的村委会在生态补偿政策的实施过程中无疑具有重要的作用，遗憾的是，村委会依靠自己掌握国家政策以及农户具体情况的信息优势，充分利用国家林业部门与农户之间的信息不对称，虚报、冒领补偿资金的情形并不少见，并为广大农户所诟病。其次，基层政府的林业部门在政策实施过程中盲目下指标、审核验收不严的情况也是造成补偿资金流失的较为普遍的原因。

（8）关于配套的保障政策。作为利益协调机制，森林生态补偿机制是各项制度的有机体系，其顺利实施尚需要有效的配套政策措施予以保障。譬如，林木的植造与管护过程都离不开灌溉工程，还需要开展林业可持续发展方面的技术培训等，这些配套措施的经费来源成为阻碍政策目标实现的重要原因。在西北地区，由于中央财政的补偿资金中没有这些配套措施经费的安排，地方财政又无力安排，从而降低了政策的实施绩效。

第五章 西北生态脆弱区森林生态补偿法律机制实证研究

四、西北生态脆弱区森林生态补偿法律机制的立法构想

1. 应然与实然：构建我国生态补偿法律机制的路径选择

作为学术思想史上的一对重要范畴，"应然即应该怎样，实然即实际怎样"①。应然意为阐述事物依据其自身的特性应该是什么或者应该怎样，为人们基于理性对事物本身满足人类的客观需求的应有状态的判断。实然意为描述事物特性的各种现实表现以及事物的实际存在状态。② 法的应然即法应该是什么或者应该怎样，它是基于人的本性、为各个时代和所有场合所认可并超越实定法之上的原则、理念及价值；法的实然即法实际是什么或者实际怎样，它是特定的主权者借助其立法权制定或通过的具有规范、指引、预测等常规功能的工具性准则。③

从应然的角度分析，依据生态价值论、公共物品理论以及外部性理论，生态补偿机制是运用政府和市场双重手段，依据生态系统服务价值和生态建设成本（含机会成本），对生态利益相关者进行调节的公共政策制度，宗旨为保护生态环境、实现人与自然之间的和谐。内容应当包括：①对生态系统本身给予保护和修复（恢复）性补偿；②通过经济手段将经济效益的外部性内部化；③对个人或区域保护生态系统和环境的投入或放弃发展机会的损失的经济补偿；④对具有重大生态价值的区域或对象进行保护性投入。④

然而，从实然的视角看，中国的生态环境具有世界上极其少见的差异性特征，而社会发展与社会管理在特定的阶段同样存在特殊的环境条件。⑤ 生态补偿的客体是生态系统服务功能，由于人类对于生态系统服务功能认知的有限性，森

---

① 夏勇：《人权概念起源——权利的历史哲学》，中国政法大学出版社1992年版，第199页。
② 李道军：《法的应然与实然》，山东人民出版社2001年版，第1—2页。
③ 李道军：《法的应然与实然》，山东人民出版社2001年版，第14—16页。
④ 中国生态补偿机制与政策研究课题组：《中国生态补偿机制与政策研究》，科学出版社2007年版，第2页。
⑤ 中国生态补偿机制与政策研究课题组：《中国生态补偿机制与政策研究》，科学出版社2007年版，第62页。

林生态补偿不可能对所有的森林生态系统服务功能进行补偿。同时，不同区域的生态敏感性与生态服务功能不同，因此，为了使生态补偿具有实践的可行性，森林生态补偿应当根据不同生态区域森林所具有的不同的生态系统服务功能，根据社会经济发展水平以及生态保护建设的需要，优先选择分布于特定区域森林的特定生态系统服务功能进行补偿。譬如，同样是森林生态效益，位于大江大河源头的森林资源其森林生态效益相对较高。而森林的各项具体的生态功能，如涵养水源、净化空气等，在不同生态区位上也具有差异性。譬如在水源丰富地区的森林资源，其涵养水源的生态服务功能则相对于生态环境脆弱的江河源头地区要弱。

正是基于以上分析，立足我国社会经济发展的水平和生态现实，构建生态补偿法律机制，无疑是符合我国现实的实然路径选择。

2. 生态综合管理：西北生态脆弱区构建森林生态补偿法律机制的路径选择

生态综合管理是国际新兴的生态管理方式，其基本理论依据为生态系统服务功能及其价值理论。生态综合管理的主要思想和内容，集中体现在《生物多样性公约》有关缔约方大会及其工作机构，所提出的 5 项指导原则和 12 项管理原则中。① 其科学内涵和管理义理主要包括：①它是有关土地、水和生物资源综合管理的策略，目的是采用一种公平的方法促进其保护和可持续利用。②它是建立在合理的科技方法基础上的，特别是建立在对生物圈多层次、全方位科学研究基础上的。③它持续关注生态系统的结构、功能及相互作用，亦符合《生物多样性公约》的有关定义和逻辑。④它就生态系统的复杂性和动态性问题，能采用合适的管理手段来处理，并能应对一些未知问题。⑤它也不排斥其他的管理方法，并可以综合所有这些方法来处理复杂的问题。② 我国为改变按要素管理生态系统的传统模式，按照国际先进的生态综合管理思想，建立了生态功能区划制度，环境保

---

① 杜群：《我国生态综合管理的政策与实践——生态功能区划制度探索》，载《环境法治与建设和谐社会——2007 年全国环境资源法学研讨会（年会）论文集》（第 3 册），2007 年。
② 常丽霞、吕志祥等：《生态效益补偿的法理辨析——基于生态综合管理的研究进路》，载《农村经济》2011 年第 9 期。

护部和中国科学院于 2008 年共同公布了《全国生态功能区划》。当前亟待建立的生态效益补偿机制应当充分体现科学的生态综合管理思想,并与生态功能区划制度相衔接,以充分保障现行生态环境政策、法律的一致性、科学性和系统性。

而且,可持续发展已成为世界各国的发展战略。但由于长期以来的盲目开发和过度开发,造成了阻碍我国可持续发展的主要限制性因素:一是生态系统的整体功能退化,生态系统服务功能和承载能力萎缩;二是国土开发与建设的资源保障能力降低;三是国土开发格局与资源环境承载能力失衡。① 综合考察我国资源、环境、人口对于可持续发展的巨大压力,协调区域发展,构建人与自然的和谐关系成为当前我国生态文明建设的迫切需求。所以,《国务院关于落实科学发展观 加强环境保护的决定》明确指出,限制开发生态脆弱地区。环境保护部于 2008 年发布的《全国生态脆弱区保护规划纲要》指出,截止 2020 年,将在生态脆弱区建立较为完善的生态政策的保障体系、生态监测的预警体系以及资源开发的监管执法体系。

同时,根据党的十七大报告、《中华人民共和国国民经济和社会发展第十一个五年规划纲要》和《国务院关于编制全国主体功能区规划的意见》(国发〔2007〕21 号),国务院于 2010 年下发了以构建高效、协调、可持续的国土空间开发格局为目标的《全国主体功能区规划》,将我国国土空间按开发方式,分为优化开发区域、重点开发区域、限制开发区域和禁止开发区域。作为平衡区域利益关系的重要保障机制,生态补偿机制是顺利实现主体功能区划的重要制度安排。比较优化开发、重点开发以及禁止开发区域而言,生态脆弱区作为限制开发区,其主体功能是保护生态环境,然而,由于主体功能区承载着多样化的功能,该区划同时还承载着经济社会发展的功能,保护生态环境与经济社会发展从而成为生态脆弱区域最为突出的矛盾。正是从这一意义上讲,承载较多功能且生态类型多样的西北生态脆弱区的森林生态补偿法律机制,应当基于生态综合管理的先进理念,密切结合我国的主体功能区划、生态功能区划制度进行构建。

当然,在我国各个领域的生态效益补偿的政策实践中,森林生态效益补偿政

---

① 丁四保等:《主体功能区的生态补偿研究》,科学出版社 2009 年版,第 53 页。

策开始得最早,实施规模最大。国内学界关于森林生态补偿政策的理论依据、实施绩效评估、完善对策等方面都给予了高度的关注并进行了大量的研究,并取得了较为丰硕的成果。西北生态脆弱区的森林生态效益补偿政策自世纪之交开始试点,至今各项政策均已取得了较为显著的效益,并积累了较为丰富的经验。这些成果和经验都为在生态综合管理思想指导下,进一步完善西北生态脆弱区森林生态效益补偿机制奠定了良好的基础。

3. 西北生态脆弱区森林生态补偿法律机制的立法构想

(1)建立统一、协调的森林生态补偿法律机制。建立森林生态补偿机制的宗旨在于调整森林资源生态效益和经济效益在不同利益主体之间的分配关系,以激励森林资源的保护与建设,促进区域间、群体间的生态公平和协调发展。西北生态脆弱区现有的森林生态补偿政策,即天然林资源保护工程、退耕还林工程和重点生态公益林补偿政策,由于各项政策根据不同的政策目标确定了不同的森林生态补偿对象和不同的生态补偿标准,即使同属于西北生态脆弱区,不同的省、同一省的不同市、同一森林生态补偿政策的实施情况存在明显的差异。一些地区,退耕还林工程林、重点公益林和天然林保护工程林分布在同一区域内,甚至出现在同一山头,结果出现同一山头的公益林按照三种迥然不同的标准进行补偿的不公平现象,阻碍了森林生态补偿政策目标的实现。①

现有的森林生态补偿政策,政策目标都旨在恢复与保护生态脆弱区、重要生态功能区的森林资源,以促进生态脆弱区乃至全国的生态安全和可持续发展。因而,天然林保护工程和重点公益林补偿工程补偿对象的界定都位于重要生态功能区的生态公益林,与退耕还林工程的部分补偿对象(生态林)亦存在类似性。因而,上述现象的出现主要是由于我国森林生态补偿政策尚处于探索与实践的过程之中,现行森林生态补偿主要是依据政府的财政情况,而非根据科学、合理的标准实施补偿。因而,不同阶段的不同政策导致了不同的补偿标准,不同的政策

---

① 孔凡斌:《中国生态补偿机制:理论、实践与政策设计》,中国环境科学出版社2010年版,第53页。

第五章 西北生态脆弱区森林生态补偿法律机制实证研究

实施反而造成了新的生态不公平现象。

当前，西北生态脆弱区森林生态补偿机制其实质是通过行政手段给予森林生态保护者一定的经济激励，欠缺制度化和规范化的刚性约束。为降低政策的主观随意性，促进西北地区森林资源的可持续发展，应当依托生态法治的构建提供制度保障。因此，亟待整合现有的森林生态补偿政策，将其纳入协调统一的森林生态补偿法律机制之中，使得森林生态补偿法律机制能够涵盖现有的森林生态补偿政策并协调当前政策中所存在的冲突与矛盾，以构建有机、统一的森林生态补偿法律机制。

（2）西北生态脆弱区森林生态补偿法律机制的制度设计。西北生态脆弱区森林生态补偿法律机制其实质是一种利益协调机制，应当至少包含以下重要的制度安排。

首先，根据《环境保护法》（2014）第31条的规定①，完善《森林法》中关于森林生态效益补偿的原则性规定。我国《森林法》第一次以法律的形式明确规定了生态补偿制度，其中第8条第6款规定："国家设立森林生态效益补偿基金，用于提供生态效益的防护林和特种用途林的森林资源、林木的营造、抚育、保护和管理。"鉴于当前退耕还林工程对退耕所还的经济林，同样实施了补偿，为避免政策法律的冲突，建议对该条规定予以修订完善，规定为"国家设立森林生态效益补偿基金，用于重要生态功能区提供生态效益的森林资源、林木的营造、抚育、保护和管理"。

其次，适时出台《森林生态补偿条例》，为规范森林生态效益补偿提供法律保障。当前森林生态补偿政策实施过程中，颁布了一系列法规、规章，多有重复和矛盾之处。为规范森林生态补偿政策的实施，应当适时出台统一的《森林生态补偿条例》，对森林生态补偿机制的重要法律问题予以规范。

①明确森林生态补偿的法律概念。从而为明晰森林生态效益补偿机制的性

---

① 《环境保护法》（2014）第31条规定："国家建立、健全生态保护补偿制度。国家加大对生态保护地区的财政转移支付力度。有关地方人民政府应当落实生态保护补偿资金，确保其用于生态保护补偿。国家指导受益地区和生态保护地区人民政府通过协商或者按照市场规则进行生态保护补偿。"

质、目的、范围奠定基础。

②完善森林生态效益补偿标准。针对当前森林生态补偿政策普遍存在"一刀切"以及标准过低的问题,《森林生态补偿条例》应当整合现有的森林生态补偿政策,明确规定森林生态补偿标准的计算方法。该计算方法应当区分不同生态功能区(依据《全国主体功能区划》和《全国生态功能区划》,以限制开发区和禁止开发区所涉及的重要生态功能区的主导生态功能,如水源涵养、土壤保持、防风固沙、生物多样性保护、洪水调蓄等五类主导生态调节功能作为确定森林生态补偿标准的重要参考依据)、区分林分类型(生态公益林和经济林)、区别管护的难易程度,并与受偿地区经济发展水平相适应,因而应当是一个动态的计算方法体系。具体到西北生态脆弱区,因其具有重要的生态功能区位,且属于限制开发区,地方财政较为薄弱,很难进行配套资金的支持,因而中央财政应当给予更多的补偿支持,以协调地区之间发展的不平衡性,同时激励西北地区进行森林资源保护和建设的积极性。

③规定中央和地方政府作为森林生态补偿基金制度的补偿主体责任,逐步建立森林生态补偿政府纵向财政支付体系。森林资源及其所提供的生态服务具有公共物品的属性,其受益对象是全社会,因而政府是森林生态效益的主要购买者,因而应当以法律条文的形式明确规定中央和地方政府对于生态公益林的补偿主体责任,在突出中央财政在公益林补偿资金筹措中的主渠道地位的同时,强化地方政府的森林生态补偿主体责任。① 就地方政府的生态补偿主体责任而言,主要包括两类:一是作为森林生态服务功能提供者的地方政府,即生态补偿实施地区的地方政府,譬如江河源头地区等森林生态补偿政策的实施地区。森林资源的可持续发展无疑将改善本地区的生态环境,因而森林生态效益提供地区首先是森林生态效益的受益者,本地区政府当然地应当承担森林生态效益的购买人,从而成为生态补偿的主体。二是作为森林生态效益其他受益地区的地方政府,譬如江河中下游地区因为江河上游地区的森林生态保护和建设而成为生态效益的受益地区,

---

① 《环境保护法》(2014)第6条规定:"地方各级人民政府应当对本行政区域的环境质量负责。"

第五章 西北生态脆弱区森林生态补偿法律机制实证研究

则该地区的地方政府也应当承担起对江河上游森林资源保护地区森林生态效益的补偿责任，从而真正实现生态补偿机制作为利益协调机制的根本宗旨。具体而言，鉴于西北生态脆弱区属于限制开发区和重要生态功能区，中央政府应当给予该地区区别于经济发达地区更多的补偿资金。譬如，该地区生态公益林的补偿应由中央政府和其他受益地区的地方政府来实现，其中，中央政府应当承担主要的补偿责任；而西北地区的地方政府则应当承担起本地区经济林的部分补偿责任。唯此，将拓展森林生态补偿的融资渠道，能够使补偿标准适当提升，更趋合理化，从而对森林资源的生态保护和建设者真正起到激励的作用；同时，通过明确其他受益地区的生态补偿责任，可促进不同区域之间的生态公平和协调发展。

④明确森林生态效益的补偿范围，确定西北生态脆弱区为森林生态效益补偿的优先领域。一方面，当前有限的中央财政导致了公益林生态补偿覆盖面不够，并制约政策的有效实施。因而，应当将当前生态问题最为紧迫、生态问题的影响范围最为广泛的重要生态功能区的生态补偿列为优先领域，由有限的中央财政向重点领域适度倾斜。① 具体而言，应当基于国际先进的生态综合管理理念，依据《全国主体功能区划》和《全国生态功能区划》，将限制开发区和禁止开发区所涉及的重要生态功能区域优先纳入中央财政的补偿范围。西北地区是主要江河的源头和上游地区，基本上都属于国家重要生态功能区，无疑应当纳入中央财政森林生态补偿的优先领域。另一方面，考虑到中西部地区和东部地区地方经济发展水平差异悬殊，东部地区地方政府的生态补偿已经基本建立，其省级财政补偿大大超过国家补偿标准而成为生态公益林补偿资金的主要来源②，而西北地区地方政府相对薄弱的地方财政正严重制约着该生态脆弱区森林资源的可持续发展，进而影响全国的生态安全。因而，通过森林生态补偿立法明确中央财政向生态区位重要、生态自然禀赋脆弱的西北地区倾斜具有紧迫性和必要性。

⑤建立森林生态补偿机制的统一协调管理机构。现行森林生态补偿政策之间

---

① 中国生态补偿机制与政策研究课题组：《中国生态补偿机制与政策研究》，科学出版社2007年版，第849页。
② 孔凡斌：《中国生态补偿机制：理论、实践与政策设计》，中国环境科学出版社2010年版，第46页。

尚存在一些矛盾与冲突，譬如各省（区）都分别成立了各项政策的领导机构以及相应的办公室，但各自为政，缺乏森林资源生态保护与建设的协调运作。又如，同样是荒山造公益林，但退耕还林工程和重点公益林补偿政策的补偿标准差异较大。因此，应当建立统一的协调管理机构，将现行的各项政策整合纳入《森林生态补偿条例》进行规范调整。

⑥作为一种利益协调机制，森林生态补偿法律机制应当建立有效可行的公众参与制度。通过具体的制度安排，促进公众参与森林生态补偿领域的立法、制度实施以及监督与管理。

再次，制订《森林生态补偿基金管理条例》。为规范森林生态补偿资金的管理，现行森林生态补偿政策都坚持专款专用，并颁布了相关的资金管理办法。如1998年，财政部颁布了《天然林保护工程专项资金管理办法》；2001年，国家林业局颁布了《重点地区天然林资源保护工程建设资金管理规定》；2004年，财政部和国家林业局共同颁布了《中央森林生态效益补偿基金管理办法》。以上管理办法都是财政部和国家林业局制定的部门规章，法律效力较低，难以有效协调整合现行森林生态补偿机制实施过程中的资金运作。补偿资金的科学管理需要法律手段予以保障，因而，整合现行各项政策的补偿资金管理办法，统一规范资金的拨付、发放以及使用，以切实保障森林生态补偿的顺利实施，应当成为构建森林生态补偿机制的重要内容。

最后，西北生态脆弱区各省（区）根据实际情况，在制定本省（区）《生态补偿条例》时对森林生态补偿做专章规定。结合本省（区）森林资源的自然生态条件、不同生态区位以及社会经济发展水平，建立起有效的、切实可行的地方森林生态补偿制度。

第六章　西北生态脆弱区流域生态补偿法律机制实证研究
　　——以石羊河流域为例

一、西北生态脆弱区河流及流域生态状况

1. 西北生态脆弱区河流分布情况

　　西北生态脆弱区河流密布，但由于地处欧亚大陆腹地，属典型性大陆性气候，降水稀少，干旱较为严重，部分地区全部水资源尚难维持当地生态系统的基本平衡，属于生态环境极度脆弱地区。西北地区的河流除黄河、长江水系外主要由两大部分构成：一是内陆河，二是国际河流。

　　（1）内陆河。西北生态脆弱区的内陆河主要是河西地区的三大内陆河即黑河、疏勒河、石羊河以及青海湖水系。

　　①黑河。黑河是河西走廊第一大河，发源于南部祁连山中段，流经青海、甘肃、内蒙三省区，流域北与蒙古国接壤，东西分别与石羊河、疏勒河为邻，流域面积14.29平方千米。其中划分为中西部子水系和东部子水系，流域面积分别是2.7万平方千米和11.6万平方千米。中西部子水系包括6河3坝及11条小河沟，较大6河从西向东依次为讨赖河、洪水河、红山河、观山河、丰乐河、马营河，其中西部3河流域面积2.1万平方千米，归宿于酒泉盆地及金塔盆地；中部流域面积0.6万平方千米，归宿于肃南明花——高台盐池盆地。东部子水系包括黑河干流、梨园河及20多条沿山支流。黑河干流发源于祁连山北麓，全长821千米。黑河流域出山口多年平均径流量36.34亿立方米，地下水资源与河川径流不重复量3.99亿立方米，天然水资源总量40.33亿立方米。中西部子水系出山口多年平均径流量11.59亿立方米，地下水资源与河川径流不重复量0.66亿立方米，流域水资源总量12.25亿立方米。东部子水系出山口多年平均径流量24.75亿立

方米，地下水资源与河川径流不重复量 3.33 亿立方米，流域水资源总量 28.08 亿立方米。①

②疏勒河。疏勒河是河西走廊第二大河，发源于祁连山，西流进入河西走廊。流域西至河西走廊西端星星峡与新疆哈密地区相邻，东接黑河水系讨赖河与嘉峪关相连，南依青海柴达木盆地北缘祁连山，北靠马鬃山与蒙古接壤，流域面积 12.45 万平方千米。疏勒河水系自东向西主要由干流和支流党河组成。干流发源于祁连山系的拖来南山南麓，最终注入哈拉诺尔湖，干流全长 670 千米，地表径流量 9.73 亿立方米。党河发源于党河南山北麓，全长 390 千米，地表径流量 3.52 亿立方米。疏勒河全流域地表径流 13.25 亿立方米，地下水资源与地表水资源不重复 0.44 亿立方米，水资源总量 13.69 亿立方米。②

③石羊河。石羊河是甘肃省河西走廊第三大河，起源于南部祁连山，消失于巴丹吉林和腾格里沙漠之间的民勤盆地北部，河流全长 250 千米，流域位于甘肃河西走廊东端（下文详述）。

④青海湖水系。青海湖是我国最大的咸水湖，与流入湖区的环湖诸河，构成青海湖水系。青海湖流域位于青藏高原东北部，四面为高山环抱，北面和东面以大通山、日月山为界与黄河流域为邻，西面和南面以天峻山、青海南山与柴达木盆地相连，流域面积 2.97 万平方千米。其中山区占 69%，河谷平原占 31%。青海湖区位于流域东南部，东西长 109 千米，南北宽 65 千米。青海湖流域环湖多年平均径流量为 16.12 亿立方米，地下水年平均补给量 6.15 亿立方米，环湖河流水资源总量为 22.27 亿立方米。流入青海湖区的河流，其中较大的有布哈河、沙柳河、哈尔盖河、乌哈阿兰河、黑马河，流域面积合计 1.9 万平方千米，占青海湖流域面积的 60%，多年平均径流量 13.4 亿立方米，占青海湖流域的 83%。③

（2）国际河流。西北生态脆弱区的国际河流主要分布于我国的新疆地区，主要有塔里木河、额尔齐斯河、伊犁河与额敏河。

①塔里木河。塔里木河位于新疆南部地区，是环塔里木盆地的阿克苏河、喀

---

① 李国英：《维持西北内陆河：健康生命》，黄河水利出版社 2008 年版，第 35—41 页。
② 李国英：《维持西北内陆河：健康生命》，黄河水利出版社 2008 年版，第 32—35 页。
③ 李国英：《维持西北内陆河：健康生命》，黄河水利出版社 2008 年版，第 29—32 页。

什噶尔河、叶尔羌河、和田河、开都河—孔雀河、迪那河、渭干河、库车河、克里雅河和车尔臣河九大水系144条河流的总称，国内流域面积100.3万平方千米（流域总面积102万平方千米），其中山地占47%，平原占20%，沙漠占33%。塔里木流域主要分为源流区、干流去、盆地荒漠区三个区划单元。全流域多年平均地表水资源348.98亿立方米，几乎全部集中于源流区，达348.93亿立方米。其中阿克苏河、叶尔羌河、和田河、开都河—孔雀河分别为95.33亿立方米、75.61亿立方米、45.04亿立方米、40.75亿立方米，四源流合计地表水资源256.73亿立方米，占全流域地表水资源总量的73.6%。全流域地下水资源与河川径流不重复量20.29亿立方米，主要集中在源流地区，达19.93亿立方米。其中，阿克苏河、叶尔羌河、和田河、开都河—孔雀河分别为11.36亿立方米、2.64亿立方米、2.34亿立方米、1.81亿立方米，四源流合计地下水资源与河川径流不重复量18.15亿立方米，占全流域总量的89.5%。全流域水资源总量为369.22亿立方米，主要集中在源流区，达368.69亿立方米。其中阿克苏河、叶尔羌河、和田河、开都河—孔雀河分别为106.69亿立方米、78.25亿立方米、47.38亿立方米、42.56亿立方米，四源流合计水资源总量274.88亿立方米，占全流域水资源总量的74.4%。

②额尔齐斯河。额尔齐斯河位于阿勒泰山南麓诸河，是新疆也是我国唯一注入北冰洋水系的外流河，它是鄂毕河的最大支流。额尔齐斯河最上游叫库依尔特斯河，发源于富蕴县东北处，由北向南流，在可可托海处与支流卡依尔特斯河汇合，出山口后沿着阿勒泰山南麓，以东南向西北流，沿城有喀拉额尔齐斯河、克兰河、布尔津河、哈巴河等支流从北岸汇入干流，呈梳状水系，干流南岸是干燥荒漠平原，无支流汇入，下游流入哈萨克斯坦（其中包括哈巴河上游等国外部分）。①

③伊犁河。伊犁河在中亚西亚内陆河区，位于我国天山西部，上游有三大支流：特克斯河、巩乃斯河和哈什河。特克斯河是主流，发源于腾格里峰北侧，由西向东流，后折向北流，与巩乃斯河汇合称伊犁河，由西向东流至雅马渡水文站

---

① 董雪娜、李雪梅等：《西北诸河水资源调查评价》，黄河水利出版社2008年版，第184页。

上游有哈什河汇入，雅马渡水文站以下，南北坡有数十条小河汇入，但只有少数几条水量较大的河在大洪水时才有水量注入。伊犁河下游流入哈萨克斯坦，最后注入巴尔喀什湖。①

④额敏河。额敏河位于我国天山西部的玛依力山的西北面、萨吾尔山的西面、塔尔巴哈台山的南侧三山环绕的三角地区，该河下游流入哈萨克斯坦共和国的哈拉湖，额敏河流域内除额敏河以外还有一些小的河流直接流出国境。②

2. 西北生态脆弱区流域生态状况

西北生态脆弱区降水稀少，河流便成为城乡居民生活、工农业生产重要的水源保证。以新疆为例，依托塔里木河、天山北麓诸河、吐鲁番与哈密盆地诸河的水源保障，新疆已建成环塔里木盆地经济带和天山北麓经济带，经济社会发展迅速，成为我国西部乃至中亚地区重要的工农业基地。如今，新疆的棉花产量已达全国总产量的一半以上，新疆以及中亚邻国经新疆入境东输的石油、天然气广泛供应我国华北、华东、华中等地区，成为我国重要的能源通道。同时，西北生态脆弱区广袤的沙漠是古已有之的重要地貌单元，正是塔里木河、疏勒河、黑河、石羊河下游绿洲阻挡从南疆通往内地的诸沙漠连成一片，才使得人类居住生活的地区与沙漠戈壁长期处于相对稳定与平衡的状态。③但随着人口过度增长，人工绿洲用水失控、过度超载放牧、工农业点源污染源的增多，西北生态脆弱区河流及流域生态状况较为严峻。

（1）天然绿洲萎缩。20世纪70年代至2001年，塔里木河干流台特玛湖以上断流长达320千米，由于塔里木河大部分径流被消耗于源流地区，进入干流水量减少，致使下游地区胡杨林、柽柳灌木林面积以每年5万亩至10万亩的速度减少；同时，在地下水位下降和超载过牧的双重压力下，四百多万亩草场退化。20世纪50年代至2000年，黑河上游修建大量水库，输入下游的水量由50年代的9亿立方米，减少至2亿立方米，致使地下水位下降，绿洲萎缩。再加之下游

---

① 董雪娜、李雪梅等：《西北诸河水资源调查评价》，黄河水利出版社2008年版，第185页。
② 董雪娜、李雪梅等：《西北诸河水资源调查评价》，黄河水利出版社2008年版，第184页。
③ 李国英：《维持西北内陆河：健康生命》，黄河水利出版社2008年版，第55—56页。

牲畜数量增长4—5倍,超载严重,胡杨林由75万亩减少至34万亩,灌木林由2000多万亩减少到300多万亩,80%~90%的草场荒漠化,下游额济纳绿洲面积由原来6302平方千米退化到目前的2144平方千米。

(2)湿地变沙漠。哈拉诺尔湖,历史上曾是疏勒河下游最大的河道湖,上距河源600千米,接纳干流与支流党河之水,湖面面积曾达100平方千米。20世纪60年代,随着干流双塔水库的建成和党河的开发,疏勒河在西湖乡以西断流,入湖水源被切断,导致哈拉诺尔湖干涸。黑河下游的西、东居延海随着入湖水量的减少,最终于1961年和1992年先后干涸沙化,并与巴丹吉林等周边沙漠连成一片。

(3)水质恶化。20世纪60年代以前,塔里木河干支流河水矿化程度均未超过1.0克/升,2000年全国水功能区划成果、1985年—1998年监测结果表明,其中1克—3克/升的微咸水占年径流的44.2%,3克—5克/升半咸水占16.9%,大于5.0克/升的咸水占4.0%。当前,青海湖的污染物主要来源于工业企业、医院的直接排放。有数据表明,每年排放大青海湖带有细菌和有机物的医院污水1.445万吨,工业企业直接入湖污水11万吨,主要污染物年均排放量达486.8吨。①

流域作为一个生态系统,上游、中游的保护或破坏都会影响到下游的生态利益和经济利益,具有明显的外部性特征。外部成本和外部效益的协调问题,需要生态补偿机制实现。就西北生态脆弱区流域生态补偿而言,我们将选取水资源开发利用程度最高、用水矛盾最突出、生态环境问题最严重以及各级政府对其治理工作尤为重视的石羊河流域作为研究对象,对其进行生态补偿法律机制实证分析,旨在对西北生态脆弱区其他流域生态补偿法律机制的建立起到指引以及示范的作用。

二、补强西北生态脆弱区流域生态补偿机制之必要性和可行性

1.补强流域生态补偿机制之必要性

(1)石羊河流域自然地理环境。石羊河流域位于河西走廊东部,乌鞘岭以

---

① 李国英:《维持西北内陆河:健康生命》,黄河水利出版社2008年版,第80—92页。

西,祁连山北麓,东经 101°41′—104°16′,北纬 36°29′—39°27′之间。东南与甘肃省白银、兰州两市相连,西北与甘肃省张掖市毗邻,西南紧靠青海省,东北与内蒙古自治区接壤。石羊河发源于祁连山南山东部冷龙岭北坡,流向与山脉走向垂直,流域自东向西由大靖河、古浪河、黄羊河、杂木河、金塔河、西营河、东大河、西大河等八条上游支流及其汇集而成的下游石羊大河干流组成。流域总面积 4.16 万平方千米,占河西地区总面积的 15.4%。石羊河流域水资源总量为 16.59 亿立方米,包括地表天然水资源量及与地表水不重复的地下水资源量。其中地表天然水资源量为 15.6 亿立方米,与地表水不重复的地下水资源量为 0.99 亿立方米。加上景电二期延伸向民勤可调入水量 6100 万立方米和"引硫济金"调水 4000 万立方米,流域内现状可利用水资源量为 17.6 亿立方米。①

流域行政区划共涉及 4 市 9 县,主要包括金昌市金川区和永昌县,武威市凉州区、民勤县、古浪县及天祝县的部分地区,张掖市肃南县、山丹县的部分地区,以及白银市景泰县的部分地区。流域主要分属金昌、武威两市,金昌是闻名世界的"镍都",武威则是农业(产业)大市。流域内交通便利,物产丰富,有色金属工业及农业产业化发展迅速,是河西内陆河流域经济较繁荣的地区。

(2)石羊河流域存在的生态环境问题。受自然因素和人为因素特别是人为因素的影响,石羊河流域已出现较严重的生态环境问题,主要表现在:

①上游水源涵养林萎缩。石羊河流域上游祁连山区由于乱砍滥伐、过度放牧、开荒种植等原因,植被屡被破坏。最近调查发现,水源涵养林仅剩 550 平方千米左右,近 1500 平方千米的林草地被垦殖,山区的植被覆盖率降至 40%。不仅如此,祁连山灌木林线比 20 世纪 50 年代上升了 40 米,30% 的灌木林已出现草原化、荒漠化。森林被砍伐、草场被垦殖,直接导致石羊河上游区域的调节功能降低,水土流失面积增大,水源涵养能力持续下降。②

②生态用水环境恶化。石羊河流域地处大陆腹地,气候干旱,降水稀少,水

---

① 《甘肃省人民政府关于石羊河流域水资源分配方案及 2005~2006 年度水量调度实施计划的批复》,http://www.gs.xinhuanet.com/shiyanghe/2012-06/01/c_112095563.htm。
② 徐中民、李兴文等:《甘肃省典型地区生态补偿机制研究》,中国财政经济出版社 2011 年版,第 149 页。

第六章 西北生态脆弱区流域生态补偿法律机制实证研究

资源匮乏。流域平原区年降水量仅为 150~300 毫米，年蒸发量却高达 1300~2600 毫米，干旱指数在 52 以上，用水非常紧张，生态极为脆弱。使石羊河流域用水环境雪上加霜的是，流域人口在近 20 年里增加了 33%，农田灌溉面积增加了 30%，但水资源量不仅没有增加反而减少了 1% 左右，水资源供需矛盾更加尖锐，生态用水大大减少，导致流域生态环境急剧恶化。据测算，流域各类工程实际总供水量为 28.4 亿立方米，其中地表水 13.45 亿立方米，地下水 14.44 亿立方米，地下水年超采 5.6 亿立方米。上下游多次重复利用以及地下水的超采，流域水资源开发利用率高达 172%。① 而下游民勤盆地由于绿洲面积大幅度减少、地下水超采严重，其北部湖区生态已濒于崩溃，"罗布泊景象"已经局部显现。②

③水污染严重。随着流域内经济的快速发展和城镇化的提速，中游地区城市废水污水的排放量明显增加。2008 年，金昌市废水污水排放量高达 3364.42 万吨，武威市高达 2471.47 万吨。由于石羊河干流地表径流量小、流程短，河流环境容量小、自净能力弱，中游的大规模排污直接导致下游被严重污染，地表水水质（包括红崖山水库水质）基本为 V 类或劣 V 类。随着地表水水质的恶化，地下水质也受到不同程度的污染，民勤盆地北部地下水质不仅显著恶化，而且呈快速南侵之势，地下水水质的恶化使民勤的水资源危机更趋严重。③

④区域用水不平衡。流域经济和社会发展没有充分考虑流域水资源的整体承载能力及区域的平衡性，总用水和耗水规模偏大，中下游水资源配置不合理。多年来，中游灌溉面积持续扩大，大中小企业快速发展，耗水量激增。据统计，20 世纪 50 年代中游灌溉面积约 165 万亩，但 2003 年时已增加到 278 万亩，增长了 1.7 倍；总耗水量也由原来的 5.67 亿立方米增加到 2003 年的 10 亿立方米，增加近 2 倍。中游地区大规模的用水，导致下游民勤盆地可供消耗的水量严重不足，

---

① 《甘肃省人民政府关于石羊河流域水资源分配方案及 2005~2006 年度水量调度实施计划的批复》，http://www.gs.xinhuanet.com/shiyanghe/2012-06/01/c_112095563.htm。
② 冯祯文、李林山等：《自流井 芦苇荡 湿地——来自石羊河流域重点治理的报告》，http://gansu.gansudaily.com.cn/system/2011/11/24/012288151.shtml。
③ 甘肃省水利厅、甘肃省发展和改革委员会：《石羊河流域重点治理规划》（2007 年）。

仅为1亿立方米左右，中下游用水矛盾十分尖锐。①

2. 补强流域生态补偿机制之可行性

（1）存在协调流域合理用水的法律规定。《中华人民共和国水法》（2002）第4条规定："开发、利用、节约、保护水资源和防治水害，应当全面规划、统筹兼顾、标本兼治、综合利用、讲求效益，发挥水资源的多种功能，协调好生活、生产经营和生态环境用水。"水利部《关于贯彻落实〈中华人民共和国水法〉进一步加强水资源管理工作的通知》（2003），也要求加强水资源管理基础工作。各流域管理机构和省级水行政主管部门要高度重视水资源承载能力、水环境承载能力，选择条件比较成熟的流域或区域开展江河水量分配方案试点研究，加快省区行业用水定额编制工作，建立宏观控制和定额管理相结合的水资源管理指标体系。《甘肃省石羊河流域水资源管理条例》（2007，以下简称《石羊河流域水资源管理条例》）第9条规定："流域水资源分配应当统筹兼顾生活、生态和生产用水，正确处理上下游、左右岸的关系。"这些规定对协调、处理石羊河流域的用水调配及生态修复等发挥了重要的作用。

（2）管理机制比较健全。石羊河流域水资源实行流域管理和行政区域管理相结合，行政区域管理服从流域管理的管理体制。甘肃省人民政府专门设立石羊河流域管理委员会，集中统一管理石羊河流域的水资源工作；甘肃省水利厅石羊河流域管理局是管委会的办事机构，具体负责流域水资源管理工作。管委会的主要职责包括：一是审查核准流域综合规划和专业规划；二是指导监督流域水资源的保护和开发工作；三是审核批准流域年度水量调度方案；四是协调处理跨流域调水相关事宜；五是决定流域其他重大事项。管理局的主要职责包括：一是加强流域内水利工程的统一管理。流域内重要控制性水利工程由管理局负责建设、运行、调度和管理；市、县（区）水行政主管部门负责管理的水利工程须接受管理局的统一调度。二是加强流域地下水资源的统一管理。管理局全权负责审批和

---

① 徐中民、李兴文等：《甘肃省典型地区生态补偿机制研究》，中国财政经济出版社2011年版，第150页。

第六章 西北生态脆弱区流域生态补偿法律机制实证研究

管理流域地下水取水许可、旧井改造、报废机井重新改造启用以及变更取水井位等事宜。三是加强对流域内现有机井的统一管理。现有机井的井位、井深、开采层位和取水量等细节，均须管理局统一登记造册，建档管理。

（3）政府投入的流域治理资金使用成效显著。《石羊河流域水资源管理条例》第 6 条规定："流域内市、县（区）人民政府应当将水资源的保护、节约和利用纳入本行政区域国民经济和社会发展规划。省人民政府应当加大对流域综合治理项目、水利工程维护和节水投入资金的扶持力度，保障流域综合治理目标的实现。"第 12 条规定："流域内各级人民政府应当积极筹措资金，实施跨流域调水。跨流域调入的水资源，谁投资谁使用。"目前，为了保障石羊河水资源的可持续利用，各级政府都投入资金，对石羊河流域进行保护与治理。2006 年，国家安排资金 3 亿元，启动了石羊河流域重点治理应急项目；2008 年，甘肃省财政安排 3700 多万元用于关闭机井补助。同时基层政府积极争取治理资金，完成重点工程的建设。如 2012 年，武威市凉州区争取石羊河流域重点治理项目到位资金 10086 万元，并通过黄羊灌区节水改造工程计划改建干支渠 63.8 千米，实施田间节水面积 22.27 万亩，完成投资 26151 万元。①

根据《石羊河流域重点治理日光温室建设项目补助资金使用管理办法》及《补充说明》的规定，验收合格的日光温室每标准亩补助资金 5000 元；拱型温室每标准亩补助资金 3000 元；养殖小区内的养殖暖棚每标准棚补助资金 5000 元，前庭后院式养殖暖棚每标准棚补助资金 3000 元。武威市凉州区依据甘肃省发改委批复的《石羊河流域重点治理凉州区 2007～2010 年度日光温室调整方案》，截止 2011 年底共完成投资 13586.29 万元，铺设养殖暖棚室外输水管网 76 千米，铺设高、低压线路 80 千米，架设变压器 210 台，修建"U"型渠道 138.3 千米，修建园区砾石道路 40 千米，完成纯河水灌溉区水窖 438 座，完成日光温室棚内蓄水池 1341 座。②

---

① 郑茂瑜：《凉州完成石羊河流域重点治理任务》，http：//www.gs.xinhuanet.com/dfwq/wuweishi/liangzhouqu/liangzhouqu/2012-12/26/c_114155156.htm。
② 郑茂瑜：《凉州完成石羊河流域重点治理任务》，http：//www.gs.xinhuanet.com/dfwq/wuweishi/liangzhouqu/liangzhouqu/2012-12/26/c_114155156.htm。

（4）广泛的行政首长负责制。《石羊河流域水资源管理条例》第 10 条规定："流域水资源分配方案和旱情紧急情况下的水量调度预案，由流域管理机构会同流域内各市人民政府编制，经流域管理委员会审核后，报省人民政府批准。批准的水资源分配方案是确定行政区域取水许可总量控制的依据。水资源分配方案和水量调度预案一经批准，有关人民政府应当执行。"第 11 条规定："年度水量调度方案的执行由管理委员会与流域内各市人民政府签订责任书，实行地方行政首长负责制和责任追究制。"甘肃省《关于石羊河流域地表水量调度和地下水削减开采量实行地方行政首长责任制的规定》也明确指出：各级人民政府行政首长对辖区内石羊河流域水资源分配方案的贯彻实施必须切实负起责任，确保完成水资源分配方案确定的各项指标，任务完成情况纳入各级政府目标考核内容，实行行政首长目标责任制。石羊河流域年度水资源分配方案的落实，市级人民政府行政首长与流域管理委员会签订目标任务书，县区级人民政府行政首长与市级人民政府签订目标任务书。

同时，地方政府也在加强石羊河流域治理工作中行政首长负责制的研究及应用。如武威市在深入调查研究的基础上，建立了与石羊河流域综合治理相适应的领导班子和领导干部考核评价办法，把推进石羊河流域综合治理的硬任务、硬指标纳入考核内容。

（5）丰富的流域管理措施。经多年的实践和探索，石羊河流域已形成了多项较为完善的管理措施，主要包括：

①流域水量分配与控制。石羊河流域水资源非常短缺，以水资源为核心的生态环境问题非常严重。但是，水资源开发、利用的无序与混乱也是造成当地生态环境快速恶化的重要原因。石羊河流域建立起水循环条件下的水量分配制度，有利于水资源利用秩序的良性发展，为流域治理和长期的发展奠定了基础（具体水量分配方案详见表 6 - 1）。

表6-1 石羊河流域水量分配方案表① (单位: 万立方米)

县（区）			生活配水	工业配水	基本生态配水	农业配水	合计	预留水量
总计			13272	23601	8505	107738	153116	7316
出山口以下	合计		12285	23103	8399	104937	148724	7316
	武威市	小计	9389	7991	6792	82503	106675	
		凉州区	6373	6330	4030	53425	70158	
		民勤县	1955	816	2096	23505	28372	
		古浪县	1061	845	666	5573	8145	
	金昌市	小计	2883	15112	1607	21400	41002	
		金川区	1302	12137	329	3492	17260	
		永昌县	1581	2975	1278	17908	23742	
	张掖市	小计	13			1034	1047	
		山丹县				915	915	
		肃南县	13			119	132	
出山口以上	合计		987	498	106	2801	4392	
	武威市	凉州区	73	37	69	1324	1503	
		古浪县	413	40	26	322	801	
		天祝县	372	355		77	804	
	张掖市	肃南县	129	66	11	1078	1284	
全流域总水量	合计		13272	23601	8505	107738	153116	7316
	武威市	小计	10247	8423	6887	84226	109783	
		凉州区	6446	6367	4099	54749	71661	7316
		民勤县	1955	816	2096	23505	28372	
		古浪县	1474	885	692	5895	8946	
		天祝县	372	355		77	804	

---

① 甘肃省水利厅、甘肃省发展和改革委员会：《石羊河流域重点治理规划》(2007年)。

(续表)

县（区）			生活配水	工业配水	基本生态配水	农业配水	合计	预留水量
全流域总水量	金昌市	小计	2883	15112	1607	21400	41002	7316
		金川区	1302	12137	329	3492	17260	
		永昌县	1581	2975	1278	17908	23742	
	张掖市	小计	142	66	11	2112	2331	
		山丹县				915	915	
		肃南县	142	66	11	1197	1416	

表6-3 武威市工业用水分行业配置方案① （单位：万立方米）

年份 行业	2008年	2009年	2010年	2011年	2012年	2015年
全部工业	16165	18147	18389	20474	23037	34000
食品工业	9924	10614	10683	11871	13371	18143
造纸工业	1027	1180	1193	1290	1383	1818
其它轻工业	1202	1320	1343	1468	1625	2402
纺织工业	547	570	573	604	636	895
能源工业	1104	1400	1427	1733	2048	4905
化工工业	624	726	762	867	1020	1483
建材工业	328	800	820	964	1097	1598
冶金工业	756	832	859	918	1027	1526
机械工业	430	463	476	488	537	792
医药工业	223	242	253	271	293	440

②水资源的有偿使用。为了充分发挥经济杠杆的调节作用，促进计划用水和节约用水，从2006年1月1日起开征流域内农业灌溉地下水水资源费。使用地下水的农业灌溉取水单位和个人，如超过批准取水量取水的，实行累进加价征收

---

① 参见《武威市人民政府关于印发武威市工业用水规划（2008～2015年）的通知》。

第六章 西北生态脆弱区流域生态补偿法律机制实证研究

水资源费。① 同时,提高城市供水价格。以武威市为例,2007年武威市提高了全市的供水价格。武威市凉州区平均水价由1.326元/吨调整为1.85元/吨,上调幅度65.91%,分类价格为:居民生活用水由1.10元/吨调整为1.50元/吨;行政事业单位用水由1.30元/吨调整为1.75元/吨;经营性用水由2.4元/吨调整为2.90元/吨;工业用水由1.40元/吨调整为1.90元/吨;特种行业用水由6.0元/吨调整为12.0元/吨。民勤县由1.90元/吨调整为1.97元/吨,上调幅度3.68%,分类价格为:居民生活用水由1.46元/吨调整为1.60元/吨;行政事业单位用水由1.96元/吨调整为2.30元/吨;经营性用水由2.66元/吨调整为3.20元/吨;特种行业用水由2.66元/吨调整为6.0元/吨。②

③积极促进节水技术的推广。第一,推广节水技术和节水器具,发展节水型农业、工业和服务业,建立节水型社会。第二,建立节水投入保障和激励机制,通过节水专项奖励、财政补贴、减免有关事业性收费等政策,促进节水工作的开展。第三,发展高效节水型农业,推广种植低耗水农作物,合理控制养殖规模,实行小畦灌溉,提高农业用水效率。第四,禁止建设高耗水、高污染工业项目,已建的应当限期进行改造,建立循环用水系统,提高水的重复利用率。第五,建设城市污水处理和中水回用设施,建筑面积在3万平方米以上的商场、宾馆、高

---

① 根据《甘肃省取水许可和水资源费征收管理办法》第20条规定:"直接从江河、湖泊或者地下取用水资源从事农业生产的,在农业生产用水限额内的取水,不征收水资源费。超过农业生产限额部分的取水应当缴纳水资源费,水资源费征收标准为:内陆河流域:地表水0.002元/立方米,地下水0.005元/立方米。"第21条规定:"取水人应当依据批准的年度计划取水量取水,超过批准取水量的,按下列标准累进加价征收水资源费:超过批准的年度用水计划取水量10%~30%的,对其超取的水量加价1倍征收水资源费;超过批准的年度用水计划取水量30%~50%的,对其超取的水量加价2倍征收水资源费;超过批准的年度用水计划取水量50%以上的,对其超取的水量加价3倍征收水资源费。"

② 古浪县由1.34元/吨调整为2.08元/吨,上调幅度55.22%;分类价格为:居民生活用水由1.10元/吨调整为1.80元/吨;行政事业单位用水由1.50元/吨调整为2.30元/吨;经营性用水由2.40元/吨调整为3.20元/吨;工业用水由1.40元/吨调整为2.80元/吨;特种行业用水由6.0元/吨调整为8.0元/吨。天祝县由1.43元/吨调整为1.73元/吨,上调幅度20.98%。分类价格为:居民生活用水由1.05元/吨调整为1.40元/吨;行政事业单位用水由1.50元/吨调整为1.70元/吨;经营性用水由2.20元/吨调整为2.60元/吨;工业用水由1.40元/吨调整为1.80元/吨;特种行业用水由6.0元/吨调整为8.0元/吨。参见《武威市城市供水价格改革方案》(2007年)。

层住宅等，建筑面积在 5 万平方米以上的机关、企事业单位，建筑面积在 10 万平方米以上的住宅小区，必须安装中水回用设施。第六，城镇居民生活用水须按户安装节水器具，分户收费，禁止实行包费制。①

（6）退耕还林草补偿初见成效。石羊河流域与祁连山冰雪融水密切相关，流域内各级人民政府对此有清晰的认识。所以，各市、县（区）都自觉执行《甘肃省祁连山国家级自然保护区管理条例》，加大对祁连山区生态环境保护的力度，以提高林草覆盖率，减轻水土流失，增强水源涵养能力。随着退耕还林草等工程的逐步推进，以及对乱砍滥伐和随意采矿采药等行为的禁止或限制，生态修复和保护的成效已初步显现。根据"条例"规定，流域上游海拔 2600 米以上地区要退耕还林还草，流域沙漠沿线 5 千米—10 千米区域内要采取退耕、搬迁、封育等措施恢复生态。以天祝为例，近年来，天祝藏族自治县进一步加强了石羊河流域源头综合治理工作，结合三北防护林四期、天然林保护工程、重点生态公益林建设工程以及退耕还林草工程等项目，动员全社会的力量，掀起了生态修复和保护的新一轮高潮。据统计，天祝全县已完成退耕还林 16.32 万亩，并建成哈溪小脑皮沟和朵什旱泉沟等生态修复试验示范区，天祝县森林覆盖率达到 38.26%。同时，天祝县实施退牧还草工程，已建成草原围栏 510 万亩，草原补播改良 147 万亩，草原综合治理 200 万亩。天祝县退耕还林草补偿初见成效，水源涵养功能逐步增强，生态环境正在改善。② 再譬如，民勤县为改善生态环境，采取重点防治与区域防治相结合、工程措施与生物措施相结合等治理措施，全力打造绿洲生态防护体系。截至 2010 年，民勤县共完成退耕还林 31.43 万亩，全县森林覆盖率已由 2006 年的 10.86% 提高到 2010 年的 11.52%。③

---

① 参见《甘肃省石羊河流域水资源管理条例》，第 25—30 条。
② 石羊河流域的金塔河、杂木河、黄羊河、古浪河、大靖河、西营河 6 条内陆河均发源于天祝县境内的祁连山。天祝县的水源涵养林被誉为石羊河流域的"绿色保姆"。参见马顺龙、文占军：《天祝县以石羊河流域源头综合治理为主线实施生态立县》，http://www.foods1.com/content/1379580/。
③ 冯志军、朱世强：《甘肃民勤构建绿洲防护体系 逐步实现治沙增收》，中国新闻网，2011 - 7 - 29。

三、西北生态脆弱区流域生态补偿机制之缺失

1. 流域生态利益相关方不明确

生态补偿利益相关方的界定是流域生态补偿机制构建的基础与前提，而流域生态服务功能是确定生态补偿利益相关方以及生态补偿方式的基础。根据流域植被和使用方式的差异，按照服务的使用范围将流域的生态服务功能划分为：服务流域当地、流域下游、全国或者全球范围。同时，流域是以水资源为主体的、动态的生态系统，它拥有水源涵养、水土保持、生物多样性保护、水调节、休闲娱乐等多种生态服务功能。这些服务是人类赖以生存与发展的重要物质基础和保障。

但目前颁布的《石羊河流域重点治理规划》《石羊河流域水资源管理条例》《石羊河流域水事协调规约》《武威市2008年水资源配置和完善水权制度的意见》等政策法规都未对石羊河流域的生态功能进行明确的定位，无法界定石羊河流域生态补偿的相关利益方，从而为进一步构建石羊河流域生态补偿的法律机制造成了一定的困难。

2. 补偿方式单一，资金不足

生态补偿的方式和模式是实施生态补偿的核心内容，是解决如何补的关键所在。生态补偿方式是生态补偿的具体形式，在国内外的实践中，生态补偿的形式很多，归纳起来主要是五种：资金补偿、实物补偿、政策补偿、项目补偿、智力补偿。随着人们对流域生态服务价值的认识和探索的深入，流域生态补偿的四种模式也在世界上不同国家或地区孕育而生。一是自发组织的私人贸易。私人贸易主要指生态受益方与提供方之间的直接交易，包括流域中下游的生态受益者与上中游的直接偿付体系。该模式市场化程度较高，要求有清晰的产权和"游戏规则"，是一种典型的市场补偿。二是开放式的贸易体系。在环境标准确定后，超标的部门和未达标的部门之间即可进行开放式的交易。该模式亦属于市场补偿。

三是公共支付体系。流域生态补偿最重要的补偿主体依然是政府,政府提供项目基金或直接投资的补偿,对重要的流域或水源区而言不可或缺。四是生态标记。生态标记是对生态服务的间接支付方式①,通常情况下,消费者还是愿意花费较高的价格购买经过认证的产品。这四种模式总体来说分为两大类:一类是以政府为主导的生态补偿模式即公共支付体系;另一类是以市场为主导的生态补偿模式:即自发组织的私人贸易、开放式的贸易体系和生态标记。

在石羊河流域生态补偿实践中,目前主要是上游祁连山自然保护区的森林生态效益补偿、天然林保护工程的生态补偿以及退耕还林草补偿,主要采用的是资金补偿方式以及政府公共支付体系的补偿模式。虽然资金补偿是最常见的补偿方式,具有直接、高效、实用的特点②,但对于石羊河流域整体发展帮助并不大,无法促进该区域的可持续发展。

同时,根据生态保护过程中农牧民的机会成本、实施生态补偿的交易成本与实施成本,石羊河上游及下游地区实施生态补偿第一年所需经费大约为11128.02万元(详见表6-4),数额巨大。尽管目前情况下财政转移支付是生态补偿的主要资金来源,但是生态补偿没有列入财政转移支付的项目,不属于当前中国财政转移支付的10个最重要的因素(经济发展程度、都市化程度、少数民族人口比例等)。③ 而甘肃省又属于欠发达省份,难以拿出巨额资金用于生态修复和补偿。④ 显然,仅仅依靠公共支付体系、以政府为主导的补偿模式筹集的资金,已

---

① 郑海霞:《中国流域生态服务补偿机制与政策研究——基于典型案例的实证分析》,中国经济出版社,2010年版,第24—25页。
② 有数据表明,石羊河流域近43%的被调查农户最愿意接受的补偿的方式为资金补偿。参见徐中民、李兴文等:《甘肃省典型地区生态补偿机制研究》,中国财政经济出版社2011年版,第172页。
③ 郑海霞:《中国流域生态服务补偿机制与政策研究——基于典型案例的实证分析》,中国经济出版社2010年版,第86页。
④ 2012年,甘肃省预计实现地区生产总值5569亿元,不到发达省份地级市的一半。参见《甘肃省2013年政府工作报告》;而苏州市完成地区生产总值1.2万亿元,参见《苏州市2013年政府工作报告》。

无法满足石羊河流域生态补偿现实的需求。①

表6-4　石羊河流域实施生态补偿总资金需求及分配②

补偿区域	种植损失（万元）	畜牧损失（万元）	补偿总额（万元）	交易成本（万元）	实施成本（万元）	总经费需求（万元）
石羊河上游	146.45	463.47	609.92	30.49	159.98	800.39
民勤	2638.59	6400.5	9039.09	451.96	836.58	10327.63
总计	2785.04	6863.97	9649.01	482.45	996.56	11128.02

3. 流域水资源保护范围狭窄

水资源包括地表水和地下水。鉴于石羊河流域地表水匮乏、地下水超采严重的现实，当前该流域水资源的保护，集中在地表水的水量控制以及地下水的超采控制。根据《石羊河流域重点治理规划》，全流域要积极调整用水结构，并根据现有水量进行水资源的分配。到2020年，全流域用水结构（生活：生态：工业：农业）由2010年的4.6：6.1：12.0：77.3，调整为6.6：6.9：16.4：70.1。2020年，武威、金昌两市出库断面可分配水资源量15.31亿立方米，具体为：凉州区7.30亿立方米，民勤县2.96亿立方米，古浪县0.7亿立方米，金昌市4.35亿立方米。同时，各级政府以规划为基础相继公布了《石羊河流域地表水量调度管理办法》《武威市行业用水定额（试行）》等政策法规。另外，"十一五"以来按照《石羊河流域防沙治沙及生态恢复规划》，石羊河流域累计关闭乳井3318眼，安装地下水计量设施1.36万套，在地下水禁止开采区内除保留人畜饮水和生态用水机井外，其他机井有计划地关闭；在限制开采区内禁止新打机井，严格

---

① 2005年，浙江省人民政府颁布了《关于进一步完善生态补偿机制的若干意见》。成为全国第一个在省域范围内由政府提出完善生态补偿机制意见的省份。正是在《意见》的指引下，浙江省财政共安排生态环保专项资金累计133.21亿元，安排生态环保财政转移支付资金26亿元，有力的推进了浙江省的生态建设。参见黄平：《浙江加快推进生态文明建设》，http://paper.ce.cn/jjrb/html/2010-04/04/content_102201.htm.

② 徐中民、李兴文等：《甘肃省典型地区生态补偿机制研究》，中国财政经济出版社2011年版，第171页。

控制旧井更新。① 但是水资源保护利用必然与水污染的防治密切相关，因此，水资源保护不仅要有量的控制，还要有质的要求。显然，目前石羊河流域水资源保护范围较为狭窄，与健全的生态补偿机制的要求不相适应。

四、完善西北生态脆弱区流域生态补偿法律机制之构想

1. 明确流域生态补偿利益相关方

根据学者的研究，流域提供的生态环境服务功能包括流域水土保持、水流调节、水质提高、景观价值、关键生态功能保护、碳固定、生物多样性保护等（详见表6-5）。

细言之，石羊河流域的生态服务功能主要包括以下几个方面：一是水土保持。石羊河上游祁连山区的森林对降水的阻隔和截留，大大降低了降水对地表的侵蚀，对地表土壤的冲击力明显减少，因而降低了对土壤的冲刷并组织水流的运动，起到保持土壤减少水土流失的作用。二是调节水的供给。石羊河上游祁连山区的森林对山区降水、地下水和冰雪融水的径流通过拦截与调节，使地表径流流量趋于稳定，每年有11亿立方米的出山水通过大靖河、古浪河、黄羊河等支流源源不断地供给，保障流域中下游生活生产用水。② 三是关键生态功能保护。石羊河下游的民勤地区，东、西、北三面被腾格里和巴丹吉林沙漠包围，其重要的地缘位置是控制两大沙漠合围的关键点，由于长期缺水、植被破坏，民勤已经成为中国沙尘暴的策源地之一。毫无疑问，要使民勤真正能够"控制"两大沙漠合围的趋势，使其成为西北地区乃至全国的生态屏障，石羊河流域民勤地区的生态建设亟待加强。显然，良好的石羊河流域生态及其服务功能无疑会从服务流域当地以及下游地区，扩展到全国。

---

① 何成军、赵勇忠：《水权杠杆撬出增收空间：石羊河流域治理系列报道之"节水"》，http://gansu.gansudaily.com.cn/system/2011/12/07/012305428.shtml。
② 徐中民、李兴文等：《甘肃省典型地区生态补偿机制研究》，中国财政经济出版社2011年版，第162、151页。

第六章 西北生态脆弱区流域生态补偿法律机制实证研究

表6-5 流域生态服务功能表①

改善的流域管理提供的生态服务功能	生态环境服务的使用者			
	流域当地	流域下游	全国	全球
流域水土保持（保持土壤、肥力）	√			
水流调节（防洪、枯水季节增加）	√	√		
水质提高（河道湖泊淤积减少、水浑浊度降低）	√	√	√	
景观价值（游憩）	√		√	
关键生态功能保护（候鸟中转地、沙化屏障、地下水保护区，或其他未知的生态系统服务）			√	√
碳固定（森林立木）			√	√
生物多样性（野生动植物栖息地）			√	√

综上，根据石羊河流域生态服务功能，石羊河流域补偿主体应包括流域内各个地区和全国受益地区，生态补偿包括中、下游对水源区的补偿，中游过度用水和水污染对下游生态破坏的补偿，以及全国受益地区对整个流域生态服务的补偿。

2. 扩展补偿模式以及方式

在目前条件下，政府与市场的共同作用对于石羊河流域建立生态补偿机制具有十分积极的意义。在流域统一管理的基础上，利用市场需求驱动和政府的推动与引导，通过完善流域补偿的中间环节，构建上下游积极的利益激励机制和畅通的反馈渠道，促进多方面利益相关者的参与，最终建立以政府为主导、市场为补充的流域补偿模式。

（1）完善以政府为主导的补偿模式。以政府为主导的补偿模式在石羊河流域发挥了重大的作用，但是其瑕疵也是较为明显的。我们认为，应该从以下几方面着力完善之。

①推动财政转移支付的常态化。财政转移支付是以政府为主导的补偿模式下最主要的资金来源途径，国内外均有实践案例。在德国易北河流域的生态补偿实

---

① 郑海霞：《中国流域生态服务补偿机制与政策研究——基于典型案例的实证分析》，中国经济出版社2010年版，第24页。

践中，德国多方筹集资金，其中就包括财政转移支付。2000 年，德国环保部拿出 900 万马克支付给捷克，用于建设捷克与德国交界的城市污水处理厂，即为实例。在国内，2006 年，云南、贵州、广西和广东 4 省区政协主席与政协委员联合提案：《关于建立珠江流域生态补偿机制，由广东向广西、云南、贵州提供流域生态补偿的建议》。针对珠三角严重的"咸潮"，提案建议广东省应当尽快建立珠江流域生态补偿机制，向广西、云南、贵州提供生态补偿。资金可从珠三角发达地区按地税的万分之三征收。①

就石羊河流域而言，虽然 2006 年国家安排资金 3 亿元，启动了石羊河流域重点治理应急项目；2008 年，甘肃省财政安排三千七百多万元用于关闭机井补助，但未见常态化的财政转移支付。所以，通过多种手段促进财政转移支付的常态化，显得十分必要。鉴于甘肃各级政府财政支付能力十分有限，秉承受益者（损害者）补偿原则，主要从石羊河中游武威等市的地税收入中提取适当的比例，纳入生态补偿资金中。甘肃省当前未有相应的规章或实践可供参考，可参照《关于建立珠江流域生态补偿机制，由广东向广西、云南、贵州提供流域生态补偿的建议》规定的比例。2011 年广东省税费收入 6079 亿元，地税收入 4248 亿元，其中珠三角占 88%②，为 3738 亿元，按照万分之三的比例计算生态补偿资金为 1121 万元。而 2012 年甘肃全省地税税费总计 579.2 亿元③，仅为广东省 2012 年地税收入的 8.5%（2012 年广东全省地税系统累计税费收入 6804 亿元④），可以按照此比例，计算出从税费收入中提取的石羊河流域生态补偿资金的比例应为地税收入的万分之 0.26。以此为标准进行计算，如 2012 年金昌地税

---

① 郑海霞：《中国流域生态服务补偿机制与政策研究——基于典型案例的实证分析》，中国经济出版社 2010 年版，第 56 页。
② 黄颖川：《珠三角占 88% 欠发达地区增速达 24%》，http：//epaper. nfdaily. cn/html/2012 -01/04/content_ 7045171. htm。
③ 卢吉平：《去年全省地税税费收入 579 亿元》，http：//gsrb. gansudaily. com. cn/system/2013/01/04/013577268. shtml。
④ 何颖思：《广东 2012 年地税收入发布》，http：//gzdaily. dayoo. com/html/2013 - 01/05/content_ 2100055. htm。

第六章 西北生态脆弱区流域生态补偿法律机制实证研究

收入 26.08 亿元①，武威市地税收入 21.9 亿元②，生态补偿的费用应分别为 67808 元、56940 元。

当然，鉴于石羊河流域在全国生态建设中的重要地位以及石羊河流域生态的外溢效应，国家财政转移支付的常态化更显重要。国家每年拿出一定的资金专项用于石羊河流域的生态修复和补偿，实在是一件功在当代、利在千秋的大事。

②完善水环境的水费补偿形式。国内各省为维护水源涵养林一级维持水环境的生态需求，建立了多种形式的水环境水费补偿模式。2004 年，浙江省绍兴市出台的《汤浦水库水环境保护专项资金管理暂行办法》规定，从 7 月 1 日起，在水费中按 0.015 元/吨的标准提取汤浦水库环境保护专项资金，2006 年市政府又将其提高到 0.03 元/吨。③《办法》规定，在每年的 12 月底之前，市水务集团应当一次性把资金划入专项资金账户，专项用于水库水环境的保护，诸如生态恢复、生活垃圾（污水）处理、农业面源污染综合治理等等。2004—2006 年，绍兴市共有六百余万元专项资金用于上游污染治理补助。陕西省耀县水利部门和水土保持部门年征收 10% 的水资源收入，给林业部门用于重要水源地生态林的保护和管理。在广东省的曲江县，政府从自来水公司收取一定的费用，用于对水源区农户保护流域水环境的补偿，自来水公司收取 0.01 元/吨，水电站收取 0.005 元/千瓦·小时。④

甘肃也有类似的规定。《甘肃祁连山国家级自然保护区管理条例》（2002）第 24 规定："建立祁连山自然保护区水源涵养林补偿制度，从祁连山水源涵养林受益地区征收的水资源费总额中提取 3%，用于保护区水源涵养林的保护和发展，专款专用。"根据《甘肃省取水许可和水资源费征收管理办法》的规定，水

---

① 赵吉仁：《去年金昌地税收入突破 26 亿元》，http：//roll.sohu.com/20130111/n363130174.shtml。
② 赵勇忠：《武威地方税费收入破 20 亿元大关》，http：//szb.gsjb.com/jjrb/html/2013-01/09/content_94702.htm。
③ 2012 年 12 月 7 日，绍兴市人民政府办公室发布《绍兴市汤浦水库水源环境保护专项资金管理办法》，该资金管理办法规定，市级财政每年统筹安排不低于 1000 万元的水源环境保护专项资金。
④ 郑海霞：《中国流域生态服务补偿机制与政策研究——基于典型案例的实证分析》，中国经济出版社 2010 年版，第 68—69 页。

资源费的征收按照水资源使用的内容而有所区别。第一，工业、服务业、商业、建筑业、火力发电循环式冷却和城镇生活用水，按照实际取水量征收水资源费，征收标准为：工业、服务业、商业、建筑业和火力发电循环式冷却用水，除兰州市外其他地区地表水 0.10 元/立方米，地下水 0.15 元/立方米；石油生产用水为地表水 0.25 元/立方米，地下水 0.40 元/立方米；城镇生活用水为除兰州市外其他地区地表水 0.10 元/立方米，地下水 0.15 元/立方米。第二，水力发电和火力发电贯流式冷却用水按照实际发电量征收水资源费，征收标准为：装机容量在 5 万千瓦以上的大中型水力发电用水 0.005 元/千瓦·小时，其他发电用水 0.003 元/千瓦·小时；火力发电贯流式冷却用水 0.001 元/千瓦·小时。第三，取用供水工程的水从事农业生产的，按照实际用水量征收水资源费。征收标准为：地表水 0.001 元/立方米，地下水 0.002 元/立方米。第四，直接从江河、湖泊或者地下取用水资源从事农业生产的，在农业生产用水限额内的取水，不征收水资源费。超过农业生产限额部分的取水应当缴纳水资源费，水资源费征收标准为：内陆河流域为地表水 0.002 元/立方米，地下水 0.005 元/立方米；其他地区为地表水 0.001 元/立方米，地下水 0.002 元/立方米。

但实际上，占用水量83%的农业灌溉用水在实际操作中无法作为列征对象，使得水资源补偿费的征收无法顺利完成。所以，需要完善石羊河流域水资源量的水费补偿。一是严格按照《甘肃省取水许可和水资源费征收管理办法》的规定，各级政府根据水资源使用许可权限履行职责。二是将水资源费的征收作为相关政府的考评内容，实行行政首长负责制。三是在条件成熟时将农业用水完全纳入水资源费的征收范围。

③建立惩罚性收费机制。2010 年，河南省出台的《河南省水环境生态补偿暂行办法》规定，上游省辖市出境断面水质污染物超标的，必须给下游省辖市给予经济补偿，并由省财政主管部门负责生态补偿金的扣缴及资金转移支付。按照水污染防治的要求以及治理成本，河南省把生态补偿标准确定为：化学需氧量 2500 元/吨，氨氮 1 万元/吨。这项制度曾在沙颖河流域试行，取得了良好的效果。2009 年上半年沙颖河流域的郑州、开封、许昌、漯河、平顶山和周口 6 个省

第六章 西北生态脆弱区流域生态补偿法律机制实证研究

辖市共扣缴补偿金6500多万元。① 石羊河流域已经建立了较为全面的行政首长负责制，在此基础上，可以将需要达到的各项生态指标分解为各级政府需要达到的目标，并根据分解指标签订目标责任书，达不到者通过惩罚性收费的方式，以增加生态补偿的资金，并促进生态目标的实现。

（2）健全以市场为补充的补偿模式。由于自发组织的私人贸易的补偿模式，市场化、资源产权清晰化程度要求很高，所以，在对石羊河流域生态补偿模式探讨中，我们着重关注开放式的贸易体系以及生态标记模式。

①建立排污权交易制度。排污权交易是由美国经济学家戴尔兹于20世纪60年代末提出来的；1976年，美国国家环保局将其用于大气污染及河流污染源的管理；1990年，美国修改《清洁空气法》时将其"写入"其中，从而建立起一种利用经济手段解决环境问题的有效方法。排污权交易是指在满足环境要求（通常以环境质量目标和环境容量来体现）的条件下，通过建立合法的污染物排放权即排污权②，并允许这种权利在一定规则限制下进入市场交易的污染控制手段。③ 排污权交易是在总量控制的基础上产生的，如果排污者通过技术改造等手段减少了污染物的排放，便可以将节余的排放量予以存放以便今后大规模生产时使用，也可以通过排污权交易市场出让给其他污染物排放量较大的企业或者拟在该总量控制区内新设立的排污企业。排污权交易的常态化，可以给企业自主决定生产规模和污染物的排放量留下余地，同时也将环境保护事业推向市场。

在水环境治理与保护方面，世界各国均采用了排污权交易这种手段。美国为改善水质，采用了信贷交易，即一家污染单位用较低的成本将污染物排放量降低到规定的水平之下，并可将节省的这部分排放指标（信贷）出售给其他认为购买信贷比执行标准成本更低的污染单位，这使点源污染者和非点源污染者都有动力减少污染排放量。由于非点源污染涉及面广，成本较低，点源与非点源之间的信贷交易机会更大，成本更低，这种方式对改进水质和减少污染物的排放有很好

---

① 郑海霞：《中国流域生态服务补偿机制与政策研究——基于典型案例的实证分析》，中国经济出版社2010年版，第60页。
② 排污权是指排污者依法向环保部门申报许可所取得的，以污染物排放控制标准为限向环境排放污染物的权利。
③ 周浩：《我国实施排污权交易政策的保障措施研究》，东北大学硕士学位论文，2006年。

的激励作用。①

在国内，浙江省嘉兴市为改善水资源75%的上游来水常年处于Ⅴ类与劣Ⅴ类水质之间的状况，2007年，制定了《嘉兴市主要污染物排污权交易办法（试行）》，组建嘉兴市排污权交易中心，实施排污权交易制度，对化学需氧量（COD）和二氧化硫实施排放总量控制。《办法》规定，排污权交易的市场主体必须具备一级法人资格（含其他组织和个体经营者），市场主体新增加的排污权须通过交易的方式获得，排污权的购入量应达到其新增物排污量的1.2倍（含1.2倍）或1.5倍（含1.5倍）（化工、医药、制革、印染、造纸等重污染行业）以上。通过交易获得排污权的排污者破产或迁离本市，其排污权由交易中心按出让价收购；无偿获取排污权的市场主体破产或迁离本市，其排污权由交易中心收回。市场主体如果有可交易的排污权指标，应当及时向环保主管部门申报，未申报或闲置超过2年的，经环保主管部门确认后由交易中心无偿收回。通过交易获得的排污权，闲置期（扣除项目建设期）不得超过5年。否则，经环保主管部门确认后由交易中心无偿收回。②

目前，排污权交易在甘肃并未实行，也未有试点。根据《中华人民共和国水法》"水资源实行流域管理与区域管理相结合"的规定，石羊河流域生态补偿过程中，可以选取部分行政区域展开相关试点工作。金昌市是我国镍都和铂族金属提炼中心，其矿产资源开发和冶炼加工具有世界级水平，以采掘业、有色冶金业、化工业、新材料、能源工业和建材工业为主导产业，所以，选取石羊河中游污水排污量最为严重的金昌作为试点城市最为合适。金昌市现有规模以上工业企业54家，其中金川集团股份有限公司、甘肃金昌化学工业集团有限公司、甘肃瓮福化工有限责任公司等企业为金昌的经济发展做出了巨大的贡献，但同时带来了相应的污染。目前，金昌水污染的主要污染物为化学需氧量与氨氮。为了实现市场化的污染控制手段，建立化学需氧量与氨氮的排污权交易制度，可按以下步骤展开：首先，按照2006年国家环境保护总局制定的《主要水污染物总量分配

---

① 郑海霞：《中国流域生态服务补偿机制与政策研究——基于典型案例的实证分析》，中国经济出版社2010年版，第35页。
② 《嘉兴市主要污染物排污权交易办法（试行）》，第20—26条。

第六章 西北生态脆弱区流域生态补偿法律机制实证研究

指导意见》的规定，确定减排目标以及总量控制目标；其次，按照水功能区划环境标准的要求，分解排污量指标；再次，在当地环保局的主持下，允许排污权指标在本行政区域内进行交易；最后，待条件成熟的情况下创建排污权交易中心，使其真正市场化、制度化，并可进一步向石羊河全流域推广。

②积极探索水权交易模式。水权交易模式是基于质与量的水资源交易中最为直接的方式，交易双方通过谈判达成协议，权利义务清晰，协议易于执行。水权交易作为生态补偿的一种重要形式，在我国也有了尝试和探索。东阳—义乌水权交易（我国首例水权交易）成功后，水利部适时出台了《关于水权转让的若干意见》。经水利部"意见"的认可和引导，水权交易在全国迅速展开。浙江省绍兴—慈溪签订"供水合同"，从 2005 年到 2022 年，绍兴将向慈溪提供洁净水 12 亿立方米；为此，慈溪市须向绍兴市提供补偿资金 7 亿元。为拯救濒临消失的额济纳绿洲，增加下放水量，甘肃的黑河流域实行了"水权证"制度。依据每户人畜数量和承包地面积分到水权，由用水户持水权证向水管理单位购买灌溉水量，确保总量控制，促进水价到位。鼓励用水户将节约的水量以有偿的方式转让出售，出售价格在政府宏观指导的前提下接受市场调节；市场交易后剩余的水量，政府水管理单位以标准价格的 120% 收购。①

2006 年，甘肃省水利厅和甘肃省发改委出台的《石羊河流域重点整治规划》对石羊河流域内各县市区的水量进了合理的分配，明确了石羊河流域内水资源的初始产权。初始水权的界定，为石羊河流域实现水权交易创造了良好的先决条件。在此基础上，应积极探索建立符合当地实际的交易模式。石羊河流域应采用政府参与的交易模式，分层次进行。第一，对于基层交易，在完善水票制供水工作的基础上，鼓励用水户将节约的水量有偿出售，可在政府的指导、过组、农民用水者协会等的协调下，在村集体经济内交易。交易后剩余的水量，由基层政府水主管部门以超过供水价格的优惠价格回购。第二，对于拥有取水许可证的组织和单位的节余用水，由所在地地方政府的水主管部门回购，并通过税收减免、生

---

① 郑海霞：《中国流域生态服务补偿机制与政策研究——基于典型案例的实证分析》，中国经济出版社 2010 年版，第 66—67 页。

态补偿资金等形式平衡。第三,对于流域内各级政府间的交易以共同的上级主管部门为监管主体,严格执行本区域内的流量控制,并受《水利部关于水权转让的若干意见》中对水权转让的限制。① 第四,各级政府通过技术支持、资金鼓励等方式节约的水量,逐级由上级水主管部门回购,直至石羊河流域管理机构,最终达到减少使用和保护水资源的目的。

③推广生态标记模式。在国外,具有生态标记的农产品和木材等已经成为消费的热点,其价格也高于普通产品(一般在2倍以上),高出的价格其实就是对可持续发展方式的补偿。据统计,2000年,世界各国经认证的有机农产品的贸易高达210亿美元;而另一项研究表明,美国消费者愿意以较高(0.5美元—1美元)的价格购买环境友好型咖啡。②

石羊河流域的武威市在农业产业化、规模化和商品农业方面具有明显的优势,同时也具备生态标记模式在此区域推广的条件。武威独特的区位优势,使其成为种植酿造葡萄的绝佳产地,截止2011年底,河西走廊酿酒葡萄基地面积达到18.5万亩,仅武威已发展到16.65万亩。甘肃全省9家葡萄酒生产企业武威拥有6家,生产总量达到10万吨。根据《武威市100万亩特色林果业基地建设规划(2012~2015年)》《武威市葡萄酒产业发展规划(2011~2015年)》及《关于加强葡萄酒产业服务管理的意见》的要求,武威市将以葡萄酒产业为主的"液体经济"作为区域发展的首位产业,扩大规模,至2015年酿造葡萄种植面积将达50万亩,加工能力达到20万吨。③ 而武威市的下属行政区域也积极探索特色农林产品产业的发展。武威市民勤县着力发展以红枣、葡萄、枸杞为重点的特色林果业。至目前,该县共完成特色林果业基地建设4.05万亩,建成特色林果

---

① 《水利部关于水权转让的若干意见》规定,水权转让的限制范围为:取用水总量超过本流域或本行政区域水资源可利用量的,除国家有特殊规定的,不得向本流域或本行政区域以外的用水户转让;在地下水限采区的地下水取水户不得将水权转让;为生态环境分配的水权不得转让;对公共利益、生态环境或第三者利益可能造成重大影响的不得转让。不得向国家限制发展的产业用水户转让。
② 郑海霞:《中国流域生态服务补偿机制与政策研究——基于典型案例的实证分析》,中国经济出版社2010年版,第41页。
③ 孙煜东、梁文晶:《以"中国葡萄酒城"金字招牌做强做大武威葡萄酒产业》,http://wwrb.gansudaily.com.cn/system/2013/08/06/014588503.shtml。

业县级示范点17个。①武威凉州区遵循以酿酒葡萄、红枣枸杞、皇冠梨等为主的特色经济林果业,以加工型马铃薯、高原夏菜等为主的地方性特色高效产业,以玉米和瓜菜为主的制种业,以羊、牛、猪、鸡等为主的畜牧养殖业。现已建成优质小麦加工基地40万亩、玉米制种基地30万亩、优质瓜菜基地30万亩、加工型马铃薯基地10万亩、酿造葡萄基地5.7万亩。"十一五"期间全区通过绿色食品认证的农产品达到48个,认证规模48万吨,生产基地面积达96.7万亩。认证有机食品产品7个,认证规模2.9万吨,建立生产基地2.6万亩。该区也被列为国家级绿色食品生产示范区和省级无公害生产基地。②

武威市在现有特色种植业发展的基础上,可以继续通过申请认证绿色食品标志、无公害农产品标志,发挥葡萄酒产业的品牌效应,增加农产品的附加值,从而间接增加生态补偿的资金。

当然,据石羊河流域生态环境现状,其生态补偿模式还需进一步扩展。石羊河流域生态问题为上游水源涵养区植被破坏严重,危及全流域水源安全;中游过度用水,严重影响下游民众的生产、生活乃至生态环境,民勤成为中国北方地区四大沙尘暴策源地之一。所以,上游地区应通过资金补偿,保护祁连山水源涵养植被,加强封育保护,提高林草覆盖率,减轻水土流失;中下游地区应通过技术补偿,强化节水、加大产业结构调整力度,提高用水效率,防治水污染;水源涵养林核心地带以及民勤湖区北部应实施生态移民,并通过项目补偿改善移民生产生活条件。

3. 拓宽水资源的保护范围

在石羊河流域各行政区域水资源实行总量控制和定额管理、切实推进水资源优化配置和高效利用的基础上,积极推进水质的控制与管理。

---

① 孙晓玉:《民勤"六强化"给力特色林果业》,http://wwrb.gansudaily.com.cn/system/2011/08/01/012104142.shtml。
② 赵勇忠:《新思路调出大产业——武威市凉州区调整农业结构促进经济发展综述》,http://gansu.gansudaily.com.cn/system/2011/07/18/012080898.shtml。

首先，严格按照石羊河流域水功能区划①，加强水资源管理和保护，保障水资源的可持续利用。根据《水功能区划分标准（GB-T 50594-2010）》《水功能区管理办法》，水功能区划按照二级分类。一级分类区可划分为水源保护区、保留区、开发利用区和缓冲区四个功能区。二级分类区是将一级分类区中的开发利用区划分为饮用水源区、工业用水区、农业用水区、景观娱乐用水区、过渡区和排污控制区等七个功能区。石羊河流域一级水功能区河流数10个，总区划河长872千米，河段数17个，其中保护区河段数7个，开发区河段数10个；二级水功能区河流数10个，河段数10个，总区划河长622千米，农业工业用水区2个，排污控制区1个，农业用水区7个。（详见表6-6、表6-7）

表6-6 石羊河流域水功能一级区划表②

名称	范围		长度（公里）	水质目标	区划依据
	起始断面	终止断面			
石羊河武威民勤开发利用区	武威	红崖山水库	60	Ⅲ	农业用水
西大河肃南源头水保护区	源头	西大河水库	33	Ⅱ	源头水
西大河肃南金昌开发利用区	西大河水库	北海子	91	Ⅲ	农业用水
金川河金昌保护区	金川峡水文站	阴山坡	20	Ⅲ	城市生活供水
金川河金昌市开发利用区	阴山坡	东湾	24	Ⅳ	农业用水
东大河肃南源头水保护区	源头	皇城水库	47.4	Ⅱ	城市生活供水
东大河肃南金昌开发利用区	皇城水库	金山	85.6	Ⅱ	农业用水
西营河肃南源头水保护区	源头	铧尖	47.5	Ⅱ	源头水
西营河肃南武威开发利用区	铧尖	入石羊河口	76.5	Ⅱ	农业用水
金塔河武威源头水保护区	源头	南营水库	50	Ⅱ	城市生活供水
金塔河武威开发利用区	南营水库	入石羊河	52	Ⅲ	农业用水
杂木河天祝源头水保护区	源头	毛藏寺	20	Ⅱ	源头水
杂木河武威开发利用区	毛藏寺	武南	60	Ⅲ	农业用水

---

① 水功能区，是指为满足水资源合理开发和有效保护的需求，根据水资源的自然条件、功能要求、开发利用现状，按照流域综合规划、水资源保护规划和经济社会发展要求，在相应水域按其主导功能划定并执行相应质量标准的特定区域。
② 甘肃省水利厅、甘肃省发展和改革委员会：《石羊河流域重点治理规划》（2007年）。

第六章 西北生态脆弱区流域生态补偿法律机制实证研究

（续表）

名称	范围		长度（公里）	水质目标	区划依据
	起始断面	终止断面			
黄羊河天祝源头水保护区	源头	哈溪镇	32	Ⅱ	源头水
黄羊河武威市开发利用区	哈溪镇	赵家庄	45	Ⅲ	农业用水
古浪河天祝古浪开发利用区	源头	永丰堡	80	Ⅲ	农业用水
大靖河古浪开发利用区	源头	大靖	48	Ⅳ	农业用水

表6-7 石羊河流域水功能二级区划表①

名称	范围		长度（公里）	水质目标	区划依据
	起始断面	终止断面			
石羊河武威民勤农业用水区	武威	红崖山水库	60	Ⅱ	农业用水
西大河肃南金昌农业工业用区	西大河水库	金川峡水文站	91	Ⅱ	农业用水
金川河金昌排污控制区	河西堡	东湾	24	Ⅳ	工农业用水
东大河肃南金昌农业工业用水区	皇城水库	金山	85.6	Ⅱ	农业用水
西营河肃南武威农业用水区	铧尖	入石羊河口	76.5	Ⅱ	农业用水
金塔河武威农业用水区	南营水库	入石羊河	52	Ⅲ	农业用水
杂木河武威农业用水区	毛藏寺	武南	60	Ⅲ	农业用水
黄羊河武威市农业用水区	哈溪镇	赵家庄	45	Ⅲ	农业用水
古浪河天祝古浪农业用水区	源头	永丰堡	80	Ⅲ	农业用水
大靖河古浪农业用水区	源头	大靖	48	Ⅳ	农业用水

其次，按照石羊河流域水功能区划的要求，严格执行《地表水环境质量标准（GB 3838-2002）》《地下水质量标准（GB/T 14848-93）》等环境质量标准（详见表6-8、表6-9）。对于水污染排放标准，可根据流域内的具体行业予以选择，并且考虑甘肃内陆河的整体特点并充分顾及当地实际情况，由甘肃省人民政府对国家污染物排放标准中未作规定的项目，制定地方污染物排放标准；对国家污染物排放标准中已作规定的项目，制定严于国家污染物排放标准的地方污染物排放标准。

---

① 甘肃省水利厅、甘肃省发展和改革委员会：《石羊河流域重点治理规划》（2007年）。

表6-8 地表水环境质量标准基本项目标准限值（单位：毫克/升）

序号	分类、标准值、项目		I 类	II 类	III 类	IV 类	V 类
1	水温（℃）		人为造成的环境水温变化应限制在： 周平均最大温升≤1 周平均最大温降≤2				
2	pH 值（无量纲）		6~9				
3	溶解氧	≥	饱和率90%（或7.5）	6	5	3	2
4	高锰酸盐指数	≤	2	4	6	10	15
5	化学需氧量（COD）	≤	15	15	20	30	40
6	五日生化需氧量（BOD_5）	≤	3	3	4	6	10
7	氨氮（NH_3-N）	≤	0.15	0.5	1.0	1.5	2.0
8	总磷（以P计）	≤	0.02（湖、库0.01）	0.1（湖、库0.025）	0.2（湖、库0.05）	0.3（湖、库0.1）	0.4（湖、库0.2）
9	总氮（湖、库以N计）	≤	0.2	0.5	1.0	1.5	2.0
10	铜	≤	0.01	1.0	1.0	1.0	1.0
11	锌	≤	0.05	1.0	1.0	2.0	2.0
12	氟化物（以F^-计）	≤	1.0	1.0	1.0	1.5	1.5
13	硒	≤	0.01	0.01	0.01	0.02	0.02
14	砷	≤	0.05	0.05	0.05	0.1	0.1
15	汞	≤	0.00005	0.00005	0.0001	0.001	0.001
16	镉	≤	0.001	0.005	0.005	0.005	0.01
17	铬（六价）	≤	0.01	0.05	0.05	0.05	0.1
18	铅	≤	0.01	0.01	0.05	0.05	0.1
19	氰化物	≤	0.005	0.05	0.02	0.2	0.2
20	挥发酚	≤	0.002	0.002	0.005	0.01	0.1
21	石油类	≤	0.05	0.05	0.05	0.5	1.0
22	阴离子表面活性剂	≤	0.2	0.2	0.2	0.3	0.3
23	硫化物	≤	0.05	0.1	0.2	0.5	1.0
24	粪大肠菌群（个/升）	≤	200	2000	10000	20000	40000

表 6-9 地下水质量分类指标

序号	类别 标准值 项目	I 类	II 类	III 类	IV 类	V 类
1	色（度）	≤5	≤5	≤15	≤25	>25
2	嗅和味	无	无	无	无	有
3	浑浊度（度）	≤3	≤3	≤3	≤10	>10
4	肉眼可见物	无	无	无	无	有
5	pH		6.5~8.5		5.5~6.5, 8.5~9	
6	总硬度（以 $CaCO_3$ 计）（毫克/升）	≤150	≤300	≤450	≤550	>550
7	溶解性总固体（毫克/升）	≤300	≤500	≤1000	≤2000	>2000
8	硫酸盐（毫克/升）	≤50	≤150	≤250	≤350	>350
9	氯化物（毫克/升）	≤50	≤150	≤250	≤350	>350
10	铁（Fe）（毫克/升）	≤0.1	≤0.2	≤0.3	≤1.5	>1.5
11	锰（Mn）（毫克/升）	≤0.05	≤0.05	≤0.1	≤1.0	>1.0
12	铜（Cu）（毫克/升）	≤0.01	≤0.05	≤1.0	≤1.5	>1.5
13	锌（Zn）（毫克/升）	≤0.05	≤0.5	≤1.0	≤5.0	>5.0
14	铝（Mo）（毫克/升）	≤0.001	≤0.01	≤0.1	≤0.5	>0.5
15	钴（Co）（毫克/升）	≤0.005	≤0.05	≤0.05	≤1.0	>1.0
16	挥发性酚类（以苯酚）（毫克/升）	0.001	0.001	0.002	≤0.01	0.01
17	阴离子合成洗涤剂（毫克/升）	不得检出	≤0.1	≤0.3	≤0.3	>0.3
18	高锰酸盐指数（毫克/升）	≤1.0	≤2.0	≤3.0	≤10	>10
19	硝酸盐（以 N 计）（毫克/升）	≤2.0	≤5.0	≤20	≤30	>30
20	亚硝酸盐（以 N 计）（毫克/升）	≤0.001	≤0.01	≤0.02	≤0.1	0.1
21	氨氮（NH4）（毫克/升）	≤0.02	≤0.02	≤0.2	≤0.5	>0.5
22	氟化物（毫克/升）	≤1.0	≤1.0	≤1.0	≤2.0	>2.0
23	碘化物（毫克/升）	≤0.1	≤0.1	≤0.2	≤1.0	>1.0
24	氰化物（毫克/升）	≤0.001	≤0.01	≤0.05	≤0.1	>0.1
25	汞（Hg）（毫克/升）	≤0.00005	≤0.0005	≤0.001	≤0.001	>0.001
26	砷（As）（毫克/升）	≤0.005	≤0.01	≤0.05	≤0.05	>0.05
27	硒（Se）（毫克/升）	≤0.01	≤0.01	≤0.01	≤0.1	>0.1
28	镉（Cd）（毫克/升）	≤0.0001	≤0.001	≤0.01	≤0.01	>0.01
29	铬（六价）（Cr^{6+}）（毫克/升）	≤0.005	≤0.01	≤0.05	≤0.1	>0.1

(续表)

序号	类别 标准值 项目	I类	II类	III类	IV类	V类
30	铅（Pb）（毫克/升）	≤0.005	≤0.01	≤0.05	≤0.1	>0.1
31	铍（Be）（毫克/升）	≤0.00002	≤0.0001	≤0.0002	≤0.001	>0.001
32	钡（Ba）（毫克/升）	≤0.01	≤0.1	≤1.0	≤4.0	>4.0
33	镍（Ni）（毫克/升）	≤0.005	≤0.05	≤0.05	≤0.1	>0.1
34	滴滴涕（微克/升）	不得检出	≤0.005	≤1.0	≤1.0	>1.0
35	六六六（微克/升）	≤0.005	≤0.05	≤5.0	≤5.0	>5.0
36	总大肠菌群（个/升）	≤3.0	≤3.0	≤3.0	≤100	>100
37	细菌总数（个/毫升）	≤100	≤100	≤100	≤1000	>1000
38	总α放射性（贝克/升）	≤0.1	≤0.1	≤0.1	>0.1	>0.1
39	总β放射性（贝克/升）	≤0.1	≤1.0	≤1.0	>1.0	>1.0

再次，强化地下水的管理措施，禁止利用渗井、渗坑、裂隙和溶洞排放、倾倒含有毒有害物质的废水污水等废弃物；禁止利用无防渗漏措施的沟渠、坑塘等输送或者存贮含有毒有害物质的废水污水等废弃物；人工回灌补给地下水，要依据标准和程序进行，不得恶化地下水质；地下工程的建设以及地下的勘探（采矿）活动，都应事先采取预防措施，以避免对地下水的污染。

最后，加快流域水质监测网站的建设，以此为基础加强对流域环境数据的信息公开，对有问题的河段及时进行上下游的对话与沟通，建立基于水质和水量的长效补偿机制。

第七章　西北生态脆弱区自然保护区生态补偿法律机制实证研究
——以甘肃祁连山国家级自然保护区为例

一、西北生态脆弱区自然保护区现状

自然保护区，是指对有代表性的自然生态系统、珍稀濒危野生动植物物种的天然集中分布区、有特殊意义的自然遗迹等保护对象所在的陆地、陆地水体或者海域，依法划出一定面积予以特殊保护和管理的区域。自然保护区分为国家级自然保护区和地方级自然保护区。地方级自然保护区包括省级、地市级以及县级自然保护区。我国目前共有森林生态、草原草甸、荒漠生态、内陆湿地、海洋海岸、野生动物、野生植物、地质遗迹、古生物遗迹9种类型的自然保护区。

1. 西北生态脆弱区自然保护区建设现状

截至2011年底，西北地区共建立各种类型、不同级别的自然保护区166个，面积为5237万公顷。其中全国19个面积超过100万公顷的特大型自然保护区，西北地区共有9个。且青海（30.21%）、甘肃（16.17%）自然保护区面积占国土面积的比例，超过全国14.93%的平均水平，新疆（12.95%）、宁夏（10.34%）自然保护区面积占国土面积的比例也超过10%。

（1）各级别自然保护区的数量和面积。西北地区国家级自然保护区共50个，面积约为3958万公顷，数量占西北地区自然保护区总数的30.12%，面积占西北地区自然保护区总面积的75.57%。地方各级自然保护区共116个，面积约1279万公顷。其中省级105个，面积约为1258万公顷，分别占西北地区自然保护区总数和总面积的63.25%和24.03%；地市级4个，面积为61534公顷，分别占西北地区自然保护区总数和总面积的 2.41% 和 0.12%；县级 7 个，面积 149502 公顷，分别占西北地区自然保护区总数和总面积的 4.22% 和 0.29%（详见表 7-1）。①

表 7-1 西北生态脆弱区自然保护区统计表

省份	数量/个					面积/公顷				
	国家级	省级	市级	县级	合计	国家级	省级	市级	县级	合计
陕西	14	34	4	3	55	466500	609429	61534	34602	1172115
甘肃	16	39	0	4	59	4825358	2406503	0	114900	7346761
青海	5	6	0	0	11	20252490	1569711	0	0	21822201
宁夏	6	8	0	0	14	426916	108654	0	0	535570
新疆	9	18	0	0	27	13606151	7888214	0	0	21494365
合计	50	105	4	7	166	39577415	12582511	61534	149502	52371012

（2）自然保护区的类型结构。在 9 种自然保护区类型中，西北地区拥有森林生态系统类型 49 个（国家级 18 个）、草原草甸类型 2 个、荒漠生态类型 15 个（国家级 8 个）、内陆湿地类型 21 个（国家级 4 个）、野生动物类型 68 个（国家级 20 个）、野生植物类型 4 个、地质遗迹类型 6 个、古生物遗迹类型 1 个，分别占西北地区自然保护区总数的 29.52%、1.20%、9.04%、12.65%、40.96%、2.41%、3.61%、0.60%。②

在 9 种自然保护区类型中，森林生态系统类型面积 4874773 公顷、草原草甸类型面积 122000 公顷、荒漠生态类型面积 6968017 公顷、内陆湿地类型面积 16536583 公顷、野生动物类型面积 6823690054 公顷、野生植物类型面积 120785 公顷、地质遗迹类型面积 57300 公顷、古生物遗迹类型面积 1500 公顷，分别占西北地区自然保护区总面积的 9.308%、0.233%、13.305%、31.576%、

---

① 环境保护部自然生态保护司：《全国自然保护区名录（2011）》，中国环境科学出版社 2012 年版，第 10 页。
② 环境保护部自然生态保护司：《全国自然保护区名录（2011）》，中国环境科学出版社 2012 年版，第 15 页。

45.235%、0.231%、0.109%、0.003%。①（详见表7-2、续表7-2）

表7-2 西北生态脆弱区自然保护区分类型统计表

省份	数量/个								
	森林生态	草原草甸	荒漠生态	内陆湿地	海洋海岸	野生动物	野生植物	地质遗迹	古生物遗迹
陕西	14	0	1	8	0	30	0	2	0
甘肃	20	0	5	5	0	26	0	2	1
青海	3	0	2	1	0	4	1	0	0
宁夏	6	0	3	3	0	0	0	0	0
新疆	6	2	4	4	0	8	3	0	0
合计	49	2	15	21	0	68	4	6	1

续表7-2 西北生态脆弱区自然保护区分类型统计表

省份	面积/hm²								
	森林生态	草原草甸	荒漠生态	内陆湿地	海洋海岸	野生动物	野生植物	地质遗迹	古生物遗迹
陕西	341358	0	5000	170568	0	655064	0	125	0
甘肃	1475468	0	1310053	584443	0	3932417	0	42880	1500
青海	1050290	0	491391	15230000	0	5046320	4200	0	0
宁夏	319209	0	172886	29180	0	0	0	14295	0
新疆	1688448	122000	4988687	522392	0	14056253	116585	0	0
合计	4874773	122000	6968017	16536583	0	23690054	120785	57300	1500

2. 西北生态脆弱区自然保护区管理现状

（1）部门管理现状。目前我国建立并管理自然保护区的部门有林业、环保、农业、国土资源、海洋、水利等部门，且一些科研院所、高等院校、乡村社区也建立并管理了一些自然保护区。②西北地区环保部门归口管理11个自然保护区

---

① 环境保护部自然生态保护司：《全国自然保护区名录（2011）》，中国环境科学出版社2012年版，第15页。
② 环境保护部自然生态保护司：《全国自然保护区名录（2011）》，中国环境科学出版社2012年版，第4页。

（国家级 6 个），面积 13418655 公顷，分别占西北地区自然保护区总数和总面积的 6.63% 和 25.62%；林业部门归口管理的自然保护区 132 个（国家级 43 个），面积 38602388 公顷，分别占西北地区自然保护区总数和总面积的 79.52% 和 73.71%；农业部门归口管理 12 个自然保护区（国家级 1 个），面积 261004 公顷，分别占西北地区自然保护区总数和总面积的 7.23% 和 0.50%；国土资源部门归口管理 6 个自然保护区，面积 49005 公顷，分别占西北地区自然保护区总数和总面积的 3.61% 和 0.09%；其他部门归口管理自然保护区 5 个，面积 39960 公顷，分别占西北地区自然保护区总数和总面积的 3.01% 和 0.08%。① （详见表 7-3、续表 7-3）

表 7-3 西北生态脆弱区自然保护区分部门统计表

省份	数量/个							
	环保	森林	农业	海洋	国土	住建	水利	其他
陕西	3	47	2	0	2	0	0	1
甘肃	4	46	5	0	3	0	0	1
青海	1	10	0	0	0	0	0	0
宁夏	1	7	2	0	1	0	0	3
新疆	2	22	3	0	0	0	0	0
合计	11	132	12	0	6	0	0	5

续表 7-3 西北生态脆弱区自然保护区分部门统计表

省份	面积/公顷							
	环保	森林	农业	海洋	国土	住建	水利	其他
陕西	56749	1097624	11902	0	125	0	0	5715
甘肃	929863	6292746	78922	0	44380	0	0	850
青海	118000	21704201	0	0	0	0	0	0
宁夏	14043	474052	9580	0	4500	0	0	33395
新疆	12300000	9033765	160600	0	0	0	0	0
合计	13418655	38602388	261004	0	49005	0	0	39960

---

① 环境保护部自然生态保护司：《全国自然保护区名录（2011）》，中国环境科学出版社 2012 年版，第 18 页。

第七章 西北生态脆弱区自然保护区生态补偿法律机制实证研究

（2）管理机构建设与管理人员配备。目前全国已经建立管理机构的自然保护区 1384 个，占总数的 52.42%。西北各省区均高于平均值，其中甘肃为 94.92%、宁夏为 85.71%、新疆为 81.48%、青海为 72.72%、陕西为 56.36%。在西北地区，98% 的国家级自然保护区、69.52% 的省级自然保护区，100% 的市级自然保护区，71.43% 的县级自然保护区建立了管理机构。

西北地区有 122 个自然保护区配备了管理人员，占西北地区自然保护区总数的 73.49%。其中 92% 的国家级自然保护区、65.71% 的省级自然保护区、50% 的市级自然保护区、71.43% 的县级自然保护区配备了管理人员。目前自然保护区管理人员共 5614 人，平均每个自然保护区配备的管理人员为 46 人。管理人员中，专业技术人员为 1653 人，占管理人员总数 29.44%，平均每个自然保护区配备的专业技术人员为 14 人。其中，国家级自然保护区、省级自然保护区、市级自然保护区、县级自然保护区的管理人员分别为 3539 人、1987 人、30 人、58 人，分别占西北地区自然保护区管理人员总数的 63.04%、35.39%、0.53%、1.03%；国家级自然保护区、省级自然保护区、市级自然保护区、县级自然保护区的专业技术人员分别为 1030 人、584 人、16 人、23 人，分别占西北地区自然保护区专业技术人员总数的 62.31%、35.33%、0.97%、1.39%。① （详见表 7-4、续表 7-4）

表 7-4 西北地区自然保护区管理机构与人员统计表

省份	机构建设/个					有管理人员保护区数量/个				
	国家级	省级	市级	县级	合计	国家级	省级	市级	县级	合计
陕西	13	13	2	3	31	11	12	2	3	28
甘肃	16	38	2	2	56	15	34	0	2	51
青海	5	3	0	0	8	5	3	0	0	8
宁夏	6	6	0	0	12	6	6	0	0	12
新疆	9	13	0	0	22	9	14	0	0	23
合计	49	73	4	5	129	46	69	2	5	122

---

① 环境保护部自然生态保护司：《全国自然保护区名录（2011）》，中国环境科学出版社 2012 年版，第 18 页。

续表 7-4　西北地区自然保护区管理机构与人员统计表

省份	管理人员/人					专业技术人员/人				
	国家级	省级	市级	县级	合计	国家级	省级	市级	县级	合计
陕西	801	361	30	25	1217	336	82	16	15	449
甘肃	774	1246	0	33	2053	362	351	0	8	721
青海	158	31	0	0	189	25	30	0	0	55
宁夏	1615	156	0	0	1771	252	21	0	0	273
新疆	191	193	0	0	384	55	100	0	0	155
合计	3539	1987	30	58	5614	1030	584	16	23	1653

3. 西北生态脆弱区自然保护区发展形势评估

我国自然保护区已占到国土面积的 15%，除天津已全部建立管理机构外，全国建立管理机构超过 80% 的六个省份，西北占有 3 席，整体发展态势较好。但是，西北地区自然保护区发展同全国自然保护区发展一样面临一些困境，普遍面临着法规体系不够完善、资金投入不足、保护与开发矛盾日益尖锐、管理薄弱等问题。① 我国自然保护区已经走过了抢救性建立、数量和面积规模快速增长的阶段，着力提高管理水平，努力推动我国自然保护区事业由数量规模型向质量效益型的转变是今后工作的重点。西北地区由于生态系统脆弱、资金有限，更需要因地制宜地做好自然保护区的维护与经济社会的协调发展，更需要探索新模式、新方法，以促进自然保护区的管理与发展。

二、补强西北生态脆弱区自然保护区生态补偿机制之必要性和可行性

1. 补强自然保护区生态补偿机制之必要性

（1）甘肃祁连山国家级自然保护区自然地理环境。甘肃祁连山国家级自然

---

① 环境保护部自然生态保护司：《全国自然保护区名录（2011）》，中国环境科学出版社 2012 年版，第 7 页。

保护区（以下简称祁连山自然保护区）始建于 1987 年，1988 年晋升为国家级自然保护区。保护区区划面积 272.2 万公顷，约占甘肃省国土总面积的 6%，是目前甘肃省面积最大的森林生态系统和野生动物类型的保护区；地跨天祝、肃南、古浪、凉州、永昌、山丹、民乐、甘州八县（区），内设东大山、西营河、乌鞘岭、寺大隆、十八里堡、上房寺、祁连、古城、西水、军马场、祁丰、马蹄、隆畅河、龙首山、康乐、华隆、哈溪、东大河、夏玛、昌岭22 个自然保护站。

祁连山自然保护区独特的生态环境为野生动植物提供了良好的栖息场所，保护区内分布有高等植物 1311 种，其中，苔藓植物 3 科 6 属 6 种，蕨类植物 8 科 14 属 19 种，野生种子植物 84 科 431 属 1286 种。乔木 11 科 19 属 47 种，灌木 35 科 66 属 189 种，草本 75 科 378 属 1066 种，藤本 1 科 1 属 9 种；祁连山自然保护区分布有国家重点保护植物 34 种，国家 I 级保护植物 2 种，II 级保护植物 32 种。① 区内现有陆栖脊椎动物 5 纲、28 目、63 科、286 种，占甘肃省陆栖脊椎动物总数（808 种）的 35.40%。其中鸟类 206 种，占甘肃省鸟类总数（564 种）的 36.52%；兽类 69 种，占甘肃省兽类总数（163 种）的 42.33%；两栖类 2 种，占甘肃省两栖类总数（24 种）的 8.33%；爬行类 5 种，占甘肃省爬行类总数（57 种）的 8.77%；鱼类 4 种，占甘肃省鱼类总数（102 种）的 3.92%。按照《国家重点保护动物名录》，祁连山有国家级保护动物 53 种，其中雪豹、藏野驴、斑尾榛鸡等一级保护动物 14 种，马鹿、岩羊、暗腹雪鸡等二级保护动物 39 种。另外，属中日候鸟协定中迁徙于两国之间，季节性栖息在保护区境内的候鸟有 51 种。②

保护区现有冰川 2194 条，面积 1334 平方千米，储水量 615 亿立方米。现有林地面积 1386.4 万亩，其中有林地 297.5 万亩，疏林地 28.4 万亩，灌木林地 1034 万亩，森林覆盖率 24.4%，活立木蓄积 2650 多万立方米，是我国西北地区重要的水源涵养林区。每年涵养调蓄石羊河、黑河、疏勒河三大内陆河 72.6 亿

---

① 甘肃省祁连山国家级自然保护区管理局：《甘肃祁连山国家级自然保护区林木种苗产业发展的特点》，http：//www.qilianshan.com.cn/client/content/Program/index.jsp? ArticleID = 17951。

② 甘肃省祁连山国家级自然保护区管理局：《甘肃祁连山国家级自然保护区野生动物种类》，http：//www.qilianshan.com.cn/client/content/Program/index.jsp? Article ID = 20521。

立方米水源，源源不断地灌溉着河西走廊70多万公顷良田，养育着河西地区468万人民，使河西地区成为我国重要的商品粮基地之一，每年提供的商品粮占甘肃省商品粮总数的70%，成为与沿黄灌区、城市郊区并列的甘肃省21世纪农业优先发展的三大区域和良好的制种基地之一，并保障了举世闻名的镍都金昌、钢城嘉峪关、我国石油工业的摇篮玉门、核工业基地四〇四厂以及中国的航天城酒泉卫星发射中心等重要工业、国防基地的生态安全。祁连山水源涵养林不仅是河西地区政治、经济、社会发展的基本条件，也是减缓库姆塔格、巴丹吉林和腾格里三大沙漠前移和汇合，保证西北地区工农业生产、边防建设、312国道、欧亚大陆桥安全，遏制华北地区风沙灾害，保障北方地区生态安全的天然屏障。①

（2）甘肃祁连山国家级自然保护区面临生态危机。随着全球升温和人类活动的加剧，祁连山出现了严重的雪线上移、冰川退缩现象，祁连山西段西北坡170条冰川中，95%的冰川以平均4.9米/年的速度退缩。②再加之人为的滥伐、滥牧、开矿、过度开发水资源等行为，祁连山出现草原退化、荒漠化加重、出山径流减少等现象，许多动植物资源面临生死存亡的境地。

据2004年荒漠化监测表明，祁连山自然保护区前山区荒漠化面积达到62.8万公顷，其中重度面积7.7万公顷，极重度面积2.5万公顷；③作为祁连山重要水源涵养林的高山原始森林不断减少。随着祁连山高山原始森林水源涵养功能的不断退化，出山径流也日趋减少，河西走廊水资源更趋短缺，供需矛盾有尖锐化趋势。从20世纪60年代开始，黑河下游的额济纳绿洲萎缩，居延海干涸，内蒙和甘肃之间的水纷争不断。同时，甘肃省内部用水矛盾亦十分突出，黑河中游地区水事纠纷时常发生。1993年至1999年，仅张掖市、临泽县、高台县就发生水事纠纷152起、水事案件123起。④为解决此问题，2001年国务院批准实施"西

---

① 甘肃省祁连山国家级自然保护区管理局：《祁连山自然保护区简介》，http://www.qilianshan.com.cn/Client/content/Program/index.jsp? ArticleID = 6056。
② 刘志广：《祁连山冰川每年退缩4.9米 沙尘暴步步紧逼》，http://www.china.com.cn，2007 - 7 - 27。
③ 刘志广：《祁连山冰川每年退缩4.9米 沙尘暴步步紧逼》，http://www.china.com.cn，2007 - 7 - 27。
④ 刘志广：《祁连山冰川每年退缩4.9米 沙尘暴步步紧逼》，http://www.china.com.cn，2007 - 7 - 27。

水东调"工程及黑河调水工程。

以祁连山冰川融水为源头的石羊河,年径流量也从20世纪50年代的6亿立方米降到了不足1亿立方米。下游民勤盆地绿洲面积与50年代相比减少了289平方千米。而且,由于多年超采地下水致使北部湖区生态已濒于崩溃,荒漠化景象已局部显现。2004年第三次荒漠化监测结果显示,河西地区沙化土地面积达到1671.14万公顷,较1999年增加59.24万公顷。① 伴随着土地荒漠化的扩展,河西走廊的干旱、大风、沙尘暴等自然灾害频繁发生,造成河西地区巨大的经济损失。

2. 补强自然保护区生态补偿机制的可行性

(1) 自然保护区有专门立法的保护。祁连山自然保护区,行政区域涉及武威市、张掖市、酒泉市,面积230000公顷,类型为森林生态,主要保护对象为水源涵养林与珍稀动物的国家级自然保护区。其主要受《中华人民共和国环境保护法》《中华人民共和国森林法》《中华人民共和国自然保护区条例》《森林和野生动物类型自然保护区管理办法》《甘肃省自然保护区条例》《甘肃省林业生态环境保护条例》等法律法规的保护与调整。

在生态补偿方面,国家环保总局于2007年发布了《关于开展生态补偿试点工作的指导意见》(环发[2007]130号),提出将重点在自然保护区、重点生态功能区、矿产资源开发和流域水环境等四个领域实施生态补偿试点。2010年,国务院办公厅下发了《关于做好自然保护区管理有关工作的通知》,强调要加快建立自然保护区生态补偿机制。2011年,国家林业局发布《关于进一步加强林业系统自然保护区管理工作的通知》(林护发〔2011〕187号),要求落实自然保护区的生态效益补偿机制,并明确指出:"自然保护区是保护森林、湿地和荒漠生态系统的最重要、最有效措施,其范围清楚,生态补偿的主体和受体明确,在生态服务功能和转变经济增长方式等方面发挥着重要的作用。各省级林业主管部

---

① 刘志广:《祁连山冰川每年退缩4.9米 沙尘暴步步紧逼》,http://www.china.com.cn,2007-7-27。

门在安排天然林资源保护、国家和省级生态公益林补偿和湿地保护补助资金时，要将自然保护区单列。根据国家级自然保护区管理的特殊性，结合本地的实际，在国家政策范围内制定国家级自然保护区工程实施、资金使用监管和监测数据上报等相关办法，确保资金有效使用与管理。各省级林业主管部门要联合当地发展改革、财政等相关部门加快自然保护区生态服务功能评估等工作，研究制定生态补偿标准体系。"①

除此之外，2011年审议通过并实施的《甘肃省林业生态环境保护条例》(2011)，对林业生态补偿也作出明确要求，其第4条规定："林业生态环境保护坚持统筹规划、优先保护、科学利用、综合治理的方针，实行谁破坏谁恢复、谁污染谁治理、谁开发谁保护、谁受益谁补偿的原则。"第5条规定："县级以上人民政府应当将林业生态环境保护纳入国民经济和社会发展规划，建立健全林业生态补偿机制，逐步增加投入，采取有效措施，保护、治理和改善林业生态环境。"为了加强祁连山自然保护区的管护，甘肃省人大常委会于1997年审议通过了《甘肃祁连山国家级自然保护区管理条例》(2002年修订，以下简称《祁连山自然保护区管理条例》)，"条例"强调，从祁连山生态外溢效应受益地区征收的水资源费中提取3%，从保护区内旅游及灾害木清理等收入中提取2—5%，用于保护区内水源涵养林的补偿，以维护保护区生态的平衡和可持续发展。

（2）管理机构职责的明确。明确的、相对独立的政策执行机构，有利于减少生态利益相关方利用各种便利条件，直接或间接地转化利益相关者并从中渔利，从而有效地保障生态补偿政策的效果。根据《祁连山自然保护区管理条例》的规定，省林业行政主管部门负责管理保护区，祁连山自然保护区管理局（以下简称管理局）系其派出机构（县级建制），具体负责管理保护区内的自然资源和自然环境；祁连山自然保护区保护站（以下简称保护站）负责对本辖区内自然资源和自然环境的管理，由管理局和所在地地（市、山丹军马管理局）、县（市）林业行政主管部门双重领导，以地、县为主。

---

① 参见国家林业局：《关于进一步加强林业系统自然保护区管理工作的通知》（林护发〔2011〕187号）。

第七章 西北生态脆弱区自然保护区生态补偿法律机制实证研究

管理局的主要职责包括：①贯彻执行国家有关法律、法规和方针、政策，并监督、检查落实情况；②编制保护区总体规划，会同当地人民政府制定发展计划以及各项管理制度，并组织、监督实施；③负责专项投资和基建投资的管理和监督；④调查自然资源，组织环境监测，建立资源档案；⑤组织开展水源涵养林、野生动植物及生物多样性保护方面的科学研究，保护生态环境，拯救濒危物种；⑥开展自然保护的宣传教育；⑦对保护区业务人员进行培训和技术指导。

保护站的主要职责包括：①贯彻执行国家有关法律、法规和方针、政策；②依法保护和管理森林、野生动植物、冰川等自然资源和自然环境；③负责总体规划和计划的具体实施；④进行自然保护的宣传教育，普及自然保护知识，教育区内居民和入区人员遵守保护自然资源和自然环境的法律、法规和规定，并对其活动进行检查指导；⑤组织区内有关单位制定森林防火、防盗公约；⑥植树造林，封山育林，扩大森林面积；⑦制止违反本条例的行为，依法处理各类林政案件。

管理局坚持"自然保护区的自然环境和自然资源，由自然保护区统一管理"的原则，成立了甘肃省祁连山林政稽查大队和祁连山自然保护区森林公安局，从事自然保护区的森林资源保护和治安保卫等工作。2003年还成立了具有乙级资质的甘肃祁连山林业调查规划队，以适应保护区森林资源监测的新需要，并为保护区公益林建设和森林资源规划调查提供技术支撑。而且自2000年天保工程实施以来，根据国家对森林资源保护的新要求，管理局根据实际需要先后制订和完善了有关森林资源保护管理方面的规章制度二十多项，做到了规章制度健全、规范，为森林资源的有效管理奠定了基础。①

（3）生态补偿的有益实践。祁连山自然保护区已实施森林生态效益补偿、天然林保护工程等生态补偿多年，取得了一定的经验和效果。

①森林生态效益补偿。《中华人民共和国森林法》（1998）第3条规定："国家设立森林生态效益补偿基金，用于提供生态效益的防护林和特种用途林的森林

---

① 郭生祥、白志强等：《甘肃祁连山保护区资源林政管理成效显著》，载《甘肃林业》2008年第2期。

资源、林木的营造、抚育、保护和管理。森林生态效益补偿基金必须专款专用，不得挪作他用。"森林生态效益补偿旨在维护、维持森林的生态服务功能，包括涵养水源、防风固沙、保持水土、调节气候、保持生物多样性等等。2001年，财政部出台了《森林生态效益补助资金管理办法（暂行）》（财农［2001］190号，已失效），专项补偿森林生态效益实现过程中的经济损失，以保障和维持森林的生态服务功能。"办法"明确，在新疆等11个省（区）的658个县级以上单位和24个国家级自然保护区，对2亿亩重点公益林进行补助试点。2004年，财政部又出台了《中央森林生态效益补偿基金管理办法》（财农［2004］169号），以进一步规范和加强中央补偿基金的管理。中央森林生态补偿基金也随之在全国范围开始实施，对全国4亿亩的重点公益林给予生态补偿。结合运行的实际情况，2009年重新修订的《中央财政森林生态效益补偿基金管理办法》对补偿标准做出调整："国有的国家级公益林平均补助标准为每年每亩5元，其中管护补助支出4.75元，公共管护支出0.25元；集体和个人所有的国家级公益林补偿标准为每年每亩10元，其中管护补助支出9.75元，公共管护支出0.25元。"

2006年，祁连山自然保护区开始实施生态公益林建设项目，至2010年共落实工程面积231.5万亩，补偿资金3100万元，森林资源得到有效保护。①

②天然林保护工程。1998年，针对长期以来我国天然林资源过度消耗等原因而引起的生态环境严重恶化的现实，中央从我国社会经济可持续发展的战略高度，做出了实施天保工程的重大决策。天保工程建设的目标和任务包括：一是切实保护好长江上游、黄河中上游地区9.18亿亩现有森林，调减商品木材产量1239万立方米，新增森林面积1.3亿亩，工程区内森林覆盖率提高3.72个百分点；分流安置25.6万富余职工。二是东北内蒙古等重点国有林区的木材产量调减751.5万立方米，使4.95亿亩森林得到有效保护，分流或安置富裕职工48.4万余人，实现森工企业的战略性转移并加快其产业结构的调整步伐。森林资源补助（补偿）措施有：一是森林资源管护补助，按每人管护5700亩，每年补助1

---

① 何成军：《祁连山国家级自然保护区建设成就综述》，http://news.ifeng.com/gundong/detail_2012_07/10/15915508_0.shtml。

第七章 西北生态脆弱区自然保护区生态补偿法律机制实证研究

万元计算。二是生态公益林建设补助,飞播造林补助50元/亩,封山育林每年补助14元/亩,连续补助5年;人工造林长江流域补助200元/亩,黄河流域补助300元/亩。2000—2010年,规划工程总投资962亿元(其中,中央投入782亿元)。①

祁连山自然保护区的水源涵养林纳入天然林保护工程的有47.12万公顷,落实天保工程投资1.3亿元。② 根据2008年保护区森林资源二类调查结果显示,天保工程管护十年来,有林地(天然林)增加43.1万亩,疏林地增加10.6万亩,灌木林地增加338.8万亩,森林蓄积增加400多万立方米,森林覆盖率增加8.63个百分点。③

2012年,《天然林资源保护工程二期甘肃祁连山国家级自然保护区管理局实施方案》(甘林天函〔2012〕415号)获甘肃省林业厅正式批复。天保工程二期实施期限为10年(2011—2020年),总投资54899.45万元,其中中央投资53763.54万元,省级投资1135.91万元。工程区实施范围包括武威、金昌、张掖3市的凉州、天祝、古浪、永昌、甘州、山丹、民乐、肃南8县(区)共22个自然保护站。到2020年,保护区将新增森林面积13.66万亩,新增森林覆盖率0.37%,净增森林蓄积量220.38万立方米,增加森林碳汇109.99万吨;完成公益林建设20万亩,其中:人工造林5万亩,封山育林15万亩;现有森林资源全部得到有效管护,生态状况从局部好转进一步向全面改善转变,天保工程区水源涵养功能进一步增强,生物多样性显著增加;保护区社会保障政策进一步落实,林区职工收入和社会保障接近或达到当地社会平均水平,民生明显改善 林区社

---

① 国家林业局:《天保工程概况》,http://www.forestry.gov.cn/portal/main/s/72/content-202613.html。
② 高翔:《涵养水源 保护生态——人民网记者走进甘肃祁连山自然保护区》 http://gs.people.com.cn/n/2012/1019/c183283-17602255.html。
③ 甘肃祁连山国家级自然保护区管理局:《抓管护增资源 抓队伍强素质 抓制度促管理 抓宣传促保护 努力促使天然林保护工程向纵深推进》,http://www.forestry.gov.cn 2011-5-26。

会和谐稳定。①

（4）保护区管理资金来源的多样化。根据《中华人民共和国自然保护区条例》(1994) 第 23 条的规定："管理自然保护区所需经费，由自然保护区所在地的县级以上地方人民政府安排。国家对国家级自然保护区的管理，给予适当的资金补助。"国务院办公厅《关于做好自然保护区管理有关工作的通知》强调，中央政府将加大对自然保护区的资金投入，国家发展和改革委员会统筹国家级自然保护区管护基础设施的建设投资。除了财政拨款外，其他经费来源还有包括"引进的资金；国内外团体、个人捐赠；自然保护区管理机构组织开展参观旅游等活动的收益；依法收取的保护管理费"② 以及其他收入。

天保工程实施以来，祁连山自然保护区全面停止天然林采伐，断绝了保护站的木材经营收入，而国家核定的天保工程补助资金和地方政府给各保护站核拨的财政差额补助，远远不能满足资源管护事业的需要和管护人员的福利待遇支出。祁连山自然保护区按照"生态建设产业化，产业发展生态化"的要求，充分利用祁连山独特的气候和资源优势，探索自我发展、以林养林的发展出路。

①积极发展林木种苗业以及林果业。截止 2009 年底，全区 22 个保护站共有苗圃 44 个，其中：中型苗圃 8 个，小型苗圃 36 个，苗圃总面积为 5344.6 亩（其中有 3344.6 亩为租赁土地）。全区各类苗木净育苗面积 3060 亩，育苗总量 5267 万株。全年出圃各类苗木 4494 万株，年产值达三千多万元，实现利润 600 万元。③ 1992 年，十八里堡保护站与古浪县有关部门联办果园 2500 亩，争取外部投资 30 万元；同年，寺大隆保护站开始在甘州区石岗墩建立果园，2007 年果园面积达到 450 亩，实现产量 22.5 万千克。2006 年，东大河保护站在清河试验站建立的 600 亩红枣园，总产量达到 63000 千克，产值 6.3 万元。截止 2009 年

---

① 甘肃祁连山国家级自然保护区管理局：《天然林资源保护工程二期祁连山保护区管理局实施方案获省厅批复》，http://www.qilianshan.com.cn/client/content/Program/index.jsp?ArticleID = 22019。

② 参见《甘肃省自然保护区管理条例》(1999) 第 22 条的规定。

③ 甘肃祁连山国家级自然保护区管理局：《甘肃祁连山国家级自然保护区林木种苗产业发展现状》，http://www.qilianshan.com.cn/client/content/Program/index.jsp? ArticleID = 22588&siteId = 283。

第七章 西北生态脆弱区自然保护区生态补偿法律机制实证研究

底,全区果园面积达到 1447 亩,品种包括苹果、梨、杏、红枣、葡萄,年产值 17 万元,年利润 6.4 万元。①

②积极开展生态旅游。1992 年,甘肃省林业厅批准马蹄寺省级森林公园成立,公园占地面积 20000 亩,设立 7 个旅游项目,可供 1 万—2 万人同时游览。1993 年,甘肃省林业厅批准焉支山省级森林公园成立,公园面积 10215 亩,2002 年晋升为省级 A 等森林公园。2000 年,甘肃省林业厅批准海潮坝省级 A 等森林公园成立。2002 年,甘肃省林业厅批准冰沟河省级森林公园成立,公园占地面积 9310 公顷,2003 年接待游客突破 2 万人,经济收入达 16 万元。2006 年,国家林业局批准天祝三峡国家级森林公园成立。截至 2006 年底,保护区除有天祝三峡国家级森林公园和马牙雪山天池 4A 级风景名胜旅游景点外,还有山丹焉支山森林公园等 4 处省级森林公园和永昌县豹子头生态旅游区等 6 处旅游区,这些已开发的生态旅游风景区构成了祁连山保护区生态旅游主体。各个旅游区道路畅通,通讯快捷,用餐便利,能够满足旅游的基本需求。截止目前,全区年接待游客约 10 万人(次)以上,年产值达一百余万元。②

③积极探索养殖业和特色种植业。1996 年,管理局租赁九龙江林场土地建立野生动物驯养繁殖中心,进行甘肃马鹿驯养繁殖,年均存栏马鹿 100 头以上。截止 2009 年底,全区各保护站存栏各种家畜 1253(头)只,年出栏家畜 255(头)只,年产值 39.58 万元,年利润 7.73 万元。东大河、东大山、龙首山、大黄山、寺大隆 5 个保护站,根据自身实际情况,在山下兴建开发基地,主要种植啤酒大麦、制种玉米、油葵等特色农作物,经营面积一千八百余亩,2008 年实现纯收入 53 万元。③

---

① 甘肃祁连山国家级自然保护区管理局:《产业开发解危困——祁连山自然保护区产业发展纪实》,http://www.qilianshan.com.cn/client/content/ Program/index.jsp?ArticleID = 16217&siteId = 100。

② 甘肃祁连山国家级自然保护区管理局:《产业开发解危困——祁连山自然保护区产业发展纪实》,http://www.qilianshan.com.cn/client/content/ Program/index.jsp?ArticleID = 16217&siteId = 100。

③ 甘肃祁连山国家级自然保护区管理局:《产业开发解危困——祁连山自然保护区产业发展纪实》,http://www.qilianshan.com.cn/client/content/ Program/index.jsp?ArticleID = 16217&siteId = 100。

三、西北生态脆弱区自然保护区生态补偿机制之缺失

1. 生态补偿法律依据不完备

生态补偿机制是个法律问题,如果只当做政策问题,作用难以持久。① 国际生态补偿取得成功的主要原因之一在于法律法规比较完善,许多资源开发的外部成本能够内部化。美国的生态补偿机制渗透于各单行法中,鉴于农业对生态环境的特别重要性,美国的农业法案加大了生态环保的力度,非常详细地规定了"退耕补偿"事宜。日本的森林法明确规定,国家要对"保安林"的所有者进行补偿,"保安林"受益者须承担部分补偿费用。瑞典森林法规定,国家对被划为自然保护区的林地所有者给予充分的补偿。德国黑森州森林法规定,被划为防护林、禁林或游嬉林的森林所有者,或者因其他有利于公众的经营规定或限制性措施而导致其经营受限的森林所有者,均可提出赔偿申请。②

我国目前还没有专门的生态补偿法律法规,在国家层面,虽然涉及生态补偿的法律政策较多,但过于简单,缺乏可操作性;或者其首要目标和实施的主体内容并非生态补偿。③

虽然《关于开展生态补偿试点工作的指导意见》《关于做好自然保护区管理有关工作的通知》《关于进一步加强林业系统自然保护区管理工作的通知》都要求建立自然保护区的生态效益补偿机制,但主要是原则性的规定,宣示意义大于实践意义。《祁连山自然保护区管理条例》第 24 条有关生态补偿的规定虽然非常

---

① 徐仲民、李兴文等:《甘肃省典型地区生态补偿机制研究》,中国财政经济出版社 2011 年版,第 88 页。
② 中国 21 世纪议程管理中心:《生态补偿原理与应用》,社会科学文献出版社 2009 年版,第 255—256 页。
③ 中国 21 世纪议程管理中心:《生态补偿原理与应用》,社会科学文献出版社 2009 年版,第 247 页。

明确①，但对于整个祁连山自然保护区来说，水源涵养林的生态补偿只是自然保护区生态补偿机制中的一部分，也仅能起到示范的作用。

2. 生态补偿标准不确定

生态补偿标准的确定是实现合理生态补偿的前提，也是构建生态补偿机制的关键。这就需要对生态环境资源进行科学、合理的评价，并全面、正确地测算受偿者的生态贡献和为生态建设做出的牺牲。当然，生态补偿标准的确定也要坚持公平合理的原则，生态补偿既要充分反映受偿者的生态贡献（和牺牲），也要考虑补偿者的补偿意愿和补偿能力。所以，生态补偿标准的确定应重点顾及两方面的情况：一是基于生态环境服务功能的价值对受偿主体的生态贡献给予补偿；二是基于受偿主体的机会成本进行补偿。② 而目前祁连山自然保护区的生态补偿主要是依赖于国家大型生态工程，补偿标准的确定是按照国家整体情形所作的估算，未顾及祁连山自然保护区的实际情况；同时，此补偿标准主要是直接经济损失的补偿，补偿范围过窄。

3. 生态补偿管理、协调机制不顺畅

祁连山地跨河西五市，资源管理涉及农业、林业、水利、国土、气象、环保等部门，由于保护区管理局是个县级单位，大多时候无法承担繁重的协调工作，部门之间缺乏有效的沟通，各地各部门制定和执行的法规政策不统一，经济发展和生态环境保护目标不尽协调，导致祁连山生态环境治理各自为政，治理手段和方法单一，综合治理力度不够。《祁连山自然保护区管理条例》明确要求"建立保护区水源涵养林补偿制度"，并"从祁连山水源涵养林受益地区征收的水资源使用费总额中提取3%，用于保护区水源涵养林的保护和发展"。目前，基于祁连山水源涵养林的供水每年在56亿立方米左右，按照实际水费提取的水资源补

---

① 《祁连山自然保护区管理条例》第24条规定："建立保护区水源涵养林补偿制度。从祁连山水源涵养林受益地区征收的水资源费总额中提取3%；从保护区内进行科学研究、灾害木清理、旅游等收入中提取2-5%，用于保护区水源涵养林的保护和发展，专款专用。"
② 萨础日娜：《民族地区生态补偿机制总体框架设计》，载《广西民族研究》2011年第3期。

偿费应该在 220 万元/年以上，一定程度上可缓解保护区资金投入的不足。而实际情况却是，占用水量 83% 的农业灌溉用水在实际操作中无法作为列征对象，使得水资源补偿费征收无法顺利完成。①

4. 过度依赖政府性补偿

政府性生态补偿的优势在于能减少讨价还价和搭便车的行为，降低交易成本，从而保证生态补偿政策的顺利实施。但是，由于激励不足及监督成本高昂存在着大量低效率的行为，使得补偿效率和效果大打折扣。祁连山自然保护区生态补偿过度依赖政府体制，存在的弊端主要体现在两个方面：一是资金不足导致生态建设进度缓慢，二是社区参与不明显，保护区管理与居民生产、生活不协调。

（1）资金不足导致生态建设进度缓慢。补偿资金的来源是我国区域生态补偿的一个难点。现实存在的矛盾是，我国由政府主导下的区域生态补偿，补偿资金的来源主要是政府财政，不仅数量有限，而且与受益者（损害者）补偿原则不相符。祁连山自然保护区管理资金来源也相对狭窄，主要用于自然保护区基础设施的建设，以及区内职工生活的改善，很少涉及生态补偿。

由于祁连山高海拔区气候较为严寒，前山区又干旱少雨，自然环境比较恶劣，植树造林的成本高，造林成活率低，造林的成本约为 500 元/亩，封山育林的成本约为 300 元/亩，封山育草的成本约为 200 元/亩。祁连山自然保护区内的森林覆盖率每提高 1 个百分点，约需增加森林面积 2.7 万余公顷，建设任务艰巨，工程投资巨大。新中国成立以来，保护区造林保存面积仅为 0.67 万公顷（折合 10 万亩）。退耕还林和天保工程实施以后，甘肃省加大了祁连山区的退耕还林草及封山育林任务，但每年也只能完成 1.3 万公顷—2.6 万公顷，造林补助费每亩只有 50 元，封山育林补助仅有 75 元，和实际需要相差甚远。且部分现有林没有纳入国家重点林业生态工程，需要自筹资金。②

---

① 刘志广：《祁连山冰川每年退缩 4.9 米 沙尘暴步步紧逼》，http：//www.china.com.cn，2007 - 7 - 27。

② 刘志广：《祁连山冰川每年退缩 4.9 米 沙尘暴步步紧逼》，http：//www.china.com.cn，2007 - 7 - 27。

（2）社区参与不明显，自然保护区管理与居民生产、生活不协调。祁连山自然保护区的社区由区内3市8县（区）的各乡镇组成，共有人口68.56万人，其中，农业人口有63.67万人，占92.87%，非农业人口有4.89万人，占7.13%。保护区内众多民族聚居、和谐共存，生活着汉族、裕固族、东乡族、撒拉族、保安族、藏族等17个民族。不同民族长期同处一地，各民族的文化和习俗相互融合，进而形成了独具特色的"祁连山文化圈"。祁连山自然保护区内耕地面积约4.8万公顷，农业人口人均占有耕地0.34公顷，牧业用地75.4万公顷。牧业生产集中在肃南、天祝两县境内；农业生产主要在古浪、天祝、武威的部分地区，作物品种以小麦、青稞、油菜、蚕豆、豌豆、土豆等为主。据统计，2007年保护区所在8县（区）农业总产值为1161970.94万元，其中农业产值为798045.05万元，占农业总产值的68.7%；牧业产值为328776.28万元，占28.3%；林业产值11340.70万元，占1.0%；其他产业产值为23808.91万元，占2.0%。①

自然保护区的设立是依靠行政手段将相当面积的经营性土地纳入严格管理的范围，对区域内的原居民缺乏必要的补偿与安置，给当地群众生活带来很大的影响，同时当地群众的生产生活也影响到保护区的生态环境。按照《中华人民共和国自然保护区条例》第26条、第27条的规定，除法律法规另有规定之外，禁止在自然保护区内进行砍伐、放牧、狩猎、捕捞、采药、开垦、烧荒、开矿、采石、挖沙等活动。禁止任何人进入自然保护区的核心区，自然保护区核心区内原有居民确有必要迁出的，由自然保护区所在地的地方人民政府予以妥善安置。《甘肃省自然保护区管理条例》第12条、第14条规定：禁止任何单位和个人进入核心区，区内现有居民由地方人民政府负责有计划地逐步迁出；经营区内在不破坏植被的前提下，可以有计划地开展多种经营活动，并实行轮封轮牧。但事实上，祁连山自然保护区内还有57421户、229661人居住于此，且有大小牲畜156.2万头只。其中，核心区有844户、1877人，存栏大小牲畜9.8万头只；缓冲区有1767户、5815人，存栏大小牲畜29.3万头只；实验区有54810户、

---

① 王方：《祁连山自然保护区生态资产价值评估研究》，兰州大学博士学位论文，2012年。

221969 人，存栏大小牲畜 117.1 万头只。这些居民长期居住于此，主要从事畜牧业和农业生产，生活、生产用地与林区互相交错，保护区管理不可避免损害居民的利益。①

四、完善西北生态脆弱区自然保护区生态补偿法律机制之构想

1. 以生态承载力为基础完善生态补偿的法律法规

生态承载力即生态系统对人类活动的最大承载力，是在不破坏生态系统结构和功能完整性的前提下，系统所允许的人类活动的最大强度。生态承载力是保护管理、开发利用自然资源的重要依据，也是制订自然资源保护法律法规，用以恢复生态系统功能的最重要的自然规律之一。完善祁连山自然保护区生态补偿的法律法规，首要的是对祁连山自然保护区生态承载力进行评价。在评价过程中，生态承载力评价体系应当与当地生态系统的结构一致，且以生态系统的主要服务功能是否受到破坏，作为生态承载力的衡量标准具有现实的意义。在生态承载力评价中的核心就是生态荷载评价，目的在于确定人类活动强度是否超过生态系统的生态承载力以及超过的程度，以此为基础，人类调整行为，保护环境，以维护生态系统的稳定。

祁连山生态系统是较为复杂的复合生态系统，层次性比较明显。最高层当然是祁连山地复合生态系统，第二层则是森林、荒漠、草地、农田等子系统。其中，森林、草地、农田生态系统是受人类影响最大、最重要的三种生态系统类型。② 根据保护区生态荷载评价标准以及祁连山自然保护区主要保护站评价指标特征值显示，祁连山自然保护区超载较严重（具体评价标准以及评价指标特征值详见表 7-5、表 7-6）。

---

① 刘志广：《祁连山冰川每年退缩 4.9 米 沙尘暴步步紧逼》，http://www.china.com.cn，2007-7-27。

② 刘庄：《祁连山自然保护区生态承载力研究》，中国环境科学出版社 2006 年版，第 87 页。

第七章 西北生态脆弱区自然保护区生态补偿法律机制实证研究

表7-5 祁连山自然保护区生态荷载评价标准①

子系统	评价指标	不超载	超载			
			轻度	中度	严重	极度
森林	森林覆盖率%	≥30	20~30	10~20	5~10	<5
	平均年净增长率%	≥0	-2.5~0	-5~-2.5	-5~-10	<-10
	林分平均郁闭度	≥0.6	0.5~0.6	0.4~0.5	0.3~0.4	<0.3
草地	放牧超载率%	≤0	0~30	30~60	60~90	>90
	草地平均盖度%	≥60	50~60	40~50	30~40	<30
	优良牧草比例%	≥50	40~50	30~40	20~30	<20
农田	耕地压力指数	≤1	1~1.2	1.2~1.4	1.4~1.6	>1.6
	耕地开垦强度	≤1	1~1.2	1.2~1.4	1.4~1.6	>1.6
	≥15°陡坡耕地面积比率%	0	0~10	10~20	20~30	>30

表7-6 祁连山自然保护区主要保护站评价指标特征值②

保护站名称	评价指标								
	森林覆盖率%	平均年净增长率%	林分平均郁闭度	放牧超载率%	草地平均盖度%	优良牧草比例%	耕地压力指数	耕地开垦强度	≥15°陡坡耕地面积比率%
祁丰	0.98	2.7	0.47	75.10	28.21	18.84	0.91	1	0.26
隆畅河	5.51	2.36	0.59	75.10	37.27	21.31	0.91	1	2.58
康乐	12.24	2.66	0.55	75.10	47.59	26.45	0.91	1	4.25
寺大隆	9.49	2.17	0.54	75.10	48.64	28.32	0.93	1	1.24
西水	16.69	2.60	0.56	75.10	54.65	29.67	0.91	1	2.41
马蹄	8.17	2.67	0.55	75.10	42.33	26.72	0.91	1	3.25
军马场	1.17	2.46	0.56	66.42	66.33	36.71	0.91	1	6.54
西营河	5.28	2.41	0.57	75.10	38.57	20.74	0.91	1	10.28
东大河	13.54	2.74	0.56	68.47	58.97	32.47	1.02	1	1.36
祁连	15.89	3.19	0.55	56.36	54.29	36.34	1.46	1	18.4
上房寺	32.70	2.04	0.68	48.27	72.62	58.45	1.21	1	10.6

---

① 刘庄:《祁连山自然保护区生态承载力研究》,中国环境科学出版社2006年版,第106页。
② 刘庄:《祁连山自然保护区生态承载力研究》,中国环境科学出版社2006年版,第144页。

(续表)

保护站名称	评价指标								
	森林覆盖率%	平均年净增长率%	林分平均郁闭度	放牧超载率%	草地平均盖度%	优良牧草比例%	耕地压力指数	耕地开垦强度	≥15°陡坡耕地面积比率%
哈溪	12.25	3.08	0.54	56.32	52.15	34.58	1.46	1	26.8
十八里堡	6.91	3.40	0.56	72.64	49.11	34.16	0.89	1	24.3
乌鞘岭	11.66	3.21	0.63	56.33	48.32	33.13	1.46	1	28.7
夏玛	24.88	3.21	0.73	56.37	65.34	54.37	1.46	1	11.3
华隆	2.66	2.47	0.39	56.32	34.23	30.15	1.46	1	8.9
古城	22.25	2.94	0.53	56.31	66.47	53.46	1.46	1	16.4

正视实际情况与保护目标两者之间的差距，选择适当的开发、保护方式，完善生态补偿制度，调整生态环境利用、保护和建设中相关利益方的利益关系，使生态环境利用、保护和建设的外部效应内部化，一方面可遏制生态环境过度利用的行为；另一方面可激励生态保护和建设者维护和改善生态系统服务，最终促进当代人与自然的和谐，并使后代人与当代人公平地拥有、享用生态系统服务的机会。目前，需要在总结前期天保工程等实践经验的基础上，结合当前学者的研究成果，修改《祁连山自然保护区管理条例》，补强自然保护区的生态补偿机制，完善生态补偿方式、资金筹集方式，使生态补偿常态化、全面化。

2. 科学厘定生态补偿标准

目前，国外确定生态补偿标准的方法主要基于价值理论、市场理论和半市场理论，依据价值理论确定生态补偿标准的方法主要是生态服务价值法。众多的研究机构和学者认为，生态服务价值是确定生态补偿标准的重要参考依据，是生态补偿标准的高限。虽然目前由于生态系统的复杂性以及研究方法、财政承受力受到限制，但是它是生态补偿标准确定的终极目标。①

---

① 中国21世纪议程管理中心：《生态补偿原理与应用》，社会科学文献出版社2009年版，第156页。

第七章 西北生态脆弱区自然保护区生态补偿法律机制实证研究

生态服务价值根据其功能和利用状况可分为 4 类：①直接使用价值，主要指食品、药品、景观等生态系统产品的价值，可通过产品的市场价格来估计。②间接使用价值，主要指维持地球生命系统、保护土壤肥力、净化环境等"无法"商品化的生态系统服务，可通过生态服务的类型来确定。③选择价值，指人们为了将来能利用某种生态服务的支付意愿。选择价值又分为三类：自己将来利用、子孙后代利用（遗产价值）、别人将来利用（替代消费）。④存在价值，是人们为确保生态服务继续存在的支付意愿，是生态系统本身具有的价值，如流域生态景观的多样性，与人们是否顺利进行消费无关。①

根据《祁连山自然保护区生态资产价值评估研究》，祁连山自然保护区的生态服务价值由直接使用价值、间接使用价值、选择价值、存在价值构成。直接使用价值为 0.681 亿元/年，由直接实物价值、直接非实物价值组成。直接实物总价值为木材销售收入 0.0260 亿元/年；直接非实物价值由科研价值（基础项目的建设、科学研究的项目、科学技术推广项目以及国际研究的合作与交流）0.323 亿元/年，文化教育价值（教学实习、图书出版物以及影视作品的价值）0.0543 亿元/年，旅游价值（旅游费用支出、旅游时间价值、其他价值）0.279 亿元/年组成。间接使用价值为 1206.436 亿元/年，主要由森林生态系统涵养水源价值 1152.357 亿元/年、纳碳吐氧价值 15.026 亿元/年、保护土壤价值 0.17 亿元/年（减少土地损失价值 1293.33 万元/年、减少土壤肥力损失价值 407.67 万元/年）、有机物生产价值 1.959 亿元/年、净化空气价值 34.591 亿元/年（吸收污染气体 SO_2 价值 8367.45 万元/年、阻滞粉尘的价值 337547.27 万元/年）、营养物质循环和养分积累价值 2.333 亿元/年组成。选择价值为 1975.903 万元（自己将来使用价值 943.078 万元、遗产价值为 1032.825 万元）。存在价值为 2928.298 万元。②祁连山自然保护区的补偿标准应以上述研究为基础，并在更加深入研究的基础上，最终确定最符合生态需求以及社会需求的生态补偿标准。

---

① 中国 21 世纪议程管理中心：《生态补偿原理与应用》，社会科学文献出版社 2009 年版，第 76 页。
② 王方：《祁连山自然保护区生态资产价值评估研究》，兰州大学博士学位论文，2012 年。

3. 优化生态补偿管理、协调机制

甘肃祁连山国家级自然保护区管理局是甘肃省林业行政主管部门的派出机构，代表该部门从事一定范围内的管理工作，并按照《祁连山自然保护区管理条例》的授权对自然保护区进行管理，其自身原则上没有独立的法律地位。① 我们认为，管理局级别过低，管理、协调权力不够，已不适应祁连山自然保护区生态补偿机制的进一步完善及推进。所以，建议有关部门在统筹考虑的情况下，将管理局提升为厅级机构（以便更好的与祁连山自然保护区所在地的张掖市、武威市及其八个县区的沟通和协调），赋予其行政权，业务受省环境保护厅的指导。这样，管理局不仅可以更好地协调相关利益方的权利与义务；同时，对那些重特大问题也可快速做出反应，以保障生态补偿取得实效。

4. 拓宽补偿资金筹集渠道

首先，实现政府财政转移支付的常态化。政府财政转移支付是中国主要的生态补偿途径，也是补偿资金的主要来源。对于"公共物品"特性较强的自然保护区特别是国家级自然保护区，中央政府应该承担主要的补偿责任，各级政府承担补充的补偿责任（如浙江台州市设立长潭水库专项保护资金，每年投入600万元培植生态涵养林和用于生态移民）。所以，实现政府财政转移支付的常态化，显得非常重要。

其次，与流域生态补偿相结合。祁连山自然保护区的生态价值不仅是对森林生态以及野生动植物的保护，同时也是对石羊河、黑河、疏勒河的水源与水质的重要保障。所以，建立石羊河、黑河、疏勒河的流域生态补偿机制，根据受益者补偿原则，流域中下游应向流域源头区进行补偿。在流域补偿过程中，通过各级政府的协商真正落实《中华人民共和国水法》以及相关法律法规，严格水资源的许可管理，征收水资源使用费，并从水资源使用费中提取适当比例专门用于生态补偿。

---

① 罗豪才、湛中乐：《行政法》，北京大学出版社2006年版，第76页。

第七章　西北生态脆弱区自然保护区生态补偿法律机制实证研究

再次，从生态旅游收益中提取生态补偿资金。此类做法在国内外均有成功的案例，譬如，加拿大森林公园、植物园、自然保护区等以森林为主体的旅游部门，就在其门票收入中提取一定比例补偿给育林部门以维护森林的可持续性。再譬如，为了改善道教圣地青城山的生态状况，四川省成都市决定将青城山门票收入的30%用于护林，从而使青城山的森林状况较20世纪70年代有了较大的改善。① 祁连山自然保护区生态旅游主要是依托于自然资源、森林公园、风景名胜发展起来的。祁连山自然保护区是目前青藏高原北部边缘保存最完整的一个自然生态系统，是十分珍贵的旅游胜地。根据《祁连山自然保护区管理条例》的规定，从保护区旅游收入中提取2~5%用于水源涵养林的维护。但从祁连山自然保护区未来发展来看，该提取比例过低，需要适当提高提取比例，以获得更多的资金用于自然保护区的林业维护和生态建设。

综上，在多方筹集资金的基础上，可以设立祁连山自然保护区生态补偿的专项基金。专项基金能有效发挥政府的宏观调控能力，集中资金的使用方向、领域以及区域，提高有限资金的使用效率。但在设立初期，可以先按照生态补偿资金的来源、去向分账核算，以利于专款专用。②

5. 充分发挥市场补偿的优势

国外对生态服务功能购买的探索和实践，可以分为政府主导型和市场主导型两种。但无论在哪一种类型中，政府和市场都不是对立的，而是相辅相成的。即使在政府主导的生态补偿实践中，市场机制仍然可以发挥重大的作用，政府也可以借助市场手段来提高生态效益。譬如，哥斯达黎加采用市场手段来补贴私人生产者所提供的生态效益或为政府保护生态效益提供资金支持，并通过立法，把从化石燃料中征收的销售税作为生态效益补偿资金的来源之一。③ 市场机制的生态

---

① 闵庆文、甄霖等：《自然保护区生态补偿研究与实践进展》，载《生态与农村环境学报》2007年第1期。
② 譬如：《中央财政森林生态效益补偿基金管理办法》规定，国有单位和集体应建立健全财务管理和会计核算制度，对中央财政补偿基金实行分账核算。
③ 中国21世纪议程管理中心：《生态补偿原理与应用》，社会科学文献出版社2009年版，第260页。

·227·

补偿制度除了生态税以外，还包括生态补偿保证金、生态标志制度等。结合我国实际，目前比较适合于自然保护区生态补偿的是配额制度及生态标志制度。

（1）配额制度。广东省是国内最早倡导建立自然保护区配额交易制度的地方政府。2010年，广东省自然保护区面积占其总面积的6.78%，遂以此作为各地市自然保护区建设配额交易的标准。配额交易的方式如下：①在广东省内以地市为单位，对于保护区面积不够的地市，可通过直接建设或者从其他富余地市购买等方式，实施配额交易。交易的价格依据主要包括自然保护区建设的直接投入和地方政府、企事业单位、公民因此所受的损失等。②省政府成立统一的协调管理机构，以协调各地市以及林业、环保、国土、税收等部门，将各地市富余且愿意出售的保护区配额集中起来进行拍卖，将拍卖所得返还保护区所在地市。① 甘肃省拥有各级自然保护区59个，占国土面积的16.17%，高于国家平均水平的14.93%。作为拥有自然保护区较多的省份，甘肃省可以在广东省试点成功的基础上，充分考虑本省经济社会发展实际以及生态保护的需要，确定适当的配额标准，实行自然保护区的配额交易制度。

（2）生态标志制度。生态标志，是指由政府部门或社会团体根据特定的环境标准向有关企业颁发，以证明其产品符合环保要求之标识。生态标志制度并非生态补偿制度的当然组成部分，但是广大民众通过购买并消费无害于环境的产品，实际上等于购买了附加其上的生态系统服务价值，实际上属于间接补偿的范畴。欧盟的生态标志制度已经取得了良好的效果，为鼓励并扩大"绿色产品"在欧洲的生产和消费，欧盟公布了完善的生态标签制度。该制度实行自愿原则，并希望借此"选出"生态环保领域中各类产品的佼佼者，进行肯定和激励，以进一步推动欧盟的消费品企业稳步提升其生态环保水平，使产品在生产、消费到最后处理的整个周期内都是环境友好型的。同时，"生态标签"也是对消费者的一种绿色提示和召唤，消费者因信赖欧盟的环保标准和环保理念而对此类产品往往会产生优先消费的欲望。如果生产商希望获得欧盟生态标签，其产品必须达到

---

① 万军、张惠远等：《广东省生态补偿机制研究》，http：//www.caep.org.cn/readnews.asp?newsid=595。

生态标签的授予标准,并向欧盟各成员国指定管理机构提出申请。2002 年,欧盟的调查结果显示,有75%的消费者愿意购买并消费"贴花"(贴有生态标识)产品,即使其价格稍高甚至高于其他产品价格的20%~30%,消费者仍然愿意绿色消费。①

我国的环境标志制度创建于20世纪90年代。1993年,国家环保总局发布了中国"环境标志"图形;1994年,国家环保总局、国家质检总局等11个部委的代表和专家成立了中国环境标志产品认证委员会,并拟定了认证程序。绿色食品即源于优质生态环境、依照绿色食品标准生产、进行全过程质量监控并达到特定标准的安全、优质食用农产品及相关产品。绿色食品系健康食品,已被消费者信赖,成为相关市场的香饽饽。绿色食品标志依法注册为证明商标,受法律保护;中国绿色食品发展中心负责全国绿色食品标志使用申请的审查、颁证和颁证后的跟踪检查。② 无公害农产品是指安全质量符合有关强制性国家标准及法律法规规定的农产品及初加工品。③ 无公害农产品标志是加施于获得无公害农产品认证的产品或者其包装上的证明性标记。④ 农业部和国家认证认可监督管理委员会对全国无公害农产品标志实行统一监督管理。祁连山自然保护区可通过申请绿色食品标志和无公害农产品标志,以提高其产品的附加值。近年来,国内民众生活水平不断提高,人们对绿色食品的需求不断增加,保护区通过出售"绿色产品"以获得间接的生态补偿资金,用于自然保护区的生态补偿事业。

6. 建立生态管理和补偿的社区参与机制

社区参与是国外自然保护区管理的一项重要制度,澳大利亚在这一方面就有着比较成功的经验。澳大利亚是一个法治国家,社区参与有一套行之有效的制度体系,这也是我们首先值得借鉴之处。为了保证社区参与的实现,澳大利亚法律明确规定要建立原住民顾问委员会,委员会在有关部门拟订恢复计划、野生生物

---

① 高彤、杨姝影:《国际生态补偿政策对中国的借鉴意义》,载《环境保护》2006 年第 11 期。
② 《绿色食品标志管理办法》,第 2—5 条。
③ 《无公害农产品标志管理规定》第 2 条。
④ 《无公害农产品标志管理办法》第 2—3 条。

保护计划或危险消除计划时有参与权和表决权，使周边社区特别是原住民有表达意愿的机会和渠道。以卡卡杜（Kakadu）国家公园为例，原住民可以参与公园管理计划的制订、可推选代表参加公园管理委员会（14 名委员中的 10 名是原住民的代表），还有经常性的固定的联络渠道。用制度保障原住民参与国家公园的管理，不仅可以充分顾及原住民的意愿和确保原住民的利益，更重要的是，由于原住民对本地的动植物更为熟悉，所以，原住民的全程参与使公园的管理目标更容易得到实现。显然，从澳大利亚自然保护区的实践来看，周边社区和居民参与自然保护区的管理，不仅重要而且可行。①

湖南省西洞庭湖自然保护区青山垸区域针对鱼类洄游和鸟类栖息地而实施的"准"社区参与，是我国自然保护区社区参与的典型案例。此项目受世界自然基金会（WWF）的推动和支持。1999 年，青山垸开始实施退田还湖工程，垸内 5800 多人失去土地。为了谋生，过度捕捞甚至非法捕捞、猎鸟等行为随之出现并且日益严重。这些滥捕行为严重干扰了鱼类洄游和鸟类栖息，大大增加了保护区的工作压力，也加剧了农民与政府的冲突、农民与保护区的矛盾。为了使保护区内的农民成为湿地的受益者进而成为维护者，从而推动湿地保护的可持续发展，在 WWF 的推动下，县林业局、环保局等机构出面组成共管小组，设立有社区代表参加的共管委员会，以共同管理、养护青山垸区域生态环境。以水产养殖为例，在共管委员会的组织协调下，社区人员按程序入股后进行集体性的养殖捕捞，统一行动，共同受益，按股分红。如此一来，社区成员经内部交易之转换实现了本地捕捞资源外部效应的内部化，民众参与生态修复和补偿的积极性高涨。社区参与生态补偿也带来了"可见"的效益，最初入股 1 万元的农户每年均可得到 1 万—2 万元的分红。由于从生态保护中得到了实惠，农民自觉保护周边环境的积极性不断提高，他们不仅按章作业，还积极制止、举报违法违规行为，大大缓解了保护区的巡护压力。经过各方的共同努力，保护区内的生态状况得以改善，社区参与生态实践的当年就有 3 万只水鸟返回自然保护区，其中有些是 30

---

① 王灿发：《国外自然保护区立法比较与我国立法的完善》，载《环境保护》2006 年第 12 期。

第七章 西北生态脆弱区自然保护区生态补偿法律机制实证研究

年未见的鸟类。①

为了解决祁连山自然保护区内居民生活与保护区管理之间的冲突，根据《中华人民共和国自然保护区条例》第25条②和《甘肃祁连山国家级自然保护区管理条例》第7条③的规定，借鉴洞庭湖自然保护区青山垸对鱼类洄游和鸟类栖息地保护的社区参与的生态补偿案例，建立祁连山自然保护区生态修复和补偿的社区参与制度，非常重要。首先，在发展与社区居民生活有关的优势产业即祁连山自然保护区的林果业以及养殖业的同时，保护区在用工方面优先录用当地居民，并通过培训等方式提高居民的生态保护意识。在此基础上，保护区所在地人民政府可以会同保护区管理机构和有关村民委员会、社区，组成保护协调组织，开展宣传教育、订立保护公约、协调各方关系等，以推动祁连山自然保护区生态修复和补偿工作取得更大的进展。

---

① 李琳：《生态服务补偿：世界自然基金会的看法和实践》，载《环境保护》2006年第11期。
② 《中华人民共和国自然保护区条例》第25条规定："在自然保护区内的单位、居民和经批准进入自然保护区的人员，必须遵守自然保护区的各项管理制度，接受自然保护区管理机构的管理。"
③ 《甘肃祁连山国家级自然保护区管理条例》第7条规定："保护区内的居民，应当遵守保护区的有关规定，在不破坏自然资源的前提下，可以从事正常的农牧业生产，也可以有偿承担地、县林业行政主管部门和管理局组织的劳务或者保护管理任务。"

第八章　西北生态脆弱区矿产开采生态补偿法律机制实证研究

一、矿产开采的负面效应及西北生态脆弱区矿产开采问题的独特性

1. 矿产开采对生态环境的负面效应

（1）矿产资源损耗及对伴生资源的破坏。随着工业经济的快速发展，工业原材料的需求不断攀升，矿产资源的大规模开采，一方面支撑了我国经济强劲的增长势头，一方面也造成了资源的浪费和环境的破坏。由于矿产资源的地质构造复杂、矿床连体，特别是开采技术的落后导致矿产资源综合利用率低，我国矿产资源综合利用率仅为20%。据统计，我国综合利用比较好的国有矿山仅占30%，部分进行综合利用的也仅占25%，完全没有进行综合利用的占45%，全国二十多万个集体、个体矿山基本上没有综合利用。现有矿产资源的总回采率只达30%左右，平均比国外低20个百分点。① 由于技术的落后和经济发展所限，西北地区矿产资源的综合利用率更低。部分地区为图经济发展，对于矿业公司，不论实力强弱、规模大小，不管技术水平高低，只要带来资金，来者不拒。矿业投资者良莠不齐，有的以采代探、一矿多开、大矿小开，整体矿体常被人为分割；大多数共生和伴生矿因技术条件、资金限制和人为因素，得不到综合利用；有的受

---

① 张复明、景普秋等：《矿产开发的资源生态环境补偿机制研究》，经济科学出版社2010年版，第42页。

第八章 西北生态脆弱区矿产开采生态补偿法律机制实证研究

利益驱动,滥采乱挖,采富弃贫,对资源进行掠夺性开采,牟取眼前的暴利。① 开发市场无序,回收利用率低,导致矿产资源的损耗和浪费及对伴生资源的破坏非常惊人,不仅激化了西北地区资源相对短缺的矛盾,进而破坏了本就非常脆弱的生态环境。

(2) 对水体的污染。西北生态脆弱区地处干旱地区,水资源对当地经济、社会的发展和生态环境的保护至关重要。譬如,新疆哈密地区气候极为干旱,年降水量仅为34毫米,蒸发量却高达2700毫米~3300毫米。在西北生态脆弱区,类似的地区有很多,水资源就是生命之源。而这些地区往往是矿产资源的富集区,矿产资源的开采造成了废水污染和疏干排水引起的地质环境问题,使水体环境发生严重的恶化。矿山建设及矿石开采过程中的尾矿堆放,经过雨水淋滤、渗透、迁移溶解矿物中可溶成分的有害物质(如硫化物等)及未经处理的重金属元素,使浅层地表水遭到破坏。细而言之,采矿对水体的污染途径主要有以下几种:一是采矿揭露矿体,使有害元素直接进入水中;二是采矿使不同成分的水相混合,使原来的优质水遭污染;三是矿业废弃物淋滤水会成为富含有害物的污染水;四是采矿附属厂排放"三废"造成的水质污染;五是采矿对大气污染形成的酸雨污染了矿区地下水等。② 同时,矿山的疏干排水造成的缺水地区也不断增加。甘肃省庆阳市因石油开采,致使地下水位下降数十米甚至上百米,大面积疏干漏斗随之产生,地下水均衡系统遭到破坏,井泉干枯,已导致生活用水和工农业用水的严重不足。

(3) 对大气及环境造成的污染。资源开采造成的大气污染是指矿山开采产生的粉尘、废气和有害气体改变了大气自然状态的成分和性质,甚至形成酸雨,腐蚀农田,改变土壤和生物生存环境。③ 就瓦斯而论,在矿产资源开采过程中,产生大量的瓦斯气体,大部分矿山公司未对其回收利用而是直接排放到空气中,对大气及环境造成严重污染,不仅影响了矿工的身体健康,更是波及矿山周围居

---

① 王永锋:《甘肃矿山地质生态环境问题的初步研究》,西安科技大学硕士学位论文,2010年。
② 张复明、景普秋等:《矿产开发的资源生态环境补偿机制研究》,经济科学出版社2010年版,第44页。
③ 宋蕾:《矿产资源开发的生态补偿研究》,中国经济出版社2012年版,第58页。

民的生产生活。露天矿山在开采中的钻孔、爆破、挖掘以及岩块和煤炭的破碎、装载和运输等环节中，都会给矿区带来暗无天日的大规模粉尘现象。特别是缺水少雨干旱的西北地区，矿产的大量开采和运输，粉尘随处可见，整个天空都是煤黑色笼罩，降雨都是煤黑色和二氧化硫雨水，腐蚀人的身体，危及森林、草场、农作物的生存。再加上西北地区"风源头"的大风作恶，会经常发生尘暴天气，从而导致附近居民呼吸道疾病多发，严重影响人类的生活环境水平。

（4）对矿区土地资源的破坏。矿产资源的露天开采和井下开采两种形式，都会直接或者间接地对土地资源造成破坏。截止2011年，甘肃省各类（油气除外）持证矿山总数3470个。按照生产规模划分，大型矿山46个，中型矿山65个，小型矿山1112个，小矿（生产建设规模在小型矿山规模上限十分之一以下）2247个。大中型矿山每座约占地18万平方米—20万平方米，小型矿山也要占地10万平方米。可想而知，矿产资源开采对土地资源的影响巨大。露天开采是以剥离土地表层的途径来探寻、开发矿物的，这种方式的开采对土地资源的破坏主要表现在地表土层破坏方面，这样会造成矿山自身占有土地资源和排土场"侵占"土地的后果。例如：甘肃厂坝铅锌矿露天矿采剥比高达1∶4左右，经过长年的采剥，昔日原始森林茂密的李家沟竟成了童山秃岭。同时，多数金属矿山都位于山沟地带，海拔多在1000米左右，不论硐采还是露天开采，对生态环境的影响和破坏都是非常大的，主要表现在：森林被毁坏、废石废渣掩埋植被或倾倒河床、矿区边坡塌方或形成泥石流、废水废渣排入河床，使河床人为增高，河流污染等等。[①] 井下开采是以井下作业为主对矿产的有效开采，这种方式的开采对土地资源的破坏主要表现在地表塌陷方面，这些塌陷、占用和损毁的土地，不仅破坏了自然地形地貌，还给重新种植造成了较大的难度。

（5）对矿区生态系统和物种资源的破坏。西北生态脆弱区生态系统本就敏感、脆弱，稳定性差。矿产资源的开采使生态系统结构趋于单一化，导致生态系统服务功能下降、物种资源锐减，甚至呈现由结构性破坏到功能性紊乱演变的发

[①] 辛继升：《矿产资源开发对生态环境影响因素分析——以甘肃矿产资源开发为例》，载《中国地质矿产经济》2001年第6期。

第八章 西北生态脆弱区矿产开采生态补偿法律机制实证研究

展态势。矿产资源开发会造成地表塌陷、地表水渗漏,从而破坏地表植被以及影响地表生态系统。① 不仅如此,矿产资源的开采造成了森林、草地的大面积损坏,从而使涵养水源、调节气候的"源泉"缩小甚至受损,改变了水文下垫面、造成了河流径流量减少和失去防御旱涝灾害的功能,更严重区域导致河流、湖泊的干涸,进而改变了该区域陆上动植物以及水生动植物的生存条件,导致了生物多样性减少、湿地缩减等一系列的生态退化问题。譬如,甘肃玛曲拥有中国最美的湿地,连片绵延的湿地面积达562.5万亩,被誉为黄河的"天然蓄水池";玛曲还有丰美的草原,以"亚洲第一天然草场"著称天下。但是,随着金矿的开采,特别是2005年以来,大面积的草原沙化,水土流失以及水质污染问题日渐突出,使玛曲人陷入一个怪圈:金矿开发—畜牧业减退—牧民搬迁返贫—生态进一步恶化。

(6) 对地质构造的破坏。地质构造具有关联性、隐蔽性和诱发性。据国土资源部统计,人为因素诱发的地质灾害占我国地质灾害总数的50%左右,并且呈上升趋势。不合理的矿产资源开发造成矿井突水、土质塌方,岩层爆破会导致地质构造失衡,不同程度诱发山体坡崩塌、滑坡、泥石流、地震等多种自然灾害。2010年,甘肃舟曲泥石流山洪灾害造成1456人遇难、309人失踪。灾害的危险因素当然有其特殊的地质条件影响,但人为因素譬如矿产资源的开发也有不可推卸的责任,舟曲矿山的开采导致土质结构松散,森林和植被被破坏,失去防御功能。1949年以前,舟曲一带有举世闻名的原始森林,如今森林的覆盖率已由原先的67%下降到了20%;现在山头的岩石都裸露在外,活像一个没衣服穿的贫苦老人,导致自然灾害频繁且不断加剧。

(7) 对矿区可持续发展能力的损害。矿产资源的开采曾经一度成为一个区域的经济增长点,资源富集区也曾是工业化发展的动力源区,创造了辉煌的经济奇迹。但是,这仅仅是一时的,丰富的自然资源不一定能带来经济的持久发展,相反,可能带来资源诅咒——资源富集区往往易成为贫困区。矿业活动引发矿

---

① 张复明、景普秋等:《矿产开发的资源生态环境补偿机制研究》,经济科学出版社2010年版,第47页。

区、矿城生活成本上升，物价上涨，使得其他产业面临原材料涨价，整个资源型地区的生活成本都上涨，呈现"荷兰病"现象。而且，资源型地区的经济发展很大程度上依附于矿产资源的原生态开采和粗放式的增长，这种经济发展模式导致了产业结构的畸形发展和经济结构模式的不平衡。① 使这些地区生产能力下降，大多数的资源型产业垄断和产业结构缺乏扩展性，引发的产业结构单一化和刚性化问题，削弱了产业综合竞争力。由于配套的第三产业及新兴产业发展缓慢，使得区域内产业链断裂，经济效益低下，整体经济的抗风险程度降低，生产力下降。同时，资源的开采造成了地表塌陷、水资源缺乏、大气污染等等，导致了居民区生态环境的恶化，使矿区周围的居民失去了健康的保障，城乡居民的肺癌发病率和死亡率都不断攀升，当地民众不得已选择生态移民。显然，矿产资源的大规模开采已影响到矿区可持续发展的能力。

2. 西北生态脆弱区矿产开采问题的独特性

（1）矿区地质构造复杂与自然灾害频繁并存。西北地区分布着高寒、沙漠、黄土、喀斯特四大生态脆弱带，目前，生态环境状况为：普遍脆弱、局部改善、总体恶化。在严酷的自然条件和人口的日益膨胀下，一些地区水土流失严重、土地沙漠化、森林覆盖率锐减、草场退化、水资源短缺及沙尘暴盛行。而很大部分矿产富集区正好也分布在沙漠区或沙漠边缘地带，譬如，塔里木油田位于新疆维吾尔自治区境内的塔克拉玛干大沙漠中，石油和天然气储量丰富，然而，地质构造复杂、地面沟壑纵横、断裂特征明显、油气资源埋藏深，油气勘探难度成为世界级难题。矿产资源和荒漠戈壁滩在地里位置上高度重叠，加之水文、气候方面的因素，伴生出了异变、不稳定的生态环境，因此，矿区地质结构极为复杂。而且，脆弱的生态环境必然导致自然灾害的频繁发生。生态脆弱区的大风、干旱、洪涝、沙尘暴等气象灾害，以及地震、滑坡、泥石流等地质灾害，有不断增加趋势，并且波及范围广，损害严重。同时，生态脆弱区的矿产开采活动也会加剧自然灾害及诱发次生灾害的肆虐，在矿区地面塌陷、沉降、裂缝、废石和尾矿杂乱

---

① 牛建平、吕志祥：《资源型地区经济转型的困境及出路》，载《前沿》2012年第23期。

第八章　西北生态脆弱区矿产开采生态补偿法律机制实证研究

无章堆砌在地形复杂及陡峭山坡,要遇上强降雨、山洪倾泻,就会引发滑坡、泥石流灾害。譬如,宁夏石嘴山煤矿区,地面塌陷总面积达 6.97 平方千米,塌陷深度一般为 12 米,最深达 21.7 米。塌陷区内地裂缝交错,地面凹陷,成为积水洼地,地表水沿裂隙进入地下巷道,使矿区多次发生突水事件,造成人员伤亡和巨大的损失。①

(2) 矿产资源富集区与少数民族聚居区、宗教地区交错。西北少数民族聚居区与宗教地区多为矿产资源富集区,同时,也是生态环境轴心区。近年来,矿产资源的开采推动了民族地区现代化的进程,但是,高强度的矿产开发,已严重影响了民族聚居区的稳定和可持续发展。因禁牧、限牧而搬迁到繁华社区中的窘迫,因生态破坏而失去生计的牧民在现代的城市中迷失,因离开草原摒弃了传统文化而无所适从、终日抱怨等等均为明显例证。而且,部分地区的矿产开采影响了民族人文社会系统的稳定与安全。以藏族聚居区玛曲县(藏族人口占全县人口的 89%)为例,境内草原广袤,河流纵横,矿产资源极其丰富,黄金产量位居全国第四。玛曲的金矿吸引了全国各地民众来这里"淘金"。资源开发带来了物质的丰腴,但加深了玛曲的生态灾难,草原的退化、水资源的污染使牧民无法生活下去,引发了一系列社会问题。2005 年,玛曲县尼玛镇的牧民们来到县政府前抗议,要求把"淘金者"逐出草原,他们不要补偿,也不能断子孙繁衍的福地。同时,在藏区游牧生态社会中,牧民的生活与山的存在息息相关。由于山的巍峨与神秘,使其成为超越人生命体现实的人格力量载体,它力量无限,无尽神秘。但是,矿产资源的无序开采会惊扰山神的"使者们",这也是玛曲民众非常担心和不愿意看到的。

(3) 开采观念、技术滞后与补偿资金不足的困顿。在西北生态脆弱区,长期传统思想的困扰和生活贫困的现实客观上制约着人们文化程度和科学技术的发展,从而必然导致矿产资源开采技术落后,生态意识淡薄(人首先得考虑生存),生态补偿资金不足等现状。西北生态脆弱区多为经济欠发达地区,多数地

---

① 徐友宁、武征等:《西北地区矿产资源开发的环境地质问题及其类型》,载《西北地质》2001 年第 2 期。

方还保持着原生态的生产生活方式，其衣食住行很大程度上还依赖于自然界，同等条件下，他们会消耗更多的资源来获取生存条件。另外，教育的不发达，人口受教育程度低，矿产开采观念缺失，技术落后，多数企业不能认识到矿产开发要遵循自然规律，矿产资源采取粗放型开采方式，资源浪费严重。在甘肃，全省小型矿山占矿山总数的92%，相当部分矿山企业的开采规模与矿区的储量规模不匹配，大矿小开、一矿多开，甚至越界开采、乱采滥挖等问题非常突出。更由于企业技术装备水平低，集约化作业程度差，产业链延伸短，其产品的技术含量和附加值不高，致使多数矿山还处于原矿开采、销售状态。[①] 除此之外，由于西北生态脆弱区小矿开采居多及生态观念的缺失，矿山企业在矿产开发过程中不重视环境保护，甚至，部分企业认为矿业活动与环境治理没有关系，拒缴或拖欠环境恢复治理金，加之西北各省区经济的滞后，财政收入有限，更加剧了生态补偿资金的严重不足。

（4）矿产开发结构不合理与矿政管理粗放并存。矿产资源是人类社会经济发展的重要物质基础，既是有限的，更是不可再生的，这就确立了矿产资源在社会可持续发展中的重要地位。因此，只有完善矿产资源开发结构与矿政管理机制，才能够使有限的矿产资源实现最大化利用。但是，西北生态脆弱区矿产资源分布不均，地域组合具有多样性，矿产资源开发秩序混乱，矿业结构、矿产品结构单一，结构演化迟滞，矿业生产结构配套程度低，产业结构集中程度低、专业分工差、低技术、小批量，导致地区间、微观主体企业之间恶性竞争加剧，使得产品市场竞争力差，企业效益差，阻碍了矿产资源的有效开采和地区经济的发展。同时，矿政管理尚不能适应新形势的需要，规划的可操作性和指导性不强，仍为粗放管理的态势。显然，西北地区矿产管理部门在矿业权设置及管理方面还应进一步规范，矿政执法力度有待进一步加强。[②]

---

① 王永锋：《甘肃矿山地质生态环境问题的初步研究》，西安科技大学硕士学位论文，2010年。
② 高新才、斯丽娟：《甘肃矿产资源开发生态补偿研究》，载《城市发展研究》2011年第5期。

二、西北生态脆弱区矿产开采生态补偿的维度及反思性运维

1. 矿产开采生态补偿的内涵

（1）矿产开采生态补偿的含义。我国自 20 世纪 80 年代中期开始征收矿产资源税，用以调节资源开发中的级差收入，促进资源合理开发利用。我国学者对矿产开采生态补偿的研究也随即开始，但到目前为止，对矿产开采生态补偿还没有一个统一的表述。有学者从广义上解释矿产开采生态补偿，即因矿产开采行为给矿区及其周边地区的自然环境带来污染、生态环境造成破坏、矿区城市失去可持续发展机会而进行的修复、矫正所给予的财政补贴、税收减免、资金扶持等等活动的总称。① 也有人从狭义上解释，矿产开采生态补偿是指保证矿区生态环境恢复治理到或超过原生态环境生产能力的法律体系。② 曹明德教授的阐释则更具法学意义，他认为，矿产开采生态补偿是指国家通过征收探矿权使用费、采矿权使用费等以实现国家所有者的权益，并对因矿产开采而造成的利益受损者给予经济补偿，对因矿产开采而被污染或破坏的生态环境进行修复、治理和补偿。③

如前文所言，生态补偿旨在实现外部成本的内部化，以恢复和保护生态环境并得以可持续发展。所以，我们可以将矿产开采生态补偿界定为：为治理、恢复、矫正因矿产开采给矿区周围的生态环境造成的破坏和污染，提升矿区可持续发展的能力，对矿产开采者收税（费），对利益受损者、生态修复者（矿区周边民众及地方政府等）给予资金扶持、财政补贴、税收减免及政策优惠等的活动。矿产资源的开发推动了经济的发展，也不断改变和影响着周围的生态环境。由于生态环境保护机制尚不健全，矿产开采者和经营者未能及时对开采造成的生态破坏进行修复和治理，矿区民众也因矿产开发导致的土地沉陷和水质的恶化等等而

---

① 黄锡生：《矿产资源生态补偿制度探究》，载《现代法学》2006 年第 6 期。
② 宋蕾、李峰等：《矿产资源生态补偿内涵探析》，载《广东经济管理学院学报》2006 年第 6 期。
③ 曹明德：《矿产资源生态补偿法律制度之探究》，载《法商研究》2007 年第 2 期。

加大了生活或生产的发展机会成本,所以,实施矿产开采生态补偿已刻不容缓。①

(2) 矿产开采生态补偿的目的。矿产资源作为国家重要的战略资源,存在着资源稀缺性、不可再生性、地域不均衡性以及矿产开采对生态环境破坏的不可避免性等特点,因此,矿产开采生态补偿机制围绕着矿产开采过程中的生态环境问题以及矿区(民众)可持续发展能力而生。矿产开采生态补偿机制的目的具有多重性:一是通过经济、法律等杠杆手段,约束或者激励矿产资源开采者和使用者的行为,使他们在矿产开采前对生态环境有必要的防范行为,在开采结束后及时修复和治理环境,达到节约资源,防治污染,实现自然生态系统可持续发展。二是要平衡矿产开采过程中公平与正义的关系,进而调节环境破坏者和环境保护者的权利义务关系,矿产开采者在享受因资源开发带来的物质收益的同时,也要承担保护生态环境、维持生态平衡的义务。三是要对矿区及周围已被破坏的生态系统进行修复和补偿,这种补偿不仅仅局限于修复和治理矿区的生态环境,而应该以维持整个生态系统功能为导向,扩大补偿范围,让矿产资源、生态环境、经济发展三者之间都能可持续运行。

(3) 矿产开采生态补偿的实质。矿产资源具有不可再生性,人类对矿产资源的索取量超过了维持生态平衡的限度,就会导致资源的枯竭。因此,矿产开采生态补偿有别于森林生态补偿、流域生态补偿等可再生资源的补偿。矿产开采生态补偿的实质是政府主导下实现环境利益主体的环境成本外部性内部化的负担机制,反映了矿产开采生态补偿的资源提供者、开发利用者和监管者之间互动、联动、反馈等过程及其结果、成果。通过矿产资源的资源利用和生态利益的重新配置,调整矿产资源开发利用和矿区环境保护的相互关系,最终实现矿产资源、生态环境的保护以及社会生产力的发展。②矿产开采生态补偿是通过政府部分性埋单、资源税费政策、技术性扶持、环境价值评估等手段实现矿区生态的恢复和维护。同时,矿产开采生态补偿是国家及社会中各个因子对资源枯竭型地区和失去环境价值的单位进行支付,并对资源输出型地区环境保护行为给予的经济补偿。

---

① 吕志祥、牛建平:《鄂尔多斯煤炭开采生态补偿机制研究》,载《煤矿安全》2013年第3期。
② 潘丽:《论山东省矿产资源生态补偿的法律规制》,山东师范大学硕士学位论文,2011年。

与各种类型政府的"扶贫"和社会性的捐助不同,"扶贫"和社会性的捐助通常是出于社会责任给予贫困地区和受灾人口无偿的物质和非物质帮助,只是一种不对等的给付;而矿产开采生态补偿是利益差别和分歧的整合器,是矿产资源开发利用的经济利益及矿产资源和矿区生态环境的保护责任在不同利益主体之间的公平分配和负担,矿山企业对资源环境受损区的经济补偿是一种公平与正义的结合。

2. 矿产开采生态补偿的维度

(1) 矿产开采生态补偿的补偿主体。矿产开采生态补偿的补偿主体是指有责任将矿区生态环境修复到(或超过)与开采前相近的生态状况的自然人和法人。① 包括:

①政府。矿产开采生态补偿是对矿产开采过程中造成的生态破坏和环境污染进行恢复、补偿的系统性、全局性战略要求。生态环境具有公共性,虽然破坏生态环境的原因是多方面的,但政府的调控失灵有着不可推卸的责任,政府要发挥杠杆作用。政府补偿大致可以分为中央政府补偿和地方政府补偿。中央政府本身就担负着总揽全局的作用,要以可持续发展和生态安全为出发点,宏观上把握全国的生态补偿规划;要综合中央部委各职能部门,颁布法律法规,运用政策和项目支持、财政补贴等各种途径,有重点、大面积的对生态系统功能受损区域诸如西北生态脆弱区矿区进行补偿,对历史遗留的"旧账"进行清理和修复。而地方政府应该按照国家补偿框架布置和职能分工,结合自身特殊的生态状况,有针对性的进行矿区生态的修复和保护。

②企业。企业特别是矿山企业是矿产开采生态补偿的经常参与者和最重要的直接补偿主体,也是矿产开采生态补偿所需基金的主要提供者之一。根据受益者(损害者)补偿原则,矿山企业必须维护矿区生态环境系统的平衡和稳固。同时,资源富集区因矿产开采和利用而得以迅速发展的地域是受益主体,它们也应该成为补偿的主体。一些相关利益者也要承担补偿责任,譬如,煤炭关联企业

---

① 宋蕾:《矿产资源开发的生态补偿研究》,中国经济出版社 2012 年版,第 72 页。

（包括煤制油、煤制天然气、煤制甲醇、煤制二甲醚等等延伸企业）作为煤炭资源开采的直接参与者和受益者，应该为矿区生态环境的恢复和治理支付一定的费用，应当对当地生态环境做出贡献的民众和单位给予一定的补偿。①

③社会。这里的社会是指各种环保组织及其他形式的社会团体，它们利用自己的特殊优势，聚集社会力量，对矿区生态环境的修复和补偿提供资助或援助。② 社会补偿具有参与人数多，补偿资金来源范围广，整个补偿过程发生的不确定性等特点。社会是连接政府与企业的纽带，可以调动一切社会资源优势，能打造环境产业化和多元化的融资渠道。譬如，可以通过联合多个非营利性组织，成立矿产开采生态补偿基金，也可以发行股票和彩票来募集资金，还可以借助国际环保组织尽可能的拓宽资金来源途径。社会补偿有利于提高公众的参与度，使广大的社会群体力量参与到矿区生态修复和保护的事业中。

（2）矿产开采生态补偿的补偿客体。矿产开采生态补偿的补偿客体包括矿山、矿区以及矿城的生态环境系统，当前补偿的重点是新（扩）建矿山、开采矿山与废弃矿山。③ 新（扩）建矿山是生态补偿治理和恢复的源头，要严格执行"开采许可证"制度，在"开采许可证"的审核发放中，不仅要从资源保护与管理的角度进行审视，还要审核矿区生态环境影响评价和矿区生态环境恢复规划。要严格控制新的矿山企业对环境的污染和生态的破坏，所有新建、扩建、改建的矿山建设项目，都必须依法严格执行环境影响评价制度和"三同时"制度，明确矿山的环保目标和责任。开采矿山是矿产开采生态补偿治理和恢复的中心载体，矿产开采过程中产生的废水、废气、废渣等对环境的污染，具有广泛性、社会性、关联性，大型机器作业、大面积的开采还会造成大范围的生态破坏。各级环保部门和矿山管理部门要加强问责制，规范矿产开采方式，明确生态治理责任，真正实现生态环境系统的最优化目标。废弃矿山是生态治理和补偿的终端环节，废弃矿山多因违法作业、管理不善、乱挖乱采造成，要严格执行关停程序；

---

① 吕志祥、牛建平：《鄂尔多斯煤炭开采生态补偿机制研究》，载《煤矿安全》2013年第3期。
② 宋蕾：《矿产资源开发的生态补偿研究》，中国经济出版社2012年版，第74页。
③ 张复明、景普秋等：《矿产开发的资源生态环境补偿机制研究》，经济科学出版社2010年版，第162页。

对于在计划经济时代遗弃的矿山，由政府负责矿区环境的治理和修复。

当然，上述所列仅仅是最直观的矿产开采生态补偿的补偿客体，实际上，矿产开发造成的边缘效应破坏及其辐射到的整个生态系统，也是很重要的补偿客体。因为，矿产开采过程中会产生大量的硫化气体和氮化气体导致酸雨的形成，将会影响大面积土壤的污染、农作物的生长等很多关联性的问题。氟氯化碳和甲烷能影响大气层的臭氧水平，甚至其放射性物质还会导致人的身体受损。还有，矿产过度开采对水循环系统的破坏，造成老百姓饮水困难；部分地方因矿区塌陷严重产生空洞，附近居民及其动物误跌入内，造成不必要的伤害，等等。

（3）矿产开采生态补偿的补偿方式。为了美丽中国建设，实现环境公平与正义，应该调动各主体参与生态环境建设的积极性和创造性，矿产开采生态补偿的补偿方式亦应多元化。具体的补偿方式有：一是政策补偿。中央政府应该适时出台系统的矿产开采生态补偿政策法规，地方政府应抓住政策倾斜的机会，制定系列政策措施。因为"给政策，就是一种补偿"。西北生态脆弱区本就面临着经济滞后的压力，还要担负平衡全国生态的"老大哥"责任，显矢公平。只有国家政策的大力扶持，才有利于筹集到更多的补偿资金，便于矿产开采生态补偿的顺利开展。二是资金补偿。这是最常见的补偿实践，也是最直接的补偿形式，包括财政补贴、税收减免、社会捐赠、国际补偿资金等等。① 三是实物补偿。即补偿者运用物质（譬如粮食、洁净水等）、劳力和土地等进行的补偿，以解决受偿者的部分生产要素和生活要素，改善其生活状况，增强其生产能力。四是产业补偿。我国经济的发展已步入新的阶段，开始以依靠科技进步和产业结构的优化升级来维持国民经济持续快速发展。资源型地区也正在抓住产业结构优化升级的机遇，培育、接续科学技术含量高的新兴主导产业，但毋庸讳言，产业升级并非能够一蹴而就。所以，当务之急是尽快实现下游产业对上游产业的补偿。譬如：根据钢铁行业的产业链，矿山企业采掘铁矿石等原材料供给钢铁企业，钢铁企业则经过烧结、炼化、轧钢等等环节而生产出粗钢、精钢（譬如汽车用钢、建筑用钢

---

① 王金南、庄国泰：《生态补偿机制与政策研究》，中国环境科学出版社 2006 年版，第 65 页。

等等）并供给汽车、建材等钢铁用户。① 显然，产业延伸的下游（譬如汽车制造企业、建材企业等）反而是利润最大化者，所以，下游的产业链应该补偿其上游的矿山企业并对矿区环境进行治理和恢复。

3. 西北生态脆弱区矿产开采生态补偿机制的缺失分析

（1）生态补偿的立法、执法体系不完善。随着中国法治建设的推进，矿产开发立法体系取得了一定的成绩，但是，有关法律的颁布、修订还远远落后于生态保护和生态文明建设。在矿产开采生态补偿利益相关者权利义务责任界定等方面的规定不够细致，对补偿标准、补偿主体与补偿范围的界定不明确。譬如，《中华人民共和国矿产资源法》虽然提出了开采矿产资源必须按照国家有关规定缴纳资源税和资源补偿费，但对造成的生态破坏和环境污染如何修复和补偿却没有明确规定；《中华人民共和国煤炭法》关注的是煤矿的安全生产和合法经营问题，几乎未顾及生态环境。② 还有，法律法规中并没有针对资源型地区及资源枯竭型城市的应对方案，少数民族矿区资源分配问题的规定也比较抽象，弹性空间较大，主观性较强。譬如，不少法律法规都规定，在资源利益分配上要照顾和优惠少数民族地区，但这仅仅是原则性规定，具体落实到少数民族、草原牧民身上较为困难，缺乏可操作性。同时，我国环境执法体系还有很多不足，执法不严、违法不究现象较严重。

（2）生态补偿标准低与生态修复成本高的矛盾。生态补偿标准是整个生态补偿机制运行的核心问题，事关西北生态脆弱区生态恢复与治理的战略任务。千百年来，西北地区以原始生态为主，牧民们维持着传统的自然而然的生计方式，生态功能重要，生态价值胜于经济价值，是整个中国乃至亚洲的生态安全屏障。同时，西北的生态环境又很脆弱，极易破坏，生态修复成本非常高甚至部分区域一旦破坏则很难再恢复。近年来，我国经济要求高效、快速发展，资源开发显然成为其重要支撑。但是，矿产资源的开发打破了草原原有的宁静，使原生态的自

---

① 任红波：《模块化体系中的产业链整合研究》，复旦大学博士学位论文，2005 年。
② 吕志祥、牛建平：《鄂尔多斯煤炭开采生态补偿机制研究》，载《煤矿安全》2013 年第 3 期。

然界承受着前所未有的考验。生态被破坏,环境被污染,就需要生态补偿等机制来弥补并消除生态利益消费与生产中的不公平。我国现有矿产开采生态补偿主要依靠财政转移支付和向矿山企业征收各项税费来体现。而西北生态脆弱区省(区)经济发展水平滞后,财政收入不足,投入生态补偿的资金有限,相应地生态补偿标准也比较低。并且,矿产资源属于稀缺性和不可再生性资源,与森林、草地、水资源等可再生资源有显著区别,所以,补偿标准亦应更高一些。但事实上,目前的低标准,加之西北生态脆弱区生态环境治理难度大、矿区生态修复成本高等因素,导致矿产开采生态补偿的实施显得步履维艰。

(3) 生态补偿部门之间的协调联动存在缺陷。西北地区素有"江河源"和"生态源"之称,在我国生态系统中凸显着生态安全的重要价值,也是我国生态补偿整体布局的重中之重。矿产开发的负效应非常广泛,包括水源污染、土地破坏、森林植被的毁坏、物种资源的锐减及对矿区居民健康的影响等等,生态问题的广泛性、系统性、跨区域性、无边界性,也决定了矿产开采生态补偿机制必须有整体性、全局性把握。所以,矿产开采生态补偿部门之间的协调、联动有着举足轻重的作用。但多年来,矿产开发、保护以及生态环境的维护涉及林业、农业、水利、国土、环保等多个行政管理部门,不同行政主管部门又时常以本部门利益为目的进行相应的政策设计,并以法律法规的形式将其固化,使得现有的生态补偿政策法规普遍带有较强烈的部门色彩,导致补偿主体不明确,管理职责交叉,在补偿项目与资金投入上难以形成合力,部门利益化和利益部门化盛行。矿产开采生态补偿机制运行过程中的驱动机制、激励机制、协调机制不足,不仅导致矿山企业与矿区居民、资源输出地区与资源输入地区、贫困地区与发达地区、西部地区与东部地区之间的冲突和摩擦显性化,而且难以调动社会各种力量积极投身于西北生态脆弱区生态修复和保护事业中。

(4) 生态补偿范围窄、体系单一与监管不够。西北生态脆弱区矿产资源多分布在沙漠、戈壁、草原和绿洲边缘地带,属生态环境极端脆弱区和生态环境重要功能区,在大规模的矿产勘探开采影响下,这里的生态环境更加脆弱。当外来干扰因素(矿产开发造成的土地塌陷、山脉崩裂及引发的地质灾害)超过生态系统承载力阈值时,生态系统自我调节功能就会受到损害,导致生态失衡与生态危机。矿产开发还造成了水资源的渗漏、水质污染，土地沙漠化、盐碱化，矿区及矿业城市被污染的大气包围，矿区周围居民的健康受损等等不良后果，所以，矿产开采生态补偿的范围具有很大的弹性力与多维空间。但是，在现实补偿境语中，相关补偿主体只顾及补偿矿区或者矿井造成的塌方、土地受损，根本不会考虑矿产辐射区域的生态破坏、矿业城市的环境污染以及生态系统稳定机制的失衡等等。一些矿业利益相关者缺乏可持续发展理念，不懂得生态补偿的连续性和稳定性，更不会延伸补偿产业链。生态补偿范围的狭窄会影响矿区生态修复的效果。此外，我国的生态补偿资金来源主要是国家财政转移支付和专项基金，其中，国家纵向财政转移支付补偿占有很大比重，横向财政转移支付补偿运转不畅，省际补偿、区域补偿、企业上下游补偿非常少；加之生态补偿体系没有按市场化补偿机制运作，导致一大批矿产利益者或者社会群体没法参与到生态补偿体系中，也影响到了矿区生态的修复和矿区可持续发展能力的提升。同时，矿产开采生态补偿的监管不够，补偿机制与"三同时"制度没有结合，补偿资金落实不到位，存在着"层层剥皮"现象。

（5）矿山恢复与治理保证金制度未能很好的发挥作用。矿山恢复与治理保证金是根据矿区生态重建工程的特征、结构、成本、所需提出预算，并先存放于有关管理机关，视采矿权人履行生态重建义务的行为，对资金做出使用或返还的制度。根据缴纳方式，保证金的征收可分为一次性保证金和阶段性保证金两种。一次性保证金即全程性保证金，是为了保证矿区生态的恢复而预缴的一种全覆盖保证金。阶段性保证金即分期缴纳保证金，允许根据每年采矿扩张情况为基础，增加保证金，以保证下个年度计划的采矿活动引起的另外扰动的恢复。[1] 截至2007年底，全国已有青海、甘肃、新疆等20个省（区、市）建立了矿山环境恢复保证金制度（见表8-1）。

---

[1] 宋蕾：《矿产资源开发保证金的征收模式分析》，《工业技术经济》2010年第7期。

第八章 西北生态脆弱区矿产开采生态补偿法律机制实证研究

表 8-1 我国已实行矿山环境保证金制度的部分地区一览表①

序号	地区	相关法规	保证金名称	实施日期
1	浙江省	浙江省人民政府关于矿山自然生态环境治理备用金收取管理办法	矿山自然生态环境治理备用金	2002年1月1日
2	江苏省	江苏省矿山环境恢复治理保证金收缴及使用管理暂行办法	矿山环境恢复治理保证金	2002年12月
3	湖南省	湖南省矿山地质环境治理备用金管理暂行办法	矿山地质环境治理备用金	2004年9月1日
4	山东省	山东省矿山地质环境治理保证金管理暂行办法	矿山地质环境治理保证金	2006年1月1日
5	天津市	天津市矿山复垦保证金或景观协调保证金	矿山复垦保证金或景观协调保证金	2006年7月14日
6	河南省	河南省矿山环境治理恢复保证金管理（暂行）办法	矿山环境治理恢复保证金	2007年1月1日
7	内蒙古	内蒙古自治区矿产资源有偿使用管理办法（试行）	矿山地质环境治理保证金	2007年2月12日
8	重庆市	重庆市矿山环境治理和生态恢复保证金管理暂行办法	矿山环境治理和生态恢复保证金	2007年2月26日
9	贵州省	贵州省矿山环境恢复保证金管理暂行办法	矿山环境恢复保证金	2007年5月21日
10	青海省	青海省矿山环境治理恢复保证金管理办法	矿山环境治理恢复保证金	2007年7月12日
11	云南省	云南省矿山地质环境恢复治理保证金管理暂行办法	矿山地质环境恢复治理保证金	2007年8月1日
12	海南省	海南省矿山地质环境保护与治理暂行规定	矿山地质环境治理保证金	2007年8月1日
13	山西省	山西省矿山环境恢复治理保证金提取使用管理办法（试行）	矿山环境恢复治理保证金	2007年11月15日
14	甘肃省	甘肃省矿山环境恢复治理保证金管理暂行办法	矿山环境恢复治理保证金	2007年11月19日
15	黑龙江	黑龙江省矿山地质环境保证金管理暂行办法	矿山环境恢复治理保证金	2008年1月1日
16	安徽省	安徽省矿山地质环境治理恢复保证金管理办法	矿山地质环境治理恢复保证金	2008年1月1日
17	四川省	四川省矿山地质环境恢复治理保证金管理暂行办法	矿山地质环境恢复治理保证金	2008年5月1日
18	新疆	新疆维吾尔自治区矿山地质环境治理恢复保证金管理办法	矿山地质环境治理恢复保证金	2008年10月1日

---

① 国土资源部：《2007 年中国国土资源公报》，http：//www.mlr.gov.cn。

生态恢复与治理保证金制度是一项生态补偿的预防性约束机制，对明确矿区治理责任，保证治理资金和治理措施的到位理应发挥重大作用。但事实上，由于受各种因素的影响，矿山恢复与治理保证金制度在矿区生态的修复和补偿过程中却未能很好的发挥作用。

（6）生态补偿机制与民族稳定团结互动缺失。民族的团结与地区的稳定是国家经济发展与生态文明建设的基石，也是西北生态脆弱区生态补偿的重要目标。反而言之，民族的团结与生态补偿机制互动的缺失会限制和阻碍西北生态脆弱区生态补偿机制的顺利实施。民族地区长期受制于自然并对自然有较强的依赖，他们遵循着生态系统的自然演化规律，从事着简单的农牧业生产和生活，部分地区甚至仍然停留在农牧文明的敬畏自然和依赖自然境域中。近年来，随着国际上矿产价格的走高及国内建设的需求，我国矿产资源富集区出现采空、减少的局面，少数民族聚居区的矿产资源开发行为不同程度地破坏了民族地区的生态环境，甚至部分地区因而出现了"生态难民"。譬如，长期聚居于雪域高原的藏族同胞对矿山（神山）就非常敬畏，他们相信"万物有灵"，自然高于人类并决定着人类的命运。人类、生态环境与民族文化在互动关系中存在缺失，生态补偿机制与民族的团结在互动关系中也存在缺失。通过生态人类学的视角来审视这些问题，以适合民族地区的生态补偿实践为切入点，来科学把握人类、生态环境与民族文化中的矛盾，可以更好地勾勒出适合于民族地区的矿产开采生态补偿机制。

4. 西北生态脆弱区矿产开采生态补偿机制的反思性运维

（1）法制化轨道是生态补偿机制的重要基础。生态补偿机制的法律化是实施生态补偿的基本依据，是实现可持续发展的需要，是落实科学发展观的要求，是西北地区构建和谐社会的基础。生态补偿实质上是一种利益协调，也是一种矛盾协调。利益冲突的协调通常是以国家协调的形式表现出来的，利益协调是国家的重要职能。在对社会利益冲突的制度协调中，法律制度是其中的核心内容之一，矿产开采生态补偿机制的法律化也是实现环境公平与正义的要求。因此，要对我国相关法律法规进行梳理，修订有关法规并制定专门的矿产开采生态补偿法规，明确国家、地方、资源开发利用者和生态环境保护者的权利和责任，规范矿

第八章 西北生态脆弱区矿产开采生态补偿法律机制实证研究

产开发行为,形成权威、高效、规范的管理机制,使矿产开采生态补偿机制走上规范化、法制化、科学化的轨道。第一,补偿主体的明确。从法律上明确补偿主体和受偿主体,对矿产开采生态补偿的顺利实施非常重要。对于"旧账"的补偿,要明确中央、地方政府和主管部门及经营者之间的法律关系及法律责任,财权和事权要划分清楚;对于"新账"的补偿,要从法律上确定开采企业的补偿责任,让开采企业有一个明确的成本和收益预期。第二,补偿范围与补偿标准的明确。从法律上明确矿产开采生态补偿的范围,尽量把矿区居民健康补偿、脆弱区的生态补偿、少数民族优惠补偿都纳入法制化轨道。根据生态恢复所需费用做出计算,明确生态补偿的标准。第三,补偿资金与补偿监督的明确。从法律上明确矿产开采前、开采中、开采后的"流水线"生态补偿资金渠道的畅通,依法监督补偿资金的去向,真正建立生态补偿的长效机制。

(2)全覆盖多角度运作是实施生态补偿机制的重要载体。生态系统是地球的生命支持系统,是人类社会赖以繁衍生息的基础。生态系统是一定空间内生物成分和非生物成分相互作用,使其达到某种功能稳定性的整体。生态系统的整体性决定了实施生态补偿机制的全覆盖多角度运作。第一,西北生态脆弱区所在地域与好多国家有接壤,涵盖了我国将近一半的陆地边界线,矿产资源开发产生的生态问题无国界性,别国的人为因素可能会影响我国边疆地区的生态环境,我国的矿业活动也可能影响别国的生态环境,所以,为了达到生态平衡的支点,要寻求国际合作,建立生态补偿的国际机制。第二,西北地区以独特的生态价值,担负着维护国家生态安全的重任。在矿产开发过程中形成治理难度大、波及范围广的生态问题以及历史遗留的"旧账",国家理应予以修复和补偿。第三,西北地区省(区)开采出来的石油、天然气、煤炭等多种资源,很大部分通过铁路、管道等运输到东部沿海资源匮乏地区,成为这些省(市)经济发展的强力支撑,这些资源受益区有必要、有义务加大对西北生态脆弱区资金、技术、教育的支持与补偿。第四,企业和地方团体对于矿产开采生态补偿应该遵循受益者(损害者)补偿原则,补偿范围不应局限于矿区,应该扩大到整个资源型地区,还要顾及居民的身体健康补偿,甚至,还要补偿到整个脆弱的生态系统。这样,才能真正形成全覆盖多角度的补偿运行模式。

(3) 协调机构的设立是生态补偿机制顺利实施的有力保障。矿产开发造成的生态损害涉及大气圈、水圈、生物圈和岩石，矿产开采生态补偿涉及的问题具有复杂性、多样性、广泛性，其实施涉及环保、国土、林业、水利、民委、安全监察等多个政府部门。不同部门的多头管理不利于生态补偿费的征收和矿区生态环境的治理，只有明确矿山环境治理与生态恢复工作的综合性、专业性要求，才能保证矿产开采生态补偿机制形成"齐抓共管"的合力，推进补偿机制的可持续运行。借鉴国内外资源环境管理机制，结合我国西北生态脆弱区矿山环境管理的实际情况，建议国务院成立类似于西部大开发领导小组一样的协调管理机构，名称可叫西北生态脆弱区矿产开采生态补偿协调机构领导小组，组长由国务院分管环境保护的副总理担任，成员由国家发展和改革委员会、国家民族事务委员会、财政部、环境保护部、国土资源部、水利部、国家林业局以及国家安全生产监督总局等部门行政首长组成。国家发改委负责组织制定西北生态脆弱区矿山生态恢复与环境治理工程项目规划和协调，国家民委负责少数民族聚居、宗教文化与矿山生态恢复与治理的互动协调，财政部负责矿区生态修复项目资金的筹措和统筹安排，环保部负责矿山环境治理与生态修复质量标准的制定、实施、监督及信息发布，国土资源部负责有关矿山地质环境的调查并制定恢复规划，水利部负责制定因矿产开采而破坏的河道之整治规划，国家林业局负责制定矿山土地复垦中的植被恢复工程规划及工程质量标准制定、组织实施和质量监督工作。[①] 西北生态脆弱区矿产开采生态补偿协调管理机构要定期召开会议，讨论、研究生态补偿的规划制定、资金筹措、组织实施等相关问题，以有效的规范矿山环境治理与生态修复工作，提高补偿效率。

(4) 恢复和治理保证金制度是生态补偿机制运行的重要支撑。矿山生态恢复与治理保证金制度是矿区生态重建和可持续发展的关键环节，是矿产开采生态补偿机制运行的重要支撑。从管理成本与效益角度来考虑，矿山生态恢复与治理保证金制度是一种经济效益和生态效益相结合的经济激励机制。矿山生态恢复与

---

① 孔凡斌：《中国生态补偿机制理论、系统实践与政策设计》，中国环境科学出社2010年版，第119页。

治理保证金制度是一项生态补偿的预防性约束机制，对明确矿区治理责任，保证治理资金和治理措施的到位具有重大意义。矿山生态恢复与治理保证金，按照"谁破坏、谁复垦"的原则，根据矿山破坏程度、补偿标准、治理工程量和生态圈内受损值等来确定矿山企业预缴费用的数额，在银行建立企业生态恢复专户，由政府监管。假如矿山企业积极进行生态治理并达到了恢复标准，政府应该按时返还保证金；若矿山企业未按时完成生态恢复义务，或者没有能力进行生态修复，则政府可动用缴纳的保证金通过社会招标方式进行生态恢复，以最低限度地保护矿区生态环境。

（5）矿山地质的监测与恢复是生态补偿机制的必要手段。西北生态脆弱区是一个幅员辽阔、地形复杂、地质多变、灾害频繁的区域，对地貌地质结构的科学预测、监测、维持、恢复显得非常重要，并可对生态补偿提供技术性的支撑。而矿山地质环境的生态破坏主要是指矿产开采过程中对矿山地质、矿山地表景观及生态系统的干扰和破坏，譬如，使该区域及周围地区的植被破坏、生物生存条件恶化、环境适宜性降低等。由于生态系统的整体性、地质环境的关联性，矿山活动不同程度的都会引起地表地质改变，容易形成地面塌陷、山体失稳、地裂缝、地震、滑坡、泥石流等地质灾害，这些都会对矿山生态修复和补偿增加难度，因此，矿山地质的监测与恢复已经成为应对生态环境多变的必要手段，发展和完善生态监测体系是实施矿产开采生态补偿机制的必然趋势和要求。我国应该借鉴一些发达国家（譬如日本）的监测预警做法，建立一套以灾害危险险度评估工作为基础，以严密的灾情监测网络和完善的灾害预警系统为重点的比较完善的灾害监测与预警机制。政府要对监测技术研发、推广给予资金的投入，对监测人员进行培训，强化生态预警意识。监测机构应该充分利用先进技术，如已经趋于成熟的三S技术，使其和生态监测密切结合，在矿产开采生态补偿中发挥效用。公民也要对发现的生态险情区、生态损坏区、生态补偿落实不到位地区，及时向有关部门反映，以共同描绘"美丽中国"的蓝图。①

---

① 牛建平、邓一君：《困顿与突破："美丽中国"背景下的生态补偿机制探析》，载《商业时代》2013 年第 34 期。

（6）边疆稳定与民族团结是生态补偿机制的重要目标。边疆稳定与民族团结是事关改革发展和社会转型的大局。西北生态脆弱区地处中国西部边陲，毗邻国家较多，囊括了众多的少数民族、多元化的宗教色彩，形成了少数民族聚居区、交错杂居区。因此，这里对于国家国防安全、生态安全与民族团结进步具有举足轻重的作用。只有边疆的稳定与民族的团结才有利于西北生态脆弱区生态补偿机制的有效运行和西北地区的可持续发展。西北各族人民在漫长的历史长河中一直生活在美丽的雪域高原和辽阔的草原上，他们相互依存、密切交往、休戚与共，与自然界共舞，与"父亲的草原母亲的河"为伴，这里就是他们孕育生命、繁衍生息的家。随着边疆口岸的开放和市场经济的不断发展，西北地区矿产资源作为原材料的来源成为工业化、现代化的原动力，利益性驱动的攫取资源，激化了人地矛盾，矿产开采生态补偿机制的实施已经迫在眉睫。生态补偿机制既能清除经济发展过程对生态环境的硬性干扰，也能减缓生态环境问题对经济发展的不良冲击，还能在构建和谐社会的进程中对各群体进行利益整合。从民族地区生态现状出发，科学运用民族传统生态伦理的思维范式构建具有民族地区特色的生态补偿机制，才能真正实现边疆稳定、民族团结、自然共生的三赢。

（7）矿区环境严格监管是生态补偿机制的必要补充。矿区环境的严格监管是生态补偿机制的必要补充，要充分发挥"开采许可证"制度的作用并建立生态补偿的绩效考核制度。在"开采许可证"的审核发放中，不仅要从资源保护与管理的角度进行审视，还要审核其矿区生态环境影响评价和矿区生态环境恢复规划。① 对未履行生态修复任务、未缴纳"废弃矿山生态补偿费"和"保证金"或修复不合格的单位，可以中止、吊销或收回其"开采许可证"，并不再允许其开采新矿。而对于生态恢复与治理诚信企业，政府部门应该给予鼓励，优先审批和发放"开采许可证"。同时，为了保证矿区生态恢复与治理的结构性调整，真正改善生态环境，从制度上激发矿山企业和矿区居民进行生态保护和恢复的积极性，应当建立生态补偿绩效考核评价制度以及奖惩制度。而且，环保部门要与矿

---

① 吕志祥、牛建平：《鄂尔多斯煤炭开采生态补偿机制研究》，载《煤矿安全》2013年第3期。

山企业签订矿山环境治理和生态修复的诚信协议书,在矿产开采生态补偿机制规范化、制度化的同时,使企业的生态修复和环境整治行为成为其自觉的行动。

三、西北生态脆弱区矿产开采生态补偿机制实证分析——以甘肃玉门石油资源（枯竭）为例

1. 玉门油田生态环境状况及生态补偿的各方博弈

（1）玉门油田的历史渊源。玉门油田位于河西走廊西端祁连山北麓,毗连酒嘉地区。1939年,老君庙油田老一井的喷油标志着玉门油田正式投产。解放前10年,玉门油田累计生产原油52万吨,占当时全国原油生产量的95%。1957年,玉门油田建成中国第一个石油天然气基地,当年原油产量占全国产量的87.82%。从那时起,玉门油田先后向全国各油田输送各类人才十多万人、各类设备四千多台（套）,成为中国石油工业名符其实的"摇篮"。经过七十多年的开采,玉门油田产量逐年下降,由最高年份1959年的140.62万吨降至1998年的38万吨。由于石油资源的枯竭,油田企业进行了多次改组改制和经营结构、布局结构的大幅度调整。吐哈油田与玉门油田分家后,老油区产量日益减少、勘探没有突破,新的石油储量没有找到,留在玉门油田的基本上是老弱病残职工,职工收入降低,下岗职工增多。玉门市城市经济严重衰退萎缩,城市化率由20世纪90年代的70%以上骤降至目前的35%左右,市属工业经济比重一直在6%~8%之间徘回。玉门破灭的石油神话,只留下"玉门精神"永存。

（2）玉门油田的生态环境状况。玉门市地处祁连山北麓,市区平均海拔在2500米以上,含氧量为14.8%,与标准状态相比缺氧30%,自然地理条件非常恶劣,环境污染问题十分严重,生态环境极其脆弱,自然灾害频繁发生。玉门油田作为石油工业的旗帜,曾经一度独自支撑着全国石油的供应,瞄准高效、高产量、高目标的石油大规模勘探、开采、开发,造成地表植被的裸露,地质结构紊乱,地貌特征受损,油田采用注入地表水和地下水的方法提采原油,过渡使用水

资源，致使地下水位逐年下降，下游乡镇地下水补给不足，造成市区及周边地区生态环境迅速恶化。再加上解放前和计划经济时代的玉门油田遗留痕迹明显，很难改观，科技水平低，矿区布置不合理，工矿区和生活区交错混杂，空气污染和水体污染严重。玉门油田及所属炼油企业排放到空气中的污染物，严重影响了空气质量；地表水受原油污水、工业废水以及城市污水的污染，水体中污染物种类多，化学有害物质严重超标，其中石油类超过国家标准的19倍，挥发酚超过标准高达231倍，属于劣五类水质。流经玉门市区的石油河被列为甘肃省重点监测河流，是全省受污染最为严重的河流之一。同时，在油田勘探和开采开发过程中，对原有地貌地质和植被破坏大，水土流失和土地荒漠化日趋严重，水土流失面积占总面积的81.4%，对周边生态环境的影响累计已达二十多万亩。玉门油田的开发还给周围的生态系统完整性和生物群体的多样性产生了严重影响，最明显的是玉门境内的干海子省级候鸟自然保护区因此而干涸。而且，随着玉门境内石油资源的逐渐枯竭，产业经济效益低下，生态保护和环境治理投入不足，生态问题历史欠账较多，致使本就脆弱的生态环境变得更加脆弱。2002年和2006年发生的两次重大泥石流灾害，都造成了重大人员伤亡和财产损失。

（3）玉门油田生态补偿的博弈分析。玉门油田所在的玉门市老城区，是一座因油而兴、因油而废的城市。石油资源的耗竭，市政府和油田基地相继搬离，9万居民弃城外迁，城中弃楼遍地，设施老化。2009年统计表明，留守老市区的人口已不超过3万人，几成空城，玉门油田因而也被列入国家第二批资源枯竭型城市名单。近年来，玉门市抓住社会、经济、生态转型发展的良好机遇，争取国家和省上更多的政策、资金、项目支持，准确定位资源枯竭型地区的发展基准，在促进老市区经济社会和油田矿区生态环境全面协调可持续发展方面做了一些探索。玉门市确定了"收缩边缘、稳定中心"的发展思路，利用国家老工业基地棚户区改造、廉租房改造等政策资金，集中居住区，对矿区小区居住的基础设施和环境进行了综合治理，不断改善老市区承载服务功能。同时，玉门市还通过多方争取资金，提供小额担保贷款，发放困难群众补偿和最低生活保障金，为油田及辖区企业生产和城市居民生活提供有效保障。中石油玉门油田分公司也投巨额资金对老市区进行保护性恢复建设。譬如，对部分腐蚀、破损严重的排污管网进行更换，解决环境污染排放

第八章　西北生态脆弱区矿产开采生态补偿法律机制实证研究

问题；外运掩埋矿区已拆除房屋的建筑垃圾，修复和治理地表地貌；对白杨河水库至石油沟水闸段 6.6 千米的供水渠道进行改造复线，保障水体的畅通，等等。综上，无论玉门市的居民区改造，还是中石油玉门油田分公司的保护性修复建设，虽然有生态修复和补偿的成分，但其主要目的是改善民生，提供社会性的保障机制，而对生态环境治理的投入相对较少。玉门地区石油资源生态补偿利益相关者之间存在着博弈，玉门油田还没有形成生态补偿的常态化机制。

①中央政府与玉门政府之间的博弈。在油气资源的开发利用活动中，中央政府的发展战略是与石油资源开采、资源枯竭型城市整治和国家宏观发展战略紧密结合在一起的，将体现对经济发展、经济稳定、资源和环境保护、中央财税收入增长、中央对资源枯竭型城市资金投入等各目标的统筹兼顾。玉门市被列为资源枯竭型城市名单以后，会得到国家相应的政策倾斜、资金扶持等一系列优惠措施，这些措施主要是帮助玉门产业结构转型、生态恢复和治理、帮扶解困等等。这样，玉门市政府就会减少或者保留对老市区生态建设资金的投入，每年都等着国家转移支付的专款，而对于那部分滞留资金，玉门市政府也许会将其分配到行政和教育中，或用于行政人员的福利改善。可见，在国家治理资源枯竭型城市的操作过程中，中央政府与玉门政府存在着博弈。

②玉门政府与石油企业之间的博弈。在石油资源开发生态补偿机制的设计和运行过程中，政府拥有审批矿山开采权、监测开采活动、环境影响评价、资源税和恢复保证金的征收等权利，石油企业则必须按照规定缴纳补偿费和保证金，实施环境治理和生态重建。在这一过程中，以经济利益为导向的石油企业，总是希望尽可能地少交或不交生态补偿费，尽可能地少治理或不治理生态环境，在复垦工程建设时尽可能地偷工减料，减少成本，使利润最大化。以国家利益和社会利益为导向的政府，则尽可能行使监管权力，促使石油企业进行生态治理，以维护公共利益。这就产生了政府与企业在石油资源开发生态补偿问题上的博弈。

③玉门政府与矿区居民之间的博弈。矿区居民是石油资源开采产生负面影响最直接的受害群体，石油资源的开发造成土地裸露、地表塌陷、房屋倒塌、水资源匮乏、空气污染及其威胁到居民的身体健康，肺病多发，矿区居民可持续发展能力受损。玉门政府作为负责任的政府，理应管制石油企业的排污量，阻止地表

破坏，征收一定额度的资源费，来补偿矿区居民。同时，玉门政府还要考虑依赖石油资源型经济的快速发展，不能给石油企业施加太大的压力，否则，石油企业就会亏损、破产。这里就存在政府管制与不管制企业，保护与不保护矿区居民等的博弈。

④石油企业与矿区居民之间的博弈。石油资源开发是一把"双刃剑"，在刺激地方经济发展，给当地带来就业效应、收入效应及产出效应的同时，也给当地居民带来了资源诅咒、资源耗竭、环境污染和生态破坏等负面效应。与所受的损害相比，矿区居民从石油资源开发中的获利较少，这就需要石油企业进行相应的生态补偿（缴费或治理）。对于石油企业来说，生态补偿（缴费或治理）会直接增加成本、减少利润，短期内降低企业的市场竞争力，因此总是倾向于不补偿或少补偿。因此，在石油资源开发生态补偿过程中，石油企业与矿区居民之间也存在着利益博弈。①

2. 玉门地区石油资源生态补偿机制存在的困境

（1）石油资源严重枯竭。2009年，玉门市被国务院列入第二批资源枯竭型城市名单，因油而兴的时代一去不返。玉门油田经过近70年的发展，目前原油产量艰难地维持在40万吨，老油田已进入枯竭性开采阶段，老君庙、鸭儿峡油田进入后期开采，采油难度越来越大，成本居高不下。加之部分老油田剩余可开采量十分有限，剩余油高度分散，油水关系复杂，大部分油水井套损严重，现在的开发技术进一步提高采收率的空间有限，增产挖潜措施效果越来越差，致使石油沟、白杨河、单北等3个油田频临报废。目前，玉门油田剩余可采储量仅为464.2万吨，且剩余可动用储量品位低，可采难度日益加大，产量逐年下降，经济效益逐年下滑。

（2）产业刚性化与单一化联袂。资源型地区的经济发展很大程度上依附于矿产资源的原生态开采和粗放式增长，这种经济发展模式导致产业结构的畸形

---

① 吕雁琴、慕君辉等：《新疆煤炭资源开发生态补偿博弈分析及建议》，载《干旱区资源与环境》2013年第8期。

发展和经济结构模式的不平衡。资源型地区有着丰富的资源，其经济的发展与资源的开发息息相关。资源开采型经济的生产规模比较大，发展基础比较稳固，持续时间比较长，便于形成较强的行业垄断。① 玉门属于典型的石油资源型地区，石油经济是支柱，工业领域的发展都依赖于石油开采，甚至第三产业及相关的各行各业都因石油业的发展而生存。相应地，石油工业几乎成为垄断产业，一项数据显示，2002 年玉门市工业总产值 74.62 亿元，其中，玉门油田分公司的产值占工业总产值的 93%，一油独大，导致了产业的单一化，产业结构缺乏弹性。2010 年，全市一、二、三产业比重为 6：70：24，油田实现工业增加值 39.54 亿元，占全市 GDP 的 35.78%，占工业增加值的 57.96%。这种局面促使产业的刚性化和单一化联袂。随着石油资源的日益枯竭，受资源型产业支撑的玉门经济正面临着前所未有的灾难性危机。

（3）补偿资金的严重不足。玉门油田由于开发时间早，开采时间长，经历了抗日战争、解放战争、计划经济、市场经济四个不同的时期，见证了中华民族半个多世纪的时代变革。不同的时期，玉门油田开发利用者不一样，补偿主体也不尽相同，但是，对石油矿区及扩散区的生态环境破坏是愈演愈烈。显然，玉门油田对生态系统的历史欠账太多，甚至很多生态困局都不明债主，所以，玉门生态修复的历史旧账累积与新账发生问题所需资金缺口很大。而且，玉门靠油田经济而兴的时代逐渐退出历史舞台。1998 年以来，由于玉门油田原产量处于较低水平，地方税收连年持续下降；特别是 2003 年玉门油田搬迁后，玉门市直接流失税收三千五百余万元。同时，由于将近 9 万人口的迁出，城市人口的迅速减少，第三产业及相关服务业大幅萎缩，对地方财源也造成了巨大冲击，每年平均减少地方税收 1200 万元。又由于市政迁址等方面的原因，现玉门市各项债务已近 10 亿元，财政赤字达 1400 万元，每年财政支出缺口都在 3000 万元以上。② 由于自身财力仅能勉强维持运转，玉门用于生态补偿的资金很难满足生态建设和环境保护的需求。此外，中石油公司玉门石油分公司作为企业以盈利为目的，随着

---

① 牛建平、吕志祥：《资源型地区经济转型的困境及出路》，载《前沿》2012 年第 23 期。
② 甘肃省发展和改革委员会：《关于申请将玉门市列入全国第二批资源枯竭型城市的请示》，http：//www.gspc.gov.cn/xxgk/ShowArticle.asp? ArticleID = 2833。

石油产量的下降，开采石油的成本在上升，加之生态补偿约束机制的缺失，玉门石油分公司很少会主动投入资金来参与生态修复和补偿事业。

3. 玉门矿区经济转型、生态修复和补偿之思路

（1）经济转型与企业转战相协调。资源型地区因资源的衰竭致使规模经济无法盘活，这种现象是社会生产力发展到一定阶段的产物。要摆脱此种经济困扰的迷津很本出路在于发展方式的转型，以寻找新的经济增长点，促进产业结构的优化升级，实现资源枯竭型地区的可持续发展。玉门油田要以经济转型为基础，进而推动生态的修复和保护。第一，培植绿色石油产业。对现有石油资源的开采要科学化、合理化、绿色化，尽量减少或者抑制对矿区生态的扰动，推进石油开采与环境治理的相续运行。第二，探索石油资源文化产业的发展。玉门油田开采历史悠久，蕴藏着深厚的石油文化资源。在玉门矿区生态修复和补偿过程中，可以把知名的遗弃油气田改造开发为地质公园，用于旅游开发，拓展关联性产业的发展。还可以依托"铁人"王进喜纪念馆，弘扬"玉门精神"的长存性，打造文化产业的集聚、延伸。第三，转战石油企业的新思路。石油企业的迁出、转战，对居住区和矿区进行有效分离，可以高效的对旧矿区进行综合整治、重新规划、合理设计为新的产业园区。

（2）衰退产业的援助和高新产业的发展相协调。资源型地区经济衰退的根本原因是产业结构的不合理，因此，玉门地区经济转型的关键问题是选择合适的接续产业，优化资源配置，建立资源衰退产业的援助机制。2006年，中央政府提出要"搞好资源枯竭型城市经济转型和采煤沉陷区治理、棚户区改造，抓紧研究建立资源开发补偿机制、衰退产业援助机制"[①]。玉门油田在生态修复过程中，一方面要实现产业多元化，打破传统资源型产业构成"牵一发而动全身"的纽带关系，发展石油化工、高新技术等产业，发挥规模聚集效应，增强产业辐射带动力，尽力扶持轻工业齐头并进发展，大力扶持以酒花浸膏、啤酒麦芽等为特色

---

① 胡建忠、殷丽强：《沙棘作为采煤沉陷区主栽树种的生态修复效果——以神东分公司为例》，载《现代农业科技》2009年第5期。

的绿色农产品深加工产业。另一方面,玉门要积极发展新能源产业。玉门境内风力、太阳能资源富集,电场建设地形优越,无需占用耕地,投资成本低,大力发展风电、光电的同时,以新能源开发带动新能源装备制造业的发展,形成较大规模的高水平新能源产业群。

(3) 开辟多元化的补偿模式。玉门曾是国家的能源基地,也是国家典型的老工业基地,曾经为共和国工业经济的发展提供了强有力的支撑,甚至在改革开放后,仍然担负着经济发展的"引擎"作用。[①] 玉门油田还经历了不同时期的变革,始终匍匐在国家建设的前沿阵地,是国家工业化的"老功臣"。因此,对于玉门的生态修复和补偿,中央政府应该负主要责任。在中央财政的支持下,甘肃省有关部门应该对玉门老城区及周边环境进行统筹布局、科学规划,通过财政拨款、政策优惠、技术扶持等手段实施矿区环境的整治,还可设立玉门生态补偿园区。中石油公司玉门油田分公司作为直接的补偿主体,应该设立生态补偿管理部,专门负责玉门枯竭油田和开采油田补偿资金的筹措和矿区治理等连续性工作。同时,还可以发挥资本市场的融资效用,通过信用借贷、社会集资、国际援助等多渠道筹集资金,以弥补补偿资金的不足。

四、西北生态脆弱区矿产开采生态补偿机制实证分析二——以陕西榆林煤炭资源为例

1. 榆林地区实施煤炭开采生态补偿的重要意义

(1) 榆林地区煤炭资源及其开采概况。榆林地区位于陕西省北部,地处陕甘宁蒙交界地带。榆林境内有极其丰富的能源资源,被誉为中国的"科威特",是正在建设的国家能源重化工基地和"能源硅谷"。榆林的煤炭资源预计储量2714亿吨,探明1660亿吨,煤炭资源的含煤面积占全市总面积的54%,约占全国储量的五分之一,神府煤田是世界七大煤田之一。榆林煤炭资源不仅储量巨

---

① 牛建平、吕志祥:《资源型地区经济转型的困境及出路》,载《前沿》2012年第23期。

大，而且煤层厚、煤质好、埋藏浅、易开采，具有低灰、低硫、低磷、高发热量等特点，以"环保煤""洁净煤"著称。

榆林地区是我国西北地区开发煤炭资源较早的区域，从最初"小打小闹"的无序开发，到采用高技术、大规模的有序开发，榆林煤炭开采业经过了一个不平凡的历程。① 近20年来，榆林煤业取得了重大成就，特别是进入本世纪以来，煤炭工业经济保持了快速增长的势头（见表8-2），实现了历史性的突破。目前，已形成以大柳塔、榆家梁和榆树湾煤矿为代表，大中小矿井齐全，国家、地方、个人联合开发的格局。2009年，全市煤炭产量首次突破2亿吨大关，达到2.1亿吨，同比增长35%，成为全国第二产煤大市。2010煤炭产量达2.57亿吨，同比增长22.9%，全行业完成工业总产值888.46亿元，实现利润369.9亿元，上缴税费150.3亿元，税费占财政收入的37.5%。煤炭工业已成为榆林地区的支柱产业，担负着整个经济命脉的"引擎"作用。以煤炭资源为主导的产业效应集聚了电力、通讯、交通、建筑、建材、旅游、餐饮等行业的发展，增强了榆林地区的经济活力，使榆林成为中国最具经济活力的城市之一。

表8-2 2001—2005年榆林地区原煤产量②

年份	2001	2002	2003	2004	2005
原煤生产量（万吨）	2583	3227	4088	8313	10040

（2）榆林地区实施煤炭开采生态补偿的重要意义。煤炭开采对生态系统的破坏是显而易见的，但煤炭资源又是我国目前工业经济发展不可或缺的动力源，所以，国家应该构筑煤炭资源生态补偿机制，以实现煤炭"黑黄金"红利的释放。生态补偿的本质是从经济增长的成果中提出相应的部分来补偿或挽救因经济增长而遭受不同程度破坏的资源和生态环境。显然，榆林地区实行煤炭资源生态补偿机制有重要的意义。一方面，生态补偿机制构建有利于统筹榆林地区煤炭资源开发与环境治理的矛盾。榆林煤炭资源的开采造成了地表塌陷、森林退化、耕地受损、水体破坏、地表径流断裂，加剧了土地沙漠化。2008年榆林市向外输

---

① 杨光宇：《榆林地区煤炭资源开发生态补偿机制及对策研究》，西北大学硕士学位论文，2007年。
② 榆林市统计局：《榆林统计年鉴2002~2005》。

出的煤、油、气总价值高达924.17亿元,而因煤炭、石油开采形成的环境代价高达102.7亿元,远大于当年79亿元的财政收入。而构建煤炭资源于采前、开采中、开采后的环境预防、保护、修复的生态补偿机制,可以统筹资源开发与环境治理并促使二者实现协调发展。另一方面,生态补偿机制构建有利于协调榆林地区煤炭资源开发与经济发展的矛盾。榆林地区因资源而兴盛,经济发展对资源开发的依赖性强,在产业结构中,形成了资源采掘业及关联的原材料初级加工业为主导产业的产业体系,产业结构单一,表现为高投入、高消耗、高污染、低产出的"三高一低"粗放型经济特征。生态补偿机制是以保护生态环境、促进人与自然和谐为目的,运用行政和市场手段,调节人为活动、环境建设与经济发展相关各方利益关系的环境经济政策。完善的生态补偿机制可以助推环保型产业和资源延伸型产业的发展,最终实现资源开发、生态保护与经济发展的良性循环。

(3)榆林地区生态系统服务价值与煤炭开采生态补偿机制的契合点。生态系统服务价值是指生态系统与生态过程所形成及所维持的人类赖以生存的自然环境条件与效用。1987年以来,国内外对生态系统服务价值进行了大量的研究,主要致力于通过构建一个因子模型,即通过确定对生态环境有重要影响的影响因素的价值来衡量生态系统服务价值。皮尔斯和沃福德于1993年提出了资源环境的总价值(TEV)评估被广泛使用,总经济价值指用货币形式表示的对生态系统提供的产品和服务估价。总经济价值包括使用价值(UV)和非使用价值(NUV)两部分。其中使用价值(UV)包括直接使用价值(DUV,即直接实物价值和直接服务价值)、间接使用价值(IUV,即生态功能价值)和选择价值(OV,即潜在利用价值),非使用价值(NUV)包括存在价值(EV)和遗赠价值(BV)(见表8-3)。总经济价值评价公式为:TEV = UV+ NUV = (DUV+ IUV+ OV) +(EV+ BV)。

表 8-3　自然资本总经济价值①

生态环境价值	使用价值	直接使用价值	可直接使用消耗的量	食物、生物量、娱乐、健康
		间接使用价值	功效效能	生态功能、生物控制、风暴防护
		选择价值	将来直接或间接使用的价值	生物多样性 生存栖息地
	非使用价值	存在价值	继续存在的知识价值	生存栖息地 濒危物种
		遗赠价值	为后代遗留下来的使用价值和非使用价值	生存栖息地 不可逆改变

显然，生态系统服务价值是巨大而广泛的，是人类须臾不可离的。榆林地区生态系统服务价值的外界因素主要有矿产开采、城市化、气候变化和土地塌陷，这四个因素相互作用、相互联系，共同对生态系统服务功能产生影响。矿产开采通过改变区域生态环境、生态系统结构和生态系统物质循环来影响区域生态系统服务功能。② 若能达到矿区生态系统服务功能优化与煤炭资源开发共赢的目标，必须构建符合地区可持续发展的煤炭资源生态补偿机制，节约资源，保护环境。生态系统服务价值与煤炭开采生态补偿机制的契合点是：①由于煤炭资源是资源性资产，开采利用资源的使用者要向所有者支付费用，这既是煤炭资源经济价值的表现，也是所有者实现其经济利益的方式。②既然生态建设者和环境保护者为了生态环境建设而付出了代价，那么，生态受益人不能免费使用改善了的生态环境，应该对生态产品的提供者做出合理补偿。

2. 榆林地区煤炭资源生态补偿机制存在的障碍

（1）生态补偿法律制度的缺失。法律制度的缺失严重制约着煤炭资源生态补偿机制的有效实施。2002 年以来，榆林地区依托矿产资源型产业的发展，迈入经济快速增长时期，连续七年经济增速居陕西省首位。然而，经济繁荣背后却

---

① 徐中民、李兴文等：《甘肃省典型地区生态补偿机制研究》，中国财政经济出版社 2011 年版，第 10 页。
② 万伦来、卢晓倩等：《矿产资源型地区生态系统服务功能的影响因素》，载《资源与产业》2013 年第 1 期。

无法掩盖粗放型开采所带给这座煤城的"生态疮疤"。这种现象的发生探究其根本原因是"立法不足，执法不严"。现行的《矿产资源法》和《地质灾害防治条例》等法律法规，对人为造成的地质灾害损失范围和程度只做了一些原则性要求，对矿产开采过程中的技术规范及可能产生的环境问题缺乏硬性指标约束，对矿产开采后出现的生态破坏，缺乏具体的、明确的补偿主体、补偿方式和补偿标准的规定，致使责任主体模糊，补偿不能到位。因此，当煤炭开采引发的地质灾害发生后，政府缺乏法律依据要求其合理补偿，企业也以无具体补偿标准为理由推诿，一些资源受损地区只得通过"民间协商补偿"的渠道解决问题，凸显了法律制度的滞后。

（2）生态补偿的资源税费较低。资源税是对资源开发外部性的矫正，资源税的征收是调节不同矿山企业级差收入的一种手段。较低的资源税不仅难以抑制矿主大规模采煤的热情，也会影响矿区民众生态环境保护的积极性。从榆林地区煤炭资源开采的境况来看，榆林地区资源税还不能有效促进资源节约和生态保护。从资源节约来看，资源税并不能有效约束企业的行为，大矿小矿都普遍存在超采现象，资源消耗速度过快。[①] 榆林地区的资源税征收较低，从 2006 年 4 月 1 日起，榆林市煤炭资源税税额由 2.3 元/吨调整为 3.2 元/吨，但与国内其他资源型地区的同类资源征收比仍然偏低。从全国资源开采现状来看，榆林地区煤炭资源地质构造简单，埋藏浅，开采成本低，煤质优良，煤炭资源单元额度的利润明显高于部分煤矿地区。而资源税税额低于河南省的 4 元/吨和山东省的 3.6 元/吨。

（3）生态的敏感性、脆弱性与开采技术的落后并存。榆林地区生态环境脆弱性的形成是在一定的时空范围内，自然因素和人为因素叠加交织的结果。榆林地区处于黄土高原和毛乌素沙漠、鄂尔多斯草原的过渡地带，土壤主要为黄绵土和风沙土，抗蚀能力很低，植被矮小稀疏，草场沙化，水资源缺乏，水土流失严重。榆林地区的生态环境主要表现在敏感性、脆弱性、不稳定性和恢复成本高。

---

① 谢美娥、谷树忠：《我国资源税的功能缺陷研究及改革建议——以榆林市为例》，载《宏观经济研究》2007 年第 3 期。

20世纪80年代中后期以来，大规模掠夺式能源开发更使得榆林市原本脆弱的生态环境地表塌陷、山脉裂缝、地表水断流、湖泊萎缩，生态系统负熵流动减少，系统脆弱性增加，矿区可持续生存能力受损，矿区居民沦为"生态难民"，区域可持续发展受到严重的威胁。此外，矿山开采技术落后，煤炭开采机械化程度低，许多通风、排水、防尘等安全设计也很落后，部分小矿还存在手工作业，加之，开采设备的技术有限，为了开采到矿物，可能会牺牲巨大的伴生非矿物生态系统的代价来索取，更会造成土地的大面积塌陷和循环塌陷。

3. 榆林地区煤炭资源生态修复和补偿机制的重构

（1）实现生态补偿机制的法律化。法律化是生态补偿机制建立和运行的根本性保障，国家应该尽快出台矿产开采生态补偿机制的法律法规，使矿区资源开采、生态恢复和环境治理形成强制性的约束机制。陕西省应根据我国现行的《环境保护法》《环境影响评价法》《矿产资源法》和《煤炭法》等法律法规，结合陕西省矿产资源开采的实际情况以及出现的环境新问题，在《陕西省煤炭石油天然气资源开采水土流失补偿费征收使用管理办法》（陕政发〔2008〕54号）的基础上，制订《陕西省煤炭开采生态补偿条例》。条例内容要对煤炭矿区环境综合治理规划的编制、预算、实施、污染治理做出具体规定；对煤炭开采生态补偿责任主体、环境监管主体、补偿资金的形成、使用和管理办法，并能在生态修复效果的验收、资金使用监管等方面做出明确的规定；要结合环境影响评价和"三同时"制度，细分煤炭开采的环节并纳入法制化的轨道。榆林市也应参照国家和陕西省颁布的法规，因地制宜，对已出台的法规政策进一步细化，形成更具操作性的法规措施并且狠抓落实。

（2）强化资源税的环境保护功能。矿产资源税是以矿产资源为课税征收对象的税种总称，是实施矿产资源有偿开采制度的基本形式之一；其目的是促进对资源的合理开采、节约使用和有效配置，调节资源级差收入水平，服务环境保护功能。资源税作为一种与资源和环境直接相关的税收，应进行相应的改革，强化其资源和环境功能。①适当下放资源税权限，使各地能根据自身的资源状况因地制宜地制定资源税政策。榆林属于典型的生态脆弱区，就更需要通过资源税来保护环境和资源,加之榆林独特的资源开采低成本、高煤质优势,更可以适度的提高资源税征收比例,平衡资源级差收入,增加生态补偿资金。②拉大税档差距,把资源开发企业的行为如是否超采、造成的环境污染程度、地质裂缝程度等作为区分适用税档的主要依据,以进一步强化资源税的环境功能。①

(3)整合煤炭资源,降低对环境的扰动。整合煤炭资源是资源型产业发展的客观规律,是可持续发展的必然要求,是生态补偿机制有效实施的基础。煤炭资源整合是合法矿井之间对煤炭资源、资金、资产、技术、管理、人才等生产要素的优化组合,及合法矿井对已关闭煤矿尚有开采价值资源的整合。煤炭资源整合集聚了高端科技、先进设备、创新管理煤炭开采效应,形成集约化、清洁化、安全化、多元化的煤炭产业体系,有利于发展循环经济。而循环经济要求在经济发展的同时,保持生态的良性循环,使经济系统和谐地纳入到自然生态系统的物质循环过程中。整合煤炭资源、走循环经济之路与生态补偿机制倡导的人与自然和谐共生的"愿景"不谋而合——循环经济和生态补偿都是为了促进经济、资源和环境的"共赢"。而且,煤炭资源整合使煤炭企业的规模增大了,而规模企业在矿区生态环境的恢复与治理方面更容易"事前防范、过程控制、事后处理",为矿区生态的修复和补偿提供良好的基础。

---

① 谢美娥、谷树忠:《我国资源税的功能缺陷研究及改革建议——以榆林市为例》,载《宏观经济研究》2007年第3期。

附录一：西北生态脆弱区生态及生态补偿问卷调查分析报告

2011年和2012年暑假，课题组分组赴甘肃省碌曲县、玛曲县、渭源县、民勤县、敦煌市、陕西省横山县、青海省湟源县、宁夏回族自治区隆德县、新疆维吾尔自治区轮台县等地社区特别是农村就当地生态状况及生态补偿情况进行田野调查。在这些地区的考察、走访、座谈、问卷调查等不仅使我们对西北生态的脆弱性有了更为深入的认识，更使我们获得了研究的第一手资料。西北民众普遍认为优美的环境要比现代化重要，随着生态环境法治建设的加强和人们环保意识的提高特别是通过退耕还林工程的实施，西北地区的生态环境有所改善，局部地区的绿色在增加，生态正朝着良性的方向发展。但是，当地民众依然认为，政府环境监管和投入仍然不足、在生态环境方面的表现还不能令人满意，民众的生态意识也有待提高，家乡的草原退化严重、湿地在减少、河流污染和白色污染也较为严重，所以，多数人对生态环境问题的严重性和环保工作的紧迫性有强烈的感受或有清醒的认识。他们认为，生态恶化已影响到生态安全、社会稳定、可持续发展以及和谐社会的构建，应该大力推行清洁生产和循环经济。近几年实施的退耕还林工程有利于生态环境的恢复和保护，但在退耕还林过程中还存在一些问题，譬如，退耕还林的期限偏短、补偿方式单一、补偿额度偏低甚至还有拖欠补偿款和挪用补偿款的现象，影响了农户退耕还林的积极性及生态效果。所以，国家应该完善生态补偿制度、加大生态补偿的力度，下游地区应该为上游地区的生态付出进行补偿，以实现生态正义、共建和谐。

课题组共发放调查问卷900份，回收有效调查问卷732份，其中甘肃省碌曲县81份、玛曲县90份、渭源县73份、民勤县83份、敦煌市79份、陕西省横山县88份、青海省湟源县77份、宁夏回族自治区隆德县81份，新疆维吾尔自治区轮台县80份。以下是具体分析（将走访的县市简称为调查点）。

1. 您对家乡的生态环境状况满意吗？

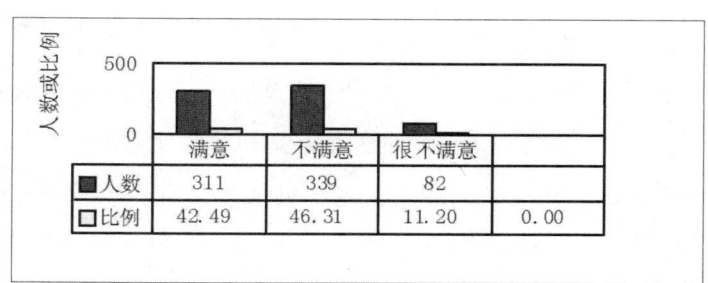

感觉"满意"的有 311 人（户），占 42.49%；感觉"不满意"的有 339 人（户），占 46.31%；感觉"很不满意"的有 82 人（户），占 11.2%。家乡对很多人来说是亲切的、备受关注的，绝大多数人对家乡的生态环境状况非常熟悉。对家乡的生态环境状况满意吗？很多人面对这一问题时也许有一份复杂的心理——一方面期冀家乡的环境越来越好，但同时又不得不面对家乡生态环境存在的各种各样的问题。所以，回答此问题时，一般人可能会多少打一点"埋伏"。从调查看，近六成的民众对家乡的生态环境状况"不满意"甚至"很不满意"，一方面说明西北地区生态环境问题已较为严峻，另一方面也说明民众的生态意识正在觉醒。从各调查点来看，有 6 个调查点的民众选择"不满意"的居多，有 3 个调查点的民众选择"满意"的居多。显然，即使是同为西北生态脆弱区，各地的生态环境却存在着较大的差异，部分区域的生态环境较好，部分区域的生态环境相对更加脆弱。

2. 您觉得家乡生态环境的变化趋势是？

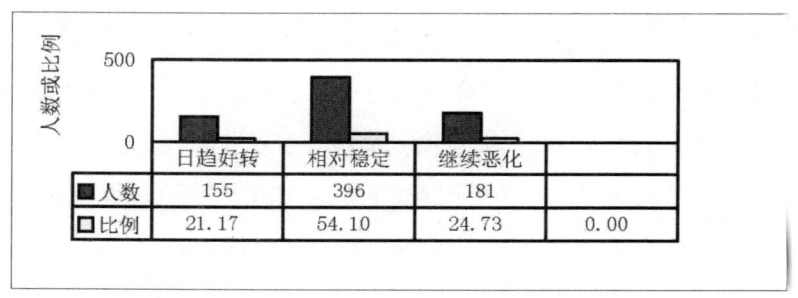

认为"日趋好转"的有 155 人（户），占 21.17%；认为"相对稳定"的有 396 人（户），占 54.1%；认为"继续恶化"的有 181 人（户），占 24.73%。西北地区生态环境的变化趋势如何？专家的总体判断是局部在改善，整体还在进一步恶化。从调查看，七成多的民众认为家乡的生态环境"相对稳定"乃至"日趋好转"，一定程度上证实了专家的判断（局部在改善），也说明近几年政府和民众对生态治理、恢复、补偿所做的努力已初见成效；但仍有两成多的民众认为家乡的生态环境在"继续恶化"，说明生态恢复和补偿任重道远。从各调查点来看，有6个调查点的民众选择"相对稳定"的居多，有3个调查点的民众选择"继续恶化"的居多。

3. 您认为现代化重要还是优美的环境重要？

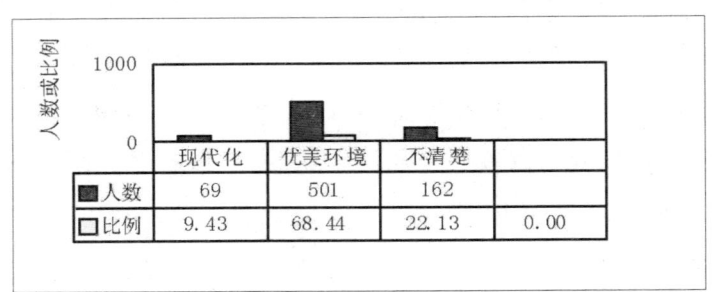

认为"现代化"重要的有69人（户），占9.43%；认为"优美的环境"重要的有501人（户），占68.44%；"不清楚"的有162人（户），占22.13%。现代化重要还是优美的环境重要？从某种角度看两个都重要，特别是对于欠发达地区而言——欠发达地区的环境问题也要靠发展来解决。但是，更深思熟虑的回答当然是优美的环境重要，因为现代化可以放缓脚步，环境一旦破坏则很难恢复甚至永远不可能恢复。从调查看，近七成的民众认为"优美的环境"比"现代化"更重要，说明多数民众对环境保护和经济增长之间的关系有清醒的认识，并且宁愿发展得慢一点也要致力于生态保护。当然，依然有两成的民众对此"敏感"话题并"不清楚"，也说明了在发展与环境之间做出选择的难度特别是落后地区在发展与环境之间进行选择的难度。从各调查点看，有8个调查点的民众选择"优美的环境"的居多，有1个调查点的民众选择"不清楚"的居多；另有4个调查点没人选择"现代化"，也就是说，相对环境保护而言，没有人认为现代化更重要，这一认识实属难能可贵。

4. 制约当地经济发展的主要因素是什么？

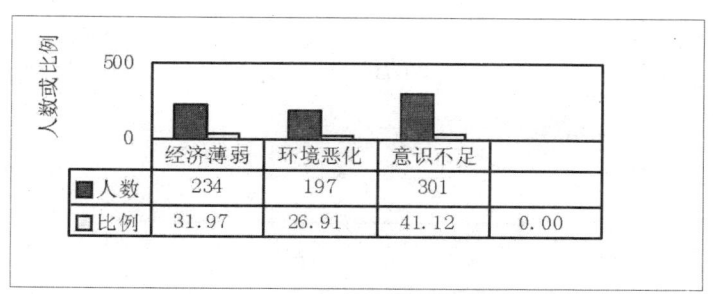

认为是"经济基础薄弱"的有 234 人（户），占 31.97%；认为是"环境恶化"的有 197 人（户），占 26.91%；认为是"市场意识不足"的有 301 人（户），占 41.12%。制约经济发展的因素非常多，譬如市场意识不足、经济基础薄弱、生态环境脆弱、人才、资金缺乏等等，应该说，不同地区的原因并不相同。从调查看，多数人认为，制约当地经济发展的主要因素依次是"市场意识不足""经济基础薄弱""环境恶化"。这与我们对此问题的判断基本吻合，我们认为西北地区的相对落后一方面制约于其薄弱的经济基础和脆弱的生态环境，但当地民众市场经济意识的不足尤为关键。从各调查点看，有 7 个调查点的民众选择"市场意识不足"的居多，有 2 个调查点的民众选择"经济基础薄弱"的居多。

5. 相对过去，家乡的环境美吗？

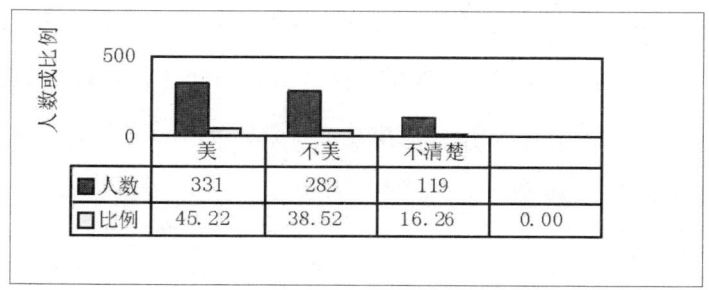

觉得"美"的有 331 人（户），占 45.22%；觉得"不美"的有 282 人（户），占 38.52%；"不清楚"的有 119 人（户），占 16.26%。美是一个"抽象"的术语（不同的人有不同的标准），家乡是一个富有感情色彩的词，所以，一般人会觉得家乡是美的。近几年，政府加大了生态环境的治理力度，经过全社会的努力，局部地区的环境正在改善。从调查看，近五成的民众认为家乡的环境相对过去更"美"，恰好印证了这一点。但还有近四成的民众认为，家乡的环境相对过去并"不美"，说明部分地区的环境还在恶化当中。从各调查点来看，有

5个调查点的民众选择"美"的居多,有3个调查点的民众选择"不美"的居多,有1个调查点的民众选择"不清楚"的居多。

6. 家乡的环境依然优美的主要原因是什么？

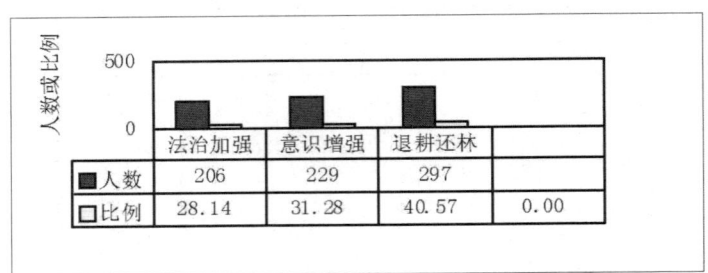

认为是"环境法治加强"的有206人（户），占28.14%；认为是"民众环保意识增强"的有229人（户），占31.28%；认为是"退耕（牧）还林（草）"的有297人（户），占40.57%。环境依然优美的原因当然是比较多的，譬如环境法治的加强、环保意识的提升等。本次调查主要在农村进行，所以退耕（牧）还林（草）就显得特别重要。从调查看，受访民众认为，家乡环境依然优美的主要原因首先是"退耕（牧）还林（草）"，其次是"民众环保意识增强"，再次是"环境法治加强"，足见退耕（牧）还林（草）等生态补偿措施对生态的修复和保护起到了重大的作用。从各调查点来看，有6个调查点的民众选择"退耕（牧）还林（草）"的居多，有2个调查点的民众选择"民众环保意识增强"的居多，有1个调查点的民众选择"环境法治加强"的居多。

7. 家乡的环境不如从前的主要原因是什么？

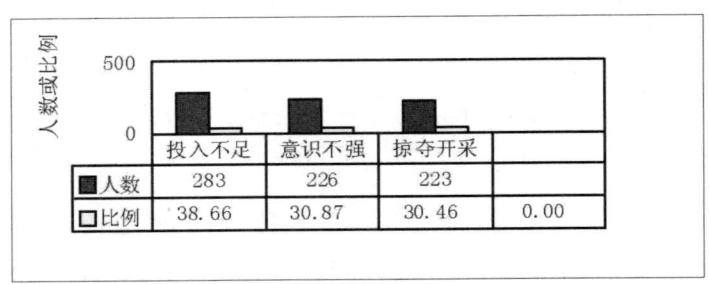

认为是"政府的环境监管和投入不足"的有283人（户），占38.66%；认为是"民众环保意识不强"的有226人（户），占30.87%；认为是"对资源的掠夺性开采"的有223人（户），占30.46%。生态环境退化的原因当然也是多

方面的，受访民众认为，家乡的环境不如从前的主要原因首先是"政府的环境监管和投入不足"，其次是"民众环保意识不强"，再次是"对资源的掠夺性开采"。显然，近四成的民众认为，西北地区环境的恶化，政府的环境监管和投入不足是最重要的因素，政府有不可推卸的责任；但是，民众环保意识不强也是重要原因。结合第6个问题，我们可以更加清楚的看到，民众环保意识的水平和层次在生态环境恢复和补偿过程中的重要地位。从各调查点来看，有5个调查点的民众选择"政府的环境监管和投入不足"的居多，分别有2个调查点的民众选择"民众环保意识不强"和"对资源的掠夺性开采"的居多。

8. 近几年家乡的"绿色"在增加吗？

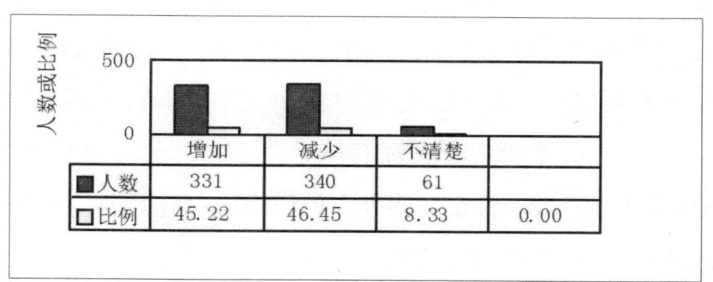

感觉"增加"的有331人（户），占45.22%；感觉"减少"的有340人（户），占46.45%；"不清楚"的有61人（户），占8.33%。"绿色"是一种很直观的东西，近几年，家乡的"绿色"是在增加还是在减少，也是一目了然的事情。就西北农村而言，如果退耕还林工程进展顺利，"绿色"应该是在增加的。从调查看，感觉家乡绿色"减少"的人和"增加"的人都不少，但感觉"减少"的人略多一些。说明西北地区部分区域的环境正在改善，但也有部分区域的环境依然在恶化当中。结合第5个问题（相对过去，家乡的环境美吗？），感觉"美"的略多于感觉"不美"的，恰与此题的回答相反。我们认为，"美"多带有感情色彩且主观判断的成分要多一些（况且，一般人会认为自己的家乡是"美"的），而"绿色"则是实实在在的客观存在，所以，民众对这两个问题的回答不相同是可以理解的。从各调查点来看，有5个调查点的民众选择"减少"的居多，有4个调查点的民众选择"增加"的居多。

9. 近几年当地大气污染严重吗？

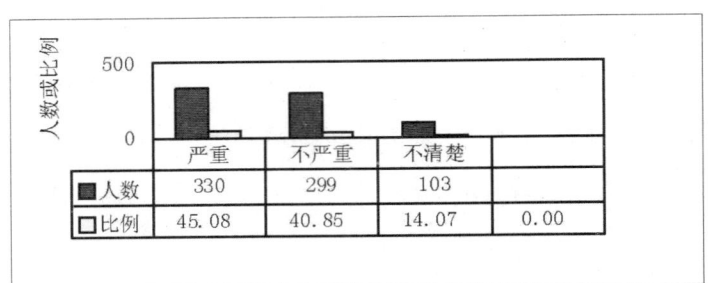

感觉"严重"的有330人(户),占45.08%;感觉"不严重"的有299人(户),占40.85%;"不清楚"的有103人(户),占14.07%。这几年,中国因污染而产生的雾霾天气越来越多,华北及东南沿海地区甚至持续被雾霾笼罩,导致患有呼吸道疾病的病人充斥各大医院,同时成就了"口罩村"的富裕之路。但由于西北地区相对落后特别是本次调查主要在农村进行,所以,感觉大气污染"不严重"的人与感觉"严重"的人几乎持平。但即使如此,感觉"严重"的人数最多,仍然给我们一个警醒:农村不再是"净土",农村的空气已不如原来"洁净"。从各调查点来看,有5个调查点的民众选择"严重"的居多,有4个调查点的民众选择"不严重"的居多。

10. 近几年家乡的地下水位在上升还是下降?

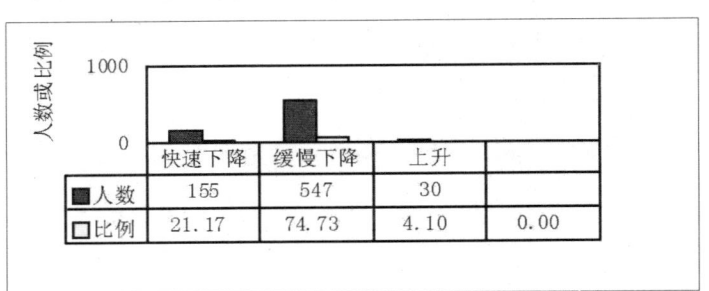

感觉"快速下降"的有155人(户),占21.17%;感觉"缓慢下降"的有547人(户),占74.73%;感觉"上升"的有30人(户),占4.1%。感觉家乡的地下水在"快速下降"和"缓慢下降"的受访民众竟达九成多,是对近年来地下水下降这一不争事实的印证。水乃生命之源,近年来,由于各种因素的影响特别是人类对生态环境的破坏及无节制的大规模开采导致地下水锐减、地下水位下降,人与自然(水源)之间的紧张关系已然形成。陕西、宁夏、青海、新疆以及甘肃各调查点的"答案"都与此高度近似,再次说明水是西北地区生态建设和生产生活中的关键,水资源短缺为其共性问题,地下水的下降也已得到全体民众的高度关注。从各调查点来看,有8个调查点的民众选择"缓慢下降"的居多,有1个调查点的民众选择"快速下降"的居多。

11. 近几年当地的草原退化严重吗?

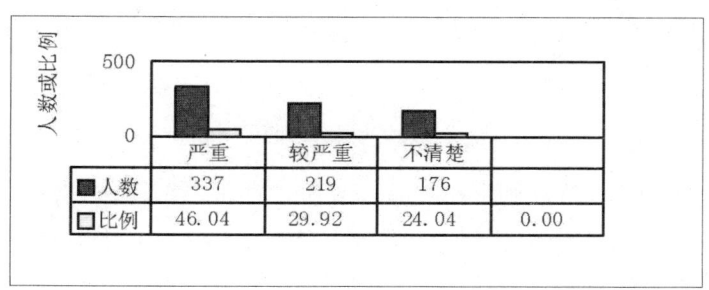

认为"严重"的有337人(户),占46.04%;认为"较严重"的有219人(户),占29.92%;"不清楚"的有176人(户),占24.04%。近年来,全国大部分草原都处于退化当中,部分地区的草原有一大半已经退化,甚至变成了荒漠或沙漠。当年"风吹草低见牛羊"的美景不复存在,取而代之的是遍布老鼠的黑土滩或沙尘肆虐的沙滩。从调查看,认为当地草原退化"严重"和"较严重"的共有556人(户),占75.96%,这一数据还是相当高的,也与政府有关部门的调查数据吻合。草原退化的原因除了近几年降水减少、地球"干化"、鼠害泛滥等自然因素外,与超载放牧、乱采滥挖等人为因素密切相关。从各调查点来看,有5个调查点的民众选择"严重"的居多,有3个调查点的民众选择"较严重"的居多,有1个调查点的民众选择"不清楚"的居多。显然,草原退化已成为不争的事实。

12. 您认为草原退化严重的主要原因是什么?

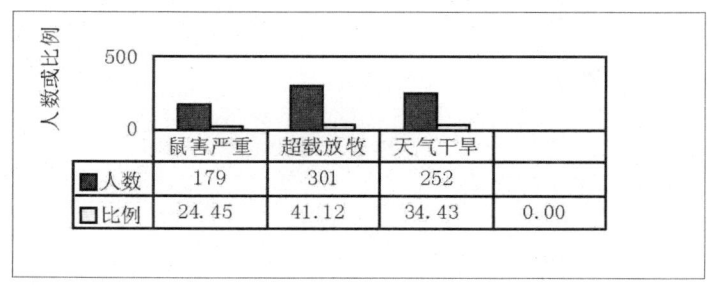

认为"鼠害严重"的有179人(户),占24.45%;认为"超载放牧"的有

301人（户），占41.12%；认为"天气干旱"的有252人（户），占34.43%。草原退化的原因很多，我们可以粗略的分为自然原因和人为原因。自然原因如天气干旱和鼠害严重等，其实也不完全是"自然"造成的。天气干旱与人类对生态环境的破坏有密切关系，鼠害严重也与人类怠于灭鼠有关（特别是藏族聚居区，由于藏民族全民信仰藏传佛教，"忌杀生""保护一切有情"已成为他们的信念）。当然，超载放牧纯属"人祸"（源于人内心的贪婪）。从调查看，有四成的民众选择了"超载放牧"，三成多的民众选择了"天气干旱"，两成多的民众选择了"鼠害严重"。从各调查点来看，有4个调查点的民众选择"超载放牧"的居多，有3个调查点的民众选择"天气干旱"的居多，有2个调查点的民众选择"鼠害严重"的居多。

13. 近几年家乡的湿地是否在减少？

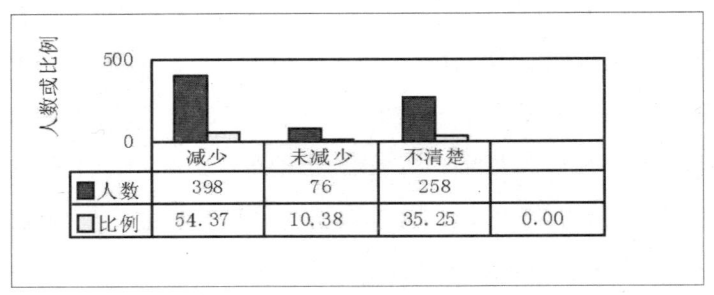

认为"减少"的有398人（户），占54.37%；认为"未减少"的有76人（户），占10.38%；"不清楚"的有258人（户），占35.25%。湿地乃"地球之肾"，对区域性乃至地球整体生态的平衡起着至关重要的作用。但令人忧虑的是湿地正在减少，"地球之肾"正在萎缩。从调查看，五成多的民众选择"减少"，说明民众对湿地减少这一事实是清楚的。另有三成多的民众选择了"不清楚"，可能是与"家乡"原本没有湿地有关。从各调查点来看，有6个调查点的民众选择"减少"的居多，有3个调查点的民众选择"不清楚"的居多。

14. 湿地减少的主要原因是什么？

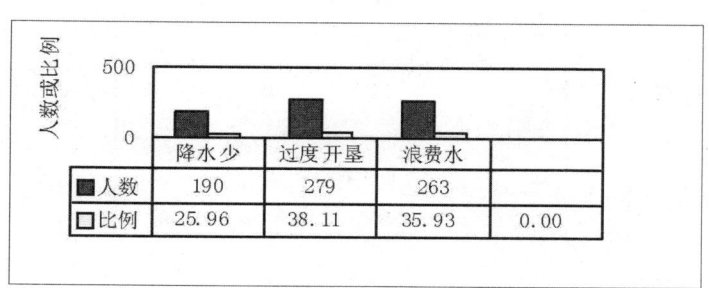

认为"降水少"的有190人（户），占25.96%；认为"过度开垦"的有279人（户），占38.11%；认为"水资源的浪费"的有263人（户），占35.93%。显然，受访民众对湿地减少的原因有非常清醒的认识，湿地减少并非"天灾"而是"人祸"。"过度开垦"和"水资源的浪费"均为人为原因，两项合计达到了七成多；如果人类能够合理的开发利用自然资源，类似湿地减少这样的悲剧就可避免。从各调查点来看，有4个调查点的民众选择"过度开垦"的居多，有3个调查点的民众选择"水资源的浪费"的居多，有2个调查点的民众选择"降水少"的居多。

15. 您认为河流污染的主要原因是什么？

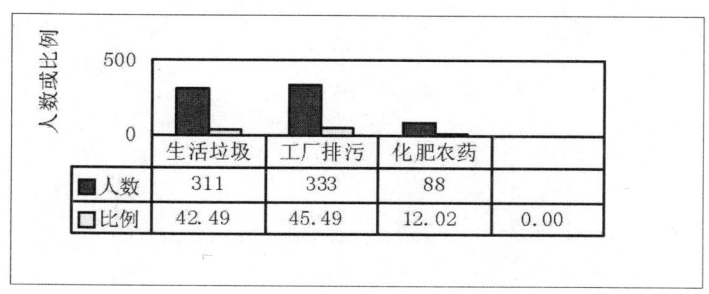

认为是"生活垃圾"的有311人（户），占42.49%；认为是"工厂排污"的有333人（户），占45.49%；认为是"化肥农药"的有88人（户），占12.02%。显然，工业污染已成为河流的第一污染源。本次调查主要是在农村进行的，河流的主要污染物本应该是生活垃圾或化肥农药，但调查结果明明白白就是工厂排污。这一结果虽与河流的"流动性"有关，但也说明工业污染已大规模的侵入农村，值得我们警醒。从各调查点来看，有6个调查点的民众选择"工厂排污"的居多，有3个调查点的民众选择"生活垃圾"的居多。

16. 近几年白色污染（乱扔塑料袋、地膜等）严重吗？

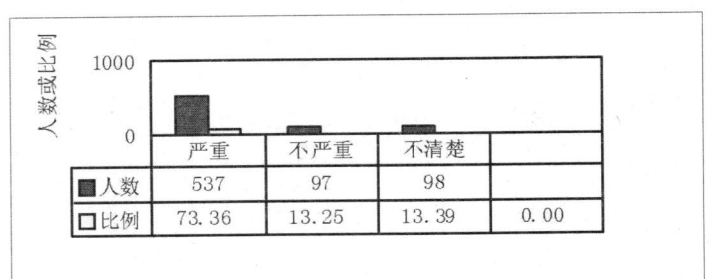

认为"严重"的有537人（户），占73.36%；认为"不严重"的有97人（户），占13.25%；"不清楚"的有98人（户），占13.39%。近年来，白色污染愈演愈烈，触目惊心。塑料制品（如塑料袋、农用地膜等）从生产到处理，都会造成大量资源的耗费，以及对生态环境的污染。废弃的地膜混在土壤中不断累积，会影响农作物吸收养分和水分进而减产。丢在陆地或水体中的废塑料制品，被动物误食，会严重影响动物的健康乃至生命。废塑料随垃圾填埋不仅会占用大量土地，而且被占用的土地长期无法恢复（废塑料填埋后需要200年才能降解），影响土地的可持续利用。显然，废弃的塑料制品对耕地和当地生态造成的伤害是巨大的，受访民众对此有清醒的认识。从各调查点来看，有8个调查点的民众选择"严重"的居多，有1个调查点的民众选择"不严重"的居多。

17. 您是否感觉到当地环境问题的严重性？

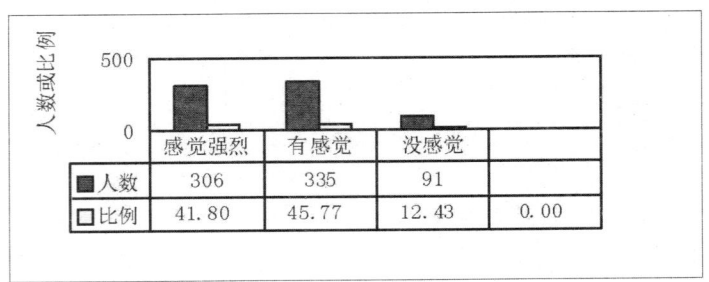

"感觉强烈"的有306人（户），占41.8%；"有感觉"的有335人（户），占45.77%；"没感觉"的有91人（户），占12.43%。是否感觉到当地环境问题的严重性，取决于两个方面的因素，一是当地的环境问题确实较为严重，二是受访者对环境较为"敏感"，有较强的环境意识。所以，此问题的答案是由主客观两方面决定的。从调查看，对当地环境问题的严重性"感觉强烈"和"有感觉"的民众接近九成，一方面说明西北的环境问题确实已非常严重，另一方面也说明西北民众环境意识的觉醒也是不争的事实。从各调查点来看，有 5 个调查点的民众选择"感觉强烈"的居多，有 4 个调查点的民众选择"有感觉"的居多。

18. 如果有机会，您愿意参加环保活动吗？

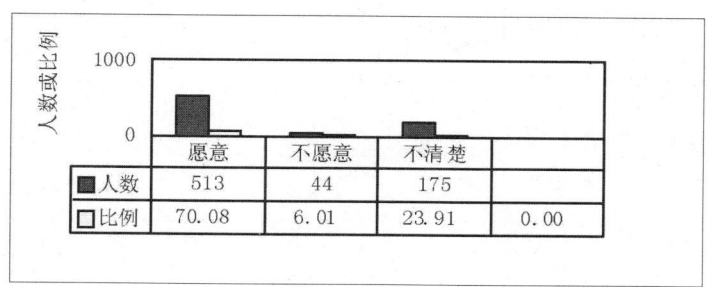

"愿意"的有 513 人（户），占 70.08%；"不愿意"的有 44 人（户），占 6.01%；"不清楚"的有 175 人（户），占 23.91%。愿意参加环保活动的受访民众达到了七成，这也是一个非常令人欣喜的结果。环境保护离不开公众的参与已成为公论，甚至公众参与原则已成为环境法的基本原则。所以，多数民众愿意参加环保活动，是西北生态环境得以恢复的重要基础和可依靠的力量。从各调查点来看，有 8 个调查点的民众选择"愿意"的居多，有 1 个调查点的民众选择"不清楚"的居多。而且，有 2 个调查点的受访民众百分之百都愿意参加环保活动，令人感动。

19. 你参加过的环保活动有哪些？

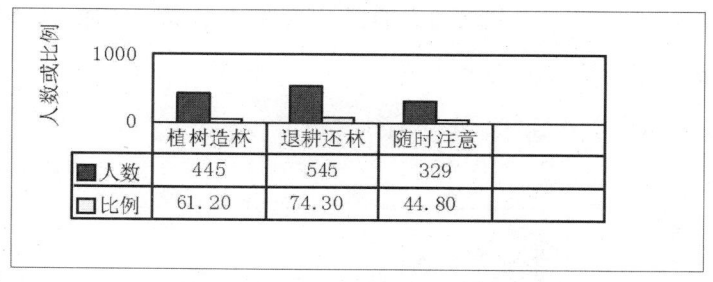

参与"植树造林"的有 445 人（户），占 61.2%；参与"退耕（牧）还林（草）"的有 545 人（户），占 74.3%；"随时注意环保"的有 329 人（户），占 44.8%。此处的植树造林是指自发的（或政府组织的）多在荒山荒沟进行的"绿化"活动，政府一般不给补贴（有时，种苗是由政府提供的）；退耕（牧）还林（草）当然是现在依然在进行的由政府统一给予补贴的一项生态工程。调查结果显示，六成多的民众参与过植树造林活动，七成多的民众参与过退耕（牧）还林（草）工程，随时注意环保的民众亦较多，说明生态环保的理念不仅已深入人心，而且已得到广泛的践行，环境保护已成为一项大家的事业。从各调查点来看，有6个调查点的民众选择"退耕（牧）还林（草）"的居多，有3个调查点的民众选择"植树造林"的居多。

20. 您是否认为生态恶化已影响到生态安全？

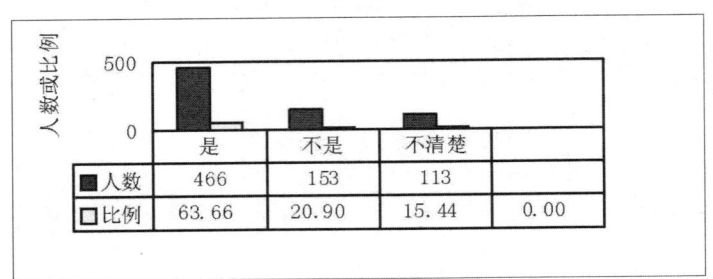

认为"是"的有466人（户），占63.66%；认为"不是"的有153人（户），占20.9%；"不清楚"的有113人（户），占15.44%。西北地区生态脆弱、生态区位重要，是我国的生态安全屏障，甘肃省于2013年12月获批建设"国家生态安全屏障综合试验区"，说明国家对西北地区生态环境的高度重视。从调查看，六成多的受访民众认为，西北地区的生态恶化已影响到国家的生态安全，这一认识与国家高层的观察基本一致。从各调查点来看，有6个调查点的民众选择"是"的居多，有2个调查点的民众选择"不是"的居多，有1个调查点的民众选择"不清楚"的居多。

21. 您是否认为生态恶化已影响到社会稳定？

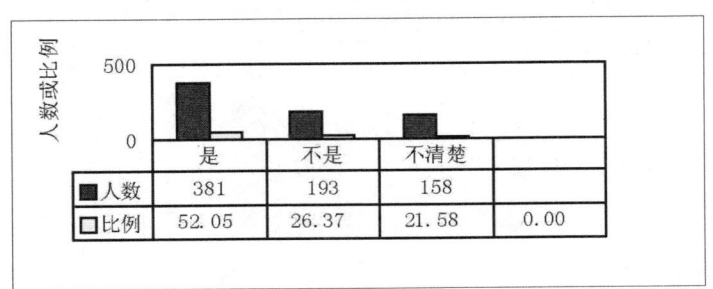

认为"是"的有381人（户），占52.05%；认为"不是"的有193人（户），占26.37%；"不清楚"的有158人（户），占21.58%。西北地区系祖国

的边疆地区，也是少数民族聚居区。这里山大沟深，交通不便，信息闭塞，经济落后。由于属于欠发达地区，生产力相对落后，很多地方仍然是"靠天吃饭"，民众与其生存环境的结合更为紧密。一旦生态环境出了问题，势必影响社会稳定——事实上，西北地区已发生多起环境冲突案件，环境难民也已产生。从调查看。有一半的民众认为生态恶化已影响到社会稳定，这一信息应该引起重视。从各调查点来看，有 5 个调查点的民众选择"是"的居多，有 3 个调查点的民众选择"不是"的居多，有 1 个调查点的民众选择"不清楚"的居多。

22. 您是否认为生态恶化已影响到可持续发展？

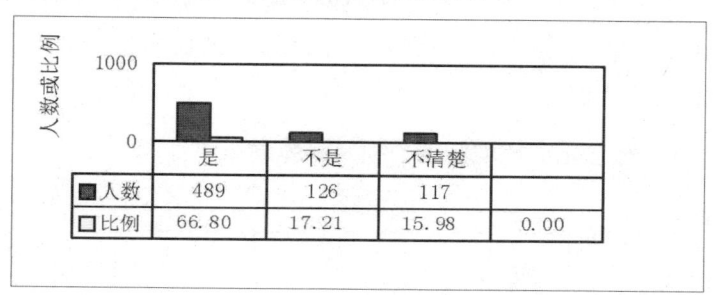

认为"是"的有 489 人（户），占 66.8%；认为"不是"的有 126 人（户），占 17.21%；"不清楚"的有 117 人（户），占 15.98%。可持续发展是指本地区的发展不影响他地区的发展，当代人的发展不影响后代人的发展的一种发展模式，包括经济持续、社会持续和生态持续。生态恶化首先意味着生态的不可持续，当然，生态恶化还会影响经济的可持续（经济的发展离不开良好的生态环境的支撑）和社会的可持续（生态恶化可能会导致贫富的两极分化以及社会冲突不断等等）。从调查看，近七成民众认为生态恶化已影响到可持续发展，是一个有相当震撼力的信息。从各调查点来看，有 8 个调查点的民众选择"是"的居多，有 1 个调查点的民众选择"不是"的居多。

23. 您是否认为生态恶化已影响到和谐社会的构建？

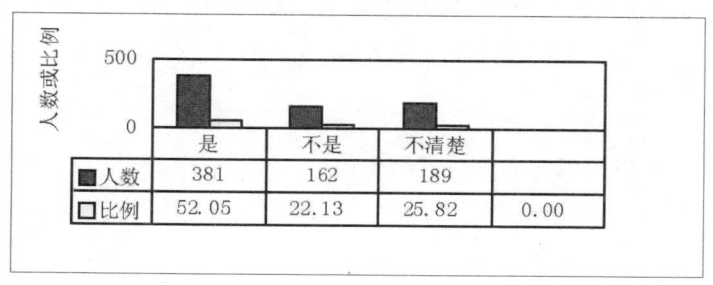

认为"是"的有381人（户），占52.05%；认为"不是"的有162人（户），占22.13%；"不清楚"的有189人（户），占25.82%。和谐社会是一种和睦、融洽并且各阶层齐心协力的社会状态，"民主法治、公平正义、诚信友爱、充满活力、安定有序、人与自然和谐相处"是和谐社会的主要内容。"人与自然和谐相处"就是生产发展，生活富裕，生态良好。显然，生态环境与和谐社会的关系非常密切，良好的生态环境是构建和谐社会的基础和前提，生态恶化必然会影响和谐社会的构建。从调查看，一半多的受访民众认为，西北地区生态的恶化已影响到和谐社会的构建，应引起有关部门的重视。从各调查点来看，有5个调查点的民众选择"是"的居多，分别有2个调查点的民众选择"不是"和"不清楚"的居多。

24. 您认为生态恶化或环境污染会损及身体健康吗？

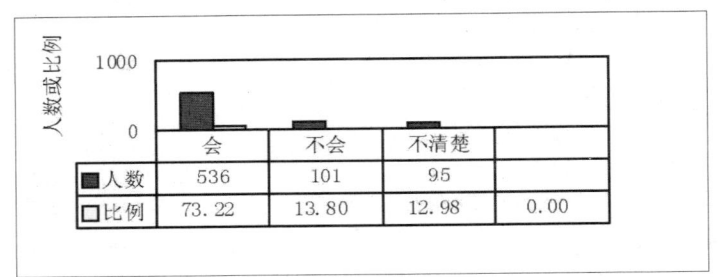

认为"会"的有536人（户），占73.22%；认为"不会"的有101人（户），占13.8%；"不清楚"的有95人（户），占12.98%。环境污染无疑会损及身体健康，近几年，污浊的空气导致人们发病率的上升，水污染引起胎儿早产或畸形等已成为不争的事实。人们晚近开始关注的PM2.5不仅会加重慢性病患者的死亡率，能进入肺泡改变肺功能及结构，使呼吸系统、心脏系统疾病恶化，甚至能改变人的免疫功能，损及整个神经系统。从调查看，七成多的受访民众认为，生态恶化或环境污染会损及身体健康，不仅是一种感性的认识，还有事实作证。从各调查点来看，9个调查点的民众均为选择"会"的居多，"保持"了高度的一致。

25. 您是否觉得应该大力推行清洁生产？

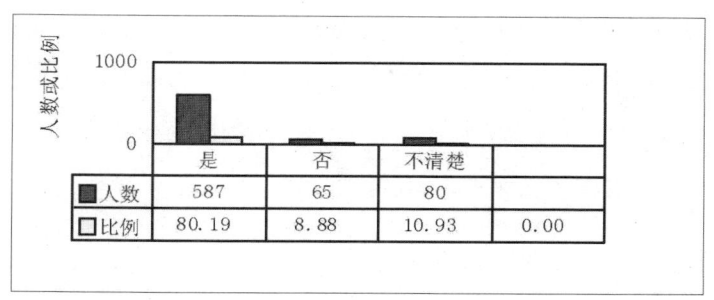

认为"是"的有 587 人（户），占 80.19%；认为"否"的有 65 人（户），占 8.88%；"不清楚"的有 80 人（户），占 10.93%。清洁生产（cleaner production）是一种全新的思想，它将整体预防的环境策略持续应用于生产过程和产品及服务当中，以减少对人类和环境的风险。清洁生产虽然有"无废工艺""废物减量化"等不同的叫法，但其基本要求是一致的，对生产过程，要求节约资源能源，减少废弃物的数量和毒性；对产品，要求减少其全生命周期的不利影响；对服务，要求充分顾及环境因素。从调查看，八成受访民众认为，应该大力推行清洁生产，是老百姓对良好生态环境和美丽家园渴求的一种反映。从各调查点来看，9个调查点的民众均为选择"是"的居多，而且，有两个调查点百分之百的民众都选择了"是"。

26. 您是否觉得应该大力发展循环经济？

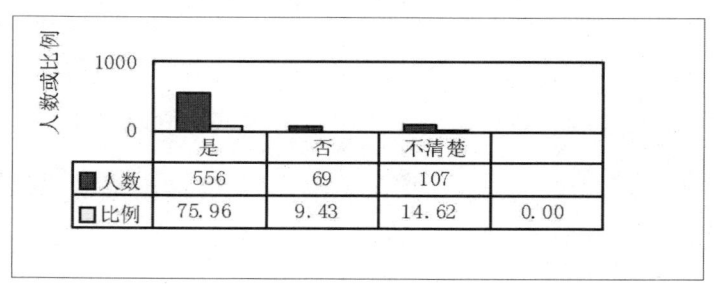

认为"是"的有 556 人（户），占 75.96%；认为"否"的有 69 人（户），占 9.43%；"不清楚"的有 107 人（户），占 14.62%。循环经济（cyclic economy）即物质闭环流动型经济，与传统的依赖资源消耗的线形经济不同，循环经济将经济的增长建立在资源回收和循环利用的基础上。循环经济以"减量化、再利用、资源化"为原则，以资源的高效利用和循环利用为目标，把清洁生产和废弃物的综合利用融为一体，以实现污染的低排放甚至零排放，进而推动经济、社会、环境的可持续发展。从调查看，近八成的受访民众认为，应该大力发展循环经济，说明循环经济的理念已深入人心。从各调查点来看，9 个调查点的民众均为选择"是"的居多，有 1 个调查点选择"是"的民众达到了百分之百。

27. 您觉得政府在环境保护方面做得如何？

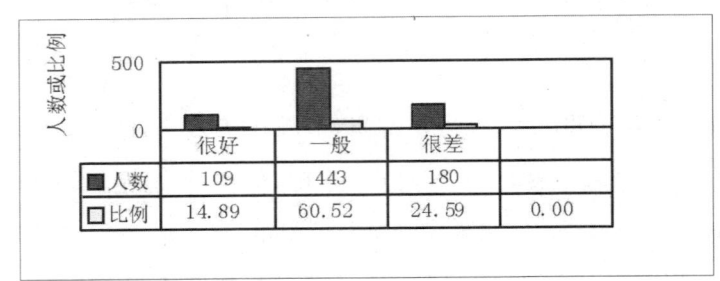

感觉"很好"的有 109 人（户），占 14.89%；感觉"一般"的有 443 人（户），占 60.52%；感觉"很差"的有 180 人（户），占 24.59%。无论是作为环境资源所有者的代表还是作为国家、社会的管理者，政府都是环境保护的第一责任人。但是由于受多种因素的影响特别是唯 GDP 是图，政府在环境管理方面往往乏善可陈，西北地区的环境问题如此突出，与政府的"懈怠"有密切的联系。在环保方面，认为政府做得"一般"和"很差"的民众达八成多，说明政府环境保护的能力、动力和民众的希望还有较大的差距。2014 年 1 月 22 日，中央全面深化改革领导小组召开第一次会议，在领导小组下设的 6 个专项小组中，经济体制和生态文明体制改革专项小组排在第一位，体现了中央对生态文明建设和环境保护的高度重视，也说明生态文明体制改革的迫切程度。从各调查点来看，有 7 个调查点的民众选择"一般"的居多，有 2 个调查点的民众选择"很差"的居多。

28. 您认为当地人们的环保意识怎样？

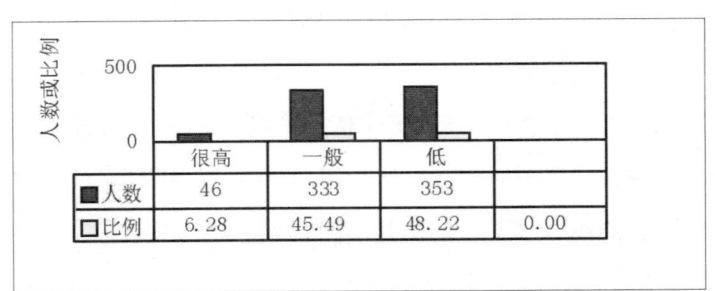

认为"很高"的有 46 人（户），占 6.28%；认为"一般"的有 333 人（户），占 45.49%；认为"低"的有 353 人（户），占 48.22%。环保意识对于环境保护而言，无疑是非常重要的，公众环保意识的高低可能直接决定了一地环境保护的程度。因为，环境保护是大家的事业，需要全民参与，需要公众参与——公众参与原则作为环境法的基本原则也已是定论。环保意识高或很高，才能实现公众参与环境保护的积极性和主动性，并将环境保护融入日常生活。从调查看，西北民众环保意识"一般"和"低"的达到九成多，西北的生态环境何时才能恢复？何时才能再造"美丽西北"？令人忧虑。从各调查点来看，有 5 个调查点的民众选择"低"的居多，有 4 个调查点的民众选择"一般"的居多。

29. 你了解退耕（牧）还林（草）政策吗？

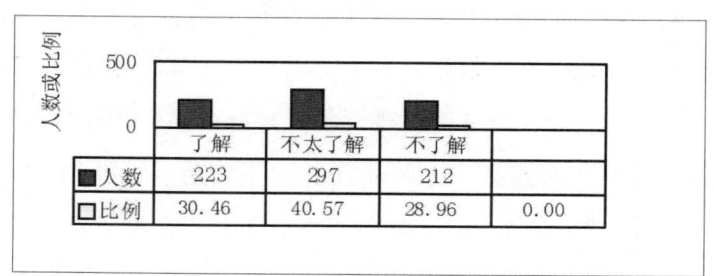

选择"了解"的有 223 人（户），占 30.46%；选择"不太了解"的有 297 人（户），占 40.57%；选择"不了解"的有 212 人（户），占 28.96%。退耕户对退耕（牧）还林（草）政策的了解或者熟悉程度，对退耕（牧）还林（草）工程能否顺利推进至关重要。了解有关政策，不仅可以增强退耕户退耕的积极性，而且可以提升退耕户维权的能力和主动性，进而推动退耕（牧）还林（草）工程的顺利实施。但是，调查中发现，真正"了解"退耕（牧）还林（草）政策的民众仅有三成，"不太了解"和"不了解"的竟达七成。由于有关部门宣传的不到位，致使农户并不了解退耕（牧）还林（草）政策，退耕能给农户带来什么好处？能给社会和国家带来什么好处？农户并十分清楚。对政策的陌生导致农户退耕的盲目性和无助感，非常不利于退耕（牧）还林（草）这项德政工程的实施。从各调查点来看，有 4 个调查点的民众选择"不太了解"的居多，有 3 个调查点的民众选择"不了解"的居多，有 2 个调查点的民众选择"了解"的居多。

30. 您觉得退耕（牧）还林（草）有利于环境保护吗？

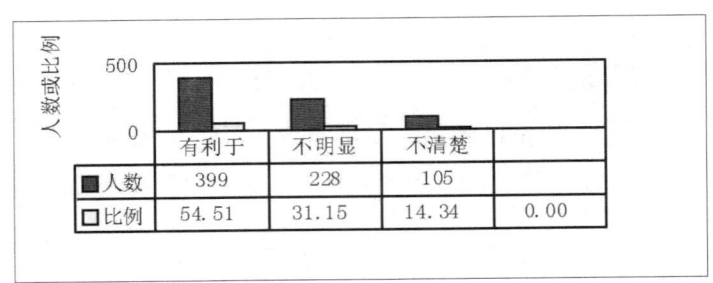

选择"有利于"的有399人（户），占54.51%；选择"不明显"的有228人（户），占31.15%；选择"不清楚"的有105人（户），占14.34%。退耕（牧）还林（草）是我国迄今为止实施的最大的一项生态建设工程，随着工程的推进，工程区的"绿色"逐渐增加，极大地改善了当地的生态环境。但是，由于各种因素的影响，部分地区退耕（牧）还林（草）的生态效果并不明显。从调查结果来看，五成多的民众认为退耕（牧）还林（草）"有利于"环境保护，但是，仍有近五成的民众选择"不明显"和"不清楚"，说明退耕（牧）还林（草）的生态效果还没有完全显现。从各调查点来看，有8个调查点的民众选择"有利于"的居多，有1个调查点的民众选择"不明显"的居多。总体而言，退耕（牧）还林（草）是有利于环境保护的，从长远的角度看，效果会更加显著。

31. 退耕（牧）还林（草）还有哪些好处？

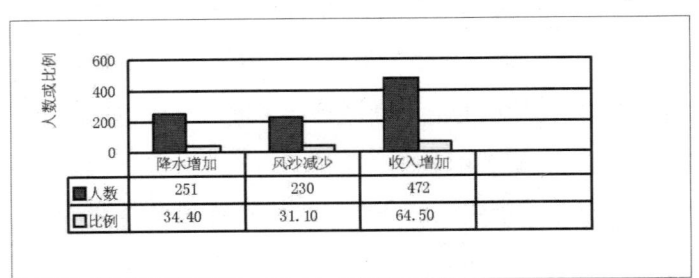

选择"降水增加"的有251人（户），占34.4%；选择"风沙减少"的有230人（户），占31.1%；选择"收入增加"的有472人（户），占64.5%。退耕（牧）还林（草）不仅是一项生态工程，也是一项民生工程和德政工程。退耕（牧）还林（草）工程的实施，不仅改善了西北地区脆弱的生态环境，而且在推动农村经济结构转型、提升农民收入方面起到了良好的作用，退耕（牧）

还林（草）的补偿资金在有些地区甚至成了农民的主要收入。从调查来看，三成多的民众选择"降水增加"和"风沙减少"，六成多的民众选择"收入增加"，说明退耕（牧）还林（草）不仅有生态效益，也有经济效益，可谓生态和经济的双赢。从各调查点来看，有 5 个调查点的民众选择"收入增加"的居多，分别有 2 个调查点的民众选择"降水增加"和"风沙减少"的居多。

32. 退耕（牧）还林（草）的补偿款能及时发放吗？

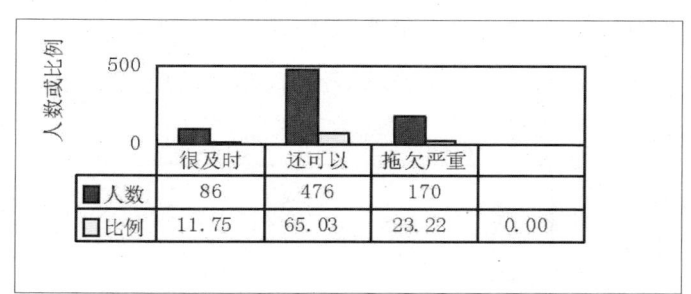

选择"很及时"的有 86 人（户），占 11.75%；选择"还可以"的有 476 人（户），占 65.03%；选择"拖欠严重"的有 170 人（户），占 23.22%。补偿资金能否及时足额发放，不仅会影响退耕户的积极性和主动性，还可能会影响农户的生计。所以，退耕（牧）还林（草）补偿款的按时发放，在工程实施过程中就显得非常重要。但是，仅有一成的民众选择了"很及时"，有两成多的民众却选择了"拖欠严重"，说明退耕（牧）还林（草）补偿款的发放还存在着不如人意之处。从各调查点来看，有 7 个调查点的民众选择"还可以"的居多，有 2 个调查点的民众选择"拖欠严重"的居多。

33. 补偿有时拖欠 3 个月还是 12 个月？

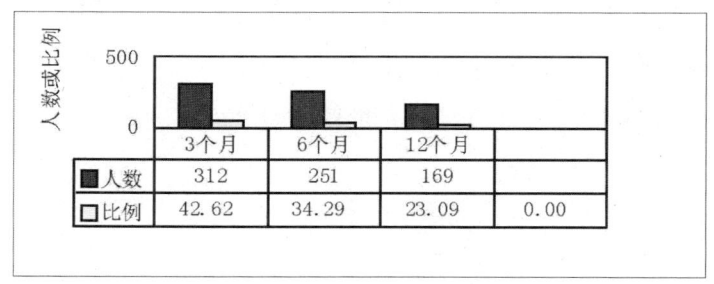

选择"3 个月"的有 312 人（户），占 42.62%；选择"6 个月"的有 251 人（户），占 34.29%；选择"12 个月"的有 169 人（户），占 23.09%。如果有拖

欠补偿款的现象,那么到底能拖欠多长时间?这也是我们十分关心的问题。从调查看,有四成多的民众选择"3个月",有三成多的民众选择"6个月",有两成多的民众选择"12个月",这一结果并未完全超出我们的预料——这样的结果并不算特别坏,但也应引起有关部门的高度关注。因为对于退耕户而言,补偿资金是维持生计的基本需求,哪怕推迟1个月也会引起农民的不安。从各调查点来看,有6个调查点的民众选择"3个月"的居多,有2个调查点的民众选择"6个月"的居多,有1个调查点的民众选择"12个月"的居多。

34. 退耕(牧)还林(草)补偿款有没有被挪用的现象?

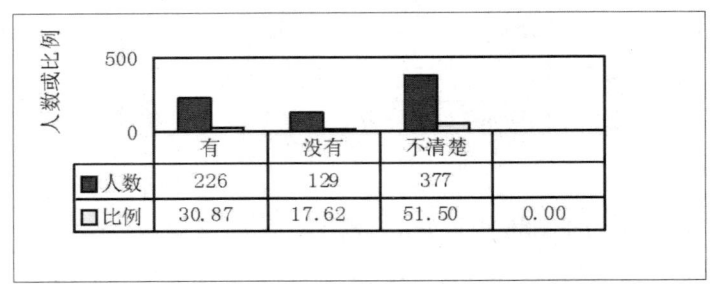

选择"有"的有226人(户),占30.87%;选择"没有"的有129人(户),占17.62%;选择"不清楚"的有377人(户),占51.5%。补偿款不能按时足额发放的原因之一就是被挪用,我们在一些报道中也看到了挪用甚至贪污补偿款被判刑的案例。从调查看,有三成的民众选择"有",有五成的民众选择"不清楚"。一方面说明补偿款被挪用的现象不仅存在而且还是比较严重的;另一方面说明补偿款是否被挪用,其实更多的老百姓并不清楚——如果老百姓清楚,还怎么挪用?一般而言,当老百姓知道补偿款被挪用的时候,已经是挪用人东窗事发以后了。从各调查点来看,有6个调查点选择"不清楚"的居多,有3个调查点选择"有"的居多。

35. 近几年退耕(牧)还林(草)的效果如何?

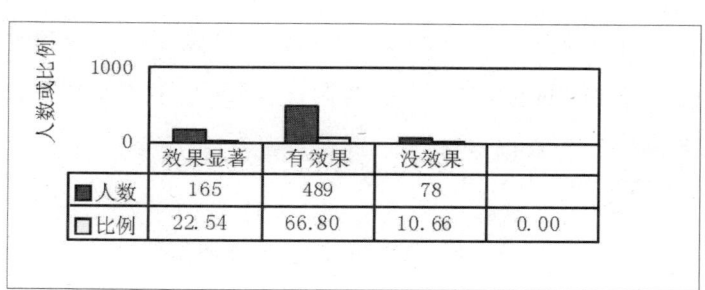

选择"效果显著"的有 165 人(户),占 22.54%;选择"有效果"的有 489 人(户),占 66.8%;选择"没效果"的有 78 人(户),占 10.66%。作为新中国成立以来规模最大的一项生态修复工程,退耕(牧)还林(草)的生态效果已初步显现。从调查看,有九成的民众认为,近几年退耕(牧)还林(草)的"效果显著"或"有效果",也是一个非常可喜的结果。从各调查点来看,有 8 个调查点选择"有效果"的居多(1 个调查点有 88 人选择了"有效果",占受访民众的 100%),有 1 个调查点选择"效果显著"的居多。当然,有 1 个调查点选择"没效果"的竟也达到 43 人(占 47.8%),说明退耕(牧)还林(草)在局部地区的生态效果并不明显。

36. 你觉得哪种"补贴"更利于退耕(牧)还林(草)?

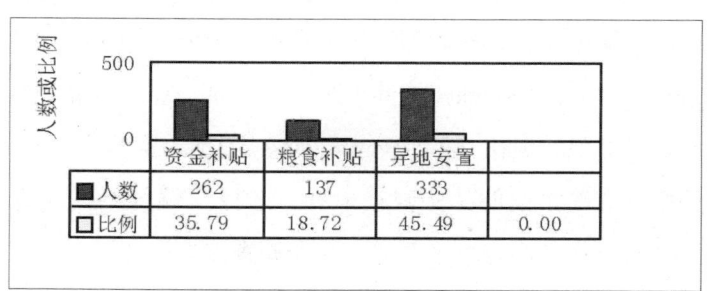

选择"资金补贴"的有 262 人(户),占 35.79%;选择"粮食补贴"的有 137 人(户),占 18.72%;选择"异地安置"的有 333 人(户),占 45.49%。退耕(牧)还林(草)的补偿方式是多样的,我们常用的是粮食补贴和资金补贴,其实还有异地安置、项目合作、税收减免、再就业培训等不同的方式。从调查来看,选择"异地安置"的民众最多,达四成多;选择粮食补贴的最少,还不到两成。说明群众对退耕(牧)还林(草)的补偿方式,也有不同的要求或希望。政府有关部门当然应该多考虑群众的诉求,尽量用群众满意的补偿方式推进退耕（牧）还林（草）工程。如果可能的话，可以一对一的和农户签订包括个性化的补偿方式在内的退耕协议。从各调查点来看，有5个调查点选择"异地安置"的居多，有3个调查点选择"资金补贴"的居多，有1个调查点选择"粮食补贴"的居多。

37. 您认为退耕（牧）还林（草）的补偿款高还是低？

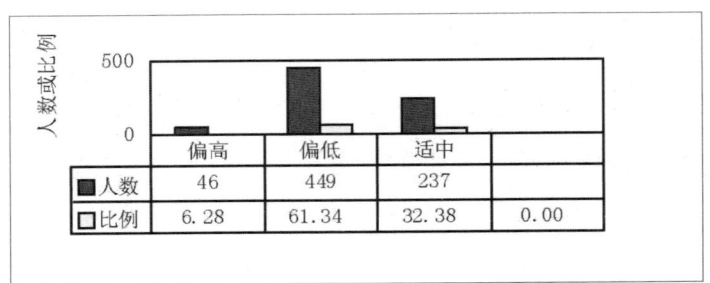

选择"偏高"的有46人（户），占6.28%；选择"偏低"的有449人（户），占61.34%；选择"适中"的有237人（户），占32.38%。目前，退耕（牧）还林（草）的补偿采用了"一刀切"的方式，大体把全国分为黄河流域和长江流域两部分，按照两个不同的标准进行。这种划分确实有"大而化之"的嫌疑，事实上，不仅黄河流域和长江流域有区别，黄河流域上中下游之间就有很大的不同。就西北地区而言，多为苦寒之地，生态脆弱，干旱少雨，种活一棵树的难度非常大——有人说种一棵树比养一个孩子还难。加之西北地区多为贫困之地，地方政府财力有限，退耕（牧）还林（草）工程的实施完全依赖中央政府。所以，现行补偿标准确实偏低。从调查来看，选择"偏低"的民众有六成，也验证了我们的判断。从各调查点来看，有8个调查点选择"偏低"的居多，仅有1个调查点选择"适中"的居多。

38. 您认为退耕（牧）还林（草）的补偿期限如何？

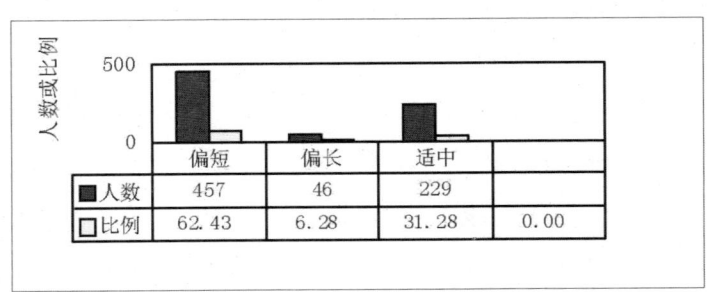

选择"偏短"的有 457 人（户），占 62.43%；选择"偏长"的有 46 人（户），占 6.28%；选择"适中"的有 229 人（户），占 31.28%。补偿期限是否合适，也是退耕（牧）还林（草）工程能否取得实效的关键。补偿期限过长，国家负担太重（我国还处于社会主义初期阶段，急需做的事情还很多）；补偿期限偏短，农户生计可能会出现问题，进而导致"退林还耕"——毕竟农户也要生存。从调查看，有六成多的民众认为补偿期限"偏短"，说明西北多数地区的补偿期限有待延长。从各调查点来看，有 7 个调查点选择"偏短"的居多，有 2 个调查点选择"适中"的居多。

39. 您认为退耕（牧）还林（草）适合的期限是多少？

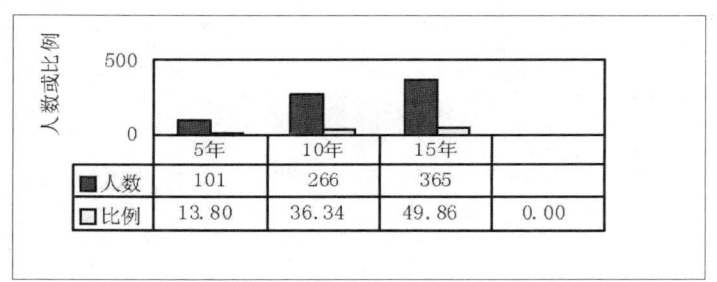

选择"5 年"的有 101 人（户），占 13.8%；选择"10 年"的有 266 人（户），占 36.34%；选择"15 年"的有 365 人（户），占 49.86%。也就是说，近九成的民众认为，补偿期限应该是 10 年或者 15 年。这一"愿景"中的 10 年或 15 年均长于现行的补偿期限，说明补偿期确实偏短。而且，西北地区多为"寒旱"之地，林木成活率低，生长期长，一颗树苗成长为椽材，至少需要 10 年甚至更长的时间（甘肃省定西市种植的柴柏从树苗长成椽材至少需要 50 年），所以，适当延长退耕（牧）还林（草）的期限，确为必需之举。从各调查点来看，有 5 个调查点选择"15 年"的居多，有 4 个调查点选择"10 年"的居多。

40. 因保护环境而生产受限，国家是否应该补偿？

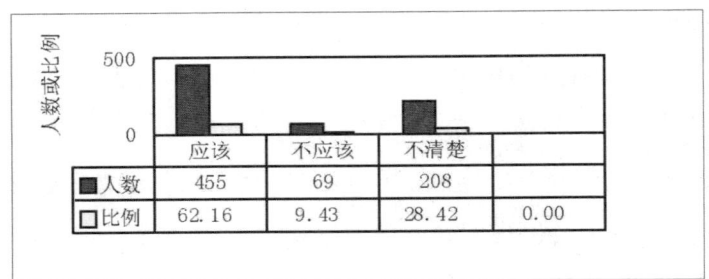

选择"应该"的有 455 人（户），占 62.16%；选择"不应该"的有 69 人（户），占 9.43%；选择"不清楚"的有 208 人（户），占 28.42%。每个公民都有生存权和发展权，因保护环境而致使其生产受限，国家当然应该给予补偿。这既是权利义务对等的内在要求，也是一个负责任的国家（政府）应尽的基本义务。从调查看，有六成多的民众认为国家"应该"给予补偿，另有近三成的民众表示"不清楚"。我们认为，民众在渴望政府补偿的同时，也是通情达理的。从各调查点来看，有 7 个调查点选择"应该"的居多，有 2 个调查点选择"不清楚"的居多。

41. 上游的环保活动使下游得益，下游是否应该补偿上游？

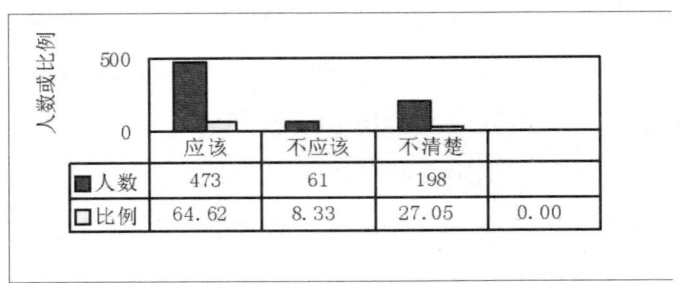

选择"应该"的有 473 人（户），占 64.62%；选择"不应该"的有 61 人（户），占 8.33%；选择"不清楚"的有 198 人（户），占 27.05%。上游地区为了保护环境不仅使其生产受限（譬如停止砍伐树木、关闭工厂甚至原本的开发区变成了生态功能区等等），而且还要有"额外"的投入用于生态建设。上游地区民众在极有限的的条件下为下游地区民众创造了良好的生态效益，下游地区理应支付对价。但事实上，下游地区民众在享受上游地区创造的生态福利的同时，并未补偿上游地区，这当然不符合公平之法理。所以，六成多的民众选择"应该"，是可以理解的。从各调查点来看，有 6 个调查点选择"应该"的居多，有

3个调查点选择"不清楚"的居多。

42. 您认为,目前的生态补偿制度合理吗?

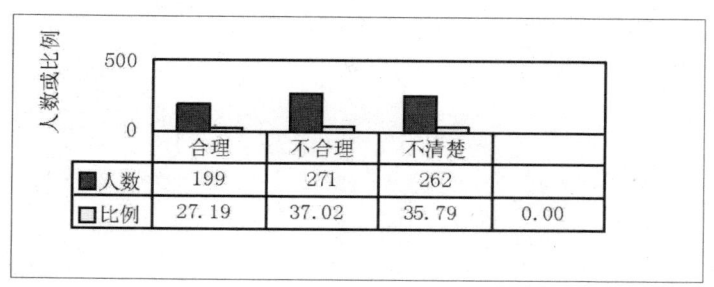

选择"合理"的有199人(户),占27.19%;选择"不合理"的有271人(户),占37.02%;选择"不清楚"的有262人(户),占35.79%。我国的生态补偿制度刚刚起步,还没有系统的生态补偿法,所谓的生态补偿制度也只是散见于各个单行法或法规当中,生态补偿规则比较抽象,宣示意义大于实际意义。十八届三中全会将生态建设提到更高的层次,进一步强调要完善生态补偿制度,所以,我们有理由相信中国的生态补偿法即将出台。但目前来看,还亟待加强。从调查看,七成多的民众选择了"不合理"和"不清楚",只有近三成的民众选择了"合理"。从各调查点来看,分别有4个调查点的民众选择"不合理"和"不清楚"的居多,有1个调查点的民众选择"合理"的居多。

43. 您是否认为应该加大生态补偿的力度?

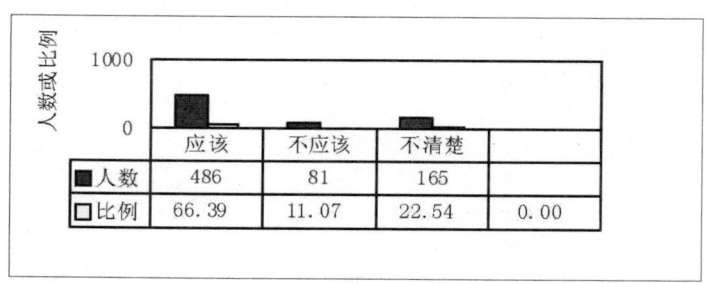

选择"应该"的有486人(户),占66.39%;选择"不应该"的有81人(户),占11.07%;选择"不清楚"的有165人(户),占22.54%。我国的社会主义还处于初级阶段,是否应该加大生态补偿的力度,也是一个见仁见智的问题。但事实上,我们已经看到了因轻视生态环境而导致的恶果——包括北京在内的发达地区,在2013年以来常常被雾霾笼罩,即为明证。所以,加大生态修复和补偿的力度,似乎是不言自明的。从调查看,近七成的民众选择了"应该",也说明老百姓对加大生态补偿力度的渴望。从各调查点来看,有8个调查点的民众选择"应该"的居多,有1个调查点的民众选择"不清楚"的居多。

附录二：国家关于生态补偿的规范性文件和工作报告

国家环境保护总局关于开展生态补偿试点工作的指导意见

（环发〔2007〕130号）

各省、自治区、直辖市环境保护局（厅），新疆生产建设兵团环境保护局：

为贯彻落实《国务院关于落实科学发展观加强环境保护的决定》（国发〔2005〕39号）和第六次全国环境保护大会精神，推动建立生态补偿机制，完善环境经济政策，促进生态环境保护，现就开展生态补偿试点工作提出如下意见：

一、充分认识开展生态补偿试点工作的重要意义

（一）建立生态补偿机制是贯彻落实科学发展观的重要举措。生态补偿机制是以保护生态环境、促进人与自然和谐为目的，根据生态系统服务价值、生态保护成本、发展机会成本，综合运用行政和市场手段，调整生态环境保护和建设相关各方之间利益关系的环境经济政策。建立和完善生态补偿机制，有利于推动环境保护工作实现从以行政手段为主向综合运用法律、经济、技术和行政手段的转变，有利于推进资源的可持续利用，加快环境友好型社会建设，实现不同地区、不同利益群体的和谐发展。

（二）建立生态补偿机制是落实新时期环保工作任务的迫切要求。党中央、国务院对建立生态补偿机制提出明确要求，并将其作为加强环境保护的重要内容。《国务院关于落实科学发展观加强环境保护的决定》要求"要完善生态补偿政策，尽快建立生态补偿机制。中央和地方财政转移支付应考虑生态补偿因素，国家和地方可分别开展生态补偿试点"。《国务院2007年工作要点》（国发〔2007〕8号）将"加快建立生态环境补偿机制"列为抓好节能减排工作的重要任务。国家《节能减排综合性工作方案》（国发〔2007〕15号）也明确要求改进和完善资源开发生态补偿机制，开展跨流域生态补偿试点工作。

（三）开展试点工作是全面建立生态补偿机制的重要实践基础。为探索建立生态补偿机制，一些地区积极开展工作，研究制订了一些政策，取得了一定成效。但是，生态补偿涉及到复杂的利益关系调整，目前对生态补偿原理性探讨较多，针对具体地区、流域的实践探索较少，尤其是缺乏经过实践检验的生态补偿技术方法与政策体系。因此，有必要通过在重点领域开展试点工作，探索建立生态补偿标准体系，以及生态补偿的资金来源、补偿渠道、补偿方式和保障体系，为全面建立生态补偿机制提供方法和经验。

二、明确开展生态补偿试点工作的指导思想、原则和目标

（四）指导思想。以科学发展观为指导，以保护生态环境、促进人与自然和谐发展为目的，以落实生态环境保护责任、厘清相关各方利益关系为核心，着力建立和完善重点领域生态补偿标准体系，探索解决生态补偿关键问题的方法和途径，在实践中取得经验，为全面建立生态补偿机制提供方法、技术与实践支持。

（五）基本原则

谁开发、谁保护，谁破坏、谁恢复，谁受益、谁补偿，谁污染、谁付费。要明确生态补偿责任主体，确定生态补偿的对象、范围。环境和自然资源的开发利用者要承担环境外部成本，履行生态环境恢复责任，赔偿相关损失，支付占用环境容量的费用；生态保护的受益者有责任向生态保护者支付适当的补偿费用。

责、权、利相统一。生态补偿涉及多方利益调整，需要广泛调查各利益相关者情况，合理分析生态保护的纵向、横向权利义务关系，科学评估维护生态系统功能的直接和间接成本，研究制订合理的生态补偿标准、程序和监督机制，确保利益相关者责、权、利相统一，做到应补则补，奖惩分明。

共建共享，双赢发展。区域或流域生态环境保护的各利益相关者应在履行环保职责的基础上，加强生态保护和环境治理方面的相互配合，并积极加强经济活动领域的分工协作，共同致力于改善区域、流域生态环境质量，拓宽发展空间，推动区域可持续发展。

政府引导与市场调控相结合。要充分发挥政府在生态补偿机制建立过程中的引导作用，结合国家相关政策和当地实际情况研究改进公共财政对生态保护投入机制，同时要研究制订完善调节、规范市场经济主体的政策法规，增强其珍惜环境和资源的压力和动力,引导建立多元化的筹资渠道和市场化的运作方式。

因地制宜,积极创新。要在试点工作中结合试点地区的特点,积极总结借鉴国内外经验,科学论证、积极创新,探索建立多样化生态补偿方式,为加快推进建立生态环境机制提供新方法、新经验。

(六)目标。通过试点工作,研究建立自然保护区、重要生态功能区、矿产资源开发和流域水环境保护等重点领域生态补偿标准体系,落实补偿各利益相关方责任,探索多样化的生态补偿方法、模式,建立试点区域生态环境共建共享的长效机制,推动相关生态补偿政策法规的制定和完善,为全面建立生态补偿机制奠定基础。

三、探索建立重点领域的生态补偿机制

(七)加快建立自然保护区生态补偿机制

理顺和拓宽自然保护区投入渠道。加强与有关地方和部门的协调,推动完善政府对自然保护区建设的投入机制,按照事权划分原则,将自然保护区基础设施、管护能力建设和基本管护费用,以及扶持保护区内原住居民进行生态移民的费用纳入相应层级的政府财政预算,推动建立各级自然保护区管护专项资金,加大对自然保护区的财政支持力度,提高自然保护区规范化建设水平。加强自然保护区与国际组织、非政府组织、绿色团体、研究机构、企业、社区的交流,争取社会各界以各种方式参与和支持自然保护区的建设管理,拓展自然保护区生态补偿资金的来源和渠道。

组织引导自然保护区和社区共建共享。积极组织自然保护区内及周边社区居民开展自然生态保护知识与技能培训,优先聘用保护区内及周边社区居民参加保护区的管护工作。通过资金、物质补偿、提供就业机会和优惠政策等形式,吸引和帮助自然保护区内的居民开展生态移民。引导保护区及周边社区居民转变生产生活方式,因地制宜发展有机食品、生态旅游等特色产业,增加就业机会,降低周边社区对自然保护区的压力。

研究建立自然保护区生态补偿标准体系。根据各自然保护区主要保护对象的不同,评估保护区内居民基本生活保障,以及对维护保护区正常生态功能的基本建设、人员工资、基本运行费用、必须生态建设投入等生态保护投入和管护能力

建设需求，测算保护区野生动物引起人身伤害和经济损失；全面评价周边地区各类建设项目对自然保护区生态环境破坏或功能区划调整、范围调整带来的生态损失，及其对自然保护区生态效益的利用情况，收集与充实相关数据、信息，建立自然保护区生态补偿标准的测算方法与技术体系。

（八）探索建立重要生态功能区生态补偿机制

建立健全重要生态功能区的协调管理与投入机制。加强与有关地方和部门的协调，加强饮用水源区等重要生态功能区域的生态保护与建设，配合有关部门推动生态保护与建设资金、项目的整合与规范，支持重要生态功能区的生态环境保护与恢复，并对区域生态功能重要、生态保护建设任务重而经济发展受到制约的地区给予扶持和补偿。积极配合有关部门，推进重要生态功能区财税政策和管理政策改革，加大对重要生态功能区的财政转移支付力度。

加强重要生态功能区的环境综合整治。加强重要生态功能区的生态环境监测、评估，建立和完善生态环境质量评价体系。推动环境保护专项资金向重要生态功能区倾斜。加大重要生态功能区内的城乡环境综合整治力度，在继续加强城市环境综合整治和工业污染防治的同时，积极采取控污、截污等多种手段，有效控制农村面源污染，促进城乡经济社会与环境的协调发展。

研究建立重要生态功能区生态补偿标准体系。在监测、评估重要生态功能区生态环境状况基础上，按照维护区域重要生态功能的原则，综合考虑居民公平享受公共服务、减少发展制约因素，以及保护自然资源、维持生态系统服务功能等方面的需求，开展重要生态功能区生态补偿标准核算研究，建立重要生态功能区生态补偿标准核算方法体系。

（九）推动建立矿产资源开发的生态补偿机制

推动建立矿产资源开发生态补偿长效机制。联合有关部门推动建立矿山生态补偿基金，解决矿产资源开发造成的历史遗留和区域性环境污染、生态破坏的补偿问题，以及环境健康损害赔偿问题，按照企业和政府共同负担的原则加大矿山环境整治力度，"多还旧账"。现有和新建矿山要落实企业矿山环境治理和生态恢复责任，建立矿产资源开发环境治理与生态恢复保证金制度，做到"不欠新账"。改革现有矿山企业成本核算制度，将环境治理与生态恢复费用列入矿山企业的生产成本。

研究制定科学的矿产资源开发生态补偿标准体系。各地环保部门要结合本地实际研究制定和完善矿山环境治理、生态恢复标准，科学评估矿产资源开发造成的环境污染与生态破坏，提出矿山环境整治和生态修复目标要求。要联合国土资源部门制定矿山环境保护与治理规划，实施环境综合整治和生态修复工程，根据矿山环境治理和生态恢复成本，并考虑矿山企业承受能力与有关受损状况，合理确定提取矿产资源开发环境治理与生态恢复保证金，以及征收矿山生态补偿基金的标准。联合财政、国土资源等部门全面落实矿产资源开发环境治理与生态恢复责任机制，科学评价矿产资源开发环境治理与生态恢复保证金和矿山生态补偿基金的使用状况。

（十）推动建立流域水环境保护的生态补偿机制

建立流域生态补偿标准体系。各地应当确保出境水质达到考核目标，根据出入境水质状况确定横向赔偿和补偿标准。重点流域跨省界断面水质标准，依据国家《"十一五"水污染物总量削减目标责任书》确定；其他流域跨界断面水质标准，参照有关区域发展规划和重点流域跨界断面水质标准，并结合区域生态用水需求评估确定。补偿标准应当依照实际水质与目标水质标准的差距，根据环境治理成本并结合当地经济社会发展状况确定。积极维护饮水安全，研究各类饮用水源区建设项目和水电开发项目对区域生态环境和当地群众生产生活用水质量的影响，开展饮用水源区生态补偿标准研究。

促进合作，推动建立流域生态保护共建共享机制。搭建有助于建立流域生态补偿机制的政府管理平台，促进流域上下游地区协作，采取资金、技术援助和经贸合作等措施，支持上游地区开展生态保护和污染防治工作，引导上游地区积极发展循环经济和生态经济，限制发展高耗能、重污染的产业。引导下游地区企业吸收上游地区富余劳动力。支持流域上下游地区政府达成基于水量分配和水质控制的环境合作协议。试点地区要积极探索当地居民土地入股等补偿方式，支持生态保护成本的直接负担者分享水电开发收益等流域生态保护带来的经济效益。

推动建立专项资金。加强与有关各方协调，多渠道筹集资金，建立促进跨行政区的流域水环境保护的专项资金，重点用于流域上游地区的环境污染治理与生态保护恢复补偿，并兼顾上游突发环境事件对下游造成污染的赔偿。建立专项资金的申请、使用、效益评估与考核制度，促进全流域共同参与流域水环境保护。

四、加强生态补偿试点工作的组织实施

（十一）合理选择试点地区

各级环保部门要选择具有一定条件和基础的地区开展生态补偿试点工作。我局将按照国家"十一五"规划要求，结合《全国自然保护区发展规划》和《国家重点生态功能保护区规划》的编制和实施，选择开展规范化建设的国家级自然保护区和优先启动建设的国家重点生态功能保护区开展生态补偿试点工作；在开展煤炭工业可持续发展政策措施试点和深化煤炭资源有偿使用改革试点工作的地区开展煤矿等矿产资源开发的生态补偿试点工作；积极配合财政、发展改革部门推动开展跨省流域生态补偿试点工作。各地环保部门要结合本地实际情况和生态保护重点工作，分别选择条件成熟的地区开展生态补偿试点工作。

（十二）积极强化基础支撑

建立生态补偿机制的基础和核心问题是区分各利益相关者的环境保护责任，并评估资源开发、工程建设等活动的生态环境代价，建立生态补偿标准的测算方法体系。各级环保部门要结合试点工作，积极开展相关研究，区分试点地区的纵向、横向环保责任，提出试点地区生态保护和恢复的目标要求，明确生态补偿的主体、客体和标准测算方法，加强环境监测、检查监督能力建设，科学评估现有生态保护和建设投入的实际效果，为在不同范围内建立和落实生态补偿政策和制度提供基础支撑。

（十三）做好部门协调

各级环保部门要加强与综合经济管理部门和相关行业主管部门的协调，主动为推动建立和完善生态补偿机制提供支持。配合相关部门积极探索各类生态补偿方式，推动开展环境资源费用制度改革，构建区域生态共建共享合作平台，增强财政转移支付的生态补偿功能。我局将结合试点工作中面临的实际问题，积极联合有关部门研究制订相关指导意见、技术标准和管理办法，推动制定确立生态补偿机制法律地位的相关立法，完善相关环境监管制度。各地环保部门也要结合本地实际联合相关部门研究制定相关政策措施，促进省域范围内生态补偿工作。

（十四）扩大交流与宣传

积极加强国内外交流与合作，充分借鉴国内外生态补偿实践经验，丰富生态补偿的内涵和措施体系。加强相关人员的培训，普及生态补偿知识，积极宣传推广生态补偿的重要意义和成功经验，吸引国际组织、企业和社区居民参与试点工作，拓宽生态补偿的资金渠道。

（十五）加强组织领导

各级环保部门和各试点地区要加强生态补偿政策试点工作的组织和领导，根据实际情况选取重点领域，争取安排一定的启动资金，开展生态补偿试点工作。各试点地区要结合本地实际，在立法、行政权限许可范围内制订或完善相关规章制度，将强化环境监管与建立生态补偿机制相结合，建立和完善区域环境监督管理体系，落实生态环境保护责任。自然保护区、重要生态功能区、重要矿产资源开发区和流域上游地区等重点区域要明确生态环境保护和恢复责任，并积极创新相关体制、政策和管理模式，我局将及时总结和推广成功经验，并配合有关部门研究完善地方政府考核机制，科学评价生态环境保护工作成效，为联合有关部门制定相关政策、完善相关法律制度奠定基础。

二〇〇七年八月二十四日

西北生态脆弱区生态补偿法律机制实证研究

国务院关于生态补偿机制建设工作情况的报告
——2013年4月23日在第十二届全国人民代表大会
常务委员会第二次会议上
国家发展和改革委员会主任 徐绍史

全国人民代表大会常务委员会：

我受国务院委托，向全国人大常委会报告生态补偿机制建设工作情况，请审议。

一、工作进展及主要成效

党的十八大把生态文明建设放在突出地位，纳入中国特色社会主义事业"五位一体"总体布局，明确提出了全面建设社会主义生态文明的目标任务。建立生态补偿机制，是建设生态文明的重要制度保障。在综合考虑生态保护成本、发展机会成本和生态服务价值的基础上，采取财政转移支付或市场交易等方式，对生态保护者给予合理补偿，是明确界定生态保护者与受益者权利义务、使生态保护经济外部性内部化的公共制度安排，对于实施主体功能区战略、促进欠发达地区和贫困人口共享改革发展成果，对于加快建设生态文明、促进人与自然和谐发展具有重要意义。

党中央、全国人大、国务院高度重视生态补偿机制建设。2005年，党的十六届五中全会《关于制定国民经济和社会发展第十一个五年规划的建议》首次提出，按照谁开发谁保护、谁受益谁补偿的原则，加快建立生态补偿机制。第十一届全国人大四次会议审议通过的"十二五"规划纲要就建立生态补偿机制问题作了专门阐述，要求研究设立国家生态补偿专项资金，推行资源型企业可持续发展准备金制度，加快制定实施生态补偿条例。党的十八大报告明确要求建立反映市场供求和资源稀缺程度、体现生态价值和代际补偿的资源有偿使用制度和生态补偿制度。全国人大连续三年将建立生态补偿机制作为重点建议。2005年以来，国务院每年都将生态补偿机制建设列为年度工作要点，并于 2010 年将研究制定生态补偿条例列入立法计划。根据中央精神，近年来，各地区、各部门在大力实施生态保护建设工程的同时，积极探索生态补偿机制建设，在森林、草原、湿地、流域和水资源、矿产资源开发、海洋以及重点生态功能区等领域取得积极进展和初步成效，生态补偿机制建设迈出重要步伐。

（一）各部门密切协作，合力推进生态补偿机制建设。

1. 开展生态补偿政策法规研究制订工作。2006 年以来，发展改革委根据第十届全国人大四次会议审议通过的"十一五"规划纲要要求，组织编制《全国主体功能区规划》，指导地方编制省级功能区规划，为建立生态补偿机制提供了空间布局框架和制度基础；同时，会同有关部门、地方、科研机构在建立生态补偿机制方面开展了大量研究，成立了由发展改革委、财政部等 11 个部门和单位组成的生态补偿条例起草领导小组和工作小组，聘请多名各领域专家组成专家咨询委员会，先后派出 10 个调研组赴 18 个省（区、市）进行专题调研，系统总结地方的经验做法，明确了工作方向和工作重点。与亚行等国际组织合作，组织开展了 9 项专题研究，在宁夏、四川、江西等地举办生态补偿国际研讨会，厘清了生态补偿机制建设的主要理论问题。在此基础上，发展改革委会同有关部门起草了《关于建立健全生态补偿机制的若干意见》征求意见稿和《生态补偿条例》草稿，提出了建立生态补偿机制的总体思路和政策措施。

2. 初步形成生态补偿制度框架。一是建立了中央森林生态效益补偿基金制度。根据森林法的有关规定，财政部、林业局先后出台了国家级公益林区划界定办法和中央财政森林生态效益补偿基金管理办法，在森林领域率先开展生态补偿。其中，国有国家级公益林每亩每年补助 5 元，集体和个人所有的国家级公益林补偿标准从最初的每亩每年 5 元提高到 2010 年的 10 元和今年的 15 元，目前补偿范围已达 18.7 亿亩。二是建立了草原生态补偿制度。2011 年，财政部会同农业部出台了草原生态保护奖励补助政策，对禁牧草原按每亩每年 6 元的标准给予补助，对落实草畜平衡制度的草场按每亩每年 1.5 元的标准给予奖励，同时对人工种草良种和牧民生产资料给予补贴，对草原生态改善效果明显的地方给予绩效奖励。截至 2012 年年底，草原禁牧补助实施面积达 12.3 亿亩，享受草畜平衡奖励的草原面积达 26 亿亩。三是探索建立水资源和水土保持生态补偿机制。今年 3 月，国务院批复了丹江口库区及上游地区对口协作工作方案，支持南水北调中线工程受水区的北京市、天津市对水源区的湖北、河南、陕西等省开展对口协作。今年年初，发展改革委、财政部、水利部出台文件要求进一步提高水资源费征收标准，并正在研究制定水土保持补偿费征收使用管理办法。四是形成了矿山环境治理和生态恢复责任制度。从 2003 年起，国家设立矿山地质环境专项资金，支持地方开展历史遗留和矿业权人灭失矿山的地质环境治理。2006 年，国务院批准同意在山西省开展煤炭工业可持续发展试点；同年，财政部会同国土资源部、原环保总局出台了建立矿山环境治理和生态恢复责任机制的指导意见，要求按矿产品销售收入的一定比例，提取矿山环境治理和生态恢复保证金。2010 年，国土资源部出台发展绿色矿业的指导意见。五是建立了重点生态功能区转移支付制度。2008 年以来，财政部出台了国家重点生态功能区转移支付办法，通过提高转移支付补助系数的方式，加大对青海三江源保护区、南水北调中线水源地等国家重点生态功能区的转移支付力度。目前，转移支付实施范围已扩大到 466 个县（市、区）。同时，中央财政还对国家级自然保护区、国家级风景名胜区、国家森林公园、国家地质公园等禁止开发区给予补助。

3. 加大生态补偿资金投入力度。据统计，中央财政安排的生态补偿资金总额从 2001 年的 23 亿元增加到 2012 年的约 780 亿元，累计约 2500 亿元。其中，中央森林生态效益补偿资金从 2001 年的 10 亿增加到 2012 年的 133 亿元，累计安排 549 亿元；草原生态奖励补助资金从 2011 年的 136 亿元增加到 2012 年的 150 亿元，累计安排 286 亿元；矿山地质环境专项资金从 2003 年的 1.7 亿元增加到 2012 年的 47 亿元，累计安排 237 亿元；水土保持补助资金从 2001 年的 13 亿元增加到 2012 年的 54 亿元，累计安排 269 亿元；国家重点生态功能区转移支付从 2008 年的 61 亿元增加到 2012 年的 371 亿元，累计安排 1101 亿元。财政部会同海洋局从 2010 年开始，利用中央分成海域使用金 38.8 亿元，开展海洋保护区和生态脆弱区的整治修复。近年来，中央财政还对湿地保护和流域水环境保护给予了适当补助。此外，1998 年以来，国家先后启动实施了退耕还林、退牧还草、天然林保护、京津风沙源治理、西南岩溶地区石漠化治理、长江黄河上中游等重点区域水土流失综合治理、青海三江源自然保护区、甘肃甘南黄河重要水源补给区以及塔里木河、石羊河、黑河等生态脆弱河流综合治理等重大生态建设工程，累计投入约 8000 亿元。

4. 积极开展生态补偿试点。为探索重点区域综合性生态补偿办法，拓宽生态补偿领域，有关部门组织开展了相关试点。按照国务院批复的《西部大开发"十二五"规划》要求，发展改革委组织开展了祁连山、秦岭—六盘山、武陵山、黔东南、川西北、滇西北、桂北等 7 个不同类型的生态补偿示范区建设，通过整合资金、明确重点、完善办法、落实责任，为建立生态补偿机制提供经验。2007 年，原环保总局出台了关于开展生态补偿试点的指导意见。2010 年，财政部会同林业局启动了湿地保护补助工作，将 27 个国际重要湿地、43 个湿地类型自然保护区、86 个国家湿地公园纳入补助范围。2011 年，财政部会同环境保护部出台了涉及浙江、安徽两省的新安江流域水环境补偿试点实施方案，明确补偿的资金来源、标准和具体办法，开展跨省级行政区域水环境生态补偿试点。今年，财政部会同环境保护部开展了生物多样性保护补助，会同林业局启动了沙化土地封禁保护补助试点。

5. 加强监测和监督考核。按照国家有关规划和政策要求，各部门完善统计评价体系，加强对生态补偿实施情况的跟踪分析和监督检查。财政部会同环境保护部制定出台了国家重点生态功能区县域生态环境质量考核办法，采取地方自查与中央抽查相结合的方式进行定期考核，将转移支付资金拨付与县域生态环境状况评估结果挂钩。财政部会同林业局建立森林生态效益补偿基金绩效评价体系，把生态补偿资金与森林质量挂钩。财政部会同农业部出台了中央财政草原生态保护奖励补助资金绩效评价办法，形成了落实草原生态保护补助政策的奖罚机制。环境保护部、水利部加强跨省断面水质监测体系建设，对主要河流跨省断面水质进行实时在线监测。住房城乡建设部加强了对国家级风景名胜区资源保护情况的遥感动态监测。海洋局出台了海洋生态资本评估技术导则等规范。按照国务院批准的青海三江源生态建设和环境保护试验区总体方案，青海省在试验区建立绿色绩效考评制度，取消了地区生产总值等经济指标要求。

(二) 各地主动探索，积极推进重点领域生态补偿实践。

1. 在森林方面。2012年，已有27个省（区、市）建立了省级财政森林生态效益补偿基金，用于支持国家级公益林和地方公益林保护，资金规模达51亿元。例如，山东省省级财政安排专项资金，同时组织市、县财政分别对省、市、县级生态公益林进行补偿，形成了中央、省、市、县四级联动的补偿机制。广东省由省、市、县按比例筹集公益林补偿资金。福建省从江河下游地区筹集资金，用于对上游地区森林生态效益补偿。各地对地方公益林的补偿标准，东部地区明显高于中央对国家级公益林补偿标准，西部地区则大多低于中央补偿标准。北京市对生态公益林每亩每年补助40元，并建立了护林员补助制度，每人每月补助480元。

2. 在草原方面。内蒙古自治区多渠道筹集国家草原生态保护奖补配套资金，2011年，自治区、盟（市）和旗（县）三级财政落实配套资金10.3亿元，并根据草原承载能力，核定了2689万个羊单位的减畜任务，分三年完成。甘肃省将该省草原分为青藏高原区、黄土高原区和荒漠草原区，实行差别化的禁牧补助和草畜平衡奖励政策，将减畜任务分解到县、乡、村和牧户，层层签订草畜平衡及减畜责任书。2010年，青海省在三江源试验区率先开展草原生态管护公益岗位试点，从业人员3万多人，每人每年补助1.2万元；省财政支持建立了三江源保护发展基金。

3. 在湿地方面。各地加大财政补助力度，逐步将重要湿地纳入生态补偿范围。天津市安排专项资金，对古海岸与湿地国家级自然保护区内集体或个人长期委托管理的土地进行经济补偿。山东省对实施退耕（渔）还湿区域内农民给予补偿，并对农民转产转业给予支持。黑龙江省、广东省每年各安排1000万元，专项用于湿地生态效益补偿试点。苏州市将重点生态湿地村、水源地村纳入补偿范围，对因保护生态环境造成的经济损失给予补偿。

4. 在流域和水源地方面。在中央财政支持重点流域生态补偿试点的同时，各地积极开展流域横向水生态补偿实践探索，形成了多种补偿模式。例如，浙江省在全省8大水系开展流域生态补偿试点，对水系源头所在市、县进行生态环保财力转移支付，成为全国第一个实施省内全流域生态补偿的省份。江西省安排专项资金,对"五河一湖"(赣江、抚河、信江、饶河、修河和鄱阳湖)及东江源头保护区进行生态补偿,补偿资金的20%按保护区面积分配,80%按出境水质分配,出境水质劣于Ⅱ类标准时取消该补偿资金。江苏省在太湖流域、湖北省在汉江流域、福建省在闽江流域分别开展了流域生态补偿,断面水质超标时由上游给予下游补偿,断面水质指标值优于控制指标时由下游给予上游补偿。北京市安排专门资金,支持密云水库上游河北省张家口市、承德市实施"稻改旱"工程,在周边有关市(县)实施100万亩水源林建设工程。天津市安排专项资金用于引滦水源保护工程。

5. 在矿产资源开发方面。已有30个省(区、市)建立了矿山环境恢复治理保证金制度。截至2012年年底,已有80%的矿山缴纳了保证金,累计512亿元,占应缴总额的62%。山西省从2006年开始进行生态环境恢复补偿试点,对所有煤炭企业征收煤炭可持续发展基金、矿山环境治理恢复保证金和转产发展资金。截至2012年年底,山西省累计征收煤炭可持续发展基金970亿元、煤炭企业提取矿山环境恢复治理保证金311亿元,提取转产发展资金140亿元。

6. 在海洋方面。山东、福建、广东等省坚持环境治理海陆统筹,在围填海、跨海桥梁、航道、海底排污管道等工程建设中开展海洋生态补偿试点。山东省2011—2012年累计征收海洋工程生态补偿费7750万元,专项用于海洋与渔业生态环境修复、保护、整治和管理。福建省、广东省要求项目开发主体在红树林种植、珊瑚礁异地迁植、中华白海豚保护等方面履行义务,对工程建设造成的生态损害进行补偿。广东省大亚湾开发区安排资金扶持失海社区发展,对失海渔民给予创业扶持和生活补贴。

7. 在重点生态功能区方面。江苏省对国家级自然保护区、国家级森林公园,以及省级重点自然保护区、重要湿地和重要水源涵养地所在市、县给予生态转移支付。江西省从2011年起每年安排1000万元专项资金,设立省级自然保护区奖励制度。福建省安排生态保护财力转移支付资金,采取补助和奖励相结合的方式,支持限制开发区域和禁止开发区域增强公共服务保障能力。广东省安排专项财政资金,支持26个纳入省级重点生态功能区的县开展生态修复和改善民生。

（三）生态补偿机制建立的成效和经验。

1. 为有效保护生态环境注入了新活力。生态补偿制度的建立与生态建设、环境综合治理互为补充，相辅相成，开创了我国生态保护工作的新局面。经过多年努力，我国公益林有效保护面积达到 23.6 亿亩，退耕还林工程累计造林 4.4 亿亩，生物多样性保护日益加强，退牧还草工程区植被覆盖度和产草量大幅提高，累计治理水土流失面积 55 万平方公里，沙化土地面积持续减少，湿地生态系统修复取得积极进展，江河水源涵养区和重要水源地保护得到加强，我国生态状况总体呈现生态恶化态势得到初步遏制，重点治理区生态改善的势头。这些都与生态补偿机制的建立有着直接的关系。生态补偿作为一种制度安排，不仅有利于带动生态保护投入的增加，更重要的是有利于建立生态保护者恪尽职守、生态受益者积极参与的激励机制。

2. 促进了欠发达地区转型发展。中央生态补偿投入的重点在中西部地区、重点生态区和贫困地区。生态补偿机制建设工作不仅促进了这些地区的经济社会发展，而且带动了这些地区转型发展。中西部地区更加注重在保护中开发、在开发中保护，经济增速连续 5 年超过东部地区，区域发展差距逐步扩大趋势得到初步遏制，特色优势产业得到健康发展，基本公共服务能力显著提高，社会保障覆盖面进一步扩大，人民生活水平明显提升，集中连片贫困地区群众脱贫致富步伐加快，生态保护取得积极进展，主要污染物排放强度降低，国家生态安全屏障得到加强，初步实现了经济发展、民生改善和生态恢复共赢局面。

3. 积累了宝贵的工作经验。一是坚持生态补偿与实施主体功能区战略相结合，明确重点生态功能区战略定位，不断提升生态公共产品产出能力；二是坚持生态补偿与实施区域发展总体战略相结合，促进欠发达地区转型发展，努力保障和改善民生；三是坚持生态补偿与生态建设、环境综合治理相结合，形成生态环境保护的整体合力；四是坚持生态补偿与权责落实相结合，明确生态保护者与受益者的权利义务，充分调动全社会保护生态环境的积极性；五是坚持生态补偿与改革创新相结合，既重视自上而下的顶层设计又重视自下而上的实践探索。

二、存在的主要问题

生态补偿机制建设虽然取得了积极进展，但由于这项工作起步较晚，涉及的利益关系复杂，对规律的认知水平有限，实施工作难度较大，因此在工作实践中还存在不少矛盾和问题，需要认真加以解决。

（一）生态补偿力度有待进一步加强。一是补偿范围偏窄。现有生态补偿主要集中在森林、草原、矿产资源开发等领域，流域、湿地、海洋等生态补偿尚处于起步阶段，耕地及土壤生态补偿尚未纳入工作范畴。二是补偿标准普遍偏低。地方反映，集体所有国家级公益林现行补偿标准仍然偏低；随着牛羊肉价格上涨，草畜平衡补助不足以弥补生产成本增加和减畜经济损失。此外，有的领域补偿标准过于笼统，不适应不同生态区域的实际情况。三是补偿资金来源渠道和补偿方式单一。补偿资金主要依靠中央财政转移支付，地方政府和企事业单位投入、优惠贷款、社会捐赠等其他渠道明显缺失。除资金补助外，产业扶持、技术援助、人才支持、就业培训等补偿方式未得到应有的重视。此外，随着转移支付补偿资金渠道增多，生态建设、环境综合治理和生态补偿资金的关系需要进一步理清。四是补偿资金支付和管理办法不完善。有的地方补偿资金没有做到及时足额发放，有的甚至出现挤占、挪用补偿资金现象。

（二）配套基础性制度需要加快完善。一是相关产权制度不健全。明确生态补偿主体、对象及其服务价值，必须以界定产权为前提，产权不够明晰制约生态补偿机制的建立。例如，集体林权制度改革需提高发证率和到户率；全国还有近四分之一草原未承包，机动草原面积过大，南方草地和半农半牧区草原权属不明晰，草原与林地权属存在较多争议。二是部分省级主体功能区规划尚未发布，省级生态功能区划和功能定位需加快明确，为落实生态补偿提供基础。三是基础工作和技术支撑不到位。生态补偿标准体系、生态服务价值评估核算体系、生态环境监测评估体系建设滞后，有关方面对生态系统服务价值测算、生态补偿标准等问题尚未取得共识，缺乏统一、权威的指标体系和测算方法。现有重点生态领域的监测评估力量分散在各个部门，不能满足实际工作的需要。

（三）保护者和受益者的权责落实不到位。一是对生态保护者合理补偿不到位。重点生态区的人民群众为保护生态环境作出很大贡献，但由于多种原因，还存在着保护成本较高、补偿偏低的现象。除了标准偏低和有的地方未及时足额拨付补偿资金外，一些地方还没有把生态区域、生态保护者的底数摸清楚，不能有效实施生态补偿全覆盖，也是影响保护者积极性的原因之一。二是生态保护者的责任不到位。补偿资金与保护责任挂钩不紧密，尽管投入了补偿资金，但有的地方仍然存在生态保护效果不佳的状况，甚至在个别地方还存在着一边享受生态补偿、一边破坏生态的现象。三是生态受益者履行补偿义务的意识不强。生态产品作为公共产品，生态受益者普遍存在着免费消费心理，缺乏补偿意识，需要加强宣传和引导。四是开发者生态保护义务履行不到位，例如，还有部分矿产资源开发企业没有缴纳矿山环境恢复治理保证金。

（四）多元化补偿方式尚未形成。近年来一些地方开展的横向生态补偿实践仍处于探索过程中，实施效果还有待观察，一些有条件的地方还尚未实施。横向生态补偿发展不足的主要原因是，在国家和地方层面，尚缺乏横向生态补偿的法律依据和政策规范；开发地区、受益地区与生态保护地区、流域上游地区与下游地区之间缺乏有效的协商平台和机制。资源税改革尚未覆盖煤炭等主要矿产品种，环境税尚在研究论证过程中，制约了生态补偿资金筹集。碳汇交易、排污权交易、水权交易等市场化补偿方式仍处于探索阶段。

（五）政策法规建设滞后。目前，我国还没有生态补偿的专门立法，现有涉及生态补偿的法律规定分散在多部法律之中，缺乏系统性和可操作性。尽管近年来有关部门出台了一些生态补偿的政策文件和部门规章，但其权威性和约束性不够。现有的政策法规，也存在着有法不依、执法不严的现象。

总体来看，我国的生态补偿机制还没有根本确立，谁开发谁保护、谁受益谁补偿的利益调节格局还没有真正形成，在促进生态环境保护方面的作用还没有充分发挥，需要付出长期艰苦的努力。

三、下一步工作打算

随着我国工业化、城镇化快速发展，资源约束趋紧、环境污染严重、生态系统退化的形势将更加严峻，必须进一步加快生态补偿机制建立的进程，为推动生态环境质量改善，推进生态文明建设作出贡献。下一步的工作重点是：

（一）切实加大生态补偿投入力度。中央财政将在均衡性转移支付中，考虑不同区域生态功能因素和支出成本差异，通过提高转移支付系数等方式，加大对重点生态功能区特别是中西部重点生态功能区的转移支付力度。归并规范现有生态环保方面的专项资金,完善资金分配办法,重点支持国家重点生态功能区生态保护和恢复,鼓励跨省流域、区域开展生态补偿试点。完善矿山环境治理恢复责任机制,加大矿山地质环境治理和生态恢复保证金征收力度。完善森林、草原、水、海洋等各种资源费征收管理办法,加大各种资源费中用于生态补偿的比重。推进煤炭等资源税从价计征改革,研究扩大资源税征收范围,适当调整税负水平。适时开征环境税。加大水土保持生态效益补偿资金的筹集力度。

(二)进一步明确受益者和保护者的权责。生态补偿的支付主体是生态受益者,以及代表受益者的各级人民政府。中央政府主要负责国家重点生态功能区、重要生态区域、大型废旧矿区和跨省流域的生态补偿;地方各级政府主要负责本辖区内重点生态功能区、重要生态区域、废旧矿区、集中饮用水水源地及流域海域的生态补偿。将生态补偿列入各级政府预算,切实履行支付义务,确保补偿资金及时足额发放。引导企业、社会团体、非政府组织等各类受益主体履行生态补偿义务,督促生态损害者切实履行治理修复责任。督促受偿者切实履行生态保护建设责任,保证生态产品的供给和质量。加强对生态补偿资金使用和权责落实的监督管理。

(三)积极开展多元化补偿方式探索和试点工作。充分应用经济手段和法律手段,探索多元化生态补偿方式。搭建协商平台,完善支持政策,引导和鼓励开发地区、受益地区与生态保护地区、流域上游与下游通过自愿协商建立横向补偿关系,采取资金补助、对口协作、产业转移、人才培训、共建园区等方式实施横向生态补偿。积极运用碳汇交易、排污权交易、水权交易、生态产品服务标志等补偿方式,探索市场化补偿模式,拓宽资金渠道。在东江、九龙江、赤水河、滦河、东江湖等开展流域和水资源生态补偿试点,在水土流失严重地区、重要蓄滞洪区开展水生态补偿试点。加快推进祁连山等 7 个生态补偿示范区建设。在天津、山东、浙江、福建、广东等省开展海洋生态补偿试点;在西北地区开展沙化土地封禁保护补助试点;在山西、内蒙古、陕西、新疆等省份的生态脆弱区开展矿产资源开发生态补偿试点;在中东部地区典型煤矿塌陷区建立土地复垦示范区;在具备条件的地区开展耕地及土壤生态补偿试点;在云南、四川、贵州、新疆等省(区)开展风景名胜区生态补偿试点。

（四）健全配套制度体系。进一步深化产权制度改革，明确界定林权、草原承包经营权、矿山开采权、水权，完善产权登记制度。加快建立生态补偿标准体系，根据各领域、不同类型地区的特点，完善测算方法，分别制定生态补偿标准，并逐步加大补偿力度。切实加强监测能力建设，健全重点生态功能区、跨省流域断面水量水质国家重点监控点位和自动监测网络，制定和完善监测评估指标体系，及时提供动态监测评估信息。逐步建立生态补偿统计信息发布制度，抓紧建立生态补偿效益评估机制，积极培育生态服务评估机构。将生态补偿机制建设工作成效纳入地方政府的绩效考核。强化科技支撑，开展生态补偿理论和实践重大课题研究。

（五）加快出台生态补偿政策法规。通过完善政策和立法，建立健全生态补偿长效机制。抓紧修改完善《关于建立健全生态补偿机制的若干意见》，在认真总结近年实践经验基础上，研究提出推进工作的主要措施。加快研究起草生态补偿条例，明确生态补偿的基本原则、主要领域、补偿范围、补偿对象、资金来源、补偿标准、相关利益主体的权利义务、考核评估办法、责任追究等，争取早日出台。鼓励各地出台规范性文件或地方法规，不断推进生态补偿的制度化和法制化。

（六）加强组织领导和监督检查。建立由发展改革委、财政部等部门组成的部际协调机制，加强对生态补偿工作的指导、协调和监督，研究解决生态补偿机制建设工作中的重大问题。加强对生态补偿资金分配使用的监督考核，加大对重点领域和区域生态补偿特别是试点工作的指导协调。指导各地按照中央的总体部署，严格资金使用管理，强化监督检查，确保生态补偿政策落到实处。

（七）提升全社会生态补偿意识。使谁开发谁保护、谁受益谁补偿的意识深入人心，是生态补偿机制建立和真正发挥作用的社会基础。进一步加强生态补偿宣传教育力度，使各级领导干部确立提供生态公共产品也是发展的理念，使生态保护者和生态受益者以履行义务为荣、以逃避责任为耻，自觉抵制不良行为；引导全社会树立生态产品有价、保护生态人人有责的思想，营造珍惜环境、保护生态的好氛围。

在大力推进生态补偿工作的同时，国家还将继续实施天然林保护、退耕还林、退牧还草、青海三江源自然保护区等重点生态建设工程,加强荒漠化、石漠化、水土流失综合治理,强化重点流域和区域水污染防治,使生态补偿、生态建设和环境综合治理得到同步推进。

委员长、各位副委员长、秘书长、各位委员,多年来,全国人大及人大常委会高度关注和积极推动生态补偿机制建设工作,许多人大代表深入实际调查研究,提出了许多有价值的意见和建议,对政府工作发挥了重要的监督和指导作用。今后,我们将更加自觉地接受全国人大的监督和指导,进一步增强工作的责任感和紧迫感,扎实推进生态补偿机制建设各项工作,更加有效地推进生态文明建设,努力开创建设美丽中国新局面。

西北生态脆弱区生态补偿法律机制实证研究

国务院办公厅关于健全生态保护补偿机制的意见

(国办发〔2016〕31号)

各省、自治区、直辖市人民政府,国务院各部委、各直属机构:

实施生态保护补偿是调动各方积极性、保护好生态环境的重要手段,是生态文明制度建设的重要内容。近年来,各地区、各有关部门有序推进生态保护补偿机制建设,取得了阶段性进展。但总体看,生态保护补偿的范围仍然偏小、标准偏低,保护者和受益者良性互动的体制机制尚不完善,一定程度上影响了生态环境保护措施行动的成效。为进一步健全生态保护补偿机制,加快推进生态文明建设,经党中央、国务院同意,现提出以下意见:

一、总体要求

(一)指导思想。全面贯彻党的十八大和十八届三中、四中、五中全会精神,深入贯彻习近平总书记系列重要讲话精神,坚持"四个全面"战略布局,牢固树立创新、协调、绿色、开放、共享的发展理念,按照党中央、国务院决策部署,不断完善转移支付制度,探索建立多元化生态保护补偿机制,逐步扩大补偿范围,合理提高补偿标准,有效调动全社会参与生态环境保护的积极性,促进生态文明建设迈上新台阶。

(二)基本原则。

权责统一、合理补偿。谁受益、谁补偿。科学界定保护者与受益者权利义务,推进生态保护补偿标准体系和沟通协调平台建设,加快形成受益者付费、保护者得到合理补偿的运行机制。

政府主导、社会参与。发挥政府对生态环境保护的主导作用,加强制度建设、完善法规政策,创新体制机制,拓宽补偿渠道,通过经济、法律等手段,加大政府购买服务力度,引导社会公众积极参与。

统筹兼顾、转型发展。将生态保护补偿与实施主体功能区规划、西部大开发战略和集中连片特困地区脱贫攻坚等有机结合,逐步提高重点生态功能区等区域基本公共服务水平，促进其转型绿色发展。

试点先行、稳步实施。将试点先行与逐步推广、分类补偿与综合补偿有机结合，大胆探索，稳步推进不同领域、区域生态保护补偿机制建设，不断提升生态保护成效。

（三）目标任务。到2020年，实现森林、草原、湿地、荒漠、海洋、水流、耕地等重点领域和禁止开发区域、重点生态功能区等重要区域生态保护补偿全覆盖，补偿水平与经济社会发展状况相适应，跨地区、跨流域补偿试点示范取得明显进展，多元化补偿机制初步建立，基本建立符合我国国情的生态保护补偿制度体系，促进形成绿色生产方式和生活方式。

二、分领域重点任务

（四）森林。健全国家和地方公益林补偿标准动态调整机制。完善以政府购买服务为主的公益林管护机制。合理安排停止天然林商业性采伐补助奖励资金。（国家林业局、财政部、国家发展改革委负责）

（五）草原。扩大退牧还草工程实施范围，适时研究提高补助标准，逐步加大对人工饲草地和牲畜棚圈建设的支持力度。实施新一轮草原生态保护补助奖励政策，根据牧区发展和中央财力状况，合理提高禁牧补助和草畜平衡奖励标准。充实草原管护公益岗位。（农业部、财政部、国家发展改革委负责）

（六）湿地。稳步推进退耕还湿试点，适时扩大试点范围。探索建立湿地生态效益补偿制度，率先在国家级湿地自然保护区、国际重要湿地、国家重要湿地开展补偿试点。（国家林业局、农业部、水利部、国家海洋局、环境保护部、住房城乡建设部、财政部、国家发展改革委负责）

（七）荒漠。开展沙化土地封禁保护试点，将生态保护补偿作为试点重要内容。加强沙区资源和生态系统保护，完善以政府购买服务为主的管护机制。研究制定鼓励社会力量参与防沙治沙的政策措施，切实保障相关权益。（国家林业局、农业部、财政部、国家发展改革委负责）

（八）海洋。完善捕捞渔民转产转业补助政策，提高转产转业补助标准。继续执行海洋伏季休渔渔民低保制度。健全增殖放流和水产养殖生态环境修复补助政策。研究建立国家级海洋自然保护区、海洋特别保护区生态保护补偿制度。

（农业部、国家海洋局、水利部、环境保护部、财政部、国家发展改革委负责）

（九）水流。在江河源头区、集中式饮用水水源地、重要河流敏感河段和水生态修复治理区、水产种质资源保护区、水土流失重点预防区和重点治理区、大江大河重要蓄滞洪区以及具有重要饮用水源或重要生态功能的湖泊，全面开展生态保护补偿，适当提高补偿标准。加大水土保持生态效益补偿资金筹集力度。（水利部、环境保护部、住房城乡建设部、农业部、财政部、国家发展改革委负责）

（十）耕地。完善耕地保护补偿制度。建立以绿色生态为导向的农业生态治理补贴制度，对在地下水漏斗区、重金属污染区、生态严重退化地区实施耕地轮作休耕的农民给予资金补助。扩大新一轮退耕还林还草规模，逐步将25度以上陡坡地退出基本农田，纳入退耕还林还草补助范围。研究制定鼓励引导农民施用有机肥料和低毒生物农药的补助政策。（国土资源部、农业部、环境保护部、水利部、国家林业局、住房城乡建设部、财政部、国家发展改革委负责）

三、推进体制机制创新

（十一）建立稳定投入机制。多渠道筹措资金，加大生态保护补偿力度。中央财政考虑不同区域生态功能因素和支出成本差异，通过提高均衡性转移支付系数等方式，逐步增加对重点生态功能区的转移支付。中央预算内投资对重点生态功能区内的基础设施和基本公共服务设施建设予以倾斜。各省级人民政府要完善省以下转移支付制度，建立省级生态保护补偿资金投入机制，加大对省级重点生态功能区域的支持力度。完善森林、草原、海洋、渔业、自然文化遗产等资源收费基金和各类资源有偿使用收入的征收管理办法，逐步扩大资源税征收范围，允许相关收入用于开展相关领域生态保护补偿。完善生态保护成效与资金分配挂钩的激励约束机制，加强对生态保护补偿资金使用的监督管理。（财政部、国家发展改革委会同国土资源部、环境保护部、住房城乡建设部、水利部、农业部、税务总局、国家林业局、国家海洋局负责）

（十二）完善重点生态区域补偿机制。继续推进生态保护补偿试点示范，统筹各类补偿资金，探索综合性补偿办法。划定并严守生态保护红线，研究制定相关生态保护补偿政策。健全国家级自然保护区、世界文化自然遗产、国家级风景名胜区、国家森林公园和国家地质公园等各类禁止开发区域的生态保护补偿政策。将青藏高原等重要生态屏障作为开展生态保护补偿的重点区域。将生态保护补偿作为建立国家公园体制试点的重要内容。(国家发展改革委、财政部会同环境保护部、国土资源部、住房城乡建设部、水利部、农业部、国家林业局、国务院扶贫办负责)

(十三)推进横向生态保护补偿。研究制定以地方补偿为主、中央财政给予支持的横向生态保护补偿机制办法。鼓励受益地区与保护生态地区、流域下游与上游通过资金补偿、对口协作、产业转移、人才培训、共建园区等方式建立横向补偿关系。鼓励在具有重要生态功能、水资源供需矛盾突出、受各种污染危害或威胁严重的典型流域开展横向生态保护补偿试点。在长江、黄河等重要河流探索开展横向生态保护补偿试点。继续推进南水北调中线工程水源区对口支援、新安江水环境生态补偿试点,推动在京津冀水源涵养区、广西广东九洲江、福建广东汀江—韩江、江西广东东江、云南贵州广西广东西江等开展跨地区生态保护补偿试点。(财政部会同国家发展改革委、国土资源部、环境保护部、住房城乡建设部、水利部、农业部、国家林业局、国家海洋局负责)

(十四)健全配套制度体系。加快建立生态保护补偿标准体系,根据各领域、不同类型地区特点,以生态产品产出能力为基础,完善测算方法,分别制定补偿标准。加强森林、草原、耕地等生态监测能力建设,完善重点生态功能区、全国重要江河湖泊水功能区、跨省流域断面水量水质国家重点监控点位布局和自动监测网络,制定和完善监测评估指标体系。研究建立生态保护补偿统计指标体系和信息发布制度。加强生态保护补偿效益评估,积极培育生态服务价值评估机构。健全自然资源资产产权制度,建立统一的确权登记系统和权责明确的产权体系。强化科技支撑,深化生态保护补偿理论和生态服务价值等课题研究。(国家发展改革委、财政部会同国土资源部、环境保护部、住房城乡建设部、水利部、农业部、国家林业局、国家海洋局、国家统计局负责)

(十五)创新政策协同机制。研究建立生态环境损害赔偿、生态产品市场交易与生态保护补偿协同推进生态环境保护的新机制。稳妥有序开展生态环境损害赔偿制度改革试点,加快形成损害生态者赔偿的运行机制。健全生态保护市场体系、完善生态产品价格形成机制，使保护者通过生态产品的交易获得收益，发挥市场机制促进生态保护的积极作用。建立用水权、排污权、碳排放权初始分配制度，完善有偿使用、预算管理、投融资机制，培育和发展交易平台。探索地区间、流域间、流域上下游等水权交易方式。推进重点流域、重点区域排污权交易，扩大排污权有偿使用和交易试点。逐步建立碳排放权交易制度。建立统一的绿色产品标准、认证、标识等体系，完善落实对绿色产品研发生产、运输配送、购买使用的财税金融支持和政府采购等政策。（国家发展改革委、财政部、环境保护部会同国土资源部、住房城乡建设部、水利部、税务总局、国家林业局、农业部、国家能源局、国家海洋局负责）

（十六）结合生态保护补偿推进精准脱贫。在生存条件差、生态系统重要、需要保护修复的地区，结合生态环境保护和治理，探索生态脱贫新路子。生态保护补偿资金、国家重大生态工程项目和资金按照精准扶贫、精准脱贫的要求向贫困地区倾斜，向建档立卡贫困人口倾斜。重点生态功能区转移支付要考虑贫困地区实际状况，加大投入力度，扩大实施范围。加大贫困地区新一轮退耕还林还草力度，合理调整基本农田保有量。开展贫困地区生态综合补偿试点，创新资金使用方式，利用生态保护补偿和生态保护工程资金使当地有劳动能力的部分贫困人口转为生态保护人员。对在贫困地区开发水电、矿产资源占用集体土地的，试行给原住居民集体股权方式进行补偿。（财政部、国家发展改革委、国务院扶贫办会同国土资源部、环境保护部、水利部、农业部、国家林业局、国家能源局负责）

（十七）加快推进法制建设。研究制定生态保护补偿条例。鼓励各地出台相关法规或规范性文件，不断推进生态保护补偿制度化和法制化。加快推进环境保护税立法。（国家发展改革委、财政部、国务院法制办会同国土资源部、环境保护部、住房城乡建设部、水利部、农业部、税务总局、国家林业局、国家海洋局、国家统计局、国家能源局负责）

四、加强组织实施

（十八）强化组织领导。建立由国家发展改革委、财政部会同有关部门组成的部际协调机制，加强跨行政区域生态保护补偿指导协调，组织开展政策实施效果评估，研究解决生态保护补偿机制建设中的重大问题，加强对各项任务的统筹推进和落实。地方各级人民政府要把健全生态保护补偿机制作为推进生态文明建设的重要抓手，列入重要议事日程，明确目标任务，制定科学合理的考核评价体系，实行补偿资金与考核结果挂钩的奖惩制度。及时总结试点情况，提炼可复制可推广的试点经验。

（十九）加强督促落实。各地区、各有关部门要根据本意见要求，结合实际情况，抓紧制定具体实施意见和配套文件。国家发展改革委、财政部要会同有关部门对落实本意见的情况进行监督检查和跟踪分析，每年向国务院报告。各级审计、监察部门要依法加强审计和监察。切实做好环境保护督察工作，督察行动和结果要同生态保护补偿工作有机结合。对生态保护补偿工作落实不力的，启动追责机制。

（二十）加强舆论宣传。加强生态保护补偿政策解读，及时回应社会关切。充分发挥新闻媒体作用，依托现代信息技术，通过典型示范、展览展示、经验交流等形式，引导全社会树立生态产品有价、保护生态人人有责的意识，自觉抵制不良行为，营造珍惜环境、保护生态的良好氛围。

参考文献

一、著作类

1. 陈泉生等著:《环境法哲学》,中国法制出版社 2012 年版。

2. 蔡守秋著:《基于生态文明的法理学》,中国法制出版社 2014 年版。

3. 秦玉才、汪劲著:《中国生态补偿立法:路在前方》,北京大学出版社 2013 年版。

4. 秦玉才著:《流域生态补偿与生态补偿立法研究》,社会科学文献出版社 2011 年版。

5. 杜群著:《生态保护法论:综合生态管理和生态补偿法律研究》,高等教育出版社 2012 年版。

6. 李爱年著:《生态效益补偿法律制度研究》,中国法制出版社 2008 年版。

7. 张锋著:《生态补偿法律保障机制研究》,中国环境科学出版社 2010 年版。

8. 曹明德等著:《中国碳排放交易法律制度研究》,中国政法大学出版社 2016 年版。

9. 靳乐山著:《中国生态补偿:全领域探索与进展》,经济科学出版社 2016 年版。

10. 张纯成著:《现代黄河文明及其生态补偿》,人民出版社 2014 年版。

11. 环境保护部环境规划院主编:《流域生态补偿理论与实践研究》,中国环境出版集团有限公司 2016 年版。

12. 杜敏、周丽旋著:《基于行政区域统筹的生态补偿政策及应用模式》,化学工业出版社 2015 年版。

13. 沈满洪、魏楚著:《完善生态补偿机制研究》,中国环境出版社 2015 年版。

14. 郑海霞著:《中国流域生态服务补偿机制与政策研究——基于典型案例的实证分析》,中国经济出版社 2010 年版。

15. 韩鹏著:《典型脆弱生态区生态补偿机理与模型研究》,气象出版社 2015 年版。

16. 刘桂环等主编:《中国生态补偿政策概览》,中国环境出版社 2013 年版。

17. 王金南、刘桂环著:《流域生态补偿与污染赔偿机制研究》,中国环境出版社 2014 年版。

18. 李长亮著:《西部地区生态补偿机制构建研究》,中国社会科学出版社 2013 年版。

19. 萨础日娜著:《民族地区生态补偿机制研究》,内蒙古大学出版社 2012 年版。

20. 洪冬星著：《草原生态建设补偿机制：基于中国西部地区的研究》，经济管理出版社 2012 年版。

21. 郭日生著：《生态补偿的国际比较：模式与机制》，社会科学文献出版社 2012 年版。

22. 黄文清著：《西部地区"一退两还"后补偿机制研究》，中国农业出版社 2011 年版。

23. 刘燕华、李秀彬著：《脆弱生态环境与可持续发展》，商务印书馆 2007 年版。

24. 赵跃龙著：《中国脆弱生态环境类型分布及其综合整治》，中国环境科学出版社 1999 年版。

25. 国家环保总局主编：《全国生态现状调查与评估 西北卷》，中国环境科学出版社 2006 年版。

26. 陈桂琛等著：《三江源自然保护区生态保护与建设》，青海人民出版社 2007 年版。

27. 刘诚、李红勋著：《中国退耕还林政策系统性评估研究》，经济管理出版社 2010 年版。

28. 谢晨、彭道黎著：《退耕还林政策十年评价》，社会科学文献出版社 2011 年版。

29. 余峰、李月祥著：《宁夏退耕还林工程研究》，黄河出版传媒集团 2012 年版。

30. 冯嘉著：《环境法原则论》，中国政法大学出版社 2012 年版。

31. 史玉成等著：《排污权交易法律制度研究》，法律出版社 2014 年版。

32. 陈海嵩著：《解释论视角下的环境法研究》，法律出版社 2016 年版。

33. 何艳梅著：《环境法的激励机制》，中国法制出版社 2014 年版。

34. 吴贤静著：《"生态人"：环境法上的人之形象》，中国人民大学出版社 2014 年版。

35. 王作全著：《三江源区生态环境保护法治化研究》，北京大学出版社 2007 年版。

36. 尹伊君著：《社会变迁的法律解释》，商务印书馆 2004 年版。

37. 韩俊等著：《中国草原生态问题调查》，上海远东出版社 2011 年版。

38. 孔凡斌著：《中国生态补偿机制：理论、实践与政策设计》，中国环境科学出版社 2010 年版。

39. 丁四保等著：《主体功能区的生态补偿研究》，科学出版社 2009 年版。

40. 刘庄著：《祁连山自然保护区生态承载力研究》，中国环境科学出版社 2006 年版。

41. 张复明、景普秋等著：《矿产开发的资源生态环境补偿机制研究》，经济科学出版社 2010 年版。

42. 宋蕾著：《矿产资源开发的生态补偿研究》，中国经济出版社 2012 年版。

43. 南文渊著：《藏族生态伦理》，民族出版社 2007 年版。

44. 吕志祥等著：《藏区生态法研究——从藏族传统生态文明的视角》，中央民族大学出版社 2013 年版。

45. 吕志祥著：《藏族习惯法及其转型研究》，中央民族大学出版社 2014 年版。

46. 吕志祥主编：《环境法》，中国言实出版社 2014 年版。

47. 常丽霞著：《藏族牧区生态习惯法文化的传承与变迁研究》，民族出版社 2013 年版。

48. 潘志伟等著：《环境友好型社会：法律及思辨》，中国言实出版社 2015 年版。

49. 〔德〕马克思·韦伯著：《经济与社会》，林志远译，商务印书馆 1997 年版。

50. 〔美〕博登海默著：《法理学：法律哲学与法律方法》，邓正来译，中国政法大学出版社 1999 年版。

51. 〔美〕巴里·康芒纳著：《封闭的循环——自然、人和技术》，侯文蕙译，吉林人民出版社 1997 年版。

52. 〔美〕霍尔姆斯·罗尔斯顿著：《环境伦理学》，杨通进译，中国社会科学出版社 2000 年版。

53. 〔美〕艾伦·杜宁著：《多少算够：消费社会与地球的未来》，毕聿译，吉林人民出版社 1997 年版。

54. 〔美〕芭芭拉·沃德著：《只有一个地球》，国外公害资料编译组译，石油工业出版社 1981 年版。

55. 〔美〕诺曼·迈尔斯著：《最终的安全：政治稳定的环境基础》，王正平译，上海译文出版社 2001 年版。

二、论文类

1. 汪劲著：《论生态补偿的概念——以〈生态补偿条例〉草案的立法解释为背景》，载《中国地质大学学报》（社会科学版）2014 年第 1 期。

2. 汪劲著：《中国生态补偿制度建设历程及展望》，载《环境保护》2014 年第 2 期。

3. 杜群著：《生态保护及其利益补偿的法理判断》，载《法学》2006 年第 5 期。

4. 杜群著：《我国水土保持生态补偿法律制度框架的立法探讨》，载《法学评论》2010 年第 2 期。

5. 李爱年、刘旭芳著：《生态补偿法律含义再认识》，载《环境保护》2006 年第 11 期。

6. 李爱年、邓雅静著：《生态保护补偿制度的价值取向和立法选择》，载《时代法学》2014 年第 6 期。

7. 曹明德著：《对建立我国生态补偿制度的思考》，载《现代法学》2004 年第 3 期。

8. 曹明德著：《矿产资源生态补偿法律制度之探究》，载《法商研究》2007 年第 2 期。

9. 韩卫平、黄锡生著：《利益视角下的生态补偿立法》，载《理论探索》2014 年第 1 期。

10. 王灿发著：《国外自然保护区立法比较与我国立法的完善》，载《环境保护》2006 年第 1 期。

11. 付健著：《论我国西部生态补偿制度的实现形式》，载《法学评论》2008 年第 2 期。

12. 张钧著：《生态补偿立法的伦理学困境与出路》，载《科学技术哲学研究》2014 年第 4 期。

13. 史玉成著：《生态补偿制度建设与立法供给——以生态利益保护与衡平为视角》，载《法学评论》2013 年第 7 期。

14. 王彬彬、李晓燕著：《生态补偿的制度建构：政府和市场有效融合》，载《政治学研究》2015 年第 5 期。

15. 徐丽媛、郑克强著：《生态补偿式扶贫的机理分析与长效机制研究》，载《求实》2012 年第 5 期。

16. 王曙光、王丹莉著：《减贫与生态保护：双重目标兼容及其长效机制》，载《农村经济》2015 年第 5 期。

17. 杜洪燕、武晋著：《生态补偿项目对缓解贫困的影响分析——基于农户异质性的视角》，载《北京社会科学》2016 年第 1 期。

18. 朱震达著：《中国的脆弱生态带与土地荒漠化》，载《中国沙漠》1991 年第 4 期。

19. 赵宁著：《我国重点生态功能区利益补偿法律制度探究》，载《生态经济》2015 年第 3 期。

20. 兰燕卓、高新军著：《水资源生态补偿法律制度的完善——基于具体案例的思考》，载《湖南社会科学》2014 年第 3 期。

21. 肖爱、唐江河著：《论跨行政区流域生态补偿的社会属性——基于流域生态补偿法律制度建构的现实立场》，载《时代法学》2013 年第 5 期。

22. 刘颖、王及斐著：《生物多样性生态补偿法律制度研究——以甘肃省生态补偿区为例》，载《重庆科技学院学报》（社会科学版）2012 年第 6 期。

23. 崔广平著：《我国流域生态补偿立法思考》，载《环境保护》2011 年第 1 期。

24. 萨础日娜著：《生态文明视野下民族地区生态补偿法律机制浅析》，载《贵州民族研究》2015 年第 6 期。

25. 王雨蓉、龙开胜著：《生态补偿对土地利用变化的影响：表现、因素与机制——文献综述及理论框架》，载《资源科学》2015 年第 9 期。

26. 王慧杰、董战峰著：《构建跨省流域生态补偿机制的探索——以东江流域为例》，载《环境保护》2015 年第 8 期。

27. 李启宇、刘成玉著：《西部资源开发生态补偿机制设计》，载《西南民族大学学报》（社会科学版），2015 年第 4 期。

28. 吴喜梅、杜立津著：《欧盟农业生态补偿支付机制对我国的启示》，载《环境保护》2014 年第 12 期。

29. 曲富国、孙宇飞著：《基于政府间博弈的流域生态补偿机制研究》，载《中国人口·资源与环境》2014 年第 6 期。

30. 李晓燕、蔡军著：《生态文明理念下西部地区自然资源有偿化开发——基于构建资源开发补偿机制的视角》，载《西南民族大学学报》（社会科学版）2014 年第 2 期。

31. 徐大伟、荣金芳著：《生态补偿的逐级协商机制分析：以跨区域流域为例》，载《经济学家》2013 年第 9 期。

32. 郭辉军、施本植著：《自然保护区生态补偿的标准与机制研究——以云南省为例》，载《云南社会科学》2013 年第 7 期。

33. 徐辉、苓朋强著：《REDD 对中国实施生态补偿机制的启示》，载《环境保护》2013 年第 5 期。

34. 王军锋、侯超波著：《中国流域生态补偿机制实施框架与补偿模式研究——基于补偿资金来源的视角》，载《中国人口·资源与环境》2013 年第 2 期。

35. 徐键著：《论跨地区水生态补偿的法制协调机制——以新安江流域生态补偿为中心的思考》，载《法学论坛》2012 年第 4 期。

36. 苏月秀、彭道黎等著：《西北地区退耕还林工程实施情况调查分析》，载《浙江农林大学学报》2011 年第 5 期。

37. 蔡艳芝、刘洁著：《国际森林生态补偿制度创新的比较与借鉴》，载《西北农林科技大学学报》（社会科学版）2009 年第 4 期。

38. 曾松耀、王泽民著：《牧区草场生态价值估算——以甘南藏族自治州为例》，载《开发研究》2012 年第 5 期。

39. 赵雪雁、董霞等著：《甘南黄河水源补给区生态补偿方式的选择》，载《冰川冻土》2010 年第 1 期。

40. 韦惠兰、高涛著：《草地生态系统碳储量及生态补偿研究——以甘肃玛曲县为例》，载《生态经济》2010 年第 5 期。

41. 高彤、杨姝影著：《国际生态补偿政策对中国的借鉴意义》，载《环境保护》2006 年第 11 期。

42. 吕志祥著：《我国生态补偿立法的缺失及法律重构新论》，载《青海民族研究》2009 年第 4 期。

43. 吕志祥著：《生态文明与我国生态补偿制度的重构》，载《科技管理研究》2009 年第 10 期。

44. 吕志祥、刘嘉尧著：《西部生态补偿制度缺失及重构》，载人大复印资料《生态环境与保护》2010 年第 4 期。

45. 吕志祥著：《渭河源头区生态补偿机制缺失及重构新论》，载《中国水土保持》2014 年第 1 期。

46. 刘嘉尧、吕志祥著：《美国土地休耕保护计划及借鉴》，载《商业研究》2009 年第 8 期。

47. 常丽霞、吕志祥等著：《生态效益补偿的法理辨析——基于生态综合管理的研究进路》，载《农村经济》2011 年第 9 期。

48. 常丽霞著：《草地生态补偿：国家法与习惯法的暗合与补缺——甘南藏族牧区草地生态补偿政策实践的法人类学考察》，载《西南民族大学学报》（社会科学版）2013 年第 5 期。

49. 常丽霞著：《草地生态补偿政策与机制研究——基于黄河首曲玛曲县的调查与分析》，载《农村经济》2014 年第 3 期。

50. 常丽霞著：《西北生态脆弱区森林生态补偿法律机制实证研究》，载《西南民族大学学报》（社会科学版）2014 年第 6 期。

51. 潘志伟、吕志祥著：《石羊河流域生态补偿机制新论》，载《2014 年全国环境资源法学研讨会（年会）论文集》，2014 年。

52. 潘志伟著：《敦煌西湖国家级自然保护区生态补偿法律机制研究》，载《中国林业经济》2016 年第 2 期。

53. 高辉著：《三江源地区草地生态补偿标准研究》，西北农林科技大学博士论文，2015 年。

54. 孙宇著：《生态保护与修复视域下我国流域生态补偿制度研究》，吉林大学博士论文，2015 年。

55. 杨谨夫著：《我国生态补偿的财政政策研究》，财政部财政科学研究所博士论文，

2015 年。

56. 邢祥娟著：《退耕还林对农户收入的影响研究》，北京林业大学博士论文，2014 年。

57. 侯凤岐著：《生态资源价值补偿机制研究》，西北大学博士论文，2008 年。

58. Babcock BA, Lakshminarayan PG. "The Economics of a Public Fund for Environmental Amenities: A Study of CRP Contracts" [J]. American Journal of Agricultural Economics, 1996 (4).

59. Beria Leimona, Rik Leemans. "Fairly Efficient, Efficiently Fair: Lessons from Designing and Testing Payment Schemes for Ecosystem Services in Asia" [J]. Ecosystem Services, 2015.

60. Paglola, Stefano, "Can the poor Participate in Payments for Environmental Services? Lessons from the Silvopastoral Project in Nicaragua" [J]. Environment and Development Economics, 2008 (133).

61. Stefanie Engela, Stefano Pagiolab. "Designing Payment for Environmental Services in Theory and Practice: An Overview of the Issues" [J]. Ecological Economic, 2008 (4).

62. Sven Wunder, Stefanie Engel. "Taking stock: A Comparative Analysis of Payments for Environmental Services Programs in Developed and Developing Countries" [J] Ecological Economics, 2008 (654).